Herbert Heppener

Dienstleistungsprozesse für Kaufleute im Gesundheitswesen

Studien- und Arbeitsbuch

1. Auflage

Bestell-Nummer 33335

Bildungsverlag EINS

■ Haben Sie Anregungen oder Kritikpunkte zu diesem Buch?
Dann senden Sie eine E-Mail an 33335_001@bv-1.de
Autoren und Verlag freuen sich auf Ihre Rückmeldung.

www.bildungsverlag1.de

Bildungsverlag EINSGmbH
Sieglarer Straße 2, 53842 Troisdorf

ISBN 978-3-427-33335-7

© Copyright 2009*: Bildungsverlag EINS GmbH, Troisdorf
Das Werk und seine Teile sind urheberrechtlich geschützt. Jede Nutzung in anderen als den gesetzlich zugelassenen Fällen bedarf der vorherigen schriftlichen Einwilligung des Verlages.
Hinweis zu § 52a UrhG: Weder das Werk noch seine Teile dürfen ohne eine solche Einwilligung eingescannt und in ein Netzwerk eingestellt werden. Dies gilt auch für Intranets von Schulen und sonstigen Bildungseinrichtungen.

Vorwort

Herzlichen Glückwunsch!

Mit der Ausbildung zur Kauffrau/zum Kaufmann im Gesundheitswesen öffnen Sie sich die Tür in einen spannenden, dynamischen und vielseitigen Zukunftsmarkt. Schauen Sie sich um – eine Vielzahl unterschiedlichster Einrichtungen und Unternehmen im Gesundheitswesen bieten eine Fülle von Gesundheitsleistungen an, die aus ganz verschiedenen Gründen nachgefragt werden. Dieses Leistungsangebot werden Sie mit Ihren Kolleginnen und Kollegen unterschiedlichster Fachrichtungen bereitstellen. Dabei werden Sie im Innenverhältnis Ihres Unternehmens als Vermittlungsperson zwischen den medizinischen und kaufmännisch-verwaltenden Berufsgruppen fungieren und in diesem Rahmen betriebswirtschaftliche Prozesse mitgestalten. Im Außenverhältnis werden Sie sich um die Präsentation des Leistungsangebotes Ihres Hauses kümmern und sich um die Positionierung Ihres Unternehmens im Gesundheitsmarkt bemühen. Es liegen also fachliche, methodische und soziale Herausforderungen vor Ihnen, bei deren Erarbeitung Ihnen dieses Buch behilflich sein will.

Wie ist das Buch strukturiert?

Das vorliegende Buch orientiert sich am Lehrplan für Ihren Ausbildungsberuf gemäß Beschluss der Kultusministerkonferenz vom 11.05.2001. Für das Fach Dienstleistungsprozesse werden in diesem Buch folgende Lernfelder umgesetzt, die jeweils einen inhaltlichen Themenkomplex darstellen:

→ *Erstes Ausbildungsjahr*

Lernfeld 1: *Den Betrieb erkunden und darstellen*
Lernfeld 2: *Die Berufsausbildung selbstverantwortlich mitgestalten*
Im ersten Ausbildungsjahr konzentrieren Sie sich methodisch darauf, wie Sie Informationen sammeln und verarbeiten und wie Sie Ihr Arbeits-, Zeit- und Lernverhalten optimieren.

→ *Zweites Ausbildungsjahr*

Lernfeld 5: *Dienstleistungen und Güter beschaffen und verwalten*
In diesem Ausbildungsjahr beschäftigen Sie sich auf der methodischen Ebene mit der Aufarbeitung und Präsentation von Informationen.

→ *Drittes Ausbildungsjahr*

Lernfeld 10: *Personalwirtschaftliche Aufgaben wahrnehmen*
Das dritte Ausbildungsjahr führt Ihre methodischen Kenntnisse aus der Unter- und Mittelstufe zusammen und zeigt Ihnen, wie Sie fachlich korrekt und logisch nachvollziehbar argumentieren können.
Tipps und Hinweise zur methodischen Arbeit finden Sie in den sogenannten „Methodenecken". Hier werden Ihnen Techniken und Strategien gezeigt, die Ihnen Ihre Arbeit jetzt in der Ausbildung und später im Beruf erleichtern können.

Innerhalb der für das Fach Dienstleistungsprozesse relevanten Lernfelder werden Ihnen Lernsituationen begegnen. Diese Lernsituationen stellen den Bezug zwischen dem theoretischen Wissen und dessen praktischer Anwendung her, sodass Sie erkennen, wie Sie die theoretischen Grundlagen in Ihrem Ausbildungsbetrieb praktisch anwenden können.
Wenn Sie sich das Inhaltsverzeichnis dieses Buches anschauen, werden Sie sich sicherlich fragen, warum es mit dem Lernfeld 2 beginnt und nicht mit dem Lernfeld 1, wie Sie es wahrscheinlich erwarten würden. Das Lernfeld 2 nimmt Bezug auf Ihre aktuelle berufliche Situation. Zu Ihrer eigenen Orientierung könnte es besser sein, wenn Sie sich zunächst mit Ihrem erweiterten Arbeitsumfeld, dem Gesundheitswesen und Ihrem Auszubildendenstatus

beschäftigen. In den ersten Wochen und Monaten Ihrer Ausbildung können alle Beteiligten noch Entscheidungen treffen, die für den Fortgang Ihrer Ausbildung und Ihrer weiteren beruflichen Entwicklung von Bedeutung sind. Darüber sollten Sie zu einem möglichst frühen Zeitpunkt informiert sein. Wollen Sie jedoch lieber mit dem Lernfeld 1 beginnen, dann ist auch das gar kein Problem. Stimmen Sie sich einfach ab, denn es ist Ihre Ausbildung, es ist Ihr Buch, Sie stehen im Mittelpunkt!

Wie ist das Buch zu handhaben?

Das vorliegende Buch ist als Studien- und Arbeitsbuch konzipiert. Das bedeutet, dass Ihnen neben der klassischen Textarbeit zur Aneignung von Fachwissen viele Informationsdarstellungs- und Arbeitsformen begegnen werden, die eine individuelle Erarbeitung der theoretischen Grundlagen ermöglichen.

Die heraustrennbaren Blätter lassen sich Ihren Ansprüchen entsprechend zusammenstellen und so ergänzen, dass Sie jedes einzelne Kapitel dieses Buches zu Ihrer eigenen Arbeitsunterlage machen können. Ihre aktive Mitarbeit ist also gefragt!

Jedes Kapitel verfügt über eine vorgeschaltete Zieldefinition. So wissen Sie immer, welche fachlichen und methodischen Inhalte Ihnen in der jeweiligen Auseinandersetzung begegnen werden, und was Sie nach deren Bearbeitung besser können als vorher.

Vielleicht bringen Sie aber auch schon Vorwissen mit? Kein Problem; Kenntnisse und Fertigkeiten, die Sie bereits erworben haben, können Sie in einem Wissens-Check prüfen. Bei entsprechendem Ergebnis können Sie die relevanten Inhalte getrost überspringen und brauchen sich damit nicht mehr zu beschäftigen. So bestimmen Sie auch Ihr eigenes Lerntempo. Aber seien Sie ehrlich mit sich selbst!

Zur fachlichen Erarbeitung werden Sie mit Texten, Schaubildern, Übersichten, Diagrammen oder anderen Formen der Informationspräsentation konfrontiert. Hier ist es Ihre Aufgabe, die entsprechenden Informationen zu entnehmen und für Sie selbst verfügbar zu machen. Aber Vorsicht! Seien Sie kritisch, lassen Sie sich nicht zu sehr beeindrucken. Die Informationen, die mit den jeweiligen Vermittlungsinstrumenten transportiert werden, mögen sicherlich korrekt sein, aber sind sie auch wirklich vollständig, aktuell – also richtig gut? Lassen Sie sich überraschen, zu welchen Erkenntnissen Sie im Verlauf der Arbeit mit diesem Buch kommen werden!

Übungseinheiten geben Ihnen die Möglichkeit, Ihr erarbeitetes Wissen und ihre gesammelten Erkenntnisse anzuwenden. Dabei handelt es sich neben rein wiederholenden Übungen auch um solche, bei denen Sie ein komplexes Problem nur dann lösen können, wenn Sie Lösungsstrategien durch freies Kombinieren Ihres Wissens und Ihrer Erfahrungen entwickeln. Seien Sie kreativ!

Wenn Sie die einzelnen Kapitel um zusätzliches Material ergänzen wollen oder auch gezielt dazu aufgefordert werden, tun Sie es! Durch die Perforation und Lochung ist das jederzeit möglich – und am Ende Ihrer Ausbildung halten Sie ein von Ihnen individuell gestaltetes Nachschlage- und Lernwerk in Händen.

Und welche Unterstützung können Sie im Umgang mit diesem Buch abfragen?

Um Sie bei der Arbeit mit diesem Buch und der Aneignung der Kenntnisse und Fertigkeiten für Ihren Ausbildungsberuf optimal begleiten zu können, wurde für Ihre Lehrerinnen und Lehrer des Faches Dienstleistungsprozesse parallel zu Ihrem Studien- und Arbeitsbuch eine Handreichung entwickelt. Diese Handreichung enthält Vorschläge zur didaktisch-methodischen Vorgehensweise, Zusatzmaterialien und Lösungsskizzen zu den jeweiligen Aufgaben. Mithilfe dieser Handreichung können Sie sich gemeinsam mit Ihren Lehrpersonen auf den Lernprozess und Ihre individuelle Förderung konzentrieren. Sie sehen, Sie sind auf Ihrem Weg nicht allein!

Ich freue mich, Sie und Ihre Lehrerinnen und Lehrer gemeinsam mithilfe dieses Studien- und Arbeitsbuches und der Lehrerhandreichung auf Ihrem Weg zum Ausbildungsabschluss begleiten zu dürfen und wünsche Ihnen viel Erfolg und Freude!

Herbert Heppener

Inhaltsverzeichnis

Erstes Ausbildungsjahr

Lernfeld 2
Die Berufsausbildung selbstverantwortlich mitgestalten

Seite		Nr.	Thema
9	....	1	Der Ausbildungsberuf „Kaufmann/Kauffrau im Gesundheitswesen"
10	....	1.1	Gesundheit
11	....	1.2	Das Gesundheitswesen
12	....	1.3	Sektoren im Gesundheitswesen
12	....		1.3.1 Prävention
13	....		1.3.2 Behandlung
13	....		1.3.3 Pflege
13	....		1.3.4. Rehabilitation
13	....	1.4.	Einrichtungen im Gesundheitswesen
14	....		1.4.1. Stationäre Einrichtungen
15	....		1.4.2 Teilstationäre Einrichtungen
15	....		1.4.3 Ambulante Einrichtungen
17	....	1.5	Berufe im Gesundheitswesen
19	....	1.6	Kompetenzen
19	....		1.6.1 Kompetenzbegriff
19	....		1.6.2 Arten von Kompetenzen
26	....	2	**Institutionelle Organisation der Berufsausbildung**
28	....	2.1	Lernort Betrieb
28	....	2.2	Lernort Berufsschule
33	....	3	**Rechtliche Grundlagen der Berufsausbildung**
36	....	3.1	Berufsbildungsgesetz (BBiG)
37	....	3.2	Ausbildungsordnung
38	....	3.3	Ausbildungsberufsbild
39	....	3.4	Ausbildungsrahmenplan
42	....	4	**Der Ausbildungsvertrag**
43	....	4.1	Inhalte des Ausbildungsvertrages
47	....	4.2	Abschluss des Ausbildungsvertrages
48	....	4.3	Rechte und Pflichten aus dem Ausbildungsvertrag
49	....	4.4	Kündigung und Beendigung des Ausbildungsvertrages
52	....	5	**Jugendarbeitsschutzgesetz (JarbSchG)**
58	....	6	**Interessenvertretung der Arbeitnehmer**

Lernfeld 1
Den Betrieb erkunden und darstellen

Seite		Nr.	Thema
63	....	1	**Handelsrechtliche Grundlagen**
64	....	1.1	Kaufmannseigenschaften
66	....	1.2	Firma
68	....	1.3	Handelsregister
70	....	2	**Unternehmensziele**
72	....	3	**Organisation**
73	....	3.1	Aufbauorganisation
74	....	3.2	Ablauforganisation
75	....	3.3	Organisationsgrundsätze

Seite		Nr.	Thema
77	....	4	**Unternehmensformen**
78	....	4.1	Einzelunternehmen
78	....	4.2	Personengesellschaften
78	....	4.2.1	Stille Gesellschaft
79	....	4.2.2	Gesellschaft bürgerlichen Rechts (GbR)
79	....	4.2.3	Offene Handelsgesellschaft (OHG)
80	....	4.2.4	Kommanditgesellschaft (KG)
80	....	4.3	Kapitalgesellschaften
81	....	4.3.1	Gesellschaft mit beschränkter Haftung (GmbH)
82	....	4.3.2	Gemeinnützige Gesellschaft mit beschränkter Haftung (gGmbH)
82	....	4.3.3	Aktiengesellschaft (AG)
83	....	4.4	Eingetragene Genossenschaft (eG)
84	....	4.5	Körperschaften und Anstalten des öffentlichen Rechts
85	....	4.6	Profit- und Non-Profit-Unternehmen
87	....	5	**Soziale Sicherung**
88	....	5.1	Grundsätze der sozialen Sicherung
89	....	5.2	Sozialgesetzbuch (SBG)
90	....	5.3	Beitragsbemessungsgrenze und Versicherungspflichtgrenze
92	....	5.4	Krankenversicherung
92	....	5.4.1	gesetzliche Krankenversicherung
99	....	5.4.2	Private Krankenversicherung
99	....	5.5	Pflegeversicherung
102	....	5.6	Rentenversicherung
107	....	5.7	Arbeitslosenversicherung
108	....	5.8	Unfallversicherung

Lernfeld 5
Dienstleistungen und Güterbeschaffen und verwalten

Seite		Nr.	Thema
111	....	1	**Wirtschaften**
112	....	1.1	Bedürfnis, Bedarf, Nachfrage
114	....	1.2	Güter und Dienstleistungen
115	....	1.3	Produktion und Konsum
116	....	1.4	Ökonomisches Prinzip
117	....	1.5	Produktionsfaktoren
118	....	1.5.1	Volkswirtschaftliche Produktionsfaktoren
119	....	1.5.2	Betriebswirtschaftliche Produktionsfaktoren
122	....	2	**Rechtliche Rahmenbedingungen des Wirtschaftens**
122	....	2.1	Die Rechtsordnung
124	....	2.2	Rechtssubjekte
124	....	2.2.1	Natürliche und juristische Personen
124	....	2.2.2	Rechtsfähigkeit
125	....	2.2.3	Geschäftsfähigkeit
125	....	2.3	Rechtsobjekte
125	....	2.3.1	Sachen
126	....	2.3.2	Rechte
126	....	2.4	Rechtsgeschäfte
127	....	2.4.1	Zustandekommen
127	....	2.4.2	Nichtigkeit
128	....	2.4.3	Anfechtbarkeit

130	....	**3**	**Vertragsarten**
131	....	3.1	Kaufvertrag
131	....	3.2	Mietvertrag
131	....	3.3	Leihvertrag
132	....	3.4	Pachtvertrag
132	....	3.5	Werkvertrag
132	....	3.6	Dienstvertrag
132	....	3.7	Darlehensvertrag
133	....	3.8	Behandlungsvertrag
137	....	**4**	**Güter und Dienstleistungen beschaffen und verwalten**
139	....	4.1	Bedarfsanalyse
139	....	4.2	Bezugsquellenermittlung
140	....	4.3	Anfrage
140	....	4.4	Angebot
140	....		4.4.1 Arten des Angebots
141	....		4.4.2 Inhalte
142	....		4.4.3 Rechtliche Wirkung
143	....		4.4.4 Widerruf
143	....	4.5	Angebotsvergleich
144	....	4.6	Kaufvertrag
144	....		4.6.1 Zustandekommen
145	....		4.6.2 Allgemeine Geschäftsbedingungen (AGB)
146	....		4.6.3 Erfüllung
146	....		4.6.4 Kaufvertragsarten
149	....	**5**	**Vertragsstörungen**
151	....	5.1	Lieferungsverzug
152	....	5.2	Annahmeverzug
153	....	5.3	Lieferung mangelhafter Ware
154	....	5.4	Zahlungsverzug
155	....		5.4.1 Mahnverfahren
157	....		5.4.2 Zwangsvollstreckung
157	....		5.4.3 Verjährung
160	....	**6**	**Zahlungsverkehr**
160	....	6.1	Geld, Geldarten und Geldersatzmittel
163	....	6.2	Zahlungsarten
163	....		6.2.1 Barzahlung
166	....		6.2.2 Halbbare Zahlung
166	....		6.2.3 Bargeldlose Zahlung
171	....	**7**	**Lagerhaltung**
172	....	7.1	Funktionen der Lagerhaltung
174	....	7.2	Kosten der Lagerhaltung
174	....	7.3	Lagerarbeiten
174	....		7.3.1 Wareneingangskontrolle
175	....		7.3.2 Lagerung
175	....		7.3.3 Warenausgabe
177	....		7.3.4 Lagerkontrolle
182	....	**8**	**Hygiene**
183	....	8.1	Bereiche
184	....	8.2	Vorschriften
184	....	8.3	Organisation

Seite		Nr.	Inhalt
187	....	9	**Entsorgung**
187	....		9.1 Kreislaufwirtschaft
189	....		9.2 Abfallentsorgung
190	....		9.3 Abfallgruppen

Lernfeld 10
Personalwirtschaftliche Aufgaben wahrnehmen

Seite		Nr.	Inhalt
192	....	1	**Personalpolitik im Gesundheitswesen**
198	....	2	**Personalpolitik: Strategien**
198	....		2.1 Personalverwaltung
199	....		2.2 Personalmanagement
199	....		2.3 Human Resource Management
202	....	3	**Personalpolitik und Unternehmensziel**
206	....	4	**Personalpolitische Maßnahmen**
207	....		4.1 Personalverwaltung
207	....		4.1.1 Personaldaten
208	....		4.1.2 Meldung zur Sozialversicherung
209	....		4.1.3 Entlohnung
212	....		4.2 Personalplanung
213	....		4.3 Personalbeschaffung
214	....		4.3.1 Interne Personalbeschaffung
214	....		4.3.2 Externe Personalbeschaffung
215	....		4.4 Personalauswahl
215	....		4.4.1 Bewerbungsunterlagen
216	....		4.4.2 Testverfahren
216	....		4.4.3 Vorstellungsgespräch
217	....		4.5 Personaleinstellung
217	....		4.5.1 Kollektive Arbeitsvertragsregelungen
217	....		4.5.2 Individuelle Arbeitsvertragsregelungen
219	....		4.6 Personalführung
219	....		4.6.1 Führungsstile
219	....		4.6.2 Führungstechniken
220	....		4.7 Personalbeurteilung
220	....		4.7.1 Beurteilungsgespräch
221	....		4.7.2 Arbeitszeugnis
222	....		4.8 Personalentwicklung
222	....		4.8.1 Voraussetzungen
223	....		4.8.2 Maßnahmen
224	....		4.9 Personalfreisetzung
224	....		4.9.1 Beendigung des Arbeitsverhältnisses
224	....		4.9.2 Kündigung des Arbeitsverhältnisses
225	....		4.9.3 Kündigungsschutz
227	....	5	**Arbeitsschutzrechte**
227	....		5.1 Arbeitszeitgesetz
228	....		5.2 Gewerbeordnung
228	....		5.3 Mutterschutzgesetz
229	....		5.4 Schwerbehindertengesetz
231	....		**Sachwortverzeichnis**
238	....		**Bildquellenverzeichnis**

Lernfeld 2
Die Berufsausbildung selbstverantwortlich mitgestalten

1 Der Ausbildungsberuf „Kaufmann/Kauffrau im Gesundheitswesen"

Wissen Sie, in welches spannende Berufsfeld Sie mit Ihrer Ausbildung zum Kaufmann/zur Kauffrau im Gesundheitswesen einsteigen?

Das Gesundheitswesen ist ein hoch dynamischer und wachsender Markt. Soziale und politische Veränderungen wirken auf ihn ein, Forschung und Wissenschaft ergänzen ihn immer wieder um neue Arbeitsfelder und -techniken, das Leistungsangebot steigt stetig – sowohl in der Menge als auch in der Art der Leistung. Die so entstehende Vielfalt bietet Ihnen die Chance, genau den Bereich im Gesundheitswesen zu finden, der Ihren Interessen und Neigungen entspricht. Bei Ihrer ersten Orientierung im Gesundheitswesen will Ihnen das aktuelle Kapitel dieses Buches helfen.

Nachdem Sie sich eine Definition für den Begriff „Gesundheit" erarbeitet haben, werden Sie einen Überblick über die Leistungen, Einrichtungen und die Berufssparten im Gesundheitswesen bekommen und erkennen, welche Kompetenzen Sie für eine erfolgreiche Arbeit in diesem Beruf benötigen und im Laufe der Ausbildung weiter entwickeln werden.

Über diese fachlichen Inhalte hinaus werden Sie sich auf einer methodischen Ebene mit der Entnahme von Informationen aus Texten und der Gestaltung von Texten beschäftigen. Am Ende dieses Lernabschnittes werden Sie in der Lage sein, Informationen zielgerichteter entnehmen und Texte verständlicher und lesefreundlicher gestalten zu können.

Aufgaben

Für die Arbeit in diesem Kapitel benötigen Sie den Rahmenlehrplan für Ihren Ausbildungsberuf. Dieser kann auf der Seite der Kultusministerkonferenz (http://www.kmk.org) im Bereich „Berufliche Bildung" online abgerufen werden.

Fallsituation

Sie haben sich heute mit einigen Ihrer ehemaligen Klassenkameradinnen und -kameraden verabredet. Sie werden Ihre Freunde zum ersten Mal nach Beendigung der Schulzeit wiedersehen. Beruflich sind Sie alle in verschiedene Richtungen gegangen. Einige haben eine akademische Laufbahn eingeschlagen, andere erlernen handwerkliche Berufe. Manche Ihrer Bekannten haben auch kaufmännische Berufe ergriffen – aber eine Ausbildung zum Kaufmann im Gesundheitswesen hat außer Ihnen niemand begonnen. Schon damals, als Sie in der Schule von Ihrem Ausbildungsberuf erzählten, wollten alle ganz genau wissen, was das denn für ein Beruf ist, was man da so macht und wo man genau arbeitet. Da Sie selbst noch keine so konkrete Vorstellung hatten, konnten Sie immer nur eher ausweichend antworten – aber heute wird das ganz anders sein. Oder?

Wissens-Check

Schätzen Sie Ihre Kenntnisse zu Ihrem Ausbildungsberuf und dem Gesundheitswesen ein, indem Sie ein „X" an die entsprechende Stelle der nachfolgenden Tabelle setzen.

Aussage	Ich bin mir ganz sicher.	Da bin ich mir unsicher.	Das weiß ich gar nicht.
Ich kann den Begriff „Gesundheit" definieren.			
Ich kenne die unterschiedlichen Leistungen, die auf dem Gesundheitsmarkt angeboten werden.			
Ich kann erklären, welche Einrichtungen es im Gesundheitswesen gibt.			
Ich kenne die Organisation „WHO" und kann deutlich machen, in welcher Beziehung sie zu meinem Ausbildungsberuf steht.			
Ich kann die Unterschiede zwischen den Kompetenzarten Fach-, Methoden-, Sozial- und Lernkompetenz verdeutlichen und sie an Beispielen aus dem Gesundheitswesen erklären.			

1.1 Gesundheit

Was bedeutet eigentlich der Begriff „Gesundheit"? Sind Sie gesund? Wann sind Sie nicht gesund, also krank?

Diesen Fragen geht die Weltgesundheitsorganisation (engl. *World Health Organization*, WHO) bereits seit 1948 nach. Die WHO ist eine Einrichtung der Vereinten Nationen und kümmert sich um das internationale öffentliche Gesundheitswesen. Die WHO hat ihren Sitz in Genf (Schweiz). In der Verfassung der WHO wird „Gesundheit" wie folgt definiert:

→ **Definition**

Gesundheit ist der Zustand des vollständigen physischen, geistigen und sozialen Wohlbefindens, der sich nicht nur auf die Abwesenheit von Krankheit oder Behinderung beschränkt.

Infolge der ersten internationalen Konferenz zur Gesundheitsförderung, die im November 1987 in Ottawa stattfand, wurde der Gesundheitsbegriff um das Konzept der Gesundheitsförderung erweitert, die auch die Bedeutsamkeit der Arbeit für die Gesundheit verdeutlicht. So heißt es dort:

→ **Definition**

Gesundheitsförderung ist ein Prozess, bei dem allen Menschen ein höheres Maß an Selbstbestimmung über ihre Gesundheit ermöglicht werden soll, sodass sie selbst zur Stärkung der eigenen Gesundheit befähigt werden. Veränderungen der Lebens-, Arbeits- und Freizeitbedingungen haben großen Einfluss auf die Gesundheit. Die Organisation der Arbeit und deren Bedingungen, der Freizeit und des Lebens sollte eine Quelle der Gesundheit sein und nicht der Krankheit. Gesundheitsförderung soll sichere, anregende, befriedigende und angenehme Arbeits- und Lebensbedingungen schaffen.

> **Aufgaben**
>
> 1. Fassen Sie die obigen Aussagen zu den Begriffen „Gesundheit" und „Gesundheitsförderung" zusammen.
> 2. Besorgen Sie sich weiteres Informationsmaterial zur WHO und den Begriffsdefinitionen „Gesundheit" und „Gesundheitsförderung". Prüfen Sie die obigen Aussagen zur WHO und zu den Definitionen anhand Ihres Zusatzmaterials und nehmen Sie gegebenenfalls Ergänzungen Ihrer Zusammenfassungen vor.

1.2 Das Gesundheitswesen

Das Gesundheitswesen der Bundesrepublik Deutschland umfasst alle Einrichtungen und Personen, die zur Gesundheit der Bevölkerung gemäß der Definition der WHO beitragen. Zur genaueren Beschreibung des Gesundheitswesens kann eine Unterteilung in Sektoren oder in Einrichtungen des Gesundheitswesens vorgenommen werden. Darüber hinaus können auch die verschiedenen Berufe im Gesundheitswesen beleuchtet werden, um einen Eindruck von der Vielschichtigkeit des Gesundheitswesens zu erlangen.

> ### Methodenecke
>
> **Systematisches Lesen**
>
> Mit der 5-Schritt-Lesetechnik wird ein Text in fünf einzelnen Schritten bearbeitet.
>
> → *Erster Schritt:*
>   Überfliegen des Textes und Beachten von Überschriften und Abschnitten. Ziel ist es, einen ersten Eindruck vom Inhalt und vom Aufbau des Textes zu bekommen.
>
> → *Zweiter Schritt:*
>   In diesem Schritt werden Fragen an den Text gerichtet. Es gilt zu klären, von welchem Sachverhalt der Text berichtet. Mit dem Herantreten an einen Text mittels Fragen wird eine inhaltliche Schärfung der Denkrichtung vorgenommen, die Leseabsicht wird bestimmt. Die Fragen können schriftlich oder auch mündlich formuliert werden.
>
> → *Dritter Schritt:*
>   Nun wird der Text gelesen. Dabei werden die Fragen aus dem zweiten Schritt im Hinterkopf behalten, damit auch tatsächlich das erlesen wird, was beabsichtigt war. Hierbei ist es günstig, immer wieder kleinere Lesepausen einzulegen, sodass die gerade aufgenommene Information besser verarbeitet werden kann.
>
> → *Vierter Schritt:*
>   Jeder Abschnitt des Textes, der einen neuen Inhaltsaspekt repräsentiert, wird kurz mit eigenen Worten zusammengefasst. Dies kann mündlich oder auch schriftlich geschehen. So wird der jeweilige Inhalt nochmals verdeutlicht.

> **→ Fünfter Schritt:**
> In diesem letzten Arbeitsschritt werden die Kernaussagen des Textes nochmals wiederholt. Diese Form der Auseinandersetzung vertieft abschließend die gelesenen Inhalte im Gesamtzusammenhang.
>
> **Das Markieren von Texten**
>
> Mithilfe von Textmarkierungen können wichtige Schlüsselstellen eines Textes hervorgehoben werden. Die Hervorhebung dieser Schlüsselstellen ist zeitökonomisch, denn bei einer späteren Durchsicht des Textes reichen die markierten Stellen in der Regel aus, um sich an den Inhalt des Textes wieder erinnern zu können. Allerdings ist es wichtig, wirklich nur entsprechende Schlüsselstellen zu markieren.
> Die Verwendung unterschiedlicher Markierungsfarben oder –zeichen kann bei der inhaltlichen Rekonstruktion zusätzlich hilfreich sein. Allerdings sollten dann immer die gleichen Markierungsregeln angewendet werden.

1.3 Sektoren im Gesundheitswesen

Das Gesundheitswesen ist ein Zukunftsmarkt mit einem umfassenden und stetig erweiterten Leistungsangebot. Um einen Überblick in diesem umfangreichen und vielschichtigen Markt zu bekommen, kann das Leistungsangebot aus verschiedenen Perspektiven betrachtet und somit systematisiert werden.
Ein Systematisierungsansatz wird in den nachfolgenden Kapiteln vorgestellt. Hierbei werden die im Gesundheitswesen erbrachten Leistungen nach dem Zeitpunkt unterschieden, zu dem sie in Anspruch genommen werden können. Mit einer solchen Betrachtung lassen sich die Sektoren
- Prävention
- Behandlung
- Pflege und
- Rehabilitation

unterscheiden.
Diese Sektoren werden Ihnen nachfolgend umfassend erklärt.

1.3.1 Prävention

Mit Prävention bezeichnet man alle Leistungen des Gesundheitswesens, die darauf ausgerichtet sind, Krankheiten durch entsprechende Maßnahmen vorzubeugen oder gar zu verhindern. Präventive Maßnahmen sollen den Ausbruch einer Krankheit verzögern oder die Folgen, die durch eine Krankheit entstehen können, mildern. Im Rahmen der Prävention lassen sich, je nach Zeitpunkt der Leistung, Maßnahmen der Primärprävention, der Sekundärprävention und Tertiärprävention unterscheiden. Zu den Maßnahmen der Primärprävention gehören die Leistungen, die beim gesunden Menschen bereits vor dem Eintritt einer Erkrankung ansetzen. Somit soll gewährleistet werden, dass Schädigungen der Gesundheit durch eine Erkrankung vermieden werden. Zu diesen Leistungen zählen Maßnahmen zur Raucherentwöhnung oder Programme zur Verbesserung der Ernährung. Als Sekundärprävention bezeichnet man die Leistungen, die durch möglichst frühzeitiges Erkennen von Gesundheitsgefährdungen oder Risikofaktoren helfen, den Ausbruch einer Erkrankung zu vermeiden oder in einem frühen Stadium zu bekämpfen. Studien zeigen, dass eine entsprechend frühe Bekämpfung die Heilungschancen erhöht. Als klassische Maßnahmen der sekundären Prävention sind Ihnen sicherlich die Krebsfrüherkennungsuntersuchungen bekannt. Zu dem Bereich der Tertiärprävention gehören die Leistungen des Gesundheitswesens, die den Rückfall in eine Krankheit vermeiden helfen. Als tertiärpräventive Leistungen werden auch solche Leistungen bezeichnet, die bereits entstandene gesundheitliche Einschränkungen betreffen und dazu beitragen, dass negative Verstärkungen nicht eintreten und Folgen der Erkrankung besser gemeistert werden können. Zu dieser Art der Leistungen gehört zum Beispiel die Nachsorge in der Folge einer Krebserkrankung.

1.3.2 Behandlung

Mit Behandlung werden alle Leistungen des Gesundheitswesens bezeichnet, die dazu beitragen, dass eine Erkrankung erkannt und geheilt werden kann. Darüber hinaus tragen Leistungen der Behandlung dazu bei, dass die Verschlimmerung einer Erkrankung vermieden wird und Krankheitsbeschwerden gemildert werden. Diese Merkmale der Behandlung werden mit dem Begriff Krankenbehandlung zusammengefasst. Leistungen, die im Rahmen der Krankenbehandlung erbracht werden, können ärztlicher, psychotherapeutischer und zahnärztlicher Art sein. Behandlungsleistungen können ambulant oder stationär erbracht werden. Eine diesbezügliche Strukturierung des Gesundheitswesens werden Sie im Kapitel 1.4 „Einrichtungen im Gesundheitswesen" kennenlernen. Die Versorgung mit Zahnersatz, Arznei-, Verband-, Heil- und Hilfsmitteln sowie Leistungen der häuslichen Krankenpflege, die Behandlung im Krankenhaus und medizinische Leistungen im Bereich der Rehabilitation und Arbeitstherapie gehören zum Leistungsumfang des Bereiches Behandlung.

1.3.3 Pflege

LF 1
Den Betrieb erkunden und darstellen
Kap. 5

Die seit 1995 bestehende und im Sozialgesetzbuch (SGB) verankerte Pflegeversicherung unterscheidet verschiedene Pflegestufen. Pflegestufe I erhalten alle Personen mit erheblicher Pflegebedürftigkeit. Schwere Pflegebedürftigkeit muss bei einer Einstufung in Pflegestufe II vorliegen. Die Pflegestufe III erhalten nur diejenigen Personen, die schwerstpflegebedürftig sind. Mit der Reform der Pflegeversicherung zum 1. Juli 2008 wurde der Betreuungsbetrag für Pflegebedürftige, die an einer erheblichen Einschränkung der Alltagskompetenz (psychische kranke, behinderte oder demenziell erkrankte Menschen) ausgeweitet. Die Bezeichnung „Pflegestufe 0" wird in diesem Zusammenhang verwendet, wenn Menschen keine Leistungen aus der Pflegestufe I erhalten und dennoch Anspruch auf den Betreuungsbetrag erheben können. Die Leistungen im Bereich Pflege werden von Angehörigen und/oder ambulanten und stationären Einrichtungen erbracht. Auch hier sei an dieser Stelle auf das Kapitel 1.4 „Einrichtungen im Gesundheitswesen" verwiesen. Leistungen der Pflege werden im häuslichen Umfeld der Pflegebedürftigen oder in Alten- und Pflegeheimen erbracht.

1.3.4. Rehabilitation

Maßnahmen der Rehabilitation sollen dazu beitragen, dass eine Wiedereingliederung in den Beruf, in das soziale Gefüge und in gewohnte Freizeitaktivitäten möglich wird. Zu diesen Maßnahmen zählen medizinische, berufsfördernde, soziale und schulische Leistungen der Rehabilitation. Diese Leistungen werden für Menschen mit körperlichen, geistigen oder seelischen Behinderungen bereitgestellt.

1.4. Einrichtungen im Gesundheitswesen

Das Gesundheitswesen ist heute einer der wichtigsten Wirtschaftszweige in Deutschland, in dem medizinische und pflegerische Dienstleistungen erbracht werden. Dies lässt sich mit der Zahl der Unternehmen im Gesundheitswesen einerseits und der Zahl der Beschäftigten in diesen Unternehmen andererseits begründen. Im Gesundheitswesen erbringen also eine

Vielzahl von Einrichtungen Leistungen aus dem im vorangegangenen Kapitel erwähnten Spektrum. Welche Einrichtung ein Patient aufsucht oder welcher Einrichtung des Gesundheitswesens ein Patient zugewiesen wird, hängt maßgeblich von der Schwere und der wahrscheinlichen Dauer der Erkrankung ab. Manchmal kann auch der Patient entscheiden, welche Einrichtung er aufsuchen will. Die Einrichtungen im Gesundheitswesen werden in ambulante, teilstationäre und stationäre Einrichtungen unterschieden.

1.4.1. Stationäre Einrichtungen

Zu den stationären Einrichtungen im Gesundheitswesen gehören Krankenhäuser, Vorsorge- und Rehabilitationseinrichtungen sowie Pflegeeinrichtungen. Diese Einrichtungen werden von Patienten aufgesucht, die aufgrund ihrer Erkrankung oder ihres gesundheitlichen Zustandes eine längere oder dauernde medizinische und pflegerische Betreuung und Versorgung in Anspruch nehmen müssen. Bei längeren Aufenthalten können die Patienten die Einrichtung nach ihrer Genesung wieder verlassen. Ein dauernder Aufenthalt ist dann notwendig, wenn der gesundheitliche Zustand eine fortwährende medizinische und pflegerische Betreuung erfordert.

Krankenhäuser

Krankenhäuser stellen den zahlenmäßig größten Anteil der stationären Einrichtungen dar und bieten Kaufleuten im Gesundheitswesen ein breites Einsatzspektrum. Daher soll diese stationäre Einrichtung nachfolgend detaillierter betrachtet werden. Bezüglich der Art des Krankenhauses werden Hochschulkliniken, Plankrankenhäuser, Krankenhäuser mit einem Versorgungsvertrag und sonstige Krankenhäuser unterschieden. Auf der Grundlage des Hochschulbauförderungsgesetzes wird in einer Hochschulklinik nicht nur medizinisch behandelt und gepflegt, sondern auch geforscht und gelehrt. Plankrankenhäuser sind im Krankenhausplan eines Bundeslandes verzeichnet. Mit der Aufnahme in diesem Krankenhausplan ist die Erstattung der Behandlungskosten durch die Krankenkassen nach den jeweilig geltenden Regelungen gesichert. Krankenhäuser mit Versorgungsvertrag werden mittels eines Versorgungsauftrages durch die Landesverbände der Krankenkassen und durch die Verbände der Ersatzkassen zur Krankenhausbehandlung ihrer Versicherten zugelassen. Alle Krankenhäuser, die nicht einer der obigen Definitionen entsprechen, werden als sonstige Krankenhäuser bezeichnet und können nicht an entsprechenden finanziellen Regelungen teilhaben. Eine weitere Unterteilung der Krankenhäuser kann nach Struktur und Ausstattung erfolgen. Krankenhäuser der Grundversorgung sichern die Versorgung der Bevölkerung wohnortnah und bieten Leistungen im Bereich der Frauenheilkunde, innere Medizin und Chirurgie an. Krankenhäuser der Regelversorgung sind neben den Leistungen im Rahmen der Grundversorgung auf eine Disziplin spezialisiert und bieten diese Spezialversorgung für ein größeres Einzugsgebiet an als Krankenhäuser der Grundversorgung. Krankenhäuser mit Schwerpunktversorgung befinden sich häufig in größeren Städten und bieten mehrere Fachrichtungen und Spezialisierungen an. Krankenhäuser, in denen alle wichtigen Fachgebiete zur Versorgung von Patienten vorhanden sind, sind häufig Universitätskliniken. Sie werden auch als Zentralkrankenhäuser und Krankenhäuser der Maximalversorgung bezeichnet. Aufgrund der Tatsache, dass ein umfassendes Leistungsspektrum angeboten wird, reicht das Einzugsgebiet dieser Häuser häufig über Landesgrenzen hinaus. Fachkrankenhäuser

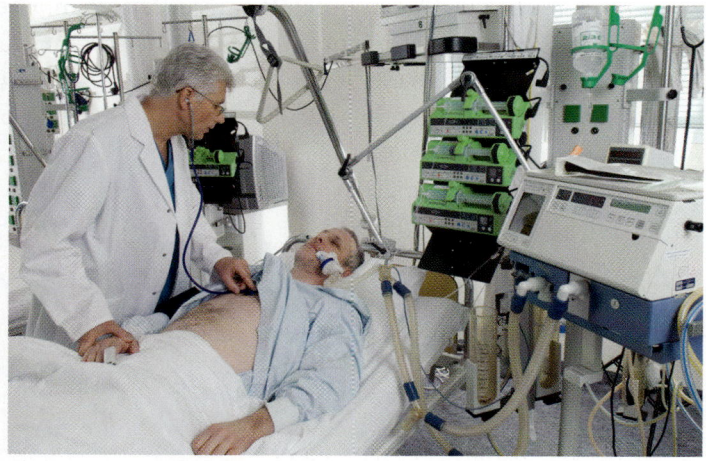

hingegen sind auf bis zu drei Fachgebiete spezialisiert. In diesen Häusern werden nur Kranke behandelt, deren Erkrankung diesen Fachgebieten entspricht. Beispiele sind hier Fachkrankenhäuser für Psychiatrie, Pneumologie oder auch Orthopädie und Rheumatologie. Ein drittes Unterscheidungsmerkmal von Krankenhäusern ist die Trägerschaft. Träger eines Krankenhauses ist derjenige, der die leitende, organisatorische und finanzielle Verantwortung für das Krankenhaus hat. Krankenhäuser in öffentlicher Trägerschaft werden vom Bund, Land, einem Kreis oder von Gemeinden betrieben. Steht ein Krankenhaus unter kirchlicher Leitung oder wird es von einer Organisation der freien Wohlfahrtspflege betrieben, so handelt es sich um eine Einrichtung in freigemeinnütziger Trägerschaft. Hierzu gehören auch Krankenhäuser, die von Stiftungen oder Vereinen geleitet werden. Darüber hinaus gibt es noch Krankenhäuser in privater Trägerschaft. Aufgrund der Marktsituation im Gesundheitswesen und dem starken Wettbewerb ist auch eine Kombination der Trägerschaften für ein Krankenhaus möglich.

Vorsorge- und Rehabilitationseinrichtungen
Stationäre Vorsorgeeinrichtungen haben die Aufgabe, Krankheiten zu vermeiden, indem Schwächungen der Gesundheit, die in eine Krankheit führen, beseitigt werden. Rehabilitative Maßnahmen haben die Heilung von Krankheiten oder die Verhütung beziehungsweise Linderung von Krankheitsbeschwerden zum Ziel. Je nach Gesundheitszustand ist auch die Vorbeugung von Behinderung und Pflegebedürftigkeit ein erklärtes Ziel der Rehabilitation. Aufgrund der Schwere der gesundheitlichen Situation oder aus sonstigen Gründen sind die Patienten für längere Zeit in solchen Einrichtungen untergebracht.

Pflegeeinrichtungen
Zu den stationären Pflegeeinrichtungen gehören Altenheime, Altenwohnheime und Altenpflegeheime. In diesen Einrichtungen sind Menschen auf Dauer untergebracht und werden dort entsprechend den Regelungen zu den Pflegeleistungen betreut.

1.4.2 Teilstationäre Einrichtungen
Teilstationäre Einrichtungen zeichnen sich dadurch aus, dass die Patienten hier für einen längeren Zeitraum verbleiben. Der Aufenthalt in diesen Einrichtungen ist jedoch pro Tag zeitlich begrenzt. So werden Patienten in Tageseinrichtungen nur tagsüber betreut, die Nacht verbringen diese Patienten in ihrer häuslichen Umgebung. In Nachteinrichtungen sind die Patienten tagsüber zu Hause und werden nur für die Nacht in diesen Einrichtungen aufgenommen und ihren Bedürfnissen entsprechend betreut und versorgt. Solche teilstationären Einrichtungen finden wir im Bereich der Vorsorge und Rehabilitation, besonders aber im Bereich der Pflege.

1.4.3 Ambulante Einrichtungen
Die ambulante Versorgung zeichnet sich dadurch aus, dass die Patienten nur kurzzeitig medizinisch oder pflegerisch betreut und versorgt werden. Ein längerer Aufenthalt und Verbleib in der entsprechenden Einrichtung erfolgt nicht. Die ambulante Versorgung wird von niedergelassenen Ärzten, Zahnärzten und deren Zusammenschlüssen, ambulanten Pflegediensten und Apotheken sichergestellt.

Hausärzte, Fachärzte, Zahnärzte und deren Zusammenschlüsse
Um eine ambulante Leistung im gesetzlichen Krankenversicherungssystem anbieten zu können, müssen Ärzte niedergelassen sein. Die Niederlassung ist an den Erwerb eines Praxissitzes gebunden. Neben der Form der Einzelpraxis, in der nur ein Arzt praktiziert, sind auch Zusammenschlüsse und Kooperationen von Ärzten möglich. In solchen Praxen werden medizinische Leistungen wie Diagnose und Behandlung von Erkrankungen erbracht. Diese Leistungen können häufig nur durch die Beteiligung von Fachärzten in Kombination mit Hilfeleistungen weiterer Gesundheitsberufe realisiert werden.

Ambulante Pflegeeinrichtungen

Ambulante Pflegeeinrichtungen leisten ihren Anteil im Rahmen der Versorgung und Betreuung von Patienten in deren häuslichem Umfeld. Neben privaten Anbietern solcher Pflegeleistungen beteiligen sich auch kirchliche, kommunale und wohltätige Organisationen an dieser Versorgungsvariante.

Apotheken

Zur Gewährleistung des medizinischen und pflegerischen Erfolgs ist häufig die Gabe von Medikamenten notwendig. Diese Verteilung der Medikamente an die Patienten erfolgt über die Apotheken, die die Versorgung der Bevölkerung mit Arzneimitteln sicherzustellen haben. Hier werden freiverkäufliche, apothekenpflichtige und verschreibungspflichtige Arzneimittel vertrieben. Darüber hinaus stellen Apotheken bei besonderem Bedarf auch Betäubungsmittel zur Verfügung. Apotheken gibt es in der Form der öffentlichen Apotheke als Ladenlokal, als Krankenhaus- oder Bundeswehrapotheke oder auch als Internet-Apotheke mit Versandhandel.

Aufgaben

Haben Sie die Texte zu den Sektoren und Einrichtungen im Gesundheitswesen gelesen? Dann verfügen Sie jetzt über alle notwendigen Informationen und haben sicherlich alles genau verstanden. Oder nicht?

1. *Welche Fragen sind jetzt noch bei Ihnen offen? Was würden Sie gerne noch klären, um ein umfassenderes Verständnis von den Sachverhalten zu bekommen? Machen Sie sich entsprechende Notizen.*
2. *Woran liegt es Ihrer Meinung nach, dass die Texte kein vollständiges Verständnis der Inhalte bei Ihnen herstellen konnten? Halten Sie Ihre Anmerkungen hierzu schriftlich fest und machen Sie entsprechende Verbesserungsvorschläge!*
3. *Klären Sie nun Ihre noch offen Verständnisfragen aus dem ersten Arbeitsauftrag und ändern Sie die Texte durch Aufnahme Ihrer Verbesserungsvorschläge aus dem zweiten Arbeitsauftrag dann so ab, dass nachfolgende Leserinnen und Leser keine Verständnisschwierigkeiten mehr mit ihnen haben werden. Heften Sie Ihre neuen Texte dann an dieser Stelle ein.*

1.5 Berufe im Gesundheitswesen

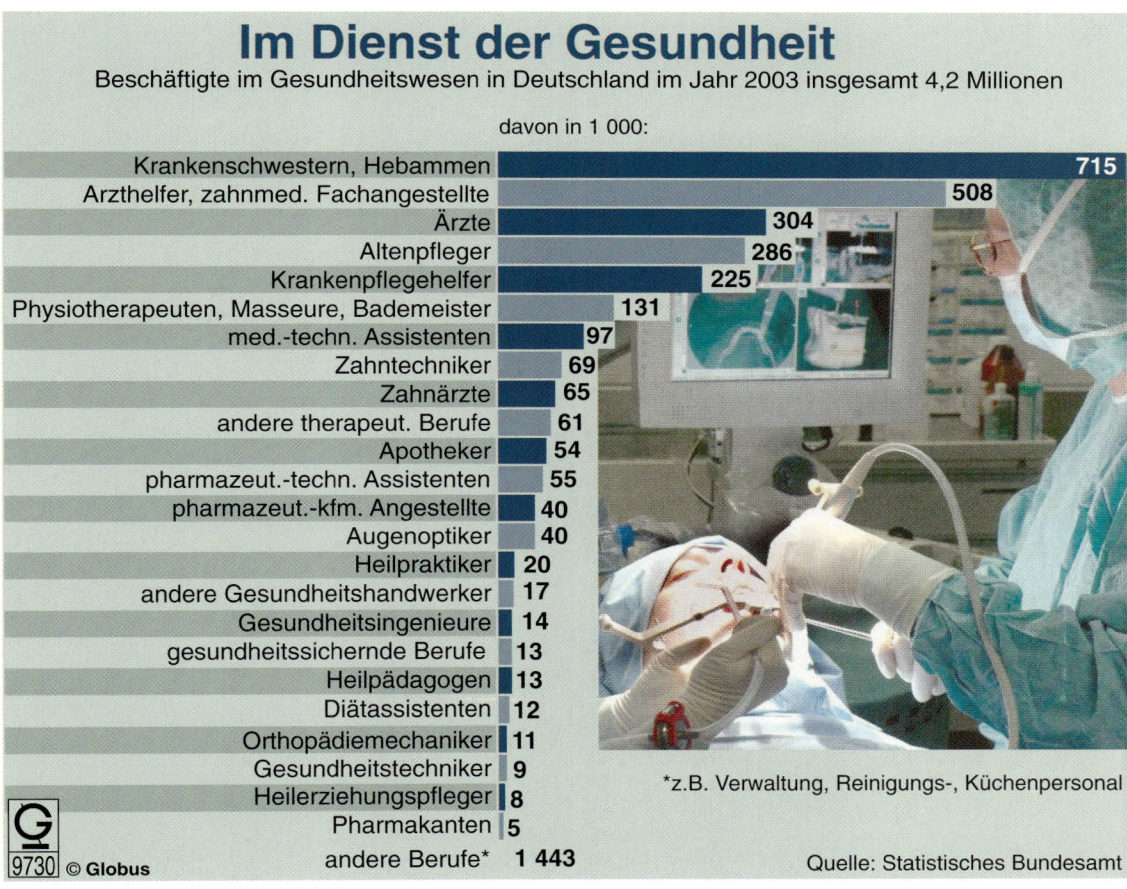

Die obige Abbildung zeigt, dass die Leistungen im Gesundheitswesen von einer Vielzahl von Menschen mit entsprechenden beruflichen Qualifikationen erbracht werden. Diese Berufe kann man nach unterschiedlichen Kriterien unterteilen. Eine mögliche Unterteilung erfolgt anhand der Berufsgruppe. Hier lassen sich akademische und nicht akademische Berufe unterscheiden, es gibt ärztliche und nicht ärztliche medizinische Berufe. Wir finden Assistenzberufe und unterstützende sowie gesundheitssichernde Berufe. Ein breites Berufsfeld bietet das Gesundheitshandwerk. Von großer Bedeutung sind auch Berufe in Unterstützungsbereichen des Gesundheitswesens. Neben dieser berufsgruppenspezifischen Unterteilung kann auch eine Einteilung der Arbeitnehmerinnen und Arbeitnehmer im Gesundheitswesen nach ihrem Status vorgenommen werden. Hier gibt es Arbeitnehmer, Freiberufler und Gewerbetreibende.

Lernfeld 2 — Die Berufsausbildung selbstverantwortlich mitgestalten

Aufgaben

1. Erstellen Sie eine Übersicht, in der Sie die Unterscheidungskriterien aus dem obigen Text darstellen. Ordnen Sie Ihrer Übersicht dann die Berufsbezeichnungen aus der Abbildung „Im Dienste der Gesundheit" zu.
2. Fallen Ihnen noch weitere Ergänzungen (Unterscheidungskriterien/Berufsbezeichnungen) ein? Ergänzen Sie diese in Ihrer Darstellung zur vorherigen Aufgabe.

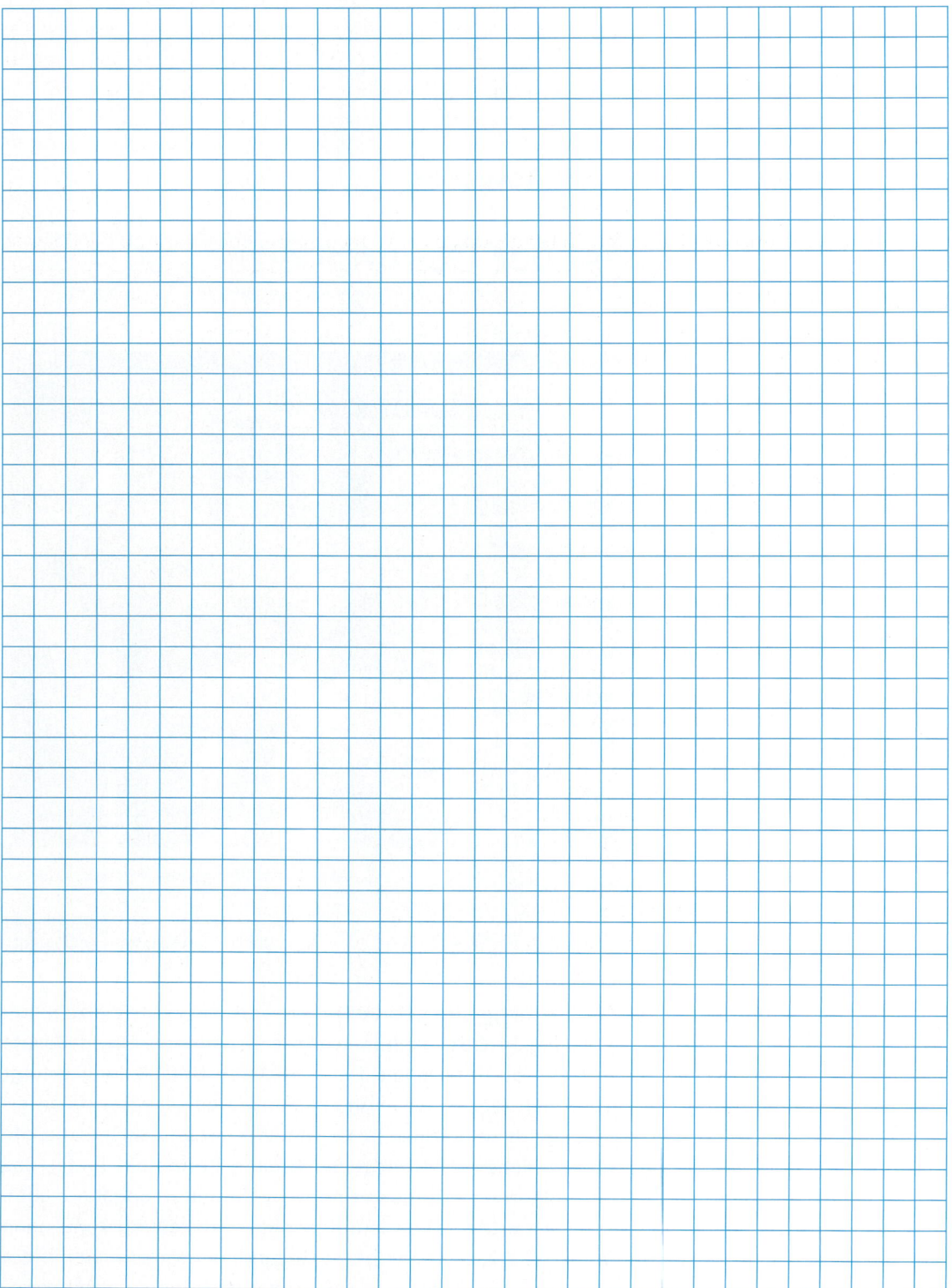

1.6 Kompetenzen

1.6.1 Kompetenzbegriff

Der Begriff „Kompetenz" wird sehr vielfältig benutzt. Zum einen kann er deutlich machen, über welche Berechtigungen eine Person verfügt. So kann eine Person ihre Kompetenzen überschreiten, wenn sie etwas tut, was ihr aufgrund der Rahmenbedingungen nicht zusteht. Mit dem Begriff „Kompetenz" kann aber auch eine Person beschrieben werden. So können wir eine Person für sehr kompetent halten, wenn wir zum Ausdruck bringen wollen, dass sich diese Person in einem Fachgebiet sehr gut auskennt. Wenn wir uns dieser Bedeutung des Begriffes „Kompetenz" weiter nähern wollen, gibt es eine Fülle unterschiedlichster Definitionen, die alle versuchen, die Fähigkeiten und Fertigkeiten einer Person in einem Spezialgebiet zu beschreiben und die alle ausdrücken, dass sie auf diesem Gebiet etwas besonders gut kann. Welche Gebiete aber können das sein? Und welche Arten von Kompetenzen lassen sich beschreiben?

1.6.2 Arten von Kompetenzen

Kompetenz bezeichnet den Lernerfolg in Bezug auf den einzelnen Lernenden und seine Befähigung zu eigenverantwortlichem Handeln in privaten, beruflichen und gesellschaftlichen Situationen. Demgegenüber wird unter Qualifikation der Lernerfolg in Bezug auf die Verwertbarkeit, d.h. aus der Sicht der Nachfrage in privaten, beruflichen und gesellschaftlichen Situationen, verstanden.

> **Aufgaben**
>
> 1. Nehmen Sie den Rahmenlehrplan für Ihren Ausbildungsberuf zur Hand. Suchen Sie nach Kompetenzbeschreibungen und erstellen Sie eine Liste der aufgeführten Kompetenzen mit jeweils einer kurzen Beschreibung.
> 2. Welche Beziehungen haben die unterschiedlichen Kompetenzbegriffe zueinander? Verdeutlichen Sie diese Beziehungen in Ihren Darstellungen zur vorherigen Aufgabe.

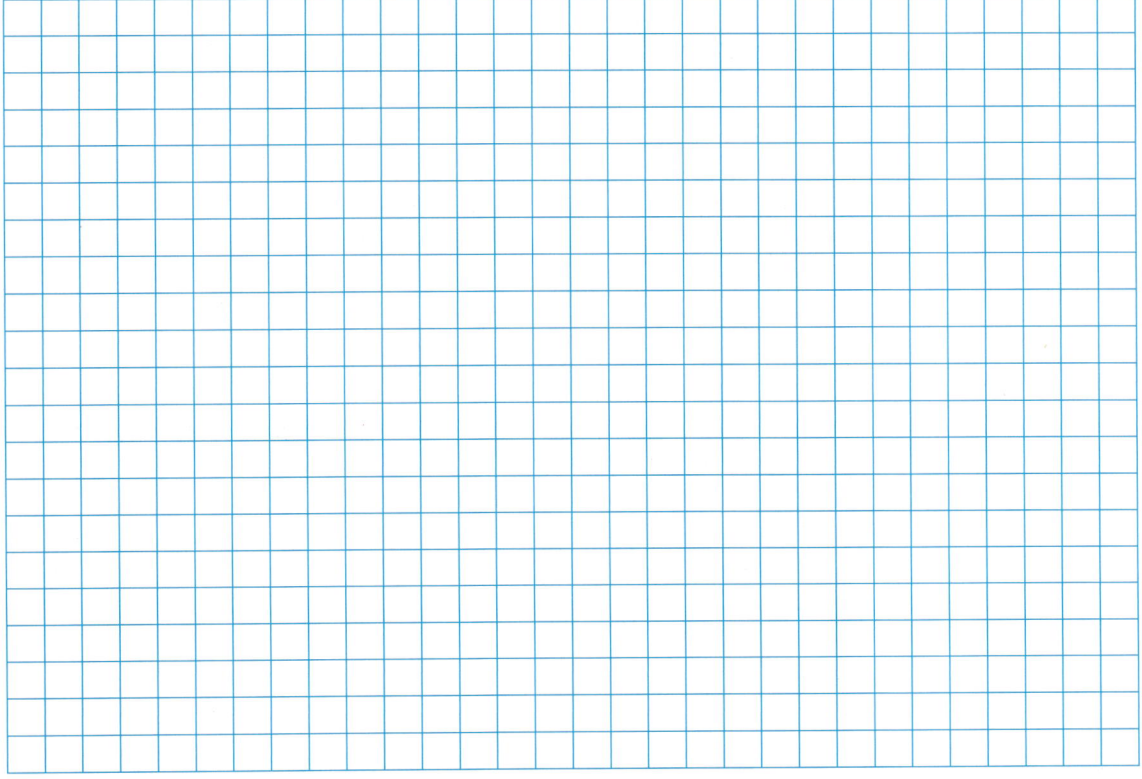

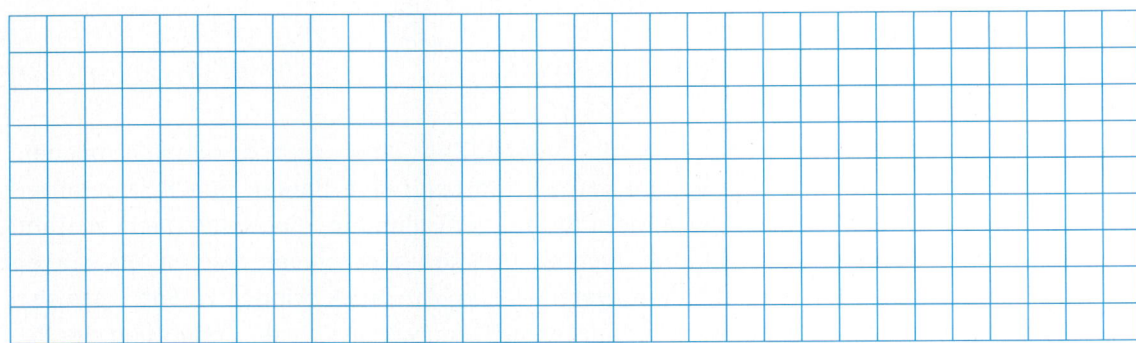

> **! Selbstüberprüfung**
>
> Sie haben sich nun mit dem Begriff „Gesundheit" und dem Gesundheitswesen vertraut gemacht. Darüber hinaus verfügen Sie jetzt über eine Übersicht an Kompetenzen, die für die Arbeit als Kaufmann/-frau im Gesundheitswesen von Bedeutung sind.
> Schauen Sie sich bitte jetzt nochmals den Wissens-Check in diesem Kapitel an und überprüfen Sie Ihre Angaben. Haben Sie sich richtig eingeschätzt? Sind Sie nun sicherer oder in Ihrer Sicherheit bestätigt? Markieren Sie Ihren aktuellen Wissensstand mit einem „O" an der entsprechenden Stelle. Sollten Sie mit Ihrem aktuellen Wissensergebnis noch unzufrieden sein, dann lassen Sie sich diesbezüglich beraten. Halten Sie eine entsprechende Zielvereinbarung schriftlich fest.

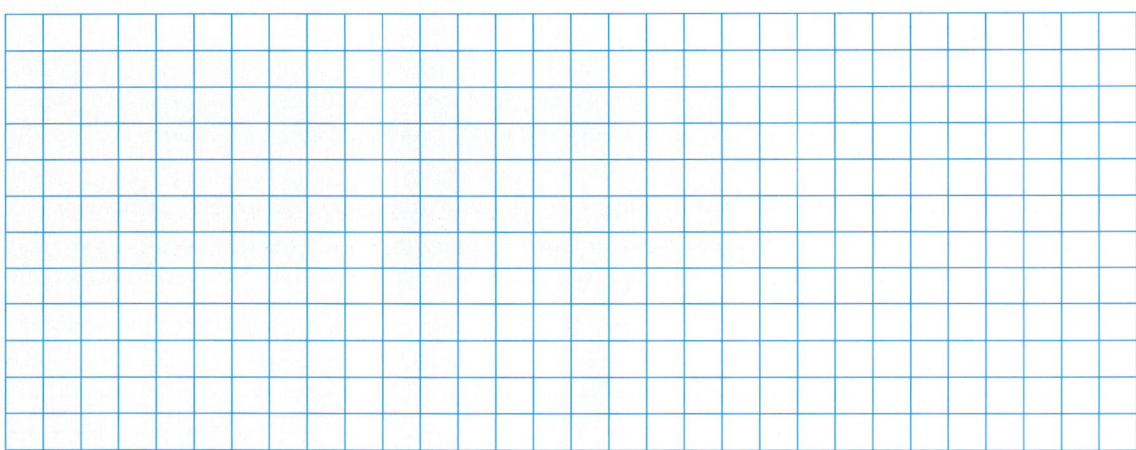

Anwendung

1. Wandeln Sie Ihr bislang erarbeitetes Wissen zu Ihrem Ausbildungsberuf in eine Kurzbeschreibung um. Diese Beschreibung sollte Angaben zum Arbeitsgebiet, zu den beruflichen Fähigkeiten und zu den notwendigen Kompetenzen haben! Lassen Sie sich hierbei auch von Zusatzmaterial aus dem Internet zu Ihrem Ausbildungsberuf unterstützen!

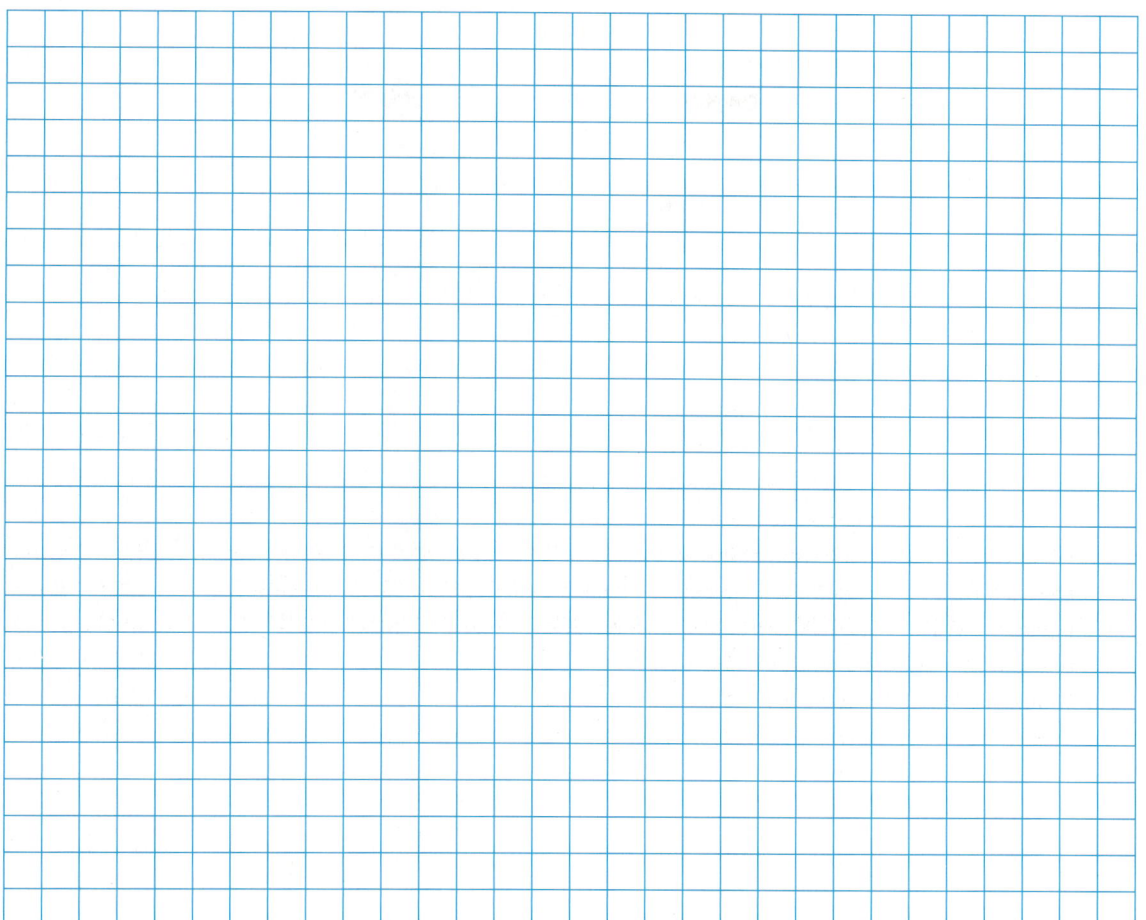

2. Ordnen Sie sich selbst mit Ihrem Ausbildungsberuf in die Systematik der Berufe im Gesundheitswesen ein und bestimmen Sie auch Ihren Ausbildungsbetrieb gemäß den Sektoren und Einrichtungen im Gesundheitswesen.

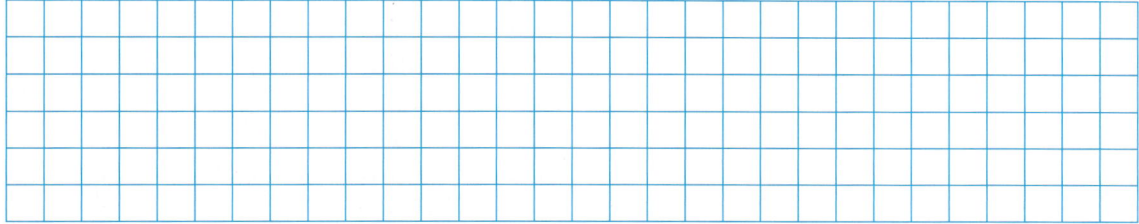

3. Lesen Sie den abgebildeten Zeitungstext „Sterben im Kreis der Familie: Palliativ-Care-Teams kümmern sich um die Betreuung todkranker Kinder".
Welche Einsatzmöglichkeiten sehen Sie für Kaufleute im Gesundheitswesen in einem solchen Palliativ-Care-Team?
Machen Sie vor dem Hintergrund des Textes deutlich, welche Kompetenzen Sie als Mitarbeitende/r in einem solchen Team für eine erfolgreiche Arbeit einbringen können.

Sterben im Kreis der Familie:
Palliativ-Care-Teams kümmern sich um die Betreuung todkranker Kinder

Von Bülent Erdogan

In Deutschland erkranken jährlich etwa 1800 Kinder an Krebs, jedes vierte überlebt die Krankheit nicht. Bis heute fehlen flächendeckende Angebote für eine ambulante palliativmedizinische Versorgung von Kindern – etwa sechs von zehn sterben in Krankenhäusern, und nicht zu Hause im Kreis der Familie. Hier setzt ein Integrationsprojekt zur palliativmedizinischen Versorgung von Kindern und Jugendlichen im Regierungsbezirk Düsseldorf an.
An dem Projekt beteiligt sind das Zentrum für Kinder- und Jugendmedizin der Universitätsklinik Düsseldorf, der Berufsverband der Kinder- und Jugendärzte, die AOK Rheinland, die IKK Nordrhein, die Knappschaft, die Landwirtschaftliche Krankenkasse NRW und die Barmer Ersatzkasse.

Kassen finanzieren das Projekt mit bis zu 100000 Euro jährlich

Kernstück ist das Palliativ-Care-Team (PCT) des Zentrums für Kinder- und Jugendmedizin der Uniklinik. „Die Regelversorgung, die wir bislang haben, sieht ein Sterben zu Hause nicht vor", sagte Dr. Brigitte Wutschel-Monka, Vorstandsvorsitzende der IKK Nordrhein, bei der Vorstellung des Projekts in Düsseldorf. Die Finanzierung der ambulanten Versorgung ist nun vertraglich geregelt. Das Volumen liegt bei 80 000 bis 100 000 Euro pro Jahr, so Wutschel-Monka.

Seit 2003 arbeitet das Care-Team auch ambulant

„Diese Summe ist für uns ein ganz großer Schritt", freute sich Dr. Gisela Janßen, Oberärztin und Leiterin des PCT. Seit 1983 betreut Janßen sterbende Kinder, zunächst mit einer Pflegekraft, später mit zwei Pflegekräften. „Zu der Zeit geschah das alles heimlich, abends nach dem Dienst", sagte Janßen. So waren die ehrenamtlich tätigen Teams auf ihren Fahrten zu den Kindern nicht über den Arbeitgeber versichert. Pro Jahr betreut das PCT zwischen 15 und 25 Kinder aus der Region.
Seit 2003 arbeiten die inzwischen zwei Ärzte und fünf Schwestern offiziell im ambulanten Bereich. Möglich wurde das durch die finanzielle Unterstützung des Vereins Elterninitiative Kinderkrebsklinik. Der Verein bezahlt eine Arzt- und eine Schwesternstelle. Zudem verfügen die Ärzte und Krankenschwestern dank der Hilfe des Vereins inzwischen über einen Fundus an Gerätschaften, um den Kindern vor Ort schnell helfen zu können, erläuterte Janßen. „Wenn wir ein Bett brauchen, können wir das innerhalb von 24 Stunden aufstellen." Früher habe man Hilfsmittel wie Rollstühle erst bei der Krankenkasse beantragen müssen, sagt sie.

Ärzte sind über einen Rufdienst 24 Stunden am Tag erreichbar

Über einen Rufdienst sind die Ärzte 24 Stunden am Tag erreichbar. Janßen hofft, dass das Team mit den nun zur Verfügung stehenden zusätzlichen Mitteln noch um einen dritten Kollegen ergänzt werden kann, um die Rufbereitschaft auf mehr Schultern zu verteilen. Im Durchschnitt besuchen Janßen und ihr Kollege jeden Patienten zehnmal über einen Zeitraum von sechs Wochen. Im vergangenen Jahr kamen so 16 000 Kilometer zusammen. Die Kooperation mit niedergelassenen Kinderärzten soll helfen, diese zeitliche Belastung zu senken, hofft Janßen. Kinderärzte spielten zudem eine wichtige Rolle bei der Trauerarbeit, da sie die betroffenen Familien kennen, sagte Janßen. Als Betreuungspauschale erhalten die am Modellprojekt teilnehmenden Kinder- und Jugendärzte pro Quartal 50 Euro und 45 Euro für zusätzliche Hausbesuche. Begleiten die Ärzte die Kinder in die Klinik, bekommen sie dafür 95 Euro.

Wohnzimmer wird zum Sterbezimmer umfunktioniert

Bei der Betreuung der Kinder in ihrer häuslichen Umgebung kommt es vor allem darauf an, das soziale Umfeld mit einzubeziehen. Das Personal in Kliniken kann dies aus Zeitgründen meist nicht leisten. Die Mitglieder des Palliativ-Care-Teams versuchen, auf die Wünsche der Kinder einzugehen. So habe etwa ein Kind einmal im Leben auf einem Elefanten reiten, ein anderes noch einmal an einer Klassenfahrt teilnehmen wollen. „Auch das geht, wenn man nach Wegen sucht", so Janßen. In den Familien selbst werde oft das Wohnzimmer zum Sterbezimmer des Kindes umfunktioniert. „Die Kinder wollen alles mitbekommen", so Janßen. Für die Entscheidung der Eltern, das Kind mit zum Sterben nach Hause zu nehmen, sei es sehr wichtig, dass diese über eine Rufbereitschaft jederzeit einen Ansprechpartner hätten. Der Chef des Landesverbandes Nordrhein des Bundesverbandes der Kinder- und Jugendärzte, Dr. Thomas Fischbach, verwies auch auf das Schicksal von Kindern mit anderen unheilbaren Krankheiten. Er hoffe, dass auch diesen Patienten in Zukunft ein Sterben im häuslichen Umfeld ermöglicht werde, sagte er. Nach Angaben des Hospizvereins am Städtischen Klinikum Gütersloh leiden etwa 16 000 Kinder in Deutschland an tödlich verlaufenden Erkrankungen, etwa 1500 sterben pro Jahr.

Stichwort

Palliativ-Care-Teams

Die Aufgabe von ambulanten Palliativ-Care-Teams ist die Begleitung Schwerkranker und Sterbender sowie ihrer Angehörigen. Die Teams bestehen meist aus einem Arzt, einer Krankenpflegerin und einem Sozialarbeiter. Sie koordinieren die Zusammenarbeit von Hausärzten, Pflegediensten und ambulanten Hospizdiensten. In enger Absprache mit den Patienten, ihren Bevollmächtigten und dem jeweiligen Hausarzt organisieren sie auch die einzelnen Behandlungsschritte. Finanziert wird der Einsatz der ambulanten Palliativ-Care-Teams derzeit noch oft durch Spenden oder durch integrierte Versorgungsmodelle. Dazu schließen Krankenkassen mit Kliniken, Care-Teams, niedergelassenen Haus- und Fachärzten und Pflegediensten entsprechende Verträge nach Paragraph 140a ff. SGB V ab.

Quelle: Bülent Erdogan, Ärzte Zeitung, Nr. 125, 10.07.2006

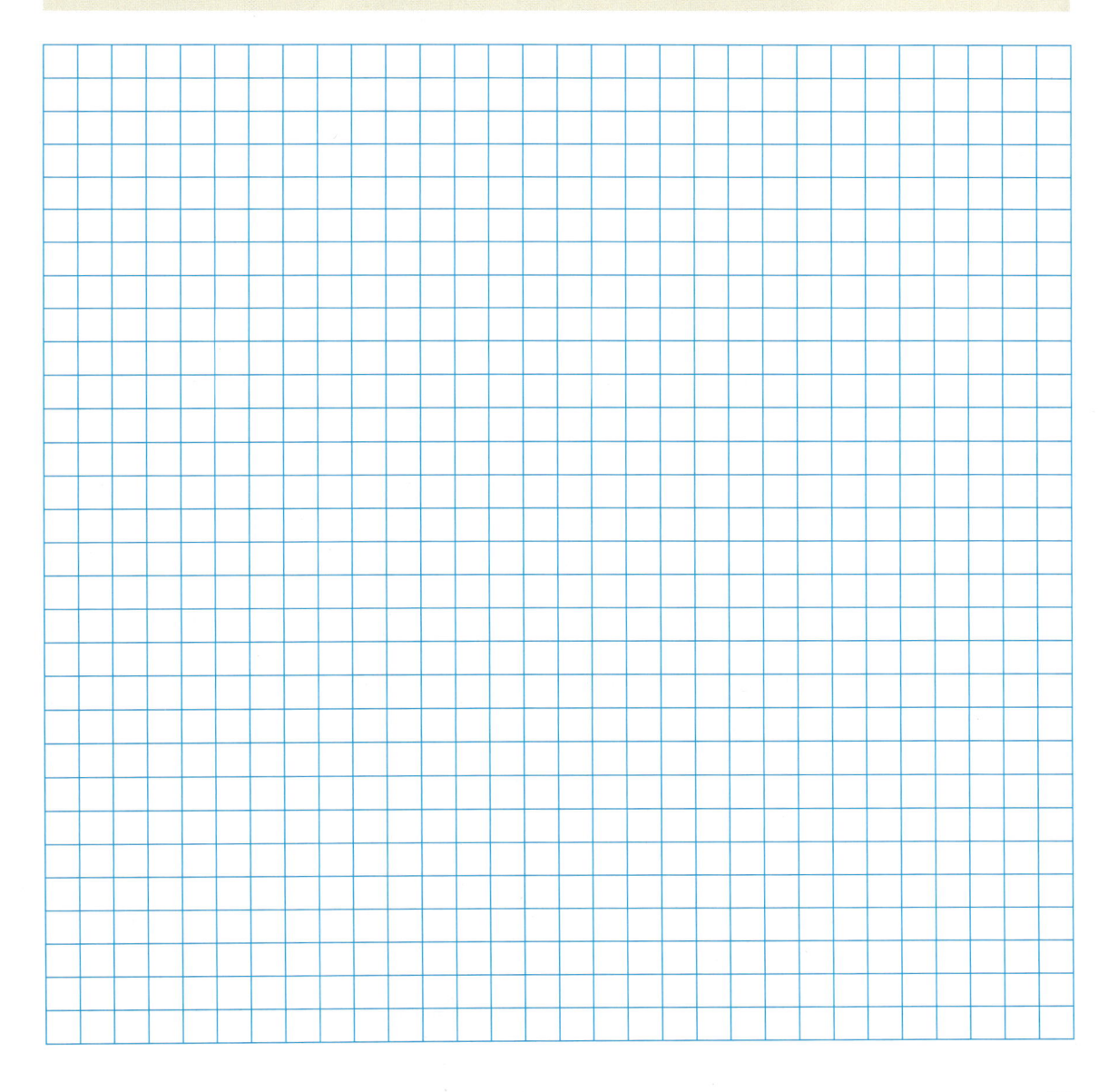

Problemlösung

Kommen wir nochmals auf die Ausgangssituation dieses Kapitels zurück. Sie erinnern sich?

Sie wollen heute Ihren ehemaligen Mitschülerinnen und Mitschülern besser erklären können, in welchem Arbeitsumfeld Sie sich mit Ihrem Ausbildungsberuf bewegen und welche Leistung Sie als Kauffrau/Kaufmann im Gesundheitswesen für das Gesundheitswesen erbringen. Was werden Sie Ihren Freunden erzählen?

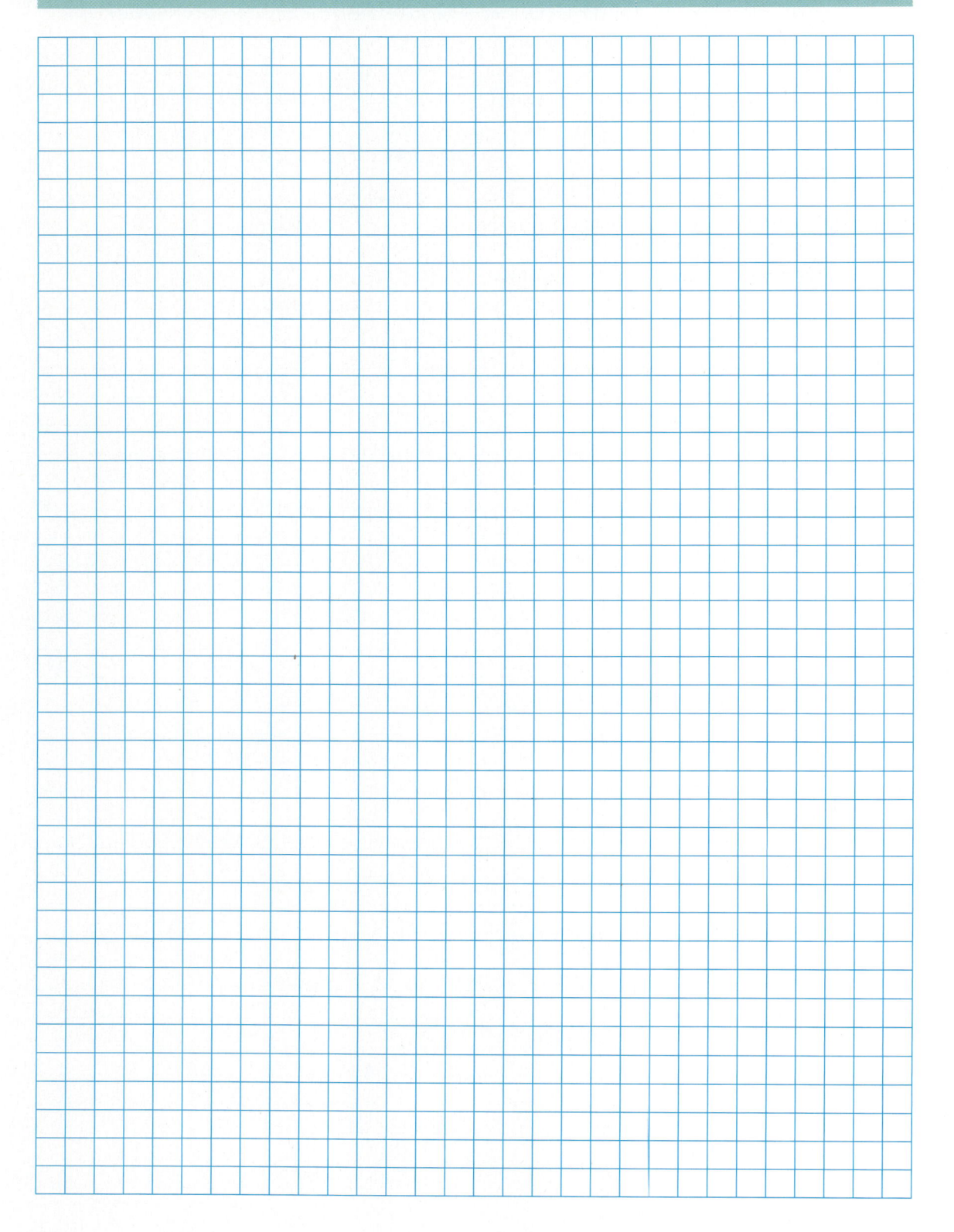

Methodenecke

Die Lernkartei

Das Arbeiten mit der Lernkartei beantwortet die Frage „… und wie soll ich mir das alles jetzt merken?". Die Lernkartei ist ein Instrument, mit dem Fachbegriffe eines Wissensgebietes erarbeitet und wiederholt werden können. Auf Karteikarten halten Sie die entsprechenden Lerninhalte fest. Dabei wird jede Karteikarte mit einem neuen Aspekt des Wissensgebietes versehen.

Auf der einen Seite notieren Sie einen Fachbegriff, auf der anderen Seite hinterlegen Sie dann die entsprechende Erklärung. Sie können sich Erklärungstexte erstellen, Schaubilder zeichnen oder was immer Sie wollen.

Die so erstellten Karten können Sie immer bei sich tragen und zu jeder Zeit mit ihnen arbeiten. Wenn Sie die Karten immer wieder durcharbeiten, werden Sie feststellen, dass sich viele Begriffe schon tief in Ihr Gedächtnis eingegraben haben, andere hingegen wollen Ihnen nicht so recht vertraut werden.

Besorgen Sie sich jetzt einen Karteikasten. In diesen Karteikasten stellen Sie die Karteikarten, mit denen Sie noch große Probleme haben, ganz vorne. Im nächsten Fach stehen die Karten, die schon weniger Probleme machen, und ganz am Ende des Kastens stehen die Karteikarten, deren Inhalte Sie bereits problemlos beherrschen. In Ihrem Karteikasten sollten Sie nicht mehr als fünf unterschiedliche Fächer haben.

Jetzt arbeiten Sie die Abteilungen Ihres Karteikastens immer wieder durch. Sobald Sie eine Karteikarte besser können, stecken Sie diese eine Abteilung weiter nach hinten. Karteikarten in hinteren Abteilungen, deren Inhalt Sie etwa wieder vergessen haben, müssen wieder in die erste Abteilung gesteckt werden.

Durch das Wiederholen und Umstecken der Karten haben Sie immer die „Problemkarten" unter Kontrolle und können diese besonders intensiv bearbeiten. Und wenn Sie konsequent mit den Karteikarten arbeiten, wird die Abteilung, in der die Karten stehen, die Ihnen keine Probleme mehr machen, immer größer werden.

2 Institutionelle Organisation der Berufsausbildung

In diesem Kapitel lernen Sie die Ausbildungsform „duale Berufsausbildung" kennen. Sie werden die relevanten Ausbildungsorte benennen und deren Aufgaben im Rahmen Ihrer Berufsausbildung beschreiben können. Sie werden wissen, welchen Rahmenvorgaben Ihre Ausbildung entsprechen muss und Sie werden erfahren, welche Bedeutung die Industrie- und Handelskammer (IHK) für Ihre Ausbildung hat.

Wissens-Check

Schätzen Sie Ihre Kenntnisse zur institutionellen Organisation Ihrer Berufsausbildung ein, indem Sie ein „X" an die entsprechende Stelle der nachfolgenden Tabelle setzen.

Aussage	Ich bin mir ganz sicher.	Da bin ich mir unsicher.	Das weiß ich gar nicht.
Ich kenne die Lernorte, die mich in meiner Ausbildung begleiten.			
Ich kenne die Unterlagen, die Regelungen zu meiner Berufsausbildung enthalten, kann sie benennen und deren Inhalte kurz darstellen.			
Ich kann die an meiner Ausbildung beteiligten Organisationen und Institutionen benennen und deren Aufgaben in einem Schaubild darstellen.			

Anwendung

Lesen Sie den nachfolgenden Text. Verwenden Sie hierzu die im ersten Kapitel erlernten Methoden zum systematischen Lesen und Markieren.

Bereits im Mittelalter regelten das Handwerk und der Handel die Lehrlingsausbildung durch entsprechende Vorgaben der Innungen und Zünfte. Diese unterschiedlichen Regelungen wurden dann im 17. Jahrhundert zu staatlichen Gesetzen zusammengeführt und bildeten die Grundlage für die Bildung von beruflichen Fortbildungsschulen im 19. Jahrhundert. Diese Schulen könnten auch als Vorläufer der heutigen Berufsschulen bezeichnet werden. Im Jahr 1919 wurden dann sogenannte Berufsschulgesetze erlassen, die ab 1945 in die Ländergesetze zur Berufsausbildung übernommen und weiter ergänzt wurden. Unsere aktuelle Form der Berufsausbildung hat also ihre Wurzeln im Mittelalter. Die Bezeichnung „duale Berufsausbildung" oder „duales System" wurde erstmals 1964 in einem Gutachten zum beruflichen Ausbildungs- und Schulwesen verwendet und macht deutlich, dass die Berufsausbildung an den beiden Lernorten Schule und Ausbildungsbetrieb stattfindet. Die duale Berufsausbildung verfolgt eine Fülle von Zielen, die alle im Bereich der Bildung und Erziehung von jungen Menschen liegen. KIm Rahmen der Berufsausbildung sollen individuelle und gesellschaftspolitische Ansprüche berücksichtigt werden. Die Auszubildenden sollen zu kritisch reflektierenden Menschen erzogen werden, die ihre freie Entfaltung zum Wohle der Gesellschaft vorantreiben. Die duale Berufsausbildung soll selbstverständlich in erster Linie auch berufliche Grund- und Fachkenntnisse vermitteln. Die Auszubildenden sollen lernen, sich qualifiziert an Arbeitsprozessen zu beteiligen, sie mitzugestalten und Verantwortung zu übernehmen. In der Auseinandersetzung mit der Zukunft und ihren eigenen Perspektiven sollen die Auszubildenden ein Verständnis und die Motivation für lebenslanges Lernen entwickeln, um vor dem Hintergrund sich ständig ändernder beruflicher Rahmenbedingungen eine Beschäftigung und somit den Erwerb des Lebensunterhalts zu sichern. Von besonderer Bedeutung ist hier das Erlernen und Entwickeln der sogenannten Schlüsselqualifikationen. Die Berufsausbildung in dualer Form wird aufgrund gesellschaftlicher, politischer, technologischer, wirtschaft-  licher und kultureller Hintergründe nicht in allen Ländern der EU angewendet. In den EU-Ländern, die nicht in dualer Form ausbilden, findet die Berufsausbildung in Vollzeitschulen statt. Eine solche Ausbildungsform findet demnach nur in der Schule statt, eine Kooperation mit Ausbildungsbetrieben erfolgt nicht. Die duale Berufsausbildung für Ihren Ausbildungsberuf wird von der Industrie- und Handelskammer (IHK) begleitet. Als berufsständische Vertretung übernimmt sie Aufgaben im Bereich der Aufsicht und Überwachung der Berufsausbildung und sie ist zuständig für die Schlichtung von Streitigkeiten. Darüber hinaus koordiniert die IHK die Prüfungsverfahren für die Zwischen- und Abschlussprüfung.

Anwendung

1. Wie hat Ihnen der Text formal gefallen? Wenn Sie Verbesserungsvorschläge haben, dann überarbeiten Sie den obigen Text anhand Ihrer Erfahrungen aus dem ersten Kapitel. Finden Sie zudem eine Überschrift für den Text. Heften Sie Ihr Arbeitsergebnis hier zu Ihren Unterlagen
2. Erinnern Sie sich noch an die Kompetenzen aus dem vorangegangenen Kapitel, die Sie sich im Verlauf der Ausbildung aneignen sollen? Erstellen Sie zur Wiederholung eine Sammlung der Kompetenzbegriffe mit einer kurzen Erläuterung.
3. Erarbeiten Sie sich den Begriff „Schlüsselqualifikation" und halten Sie Ihre Ergebnisse nachfolgend fest.

2.1 Lernort Betrieb

Der Lernort Betrieb hat vorwiegend die Aufgabe, die berufspraktischen Kenntnisse, die zum Erreichen des Ausbildungsziels notwendig sind, zu vermitteln. Welche Ausbildungsinhalte von diesem Lernort vermittelt werden sollen, ist im Berufsbildungsgesetz (BBiG), in der Ausbildungsordnung und dem Ausbildungsvertrag geregelt. Darüber hinaus sollte Ihr Ausbildungsbetrieb einen individuellen Ausbildungsplan für die Dauer der Berufsausbildung entwickelt haben.

Aufgaben

1. Sichten Sie das BBiG, die Ausbildungsordnung zu Ihrem Ausbildungsberuf und Ihren Ausbildungsvertrag und tragen Sie alle Informationen zusammen, aus denen hervorgeht, für welche Ausbildungsinhalte der Lernort Betrieb im Rahmen Ihrer Ausbildung zuständig ist. Heften Sie Ihre Sammlung hier ein und versehen Sie sie mit einem Deckblatt. Dieses Deckblatt sollte die Inhalte in stichwortartiger Form beinhalten.
2. Heften Sie an dieser Stelle auch den von Ihrem Ausbildungsbetrieb entwickelten Ausbildungsplan ein.

2.2 Lernort Berufsschule

Die Berufsschule hat den Auftrag, die Allgemeinbildung der Auszubildenden zu fördern und fachliche Kenntnisse und Fertigkeiten, die für den Ausbildungsberuf von Relevanz sind, zu vermitteln. So werden Sie in Ihrem Stundenplan nicht nur berufsbezogene Fächer finden (Dienstleistungsprozesse, Steuerungs- und Abrechnungsprozesse, Management im Gesundheitswesen), sondern auch Fächer wie Deutsch, Religionslehre, Politik oder auch Sport. Bei der Ausbildung folgt die Berufsschule den jeweiligen Lehrplänen, die auf Landesebene verpflichtend sind. Der Berufsschulunterricht kann in Teilzeit- oder Blockform erfolgen. In der Teilzeitform findet die Ausbildung in der Schule in der Regel an zwei Tagen statt. Den Rest der Woche verbringen die Auszubildenden im Betrieb. Der Blockunterricht ist so geregelt, dass der Berufsschulbesuch kompakt in Blöcken über mehrere Wochen stattfindet. Während der Blockunterrichtsphasen arbeiten die Auszubildenden nicht in den Betrieben.

Aufgabe

1. Erarbeiten Sie sich die Struktur des Lehrplans Ihres Ausbildungsberufes, indem Sie eine Übersicht über die Themen und Inhalte erstellen und diese den Ausbildungsjahren zuordnen.

2. Bringen Sie die nachfolgenden Textabschnitte in eine sinnvolle Reihenfolge. Setzen Sie hierzu die Reihenfolgezahlen in die linken Kästchen ein.

	Dazu fordert sie die Auszubildenden zum Führen eines Berichtsheftes auf und führt die entsprechenden Zwischen- und Abschlussprüfungen durch.
	Das System der dualen Berufsausbildung.
	Der Ausbildungsbetrieb orientiert sich an den Regelungen des Berufsausbildungsgesetzes.
	Der Unterricht erfolgt auf der Basis eines diesen Gesetzen entsprechenden Lehrplans, der die Grundlage zur Vermittlung der berufsspezifischen Fachkenntnisse in Teilzeit oder Blockform bildet.
	Die Berufsausbildung im dualen System erfolgt an zwei Lernorten: der Berufsschule und dem Ausbildungsbetrieb.
	Die Berufsschulen sind Pflichtschulen und sind nach Fachrichtungen gegliedert.
	Die Industrie- und Handelskammer (IHK) überwacht die Ordnungsmäßigkeit der Ausbildung.
	Die Berufsschule sorgt für die theoretische Unterweisung in dem zu erlernenden Beruf.

Lernfeld 2 Die Berufsausbildung selbstverantwortlich mitgestalten

	In den Ausbildungsbetrieben erfolgt überwiegend die praktische Ausbildung.
	Rechtsgrundlage für die schulische Ausbildung sind die Schulgesetze der Länder unter der Regelung der jeweiligen Kultusministerien.
	Schüler des gleichen Berufes sind in Fachklassen zusammengefasst.
	Der in dieser Ausbildungsverordnung festgeschriebene Ausbildungsrahmenplan regelt die Inhalte der praktischen Ausbildung, die mit dem Abschluss des Ausbildungsvertrages zwischen Ausbilder und Auszubildendem beginnen kann.
	Zudem ist für jeden Ausbildungsberuf eine Ausbildungsverordnung festgelegt.

3. Gleichen Sie die von Ihnen festgelegte Textabfolge ab und nehmen Sie notwendige Korrekturen vor.
4. Wandeln Sie den Inhalt des entstandenen Textes in ein Schaubild um. Vergleichen Sie dann Ihr Schaubild mit dem Ausgangstext und beschreiben Sie Vor- und Nachteile beider Inhaltsdarstellungen.

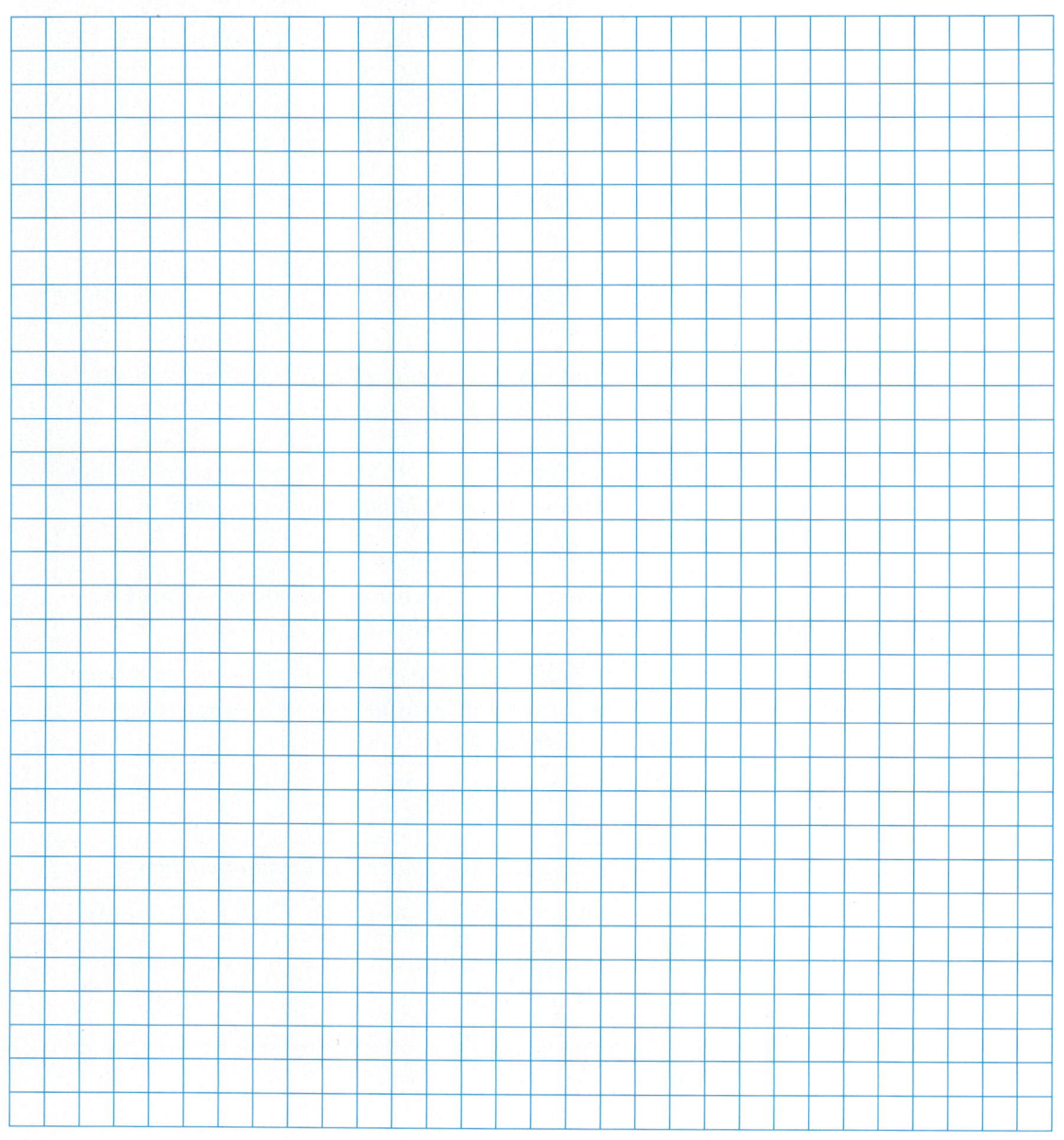

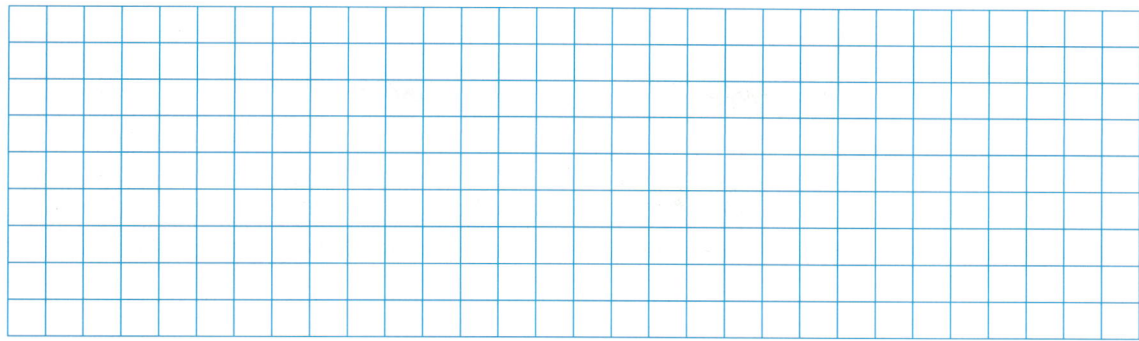

Fallsituation

Obwohl Sie Ihrem rekonstruierten Text zum dualen Ausbildungssystem entnehmen können, dass Berufsschulen Pflichtschulen sind, will sich einer Ihrer Mitschüler entscheiden, die Berufsschule nicht zu besuchen, weil er durchaus in der Lage sei, sich die Theorie im Alleingang anzueignen.

Problemlösung

Sammeln Sie Informationen zur Pflichtschulzeit für das Land Nordrhein-Westfalen und prüfen Sie in diesem Zusammenhang die Aussage zur Schulpflicht. Erstellen Sie eine Übersicht, mit deren Hilfe Ihr Mitschüler erkennen kann, welche Regelungen zur Pflichtteilnahme für die Berufsschule gelten.

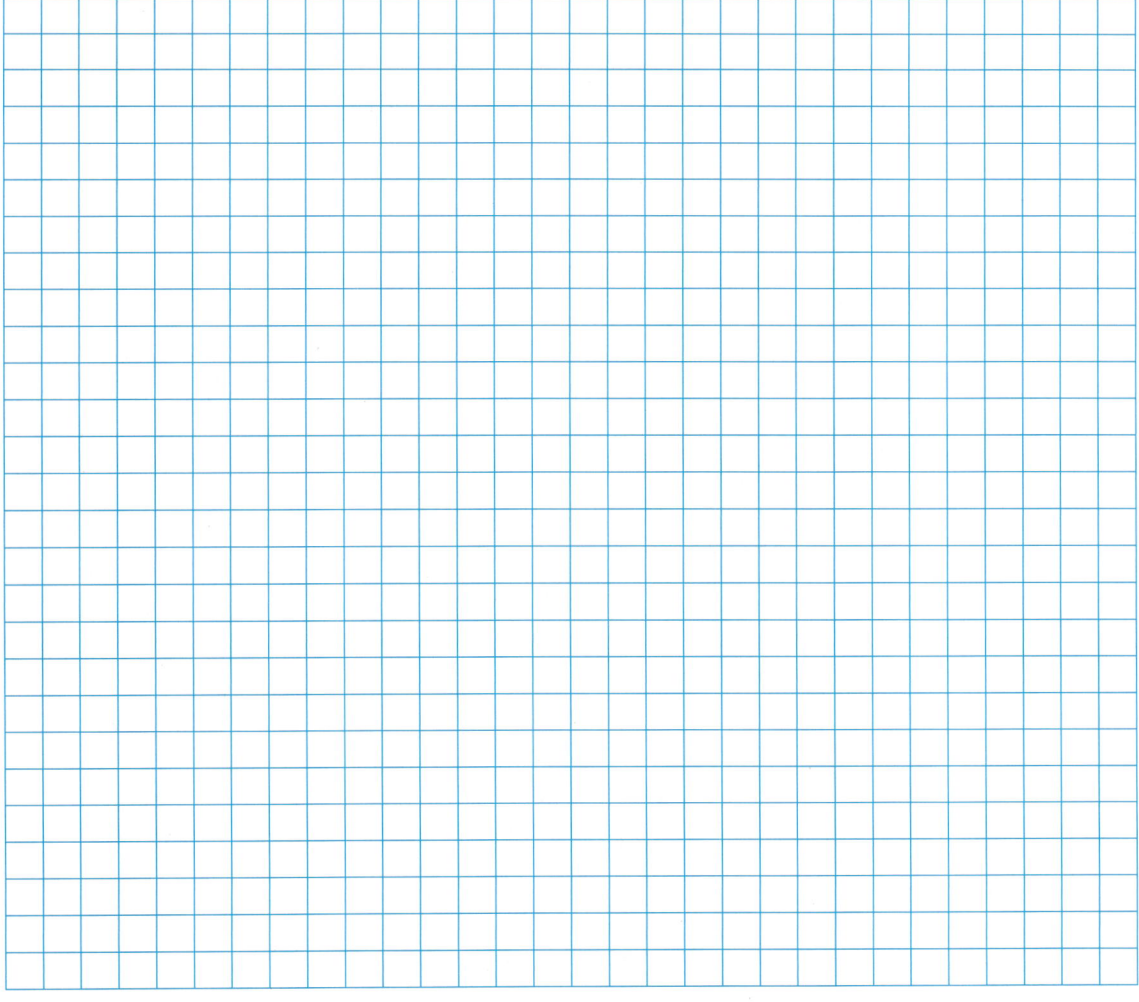

Lernfeld 2 Die Berufsausbildung selbstverantwortlich mitgestalten

! **Selbstüberprüfung**
Sie sind nun am Ende des zweiten Kapitels angekommen. Kehren Sie bitte jetzt nochmals zum Wissens-Check zurück und überprüfen Sie Ihre Angaben, indem Sie Ihren aktuellen Wissensstand mit einem „O" an der entsprechenden Stelle markieren. Sollten Sie mit dem Ergebnis unzufrieden sein, lassen Sie sich beraten und entwickeln Sie eine Zielvereinbarung für das weitere Vorgehen. Halten Sie diese Zielvereinbarung in dem nachfolgenden Bereich schriftlich fest.

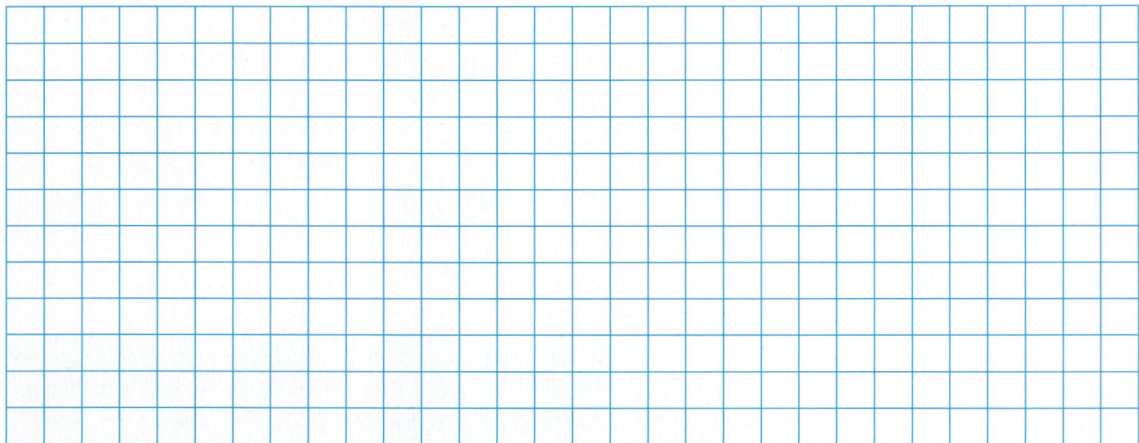

Methodenecke

Erinnern Sie sich noch an die Lernkartei? Nehmen Sie die für Sie neuen Informationen aus dem aktuellen Kapitel in Ihrer Kartei auf.

3 Rechtliche Grundlagen der Berufsausbildung

 In diesem Kapitel werden Sie sich mit den Rahmenbedingungen auseinandersetzen, die Ihre Berufsausbildung regeln. Sie werden so erkennen, welche Kenntnisse, Fertigkeiten und Fähigkeiten Sie im Verlauf Ihrer Ausbildung erlernen sollen. Denn wenn Sie den inhaltlichen Umfang Ihrer Ausbildung besser kennen, können Sie Ihre Ausbildung auch selbstverantwortlich mitgestalten.

Aufgaben

Für die Arbeit mit diesem Kapitel benötigen Sie Auszüge aus dem Berufsbildungsgesetz, die Ausbildungsordnung Ihres Ausbildungsberufes, den Ausbildungsrahmenplan und das Ausbildungsberufsbild.

Fallsituation

Sie arbeiten nun schon seit einigen Wochen in Ihrem Ausbildungsbetrieb und haben sich in Ihren Status als Azubi eingefunden. Mal ehrlich – sind alle Beteiligten zufrieden?

Aufgaben

Denken Sie über Ihre Situation in Ihrem Unternehmen nach und halten Sie die Punkte fest, die nicht zu Ihrer Zufriedenheit beitragen oder in denen andere nicht mit Ihnen zufrieden sind. Formulieren Sie die Punkte schriftlich und so präzise wie möglich. Sie könnten Ihre Aussagen wie folgt beginnen lassen: „Mir gefällt nicht, dass ..." oder „Man ist unzufrieden mit mir, weil ..."
Wenn bei Ihnen alles super läuft und Sie keine Notizen machen können, dann schließen Sie sich mit Ihren Mitschülerinnen und Mitschülern zusammen und helfen Sie ihnen bei den Formulierungen. Halten Sie Ihre oder deren Aussagen in dem nachfolgenden Bereich fest:

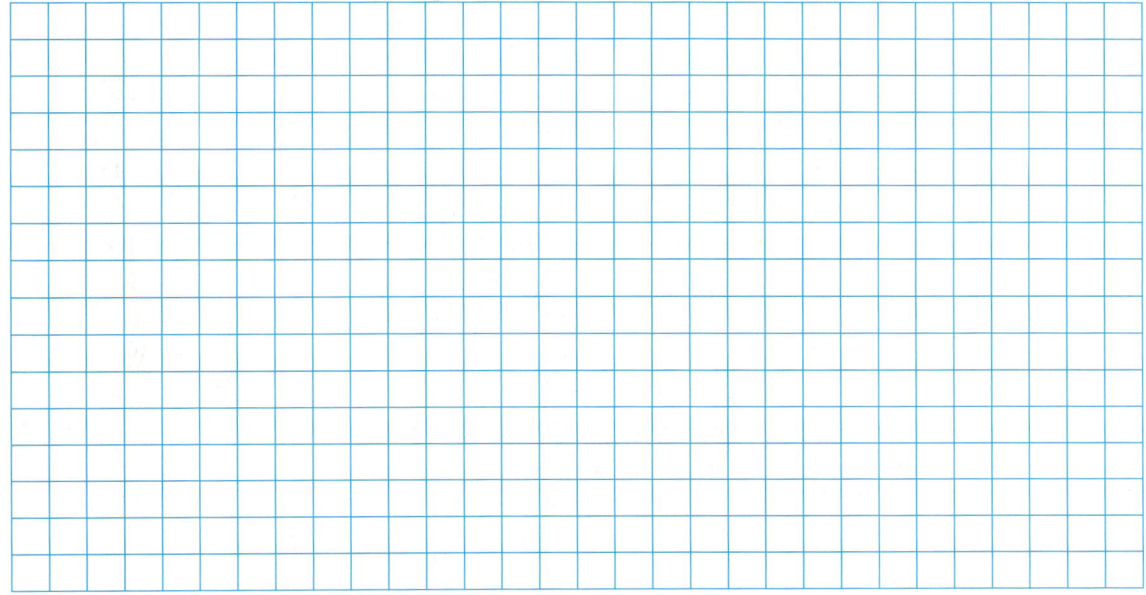

Fallsituation

Sicherlich haben Sie den einen oder anderen Punkt notiert, der Ihnen oder Menschen in Ihrem Ausbildungsbetrieb im Rahmen Ihrer Berufsausbildung nicht gefällt. Würden Sie gerne etwas daran ändern wollen? Dann tun Sie es. Die nachfolgende Methodenecke wird Ihnen verdeutlichen, wie Sie sich hierbei professionell verhalten können.

Methodenecke

Wenn Sie in Ihrem beruflichen Leben Probleme lösen müssen, dann ist die Problemlage häufig sehr komplex. Vieles hängt voneinander ab oder beeinflusst sich gegenseitig. Das Arbeiten in solchen komplexen Situationen erfordert ein umsichtiges Handeln, wenn das Problem zur Zufriedenheit aller gelöst werden soll. Hilfestellung in solchen Situationen können die nachfolgend dargestellten Phasen der Bearbeitung komplexer Situationen sein.

1. Analysieren der Ausgangssituation
   Schauen Sie sich die Ausgangslage genau an. Wer sind die Beteiligten? Was ist deren Anliegen? Welches Ziel verfolgen die beteiligten Parteien? Über welche Informationen verfügen die beteiligten Personen? Sind die Informationen vollständig?
   Tragen Sie alle Informationen zusammen und verschaffen Sie sich selbst zunächst einen Überblick über die Sachlage.

2. Planen einer möglichen Lösung
   Sie haben sich nun mit der Ausgangslage vertraut gemacht. Suchen Sie jetzt einen Lösungsweg. Verwenden Sie hierzu die von Ihnen zusammengetragenen Informationen und Materialien. Bei Ihrer Suche können Sie sich zum Beispiel auf Gemeinsamkeiten in den Zielen der Beteiligten konzentrieren. Vielleicht erkennen Sie auch, dass die Ursache des Problems in einem Informationsdefizit liegt oder einfach nur ein Missverständnis ist.
   Planen Sie Ihre Lösung in einzelnen Schritten, die aufeinander aufbauen und langsam zur Lösung des Problems führen können. Halten Sie für jeden einzelnen Schritt nicht nur fest, was sie jeweils tun wollen, sondern auch, wie Sie vorgehen wollen.
   Wenn Sie Ihren Lösungsweg beschrieben haben, dann schauen Sie ihn sich nochmals an und prüfen Sie ihn noch ein letztes Mal, bevor Sie mit der Umsetzung beginnen.

3. Durchführen des Lösungsprozesses
   Arbeiten Sie Ihren Lösungsweg nun Schritt für Schritt ab.

4. Präsentieren der Lösung
   Sie sind am Ende Ihres Lösungsweges angekommen und Sie verfügen nun über ein Ergebnis. Stellen Sie dieses Ergebnis den Beteiligten vor. Schildern Sie auch, worin der qualitative Unterschied der Situation vor und nach dem Lösungsprozess liegt.

5. Bewerten des Prozesses und der Lösung
   Sind Sie wirklich am Ziel angekommen? Sind Sie und die Beteiligten zufrieden mit dem Ergebnis? Stellen Sie den Lösungsweg und die Lösung selbst zur Diskussion. Erbitten Sie Rückmeldungen und Kritik und notieren Sie die Anregungen, die Sie erhalten.

6. Reflektieren
   Denken Sie nun nochmals vor dem Hintergrund der Bewertungen des Prozesses und der Lösung über Ihr Vorgehen nach. Welche Anregungen helfen Ihnen, Ihre Arbeit in Zukunft noch besser zu machen? Was wollen Sie für die Zukunft an Ihrer Arbeit verändern?

7. Vertiefen
Halten Sie Ihre Gedanken schriftlich fest. Vielleicht wollen Sie sich Lernkarteien anlegen, auf die Sie beim nächsten Mal zurückgreifen können, oder Sie erstellen sich ein Merkblatt, das Sie an Ihre verbesserte Vorgehensweise erinnert.

Eine solch detaillierte Vorgehensweise mag Ihnen zunächst sehr umfangreich und langwierig erscheinen. Aber keine Sorge, wenn Sie sich an die Schritte zur Lösung komplexer Situationen halten und die Abfolge immer wieder üben, dann werden Ihre Ergebnisse immer besser, Sie werden immer schneller und die sieben Schritte verschmelzen zu einem einheitlichen Prozess.
Wenn Sie nur an die erste Fahrstunde für den Führerschein denken und diese dann mit der Selbstverständlichkeit eines Autofahrers mit Fahrpraxis vergleichen, dann wissen Sie, wovon an dieser Stelle die Rede ist.

Wissens-Check

Sie haben erfahren, dass Sie zur Lösung von Problemen in komplexen Situationen alle notwendigen Informationen zusammentragen müssen, die von Bedeutung in dieser Situation sind. Verfügen Sie über die Informationen, die Sie zur Bearbeitung der von Ihnen beschriebenen Probleme brauchen und kennen Sie deren Inhalt?

Aussage	Ich bin mir ganz sicher.	Da bin ich mir unsicher.	Das weiß ich gar nicht.
Ich weiß, welche Bedeutung das Berufsbildungsgesetz (BBiG) für meine Berufsausbildung hat.			
Ich verfüge über die Ausbildungsordnung und kenne deren Inhalt.			
Ich kenne den für mich geltenden Ausbildungsrahmenplan.			
Ich weiß, woher ich Informationen zu den rechtlichen Grundlagen meiner Berufsausbildung bekomme.			

3.1 Berufsbildungsgesetz (BBiG)

Das BBiG trat 1969 in Kraft. Es regelt die Berufsausbildung im dualen System, die Berufsausbildungsvorbereitung, die Fortbildung und die berufliche Umschulung für die Bundesrepublik Deutschland. Darüber hinaus sind im BBiG die Voraussetzungen des Berufsausbildungsverhältnisses bestimmt. Das BBiG wurde zum 1. April 2005 grundlegend reformiert. Es ist in Teile, Kapitel, Abschnitte und Paragraphen unterteilt. Für die Verfassung ist das Bundesministerium für Bildung und Forschung (BMBF) zuständig.

Alle Ausbildungsberufe müssen gemäß BBiG durch Ausbildungsverordnungen beschrieben werden. Diese Ausbildungsverordnungen werden von den zuständigen Bundesministern erlassen. Für die Ausbildungsordnung für Kaufleute im Gesundheitswesen ist der Bundesminister für Wirtschaft und Technologie zuständig.

Aufgaben

1. Verschaffen Sie sich einen Einblick in das Berufsbildungsgesetz und halten Sie schriftlich fest, wie dieses Gesetz inhaltlich strukturiert ist.
2. Prüfen Sie unter Verwendung des § 4, Kapitel 1, Abschnitt 1, Teil 2, ob sich die 17-jährige Susanne Schmitz zur Edelsteinfasserin ausbilden lassen kann.

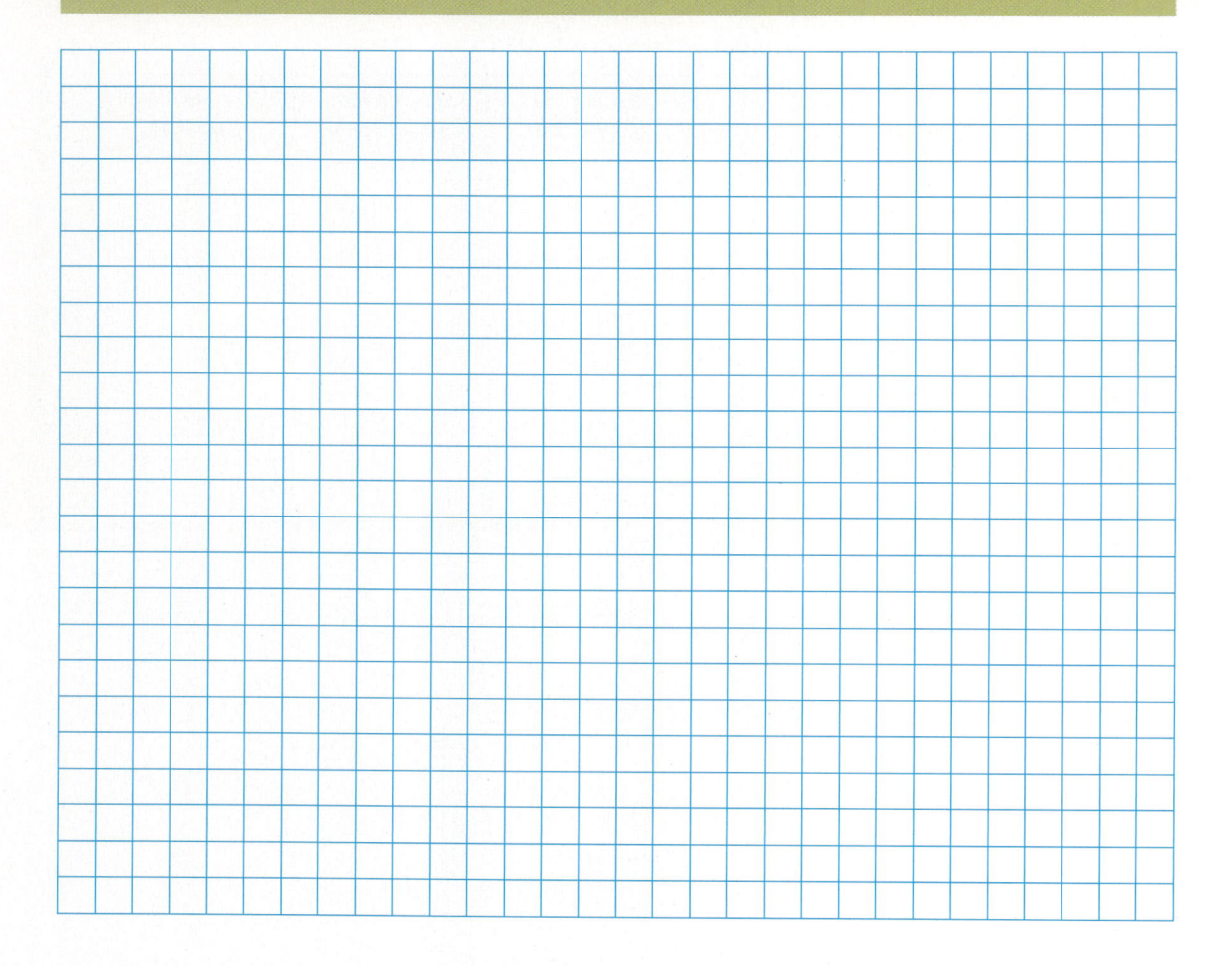

3.2 Ausbildungsordnung

Eine einheitliche Berufsausbildung wird durch die staatliche Anerkennung der Ausbildungsberufe garantiert. Für jeden Ausbildungsberuf wird daher von der Bundesregierung eine Ausbildungsordnung erlassen. Die Ausbildungsordnung legt für einen anerkannten Ausbildungsberuf die Fertigkeiten, Kenntnisse und Fähigkeiten fest, die zum Erwerb der beruflichen Handlungsfähigkeit erlernt werden müssen. Die Ausbildungsordnung enthält demnach mindestens folgende Informationen:
- genaue Bezeichnung des Ausbildungsberufes
- Dauer der Ausbildung
- Aufzählung der beruflichen Fertigkeiten, Kenntnisse und Fähigkeiten (Ausbildungsberufsbild)
- Hinweise zur sachlichen und zeitlichen Gliederung zur Vermittlung der Fertigkeiten, Kenntnisse und Fähigkeiten (Ausbildungsrahmenplan)
- Prüfungsanforderungen

Zur Qualitätssicherung der Berufsausbildung darf in einem staatlich anerkannten Ausbildungsberuf nur gemäß der für diesen Ausbildungsberuf erlassenen Ausbildungsordnung ausgebildet werden.

Ziel der Ausbildungsordnung ist es nicht, den Ablauf der betrieblichen Ausbildung im Detail vorab zu bestimmen. Diesen zeitlichen und inhaltlichen Ablauf definieren die Ausbildungsbetriebe durch die Erstellung eines Ausbildungsrahmenplans.

> **Aufgabe**
>
> Welchen Inhalt thematisiert § 7 der Ausbildungsordnung?

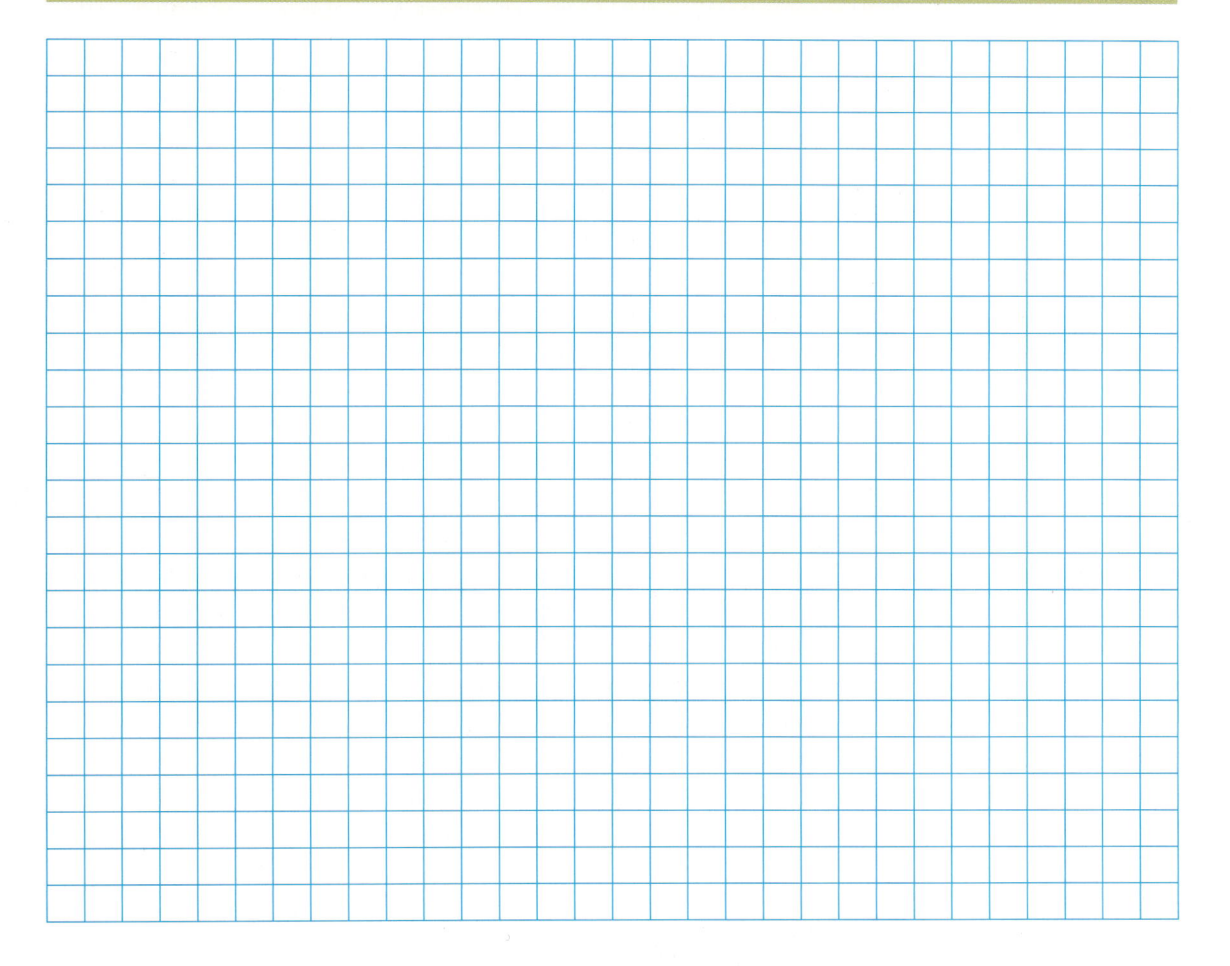

3.3 Ausbildungsberufsbild

Für alle staatlich anerkannten Ausbildungsberufe gilt, dass neben einer grundlegenden beruflichen Bildung auch die Vermittlung der für den Beruf notwendigen Kenntnisse und Fertigkeiten zu erfolgen hat. Im Ausbildungsberufsbild wird daher für jeden Ausbildungsberuf aufgeführt und erläutert, welche Fertigkeiten und Kenntnisse mindestens Gegenstand der Berufsausbildung sind. Hierdurch soll die Erlangung von Schlüsselqualifikationen sowie fach- und berufsübergreifenden Qualifikationen gewährleistet werden.

Aufgaben

1. Welche Fertigkeiten und Kenntnisse sind Gegenstand Ihrer Berufsausbildung?
2. Welche Schlüsselqualifikationen, fach- und berufsübergreifenden Qualifikationen werden Sie im Verlauf Ihrer Ausbildung erlangen?

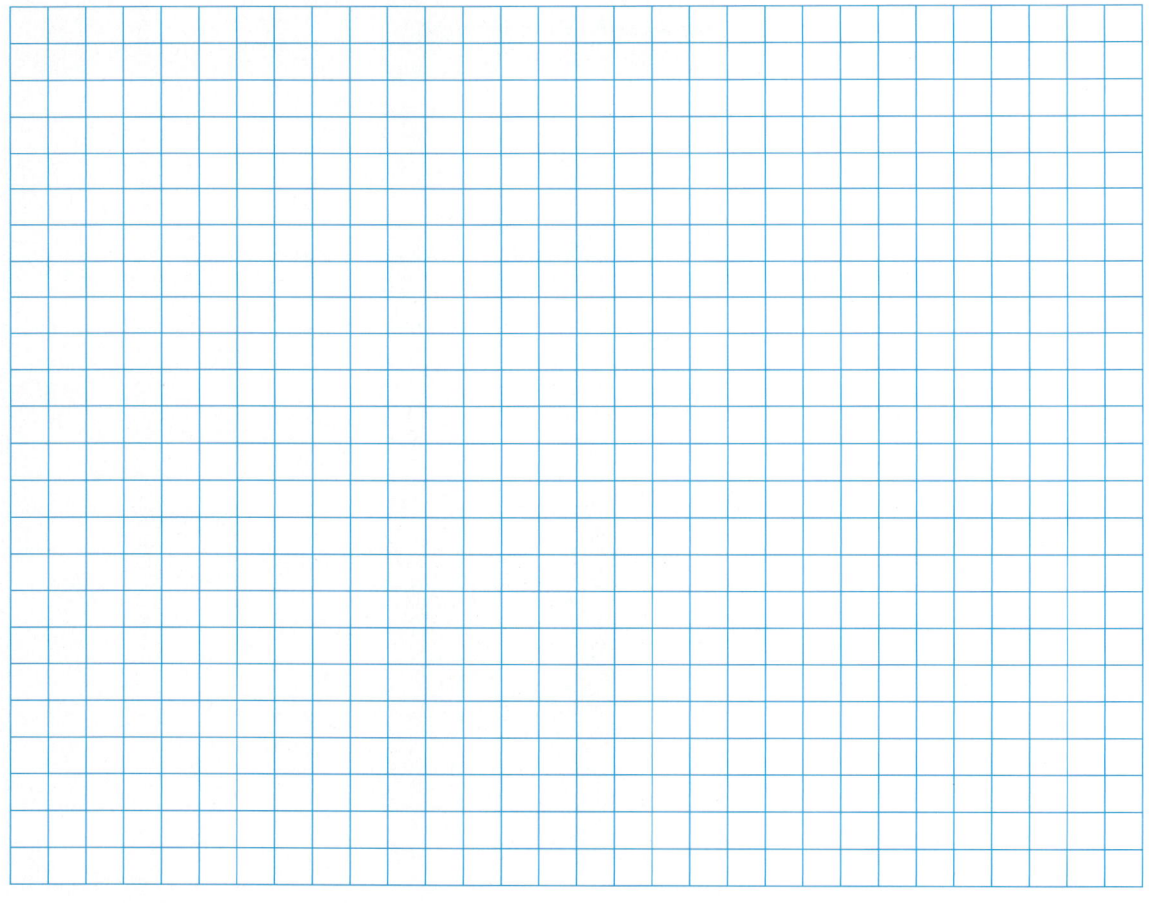

3.4 Ausbildungsrahmenplan

Der Ausbildungsrahmenplan ist Bestandteil der Ausbildungsordnung eines jeden staatlich anerkannten Ausbildungsberufes. Der Ausbildungsrahmenplan bildet die Grundlage, nach der die Ausbildungsunternehmen für die Auszubildenden einen betrieblichen Ausbildungsplan erstellen sollen. Durch die Erstellung eines entsprechenden Ausbildungsplans auf der Grundlage des Ausbildungsrahmenplans soll garantiert werden, dass die für den Ausbildungsberuf notwendigen Fähigkeiten, Kenntnisse und Fertigkeiten auch im Verlauf der Ausbildung tatsächlich erworben werden können. Der Ausbildungsplan ist demnach eine sowohl zeitliche als auch sachliche Gliederung der Berufsausbildung.

Aufgaben

1. Sichten Sie den Ausbildungsrahmenplan (Ausbildungsplan), den Ihr Unternehmen für den Verlauf Ihrer Berufsausbildung festgelegt hat.
2. Heften Sie diesen Plan hier zu Ihren Unterlagen.

Selbstüberprüfung

Überprüfen Sie nun nochmals Ihre Angaben zum Wissens-Check dieses Kapitels. Markieren Sie Ihren aktuellen Wissensstand mit einem „O" an der entsprechenden Stelle. Sollten Sie mit Ihrem neuen Ergebnis unzufrieden sein, halten Sie eine entsprechende Zielvereinbarung nachfolgend fest.

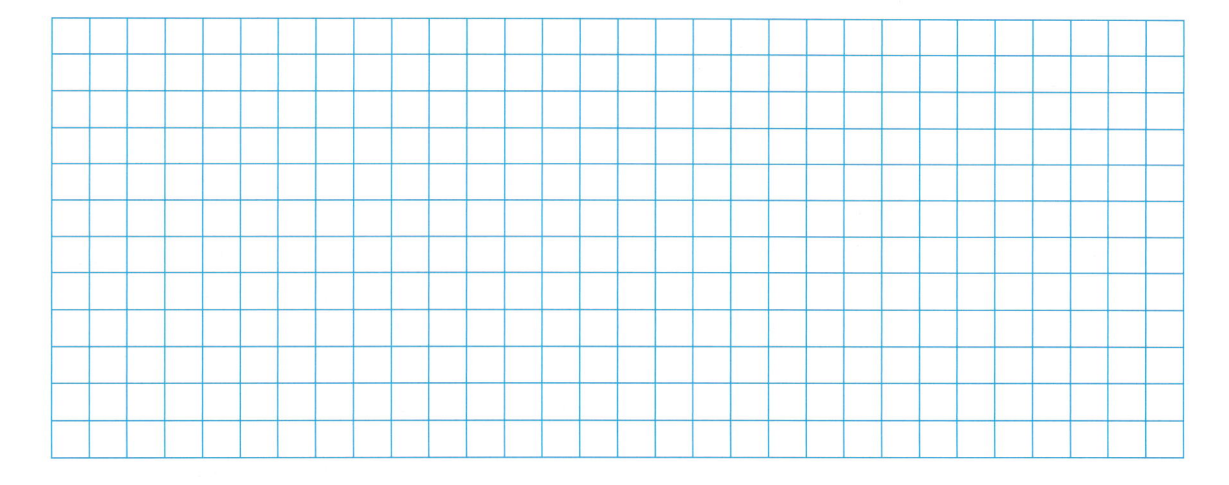

Problemlösung

Sichten Sie nun nochmals Ihre Notizen zur Fallsituation dieses Kapitels. Können Sie zumindest einige der geschilderten Probleme unter Verwendung Ihrer neuen Unterlagen bearbeiten? Verwenden Sie für die Lösung der Schwierigkeiten das in der Methodenecke vorgestellte Verfahren und halten Sie die Ergebnisse Ihrer Arbeitsschritte schriftlich fest.

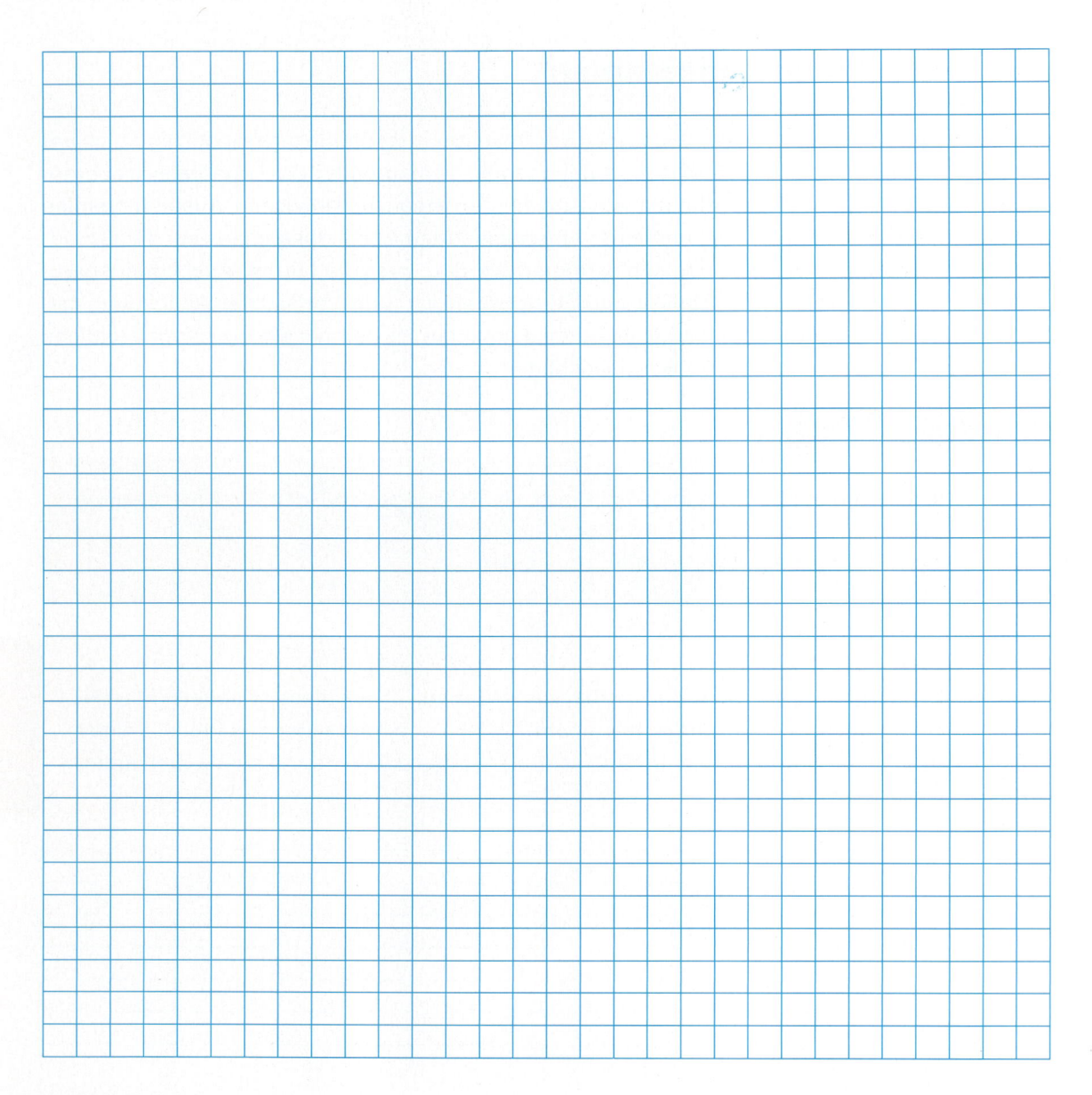

Lernfeld 2 Die Berufsausbildung selbstverantwortlich mitgestalten

Anwendung

1. Machen Sie die Aufgaben der Lernorte Berufsschule und Betrieb im Rahmen der dualen Berufsausbildung deutlich.
2. Erstellen Sie eine Übersicht über die Rechtsgrundlagen, die für Ihre Berufsausbildung gelten. Machen Sie auch deren Bedeutung für das System der dualen Berufsausbildung deutlich.
3. Notieren Sie Ihre Fragen, die Sie jetzt noch zum Inhalt des aktuellen Kapitels haben und tauschen Sie sich diesbezüglich mit Ihren Mitschülerinnen und Mitschülern aus.

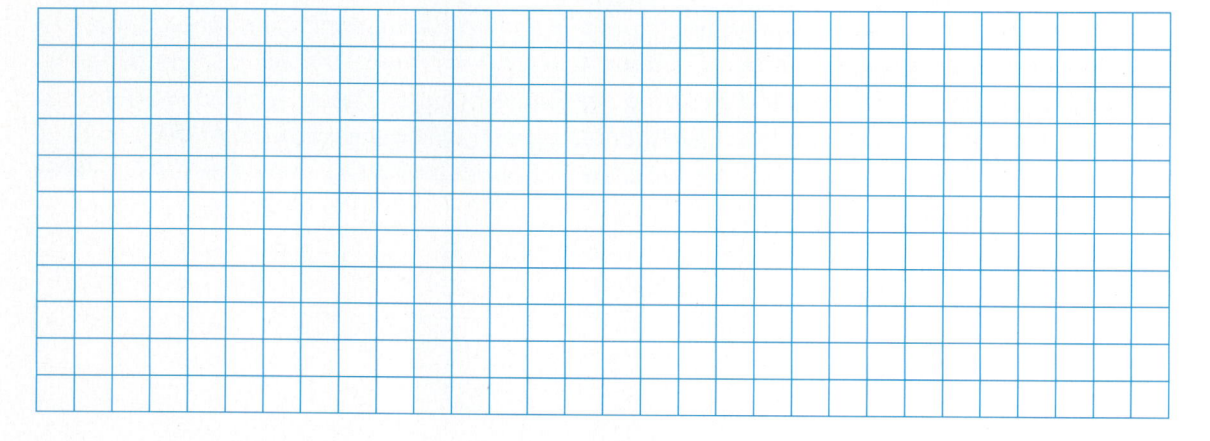

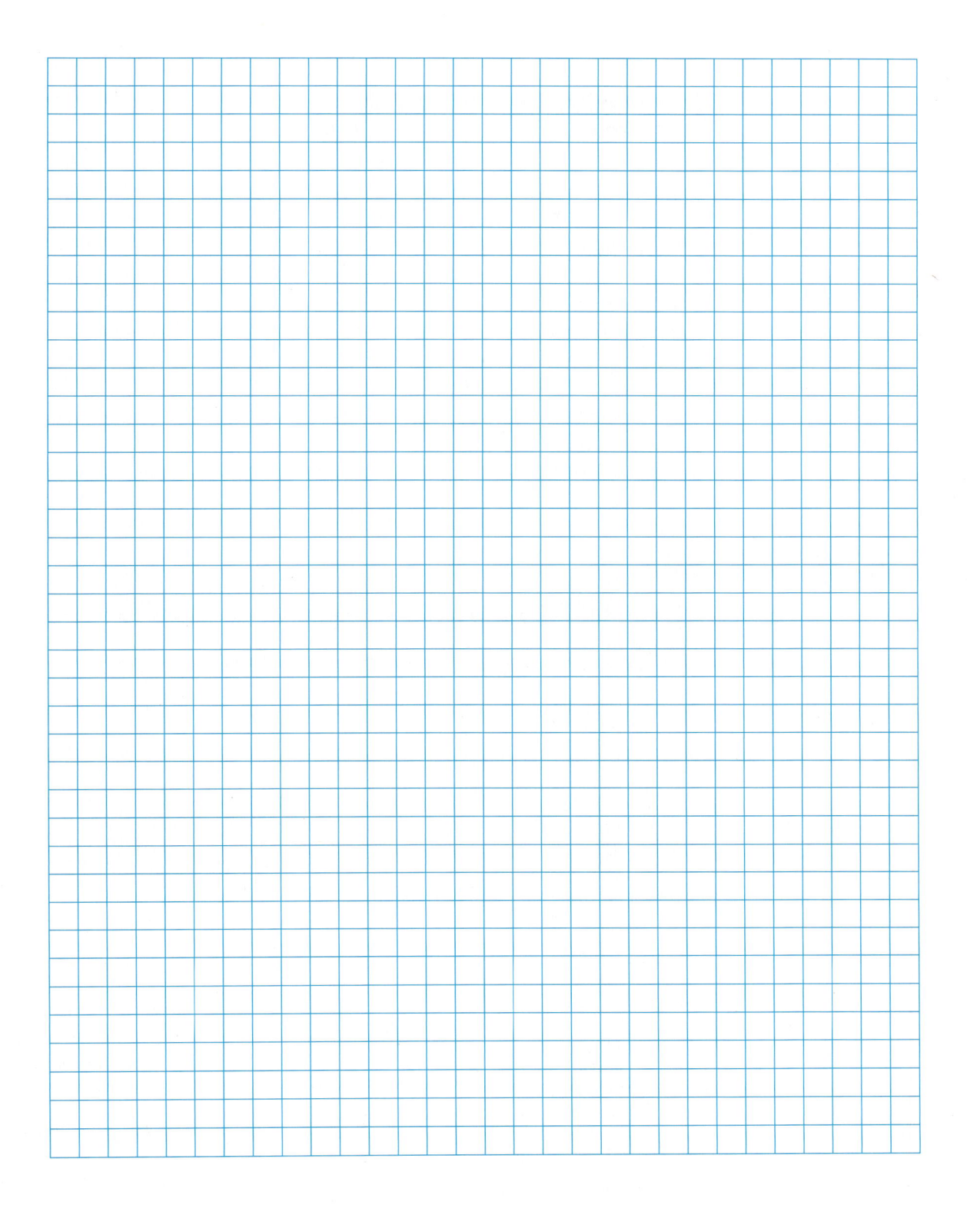

4 Der Ausbildungsvertrag

Sie haben sich im vorangegangenen Kapitel mit den Rahmenbedingungen Ihrer Ausbildung vertraut gemacht. Dabei haben Sie sich von allgemeinen Regelungen zur Berufsausbildung immer konkreter an Ihren Ausbildungsberuf herangearbeitet. In diesem Kapitel werden Sie sich nun mit Ihrem Ausbildungsbetrieb und Ihnen selbst beschäftigen. Es wird darum gehen, den Ausbildungsvertrag genauer zu betrachten, den Sie mit Ihrem Ausbildungsunternehmen geschlossen haben. Nach dem Studium dieses Kapitels werden Sie wissen, welche Inhalte verbindlich in einem Ausbildungsvertrag festgehalten sein müssen, wie ein rechtsgültiger Ausbildungsvertrag zustande kommt und welche Rechte und Pflichten sich aus dem Abschluss eines Ausbildungsvertrages für die Vertragsparteien ergeben. Abschließend werden Sie analysieren, unter welchen Bedingungen es zur Beendigung oder gar Kündigung eines Ausbildungsvertrages kommen kann.

Mit Abschluss dieses Kapitels kennen Sie Ihre rechtliche Position vor dem Hintergrund Ihres Ausbildungsvertrages.

Aufgabe

Nehmen Sie für die Bearbeitung der Inhalte dieses Kapitels Ihren Ausbildungsvertrag zur Hand und heften Sie ihn hier ein.

Wissens-Check

Schätzen Sie Ihre Kenntnisse zum Ausbildungsvertrag ein, indem Sie ein „X" an die entsprechende Stelle der nachfolgenden Tabelle setzen.

Aussage	Ich bin mir ganz sicher.	Da bin ich mir unsicher.	Das weiß ich gar nicht.
Ich kenne die verbindlichen Inhalte, die im Ausbildungsvertrag enthalten sein müssen.			
Ich kenne meine Rechte und Pflichten, die sich aus dem Ausbildungsvertrag ergeben.			
Ich kann die Kündigung von der Beendigung des Ausbildungsverhältnisses unterscheiden und etwaige Konsequenzen für mich verdeutlichen.			
Ich weiß, welche Aufgaben die Industrie- und Handelskammer im Rahmen des Ausbildungsvertragsabschlusses übernimmt und welche Folgen sich daraus für mich ableiten.			
Ich kenne die Rechtsgrundlagen, die zur formalen und inhaltlichen Gestaltung meines Ausbildungsvertrages beachtet werden müssen.			
Ich kann erklären, welche Voraussetzungen zur Verkürzung der allgemeinen Ausbildungsdauer führen können.			

Wenn Sie sich mit der inhaltlichen und formalen Organisation Ihrer Berufsausbildung beschäftigen, begegnen Ihnen immer wieder die Begriffe „Auszubildender", „Ausbilder" und „Ausbildender".

Der erste Begriff in dieser Dreierkette dürfte Ihnen sicherlich keine Verständnisschwierigkeiten bereiten. Aber wer ist der Ausbilder und wer ist der Ausbildende?

→ **Definition**

Als Ausbildenden bezeichnet man denjenigen, der einen Auszubildenden einstellt. Allerdings ist der Ausbildende nicht verpflichtet, den Auszubildenden auch selbst auszubilden. Diese Aufgabe kann bei entsprechender Eignung an eine dritte Person delegiert werden, die dann als Ausbilder bezeichnet wird.

4.1 Inhalte des Ausbildungsvertrages

Aufgabe

Betrachten Sie Ihren Ausbildungsvertrag und stellen Sie in einer Übersicht die Inhalte des Vertrages zusammen, die hier geregelt werden.

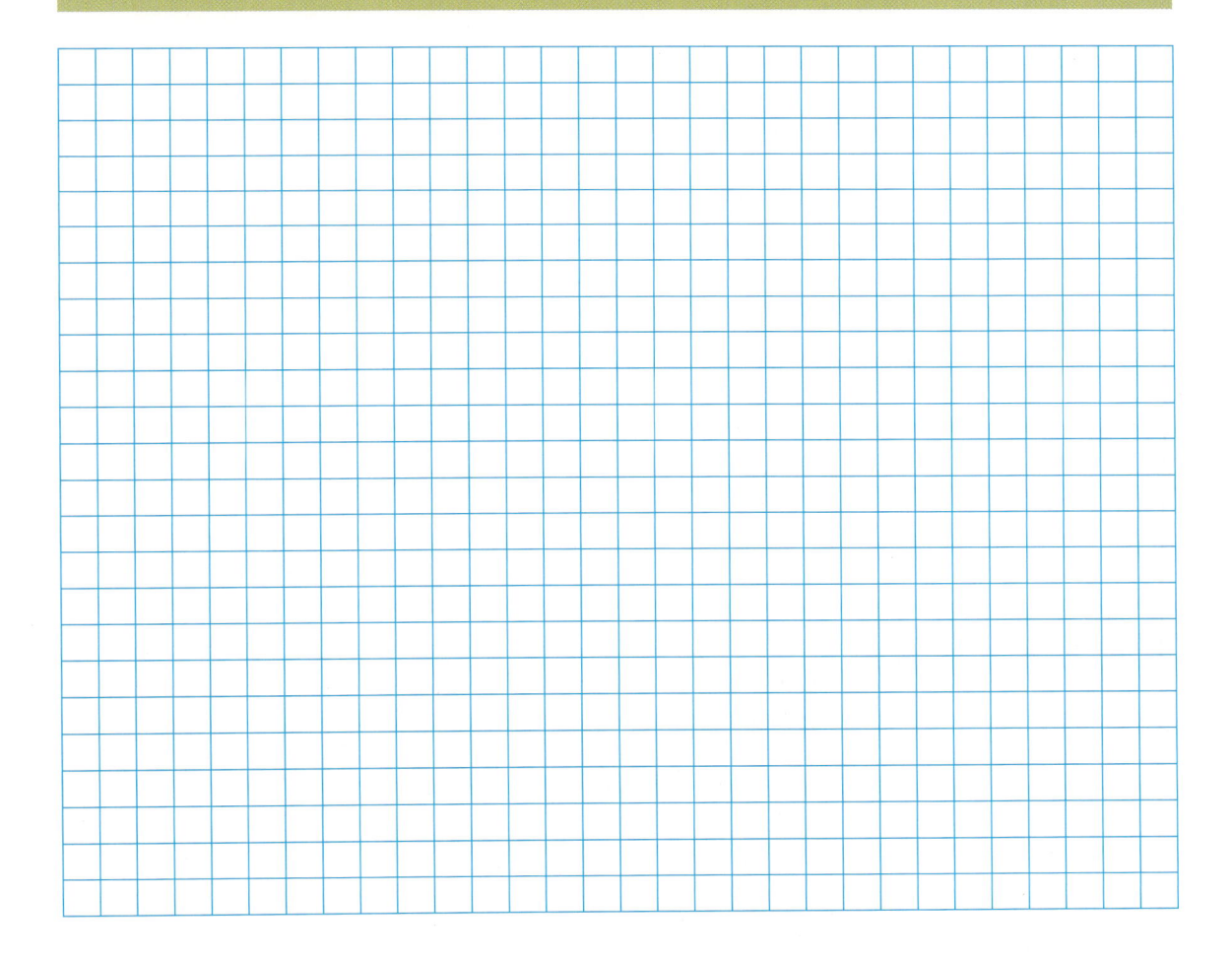

Ausbildungsordnung und Ausbildungsberufsbild legen fest, welche Fertigkeiten, Fähigkeiten und Kenntnisse im Verlauf einer Berufsausbildung vermittelt und erlernt werden sollen. Der Ausbildungsvertrag nimmt hierzu keine inhaltlichen Konkretisierungen mehr vor. Aufgabe des Ausbildungsvertrages ist es, die formale Gestaltung des Ablaufes der Berufsausbildung zu bestimmen. Im Ausbildungsvertrag werden folgende Inhalte festgelegt:

- Bezeichnung des Ausbildungsberufes
- sachliche und zeitliche Gliederung der Ausbildung
- Beginn und Dauer der Ausbildung
- ergänzende Ausbildungsmaßnahmen außerhalb der Ausbildungsstätte
- Umfang der täglichen Arbeitszeit
- Regelungen zur Dauer der Probezeit
- Regelungen zu Urlaubsansprüchen
- Angaben zur Zahlung und Höhe der Vergütung
- Angaben zu den Voraussetzungen, die zur Kündigung des Ausbildungsvertrages führen können
- ergänzende Hinweise zu kollektiven Regelungen (Tarifvertrag, Betriebsvereinbarungen)

Anwendung

Prüfen Sie, ob die von Ihnen erstellte Übersicht mindestens die zuvor genannten Bestandteile enthält. Nehmen Sie, falls notwendig, entsprechende Ergänzungen Ihrer Aufstellung vor.

Nachfolgend werden die einzelnen Mindestbestandteile eines Ausbildungsvertrages inhaltlich erläutert. Durch einen Vergleich der jeweiligen Elemente mit den Angaben in Ihrem Ausbildungsvertrag können Sie eine inhaltliche Prüfung vornehmen.

Bezeichnung des Ausbildungsberufes

Hier sollte angegeben sein, zu welchem Beruf ausgebildet wird. Aufgrund der entsprechenden Angabe kann bestimmt werden, ob es sich bei dem Ausbildungsberuf um einen staatlich anerkannten Ausbildungsberuf handelt und welche Ausbildungsordnung zur inhaltlichen Gestaltung der Ausbildung herangezogen werden muss.

Sachliche und zeitliche Gliederung der Ausbildung

Die sachliche und zeitliche Gliederung der Ausbildung wird, wie Sie bereits wissen, durch den Ausbildungsrahmenplan geregelt. Wenn also der Ausbildungsberuf im Ausbildungsvertrag definiert ist, kann auch der entsprechende Ausbildungsrahmenplan bestimmt werden, der dann als Grundlage für den Ausbildungsplan im Ausbildungsunternehmen dient. Die Erstellung eines Ausbildungsplans ist für die Ausbildungsunternehmen verbindlich.

Beginn und Dauer der Ausbildung

Im Berufsausbildungsvertrag wird festgelegt, zu welchem Datum die Ausbildung beginnen soll. In der Ausbildungsordnung für Kaufleute im Gesundheitswesen ist bestimmt, dass die Dauer der Ausbildung drei Jahre beträgt. Unter gewissen Voraussetzungen kann die Ausbildung um maximal ein Jahr verkürzt werden.

Aufgabe

Ermitteln Sie, welche Bedingungen zu einer Verkürzung der Ausbildungsdauer führen können.

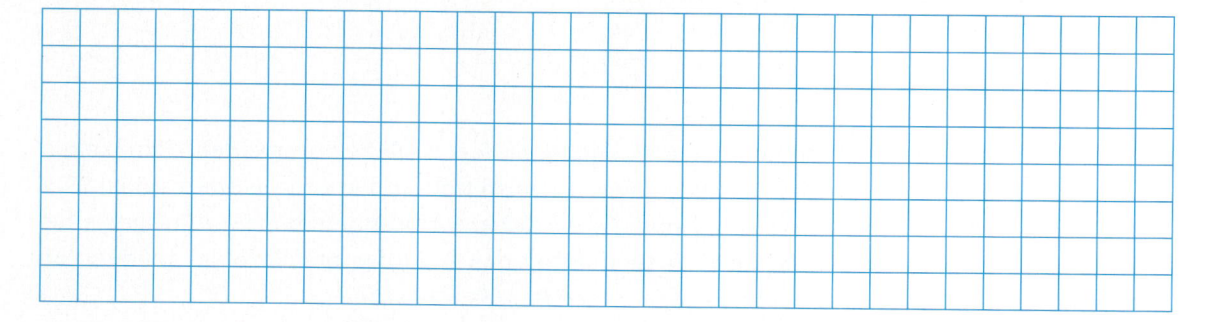

Ergänzende Ausbildungsmaßnahmen außerhalb der Ausbildungsstätte

Es kommt vor, dass ein Ausbildungsunternehmen nicht alle Inhalte, die Gegenstand der betrieblichen Ausbildung sein sollen, vermitteln kann, weil entsprechende Einrichtungen fehlen. Diese Inhalte können dann durch Maßnahmen außerhalb des Ausbildungsbetriebes ergänzt werden. Allerdings muss eine solche Vorgehensweise im Ausbildungsvertrag festgelegt werden.

Aufgabe

Ermitteln Sie in Ihrer Klasse, ob und welche außerbetrieblichen Ausbildungsmaßnahmen für welche Ausbildungsinhalte bestimmt wurden.

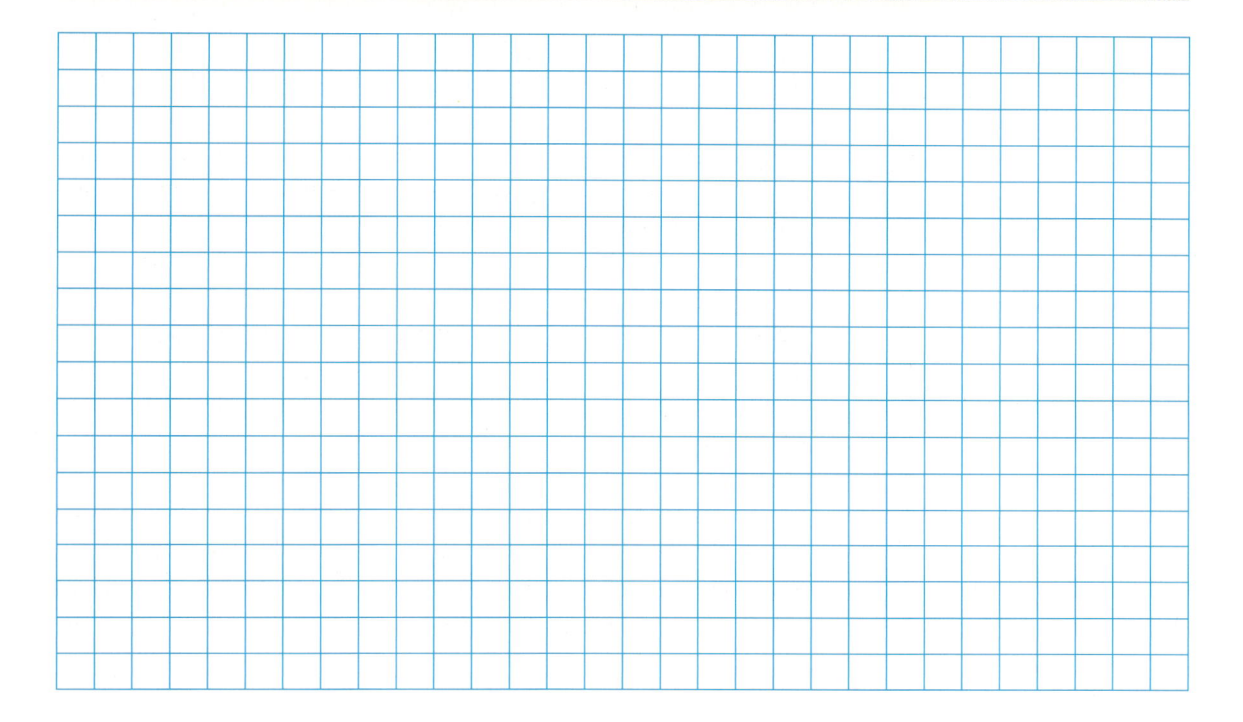

Umfang der täglichen Arbeitszeit

Die Dauer der täglichen Ausbildungszeit darf gesetzlich und tariflich bestimmte Regelungen nicht überschreiten. Besondere Regelungen gelten auch für Auszubildende, die das 18. Lebensjahr noch nicht vollendet haben. Für Sie interessant ist auch die Anrechnung des Berufsschulunterrichts auf die Ausbildungszeit im Unternehmen.

Aufgaben

1. Erkunden Sie, ob Ihr Ausbildungsunternehmen an tarifliche Regelungen zur Gestaltung Ihrer täglichen Ausbildungszeit gebunden ist. Welcher Tarifvertrag liegt zugrunde?
2. Ermitteln Sie die gesetzlichen Regelungen für die tägliche Ausbildungszeit.
3. Stellen Sie fest, in welchem Maße die Zeiten für den Berufsschulunterricht auf die praktische Ausbildungszeit angerechnet werden.

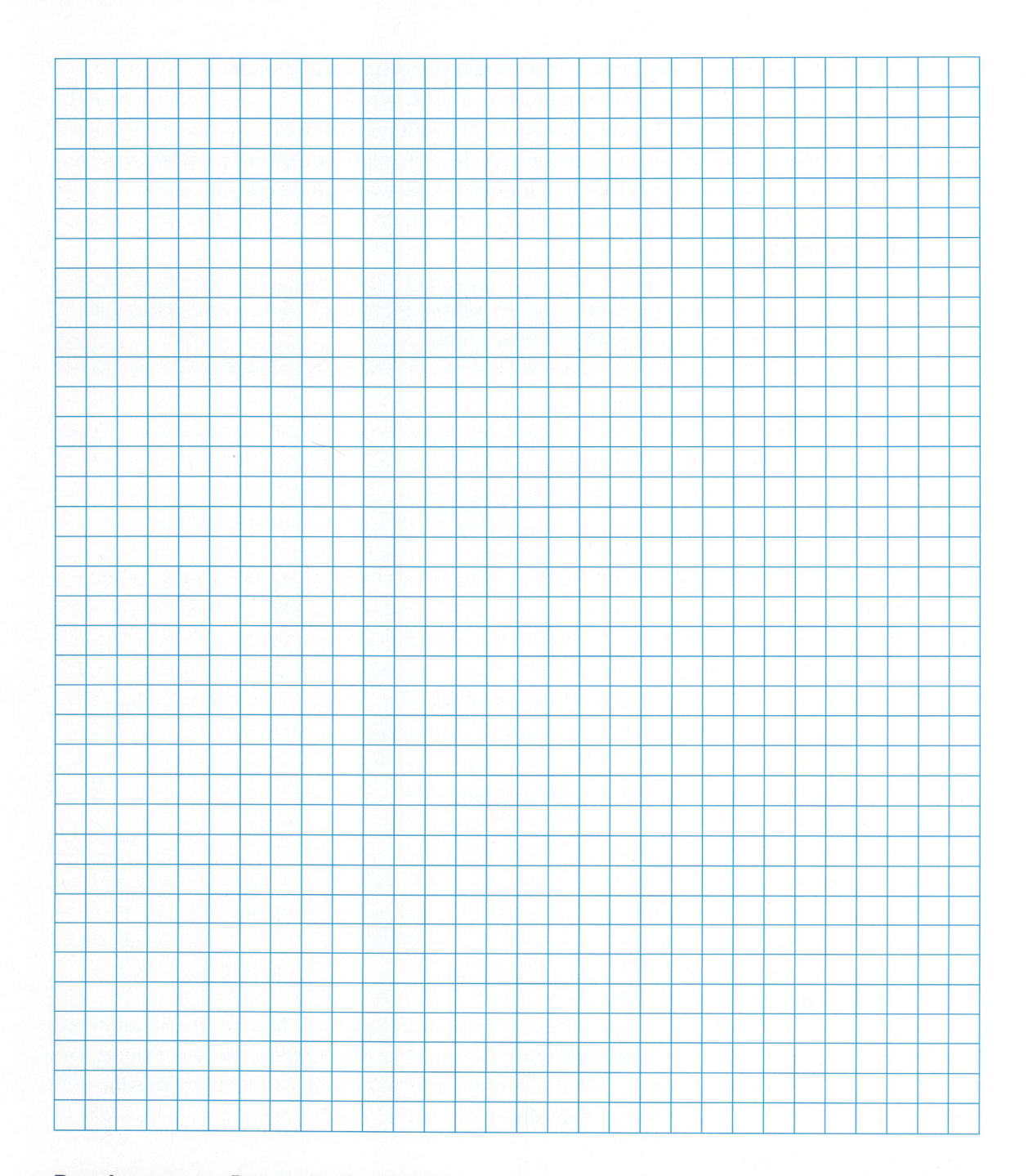

Regelungen zur Dauer der Probezeit

Für die Dauer der Probezeit definiert das BBiG einen Zeitraum von mindestens einem und maximal vier Monaten. Vereinbarungen außerhalb dieses Zeitraums sind ungültig.

Regelungen zu Urlaubsansprüchen

Urlaubsvereinbarungen haben sich nach gesetzlichen und tariflichen Bestimmungen zu richten. Für Jugendliche, die das 18. Lebensjahr noch nicht vollendet haben, gelten die Regelungen des Jugendarbeitsschutzgesetzes (JArbSchG).

Angaben zur Zahlung und Höhe der Vergütung

Auszubildende erhalten kein Gehalt, sondern eine Ausbildungsvergütung. Die Höhe dieser Vergütung liegt deutlich unter dem Einkommen, das bei gleichem Stundenvolumen im Rahmen eines Arbeitsvertrages verdient werden kann. Die Differenz liegt in der Tatsache begründet, dass dem Ausbildungsunternehmen durch die Ausbildung auch Kosten entstehen, da zum Beispiel keine volle Arbeitsleistung erwartet werden kann und Arbeitsprozesse durch die Einweisung der Auszubildenden verlangsamt werden.

Die Zahlung der Ausbildungsvergütung hat spätestens zum letzten Arbeitstag des Monats zu erfolgen. Im Verlauf der Berufsausbildung muss die Ausbildungsvergütung jährlich steigen. Sollte die Ausbildungsvergütung zur Deckung der notwendigen Ausgaben für die Berufsausbildung nicht ausreichen, kann eine Berufsausbildungsbeihilfe bei der zuständigen Agentur für Arbeit beantragt werden.

Angaben zu den Voraussetzungen, die zur Kündigung des Ausbildungsvertrages führen können

Das Ausbildungsverhältnis kann aus unterschiedlichen Gründen während und nach der Probezeit gekündigt werden. In Abhängigkeit vom Grund werden die ordentliche und die fristlose Kündigung unterschieden, die dann auch jeweils Auswirkungen auf die Kündigungsfrist haben. Details zur Kündigung des Ausbildungsverhältnisses finden Sie im Kapitel zur Kündigung und Beendigung des Ausbildungsvertrages.

Ergänzende Hinweise zu kollektiven Regelungen (Tarifvertrag, Betriebsvereinbarungen)

Es ist bislang schon einige Male erwähnt worden, dass gesetzliche und tarifliche Regelungen auch Anwendung auf den Ausbildungsvertrag finden können. Diese Regelungen gelten für eine unbestimmte Anzahl von Menschen und werden daher als kollektive Regelungen bezeichnet. Im Ausbildungsvertrag muss ausdrücklich auf den Tarifvertrag und die Betriebsvereinbarung hingewiesen werden, um deren Inhalte zum Gegenstand des Ausbildungsvertrages werden zu lassen.

4.2 Abschluss des Ausbildungsvertrages

> **§ 10 BBiG**
>
> Wer andere Personen zur Berufsausbildung einstellt (Ausbildende), hat mit den Auszubildenden einen Berufsausbildungsvertrag zu schließen.

Der Ausbildungsvertrag kommt also zwischen dem Ausbildenden und dem Auszubildenden zustande. Dabei gilt, wie bei allen anderen Verträgen auch, dass die Vertragsparteien ihre übereinstimmenden Willenserklärungen dokumentieren. Diese Dokumentation hat schriftlich zu erfolgen, das heißt, dass der Ausbildungsvertrag der Schriftform bedarf. Der Ausbildungsvertrag ist vom Ausbildenden und Auszubildenden zu unterschreiben. Sollte der Auszubildende das 18. Lebensjahr noch nicht vollendet haben, ist die Zustimmung des gesetzlichen Vertreters zum Ausbildungsvertrag notwendig. Diese Zustimmung wird durch die Unterschrift des gesetzlichen Vertreters auf dem Ausbildungsvertrag dokumentiert. Zur Vereinfachung des Vertragsabschlusses werden Vertragsvordrucke verwendet, die von der zuständigen Industrie- und Handelskammer (IHK) bereitgestellt werden. Der unterschriebene

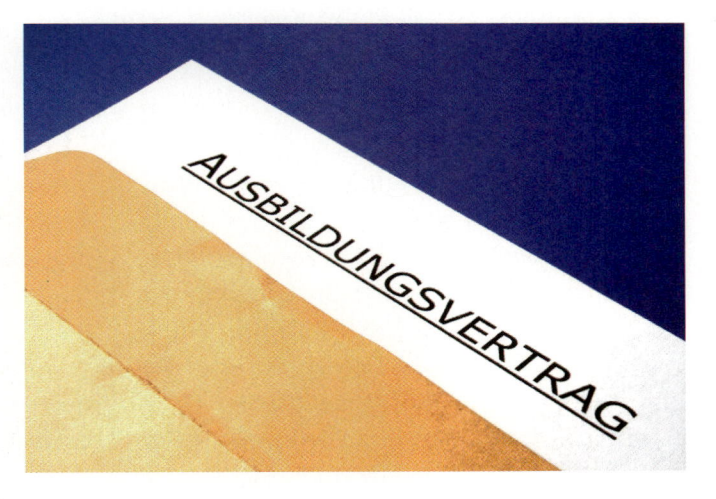

Ausbildungsvertrag wird an die IHK weitergeleitet. Hier wird der Ausbildungsvertrag sachlich geprüft und das Ausbildungsverhältnis erfasst. Mit dieser Erfassung übernimmt die IHK Verwaltungs- und Koordinationsaufgaben im Bereich des Prüfungswesens. Darüber hinaus ist die IHK durch die Aufnahme des Ausbildungsvertrages in das Verzeichnis der Ausbildungsverträge auch für Aufsichts- und Schlichtungsaufgaben zuständig. Die Erfassung des Ausbildungsvertrages in die sogenannte Lehrlingsrolle wird durch einen entsprechenden Stempel der IHK dokumentiert. Im Anschluss an den erfolgreichen Genehmigungsvorgang bei der IHK verbleibt ein Ausfertigungsexemplar beim Ausbilder, eines wird dem Auszubildenden übergeben.

Aufgabe

Nehmen Sie Ihre Kopie des Ausbildungsvertrags zur Hand und suchen Sie den Stempel der IHK, der die Erfassung des Ausbildungsverhältnisses beweist. Ist der Stempel mit einer zusätzlichen Information versehen?

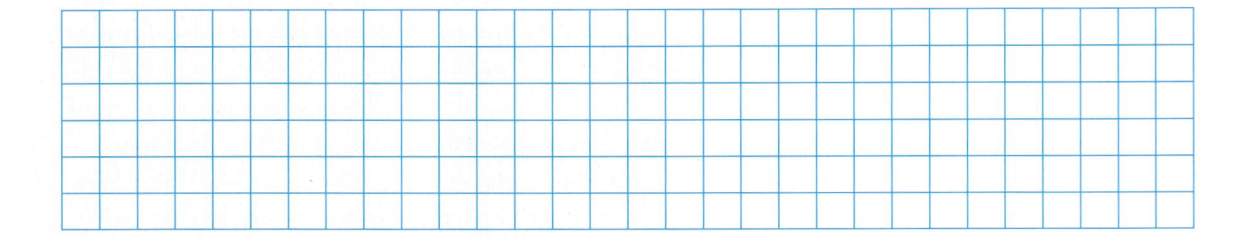

4.3 Rechte und Pflichten aus dem Ausbildungsvertrag

Mit der Unterzeichnung des Ausbildungsvertrages gehen die Vertragsparteien (Ausbildender und Auszubildender) gegenseitige Rechte und Pflichten ein. Die nachfolgende Tabelle gibt Ihnen einen entsprechenden Überblick.

Pflichten der/des Auszubildenden (Rechte der/des Ausbildenden)	Pflichten der/des Ausbildenden (Rechte der/des Auszubildenden)
Der Auszubildende ist verpflichtet, …	Der Ausbildende ist verpflichtet, …
• die Kenntnisse und Fertigkeiten zu erwerben, die für einen erfolgreichen Abschluss der Berufsausbildung notwendig sind. • die übertragenen Aufgaben mit größter Sorgfalt auszuführen. • an den Ausbildungsmaßnahmen teilzunehmen, für die eine Freistellung durch den Ausbilder erfolgt (Berufsschulunterricht). • ein Berichtsheft zur Dokumentation des Ausbildungsfortschritts zu führen. • den Weisungen Folge zu leisten, die vor dem Hintergrund des Berufsausbildungsvertrages von Weisungsberechtigten erteilt werden. • die Einrichtungen des Ausbildungsunternehmens und die zur Verfügung gestellten Gegenstände pfleglich zu behandeln.	• die Kenntnisse und Fertigkeiten zu vermitteln, die für einen erfolgreichen Abschluss der Berufsausbildung notwendig sind. • selbst auszubilden oder eine geeignete Person (Ausbilder) zu benennen. • die Mittel, die zur Erlangung der Fertigkeiten und Kenntnisse für den Ausbildungsberuf notwendig sind, kostenfrei zur Verfügung zu stellen. • den Auszubildenden zum Besuch der Berufsschule, zum Ablegen der relevanten Prüfungen und zur Teilnahme an außerbetrieblichen Ausbildungsmaßnahmen freizustellen. • das Berichtsheft regelmäßig zu überprüfen.

• die geltende Betriebsordnung des Ausbildungsunternehmens zu beachten. • Betriebs- und Geschäftsgeheimnisse zu bewahren.	• dem Auszubildenden nur solche Tätigkeiten zu übertragen, die dem Ausbildungszweck dienlich sind und den Auszubildenden weder körperlich noch sittlich gefährden. • dem Auszubildenden nach Abschluss der Berufsausbildung ein Zeugnis auszustellen. • den im Ausbildungsvertrag vereinbarten Urlaub zu gewähren und die vereinbarte Ausbildungsvergütung fristgerecht zu zahlen.

4.4 Kündigung und Beendigung des Ausbildungsvertrages

Wie Sie bereits gelernt haben, einigen sich Auszubildender und Ausbildender mit der Niederschrift des Ausbildungsvertrages über den Beginn und die Durchführung einer Berufsausbildung. Aus diesem Vertrag ergeben sich gegenseitige Rechte und Pflichten. Wann aber erlöschen die gegenseitigen Verpflichtungen? Hierfür gibt es prinzipiell zwei Varianten: die Kündigung und die Beendigung des Ausbildungsverhältnisses.

Beendigung des Ausbildungsverhältnisses

Das Ausbildungsverhältnis ist beendet, wenn Sie sich den Prüfungsanforderungen für Ihren Ausbildungsberuf gestellt und die Prüfung erfolgreich absolviert haben. Die sogenannte Abschlussprüfung legen Sie vor Ihrer zuständigen IHK ab. Sie besteht aus einem schriftlichen und einem mündlichen/fachpraktischen Teil. Sollten Sie die Prüfung nicht bestanden haben, kann sie zweimal wiederholt werden. Die Ausbildungszeit verlängert sich dann auf Antrag des Auszubildenden um maximal ein Jahr. Das Ausbildungsverhältnis ist beendet, sobald Sie den letzten Prüfungsbestandteil der Abschlussprüfung bestanden haben und die gesamte Abschlussprüfung bestanden ist, sofern nicht ein einheitliches Enddatum für alle Auszubildenden des entsprechenden Ausbildungsberufes durch die zuständige Kammer bestimmt wurde.

Kündigung des Ausbildungsverhältnisses

Die vereinbarte Probezeit von mindestens einem und maximal vier Monaten soll dazu dienen, dass sich die Vertragspartner gegenseitig prüfen und entscheiden können, ob die Berufsausbildung auch wirklich fortgeführt werden soll. Während dieser Probezeit können die Vertragspartner jeweils fristlos und ohne Angabe von Gründen kündigen. Wenn der Auszubildende noch nicht das 18. Lebensjahr beendet hat, bedarf die Kündigung durch den Auszubildenden der Zustimmung des Erziehungsberechtigten. Nach der Probezeit ist eine fristlose Kündigung durch den Ausbilder nur noch dann möglich, wenn hierzu wichtige Gründe vorliegen. Hierzu zählen Diebstahl oder auch der Nichtbesuch der Berufsschule seitens des Auszubildenden. Der Auszubildende kann seinerseits fristlos kündigen, wenn Verstöße gegen die Pflichten des Ausbildungsunternehmens aus dem Ausbildungsvertrag vorliegen. Eine ordentliche Kündigung nach Ablauf der Probezeit steht nur dem Auszubildenden zu. Stellt der Auszubildende nach Ablauf der Probezeit fest, dass er die Ausbildung nicht fortführen und sich in einem anderen Beruf ausbilden lassen möchte, so kann das Ausbildungsverhältnis im Rahmen einer ordentlichen Kündigung mit einer Frist von vier Wochen gekündigt werden.

Wenn die Berufsausbildung prinzipiell fortgeführt werden soll, jedoch aber nicht in dem aktuellen Ausbildungsunternehmen, empfiehlt es sich, das Ausbildungsverhältnis aufzulösen und den Ausbildungsvertrag von einem anderen Unternehmen fortführen zu lassen.

Lernfeld 2 — Die Berufsausbildung selbstverantwortlich mitgestalten

Aufgabe

Wandeln Sie den Text zur Kündigung und Beendigung des Ausbildungsverhältnisses in ein Schaubild um.

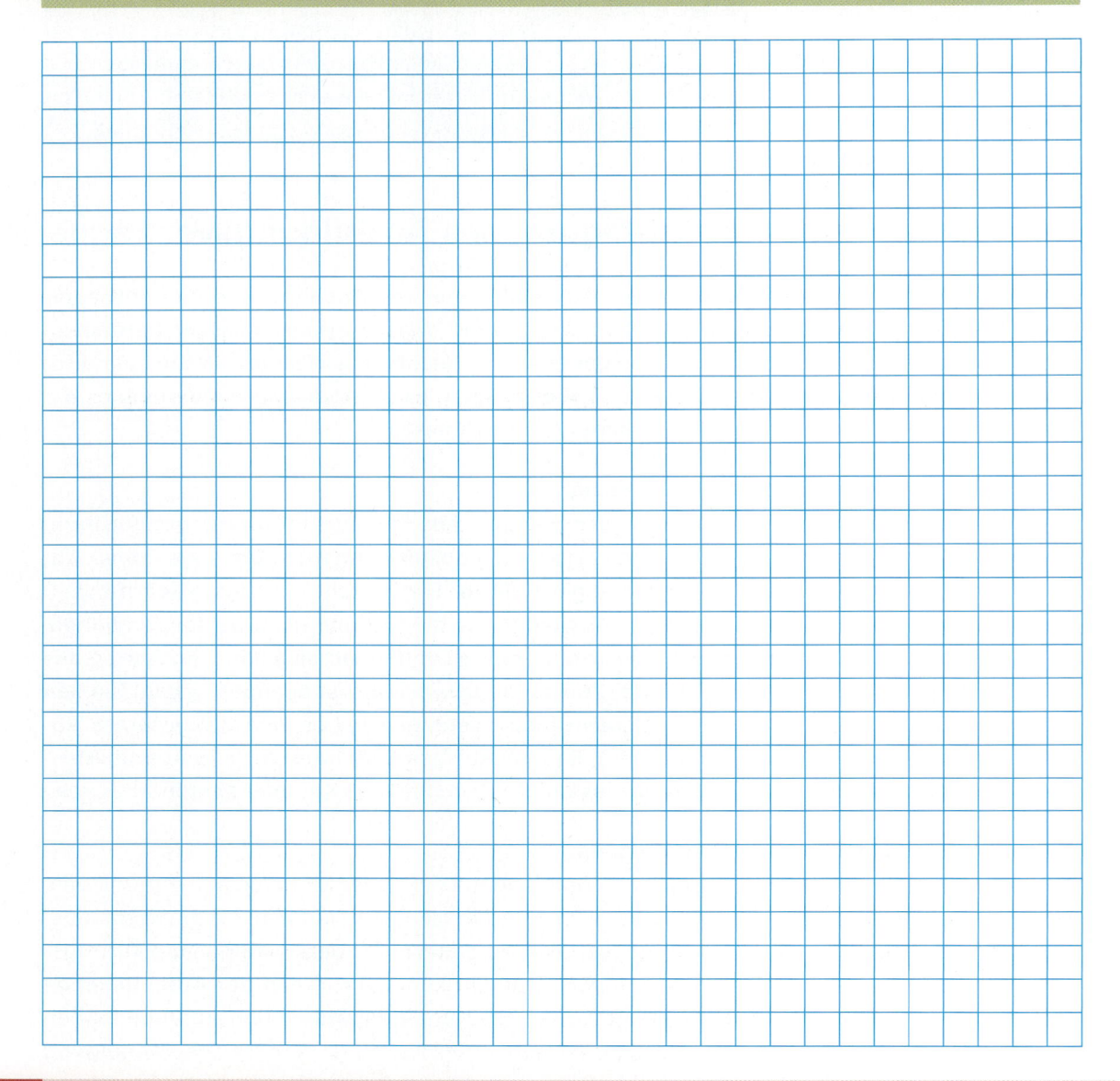

Selbstüberprüfung

Sie sind nun am Ende der fachlichen Erarbeitung angekommen. Kehren Sie bitte jetzt nochmals zum Wissens-Check zurück und überprüfen Sie Ihre Angaben, indem Sie Ihren aktuellen Wissensstand mit einem „O" an der entsprechenden Stelle markieren. Bewerten Sie die Veränderungen. Sollten Sie mit dem Ergebnis unzufrieden sein, lassen Sie sich beraten und entwickeln Sie eine Zielvereinbarung für das weitere Vorgehen. Halten Sie diese Zielvereinbarung in dem nachfolgenden Bereich schriftlich fest.

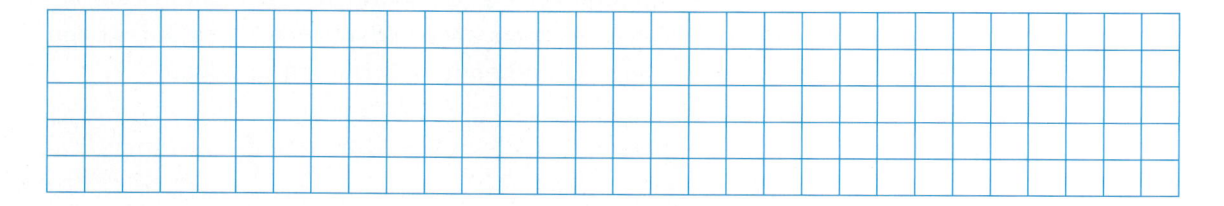

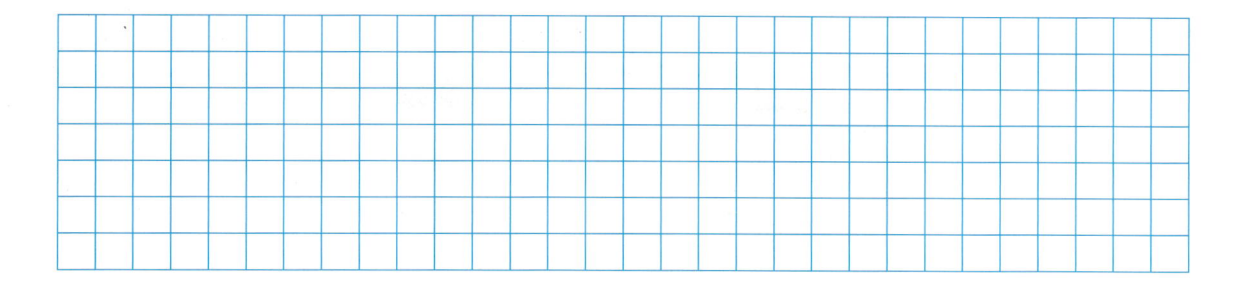

Anwendung

Bearbeiten Sie die nachfolgenden Aufgaben.

1. Nennen und erläutern Sie die Rechtsgrundlagen, die für den Abschluss eines Berufsausbildungsverhältnisses maßgeblich sind.
2. Erläutern Sie Ihre Pflichten aus dem Ausbildungsvertrag jeweils mit einem Beispiel aus Ihrer Ausbildungspraxis.
3. Machen Sie deutlich, zu welchem Zweck die Probezeitvereinbarung im Ausbildungsvertrag genutzt werden soll.
4. Erläutern Sie die Mindestinhalte, die das BBiG für einen Ausbildungsvertrag vorsieht.

Fallsituation

Erinnern Sie sich noch an Ihre Fallsituation aus Kapitel 3? Sie sollten dort eine Sammlung der Punkte erstellen, die nicht zur Zufriedenheit der Ausbildungsvertragspartner beitragen. Einige Punkte haben Sie vielleicht bereits abarbeiten können.

Problemlösung

Prüfen Sie Ihre Nennungen jetzt dahingehend, ob die Inhalte des aktuellen Kapitels zu einer Lösung beitragen können. Folgen Sie dem Bearbeitungsprinzip aus der Methodenecke zum Arbeiten in komplexen Situationen.

Methodenecke

Im aktuellen Kapitel wurden Sie erneut mit einer Fülle von Fakten, Begriffen und Sachverhalten konfrontiert. Wahrscheinlich vermuten Sie, dass Sie sich auch diese Inhalte merken sollten, weil sie zum Handwerkszeug von Kaufleuten im Gesundheitswesen gehören. Aber wie? In einer der vorhergehenden Methodenecken haben Sie bereits die Lernkartei kennengelernt. Lernen Sie jetzt das Arbeiten mit Gedächtniskarten (Mindmaps) kennen.

Einen besonders großen Lernerfolg erzielen Sie dann, wenn Sie Lernstoff neu strukturieren. Beim Strukturieren suchen Sie nach inhaltlichen Verbindungen, Sie prüfen deren Richtigkeit und stellen ein neues Beziehungsgeflecht der Inhalte zueinander her. Dabei sollten Sie versuchen, Ihre neue Struktur nicht mit ganzen Sätzen zu versehen. Entlasten Sie ihr Gedächtnis, indem Sie einprägsame Begriffe verwenden, die Sie zueinander in Verbindung bringen. Auf diese Weise entsteht ein Netzwerk von Begriffen aus dem aktuellen Thema. Versuchen Sie auch, bereits erarbeitete Inhalte auf diese Weise an das aktuelle Thema anzuknüpfen, indem Sie inhaltliche Beziehungen herstellen und verdeutlichen. Halten Sie die neu entstandene Struktur unbedingt schriftlich fest und entwickeln Sie ein Schaubild, ein Mindmap, ein Struktogramm oder Ähnliches.

Heben Sie Ihr Arbeitsergebnis gut auf, heften Sie es am besten gleich an die passende Stelle hier in diesem Ordner. Die so von Ihnen erstellten Übersichten werden Ihnen helfen, sich später sehr schnell wieder in die Inhalte einzufinden.

5 Jugendarbeitsschutzgesetz (JarbSchG)

Fallsituation

Sie kennen Ihre Mitschülerinnen und Mitschüler nun schon eine ganze Weile und Sie haben sicherlich schon eine Fülle von Gemeinsamkeiten und Unterschieden festgestellt. Zu den Gemeinsamkeiten könnte die Vorliebe für die gleiche Musikrichtung gehören, der gleiche Schulweg oder dasselbe Lieblingsfach. Vielleicht gehören auch die morgendlichen Anlaufschwierigkeiten zu den Gemeinsamkeiten, die Sie miteinander teilen. Was Sie aber sicherlich besonders ärgert, ist der Unterschied, dass einige von Ihnen nicht immer nach der Schule noch arbeiten müssen, sondern den Rest des Tages dann freihaben. Woran das wohl liegt?

Das aktuelle Kapitel beschäftigt sich mit den Regelungen des Jugendarbeitsschutzgesetzes. Sie werden lernen, für welche Personengruppen das Jugendarbeitsschutzgesetz relevant ist und welche Inhalte hier definiert sind. Insgesamt ist es das Ziel dieses Kapitels, Sie in der Anwendung des Jungendarbeitsschutzgesetzes auf der Basis Ihrer Berufsausbildung vertraut und sicher zu machen, sodass Sie entsprechende Fragestellungen und Sachverhalte rechtssicher und korrekt entscheiden können.
In der Auseinandersetzung mit den Inhalten des aktuellen Kapitels wird Sie die Methodenecke zum Thema „Notizen machen" unterstützen.
Darüber hinaus werden Sie am Beispiel des Jugendarbeitsschutzgesetzes lernen, wie Sie schnell und zielgerichtet mit Gesetzestexten arbeiten.

Aufgaben

Für die Arbeit in diesem Kapitel benötigen Sie Auszüge aus dem Jungendarbeitsschutzgesetz.

Wissens-Check

Schätzen Sie Ihre Kenntnisse zum Jugendarbeitsschutzgesetz und zum Arbeiten mit Gesetzestexten ein, indem Sie ein „X" an die entsprechende Stelle der nachfolgenden Tabelle setzen.

Aussage	*Ich bin mir ganz sicher.*	*Da bin ich mir unsicher.*	*Das weiß ich gar nicht.*
Ich kenne den Geltungsbereich und die Inhalte des Jugendarbeitsschutzgesetzes.			
Ich kann meiner Lerngruppe die Arbeitszeit- und Pausenregelungen gemäß Jugendarbeitsschutzgesetz erklären.			
Ich weiß, welche Auswirkung der Berufsschulbesuch mit fünf Unterrichtsstunden auf die Präsenzzeit im Ausbildungsunternehmen hat.			

Aussage	Ich bin mir ganz sicher.	Da bin ich mir unsicher.	Das weiß ich gar nicht.
Ich kann mit Hilfe des Jugendarbeitsschutzgesetzes Fragestellungen jugendlicher Auszubildender rechtssicher klären.			
Ich kann weitere Gesetze benennen, die für mich in meinem Beruf von Bedeutung sind und kann deren Relevanz für meinen Beruf und meine tägliche Arbeit nachvollziehen.			
Ich kann Notizen so anfertigen, dass sie jederzeit wieder verwendbar sind und zur Klärung eines Sachverhaltes beitragen können.			

Methodenecke

In der heutigen Zeit sind Sie immer mehr darauf angewiesen, eine Fülle von Informationen schnell, korrekt und dauerhaft zu erfassen. Eine besonders gute Methode hierzu ist das Anlegen von Notizen. Sie brauchen nur ein Blatt Papier, einen Stift und einen Anlass, der es wert ist, dokumentiert zu werden - und schon kann es losgehen.

Achten Sie zunächst darauf, dass Sie immer leserlich schreiben. Kaum etwas ist so sinnlos wie die Notiz, die Sie nicht lesen können.

Notieren Sie das Richtige und zwar kurz und knapp. Konzentrieren Sie sich beim Anlegen der Notiz auf Schlagwörter und Schlüsselbegriffe, schreiben Sie keine ganzen Sätze, das kostet zu viel Zeit und Sie werden den Anschluss verlieren.

Verwenden Sie immer eigene Worte, um Informationen festzuhalten.

Verwenden Sie nicht nur Worte, nutzen Sie auch Symbole und Zeichen, die Ihnen helfen, den notierten Sachverhalt inhaltlich wieder rekonstruieren zu können. Achten Sie aber darauf, dass Sie die von Ihnen verwendeten Symbole und Zeichen immer mit derselben Bedeutung verwenden.

Lassen Sie auf Ihrem Papier Raum, den Sie später für Ergänzungen nutzen können und versehen Sie Ihre Notiz mit einer Zeit- und Ortsangabe. Vielleicht können Sie auch eine Überschrift für Ihre Notiz finden, die Ihnen später bei der inhaltlichen Auseinandersetzung hilfreich sein könnte.

Sie können Notizen anfertigen, um die Inhalte eines Gespräches oder eines Vortrages festzuhalten. Sie können sich aber auch Notizen beim Durcharbeiten eines Sachtextes machen und diese als Zusammenfassung für Ihre spätere Lernarbeit nutzen.

Aufgabe

Erstellen Sie ein Formular, mit dessen Hilfe Sie sich schnell und sicher Notizen anfertigen können. Vervielfältigen Sie dieses Formular und heften Sie sich den Vorrat zur späteren Verwendung hier in Ihren Ordner.

Das Jugendarbeitsschutzgesetz (JArbSchG) verfolgt das Ziel, junge Menschen im Alter von 15 bis 18 Jahren vor gesundheitlichen Schäden durch Arbeit zu schützen. Jugendliche unter 15 Jahren dürfen, von einigen Ausnahmen abgesehen, prinzipiell nicht beschäftigt werden.

Das JArbSchG beinhaltet Regelungen zur Arbeitszeit, zur Berufsschule und zu Prüfungen und definiert Arbeiten, die von Jugendlichen nicht ausgeführt werden dürfen. Darüber hinaus werden Angaben zu Ruhepausen, zur Nachtruhe, zur täglichen Freizeit, zur Anzahl der Arbeitstage pro Woche, zum Urlaub und zum Gesundheitsschutz gemacht.

Dauer der täglichen Arbeitszeit

Jugendliche dürfen pro Tag bis zu 8,5 Stunden arbeiten. Allerdings darf die Arbeitszeit pro Woche 40 Stunden nicht überschreiten. Darüber hinaus dürfen Jugendliche in der Regel nur an 5 Tagen in der Woche arbeiten. Arbeitet der Jugendliche in einem Unternehmen mit Samstagsarbeit, so ist der Jugendliche als Ausgleich an einem Wochentag freizustellen. Dieser freie Wochentag muss ein Tag sein, an dem kein Berufsschulunterricht stattfindet.

Zwischen Arbeitsende und Arbeitsbeginn muss eine Freizeit von mindestens 12 Stunden Dauer liegen. Die Beschäftigung von Jugendlichen ist in der Regel nur in der Zeit von 6:00 Uhr bis 20:00 Uhr erlaubt.

Pausenregelungen

Arbeitet der Jugendliche zwischen 4,5 und 6 Stunden, so ist eine Ruhepause von mindestens 30 Minuten zu gewähren. Bei einer Arbeitsdauer von mehr als 6 Stunden ist eine Ruhepause von 60 Minuten zu gewähren. Dabei hat die erste Pause spätestens nach 4,5 Stunden zu erfolgen. Eine Ruhepause darf nicht weniger als 15 Minuten betragen.

Besuch der Berufsschule

Der Besuch der Berufsschule wird einschließlich der Pausen auf die Arbeitszeit angerechnet und ist zu vergüten. Nach einem Berufsschultag von mehr als 5 Unterrichtsstunden ist eine Beschäftigung der Jugendlichen im Ausbildungsbetrieb nicht gestattet. Diese Regelung gilt jedoch nur für maximal einen Berufsschultag. Eine Beschäftigung der Jugendlichen vor dem Berufsschulunterricht, sofern dieser um 9:00 Uhr beginnt, ist ebenso untersagt. Darüber hinaus sind Jugendliche für die Zwischen- und Abschlussprüfung freizustellen. Vor der Abschlussprüfung hat eine Freistellung am Arbeitstag vorher zu erfolgen.

Urlaubsanspruch

Der Umfang des zu gewährenden Urlaubs ist abhängig vom Alter der Jugendlichen und wird jeweils zum Beginn des Kalenderjahres festgelegt.

Alter	Dauer
zu Beginn des Kalenderjahres noch nicht 16 Jahre alt	mindestens 30 Werktage
zu Beginn des Kalenderjahres noch nicht 17 Jahre alt	mindestens 27 Werktage
zu Beginn des Kalenderjahres noch nicht 18 Jahre alt	mindestens 25 Werktage

Der Urlaub ist als bezahlter Jahresurlaub zu gewähren.

> **Aufgabe**
>
> *Überprüfen Sie die obigen Aussagen anhand des JArbSchG.*

Methodenecke

Arbeiten mit Gesetzestexten

In Ihrem beruflichen und privaten Leben werden Sie immer wieder vor die Aufgabe gestellt Informationen nachschlagen zu müssen. Als Nachschlagewerke nutzen Sie Telefonverzeichnisse, Kataloge, Informationsbroschüren oder auch Gesetzestexte. Viele Menschen schrecken vor dem Lesen von Gesetzestexten zurück, da sie glauben, dass sie sich als Nichtjuristen in den Gesetzeswerken nicht zurechtfinden werden. Sicherlich werden Sie nicht zu Juristen ausgebildet, aber als Kaufmann oder Kauffrau werden Sie sich in verschiedenen Unternehmensbereichen mit Gesetzestexten beschäftigen müssen. Die aktuelle Methodenecke stellt Ihnen ein Verfahren vor, mit dem Sie sich rasch orientieren können.

1. Gesetze sind thematisch sortiert. Verschaffen Sie sich zunächst einen Überblick, in welchen Themen- bzw. Lebensbereich der vorliegende Gesetzestext gehört. Stellen Sie den Gesamtzusammenhang her.
2. Analysieren Sie dann die inhaltliche Struktur des Gesetzestextes. Studieren Sie hierzu das Inhaltsverzeichnis und gewinnen Sie einen Überblick über die Teile, Abschnitte, Kapitel und Paragrafen.
3. Lesen Sie dann in dem Gesetzestext und machen Sie sich mit dem Sprachgebrauch vertraut. Wenn Sie eine Fragestellung mit Hilfe des Gesetzestextes lösen müssen, verwenden Sie das Inhaltsverzeichnis, um die entsprechende Stelle im Text zu finden.
4. Verwenden Sie beim Arbeiten mit Gesetzestexten Ihr Methodenwissen aus den Bereichen „systematisches Lesen" und „Markieren".
5. Erstellen Sie eine Übersicht mit Abkürzungen, Symbolen und Ausdrücken, die Ihnen beim Lesen von Gesetzestexten begegnen und ergänzen Sie diese Übersicht um Ihre eigenen Erklärungen.
6. Erstellen Sie eine Karteikarte, auf der Sie Ihre Erkenntnisse zu dem von Ihnen bearbeiteten Gesetzestext aus den Arbeitsschritten 1 bis 3 notieren. So machen Sie sich intensiver mit dem Gesetz vertraut und können sich bei zukünftigen und vergleichbaren Arbeitsaufträgen schnellstmöglich orientieren.

Aufgabe

Erfragen Sie in Ihrem Unternehmen, welche Gesetzestexte für die tägliche Arbeit von Bedeutung sind und lassen Sie sich einen Einblick in die entsprechenden Unterlagen gewähren. Machen Sie sich hierzu verwertbare Notizen gemäß dem Vorschlag aus der Methodenecke zum Arbeiten mit Gesetzestexten.

Lernfeld 2 Die Berufsausbildung selbstverantwortlich mitgestalten

! Selbstüberprüfung

Kehren Sie bitte jetzt, wie bereits gewohnt, zum Wissens-Check zurück und überprüfen Sie Ihre Angaben, indem Sie Ihren aktuellen Wissensstand mit einem „O" an der entsprechenden Stelle markieren. Bewerten Sie die Veränderungen. Sollten Sie mit dem Ergebnis unzufrieden sein, lassen Sie sich beraten und entwickeln Sie eine Zielvereinbarung für das weitere Vorgehen. Halten Sie diese Zielvereinbarung in dem nachfolgenden Bereich schriftlich fest.

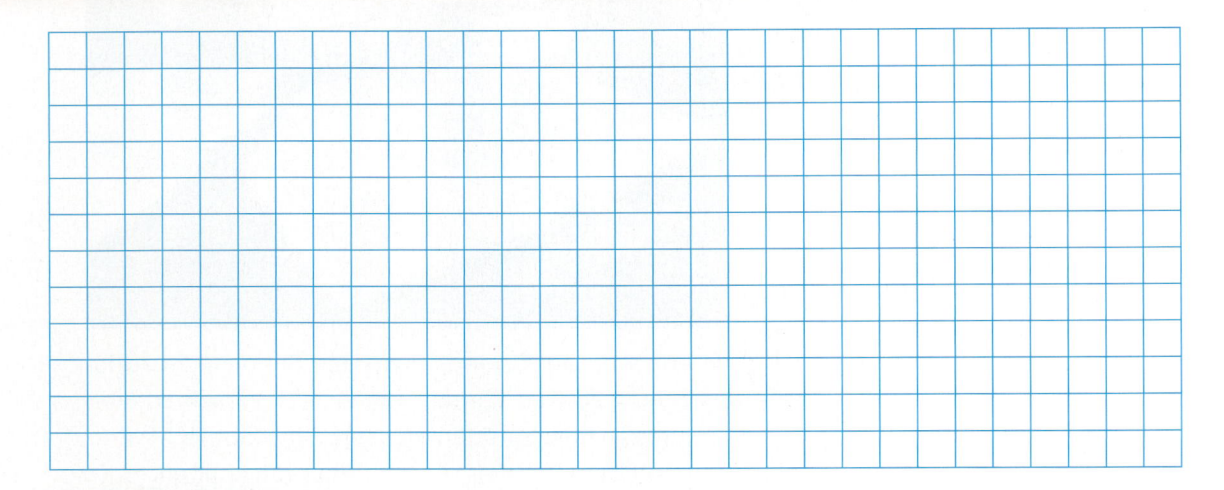

Problemlösung

Lesen Sie bitte nochmals die Fallsituation dieses Kapitels und entwickeln Sie einen umfassenden Erklärungsansatz. Erinnern Sie sich noch an die Vorgehensweise zum Arbeiten in komplexen Situationen?

Anwendung

Lösen Sie die nachfolgenden Aufgaben.

1. Katharina ist im Februar 16 Jahre alt geworden und hat zum 1. August des Jahres mit ihrer Ausbildung zur Kauffrau im Gesundheitswesen begonnen. Wie viele Urlaubstage stehen ihr im kommenden Kalenderjahr zu?
2. Die 19-jährige Susanne will auch wie ihre Mitschüler dienstags nach der 6 Stunde nicht mehr in den Ausbildungsbetrieb fahren.
3. Patrick, 17 Jahre, arbeitet montags von 8:00 bis 18:00. Wie viel Pausenzeit steht ihm zu?
4. Wenn Patrick montags bis 17:00 Uhr arbeitet, wann darf er dann frühestens am Dienstagmorgen mit der Arbeit beginnen?

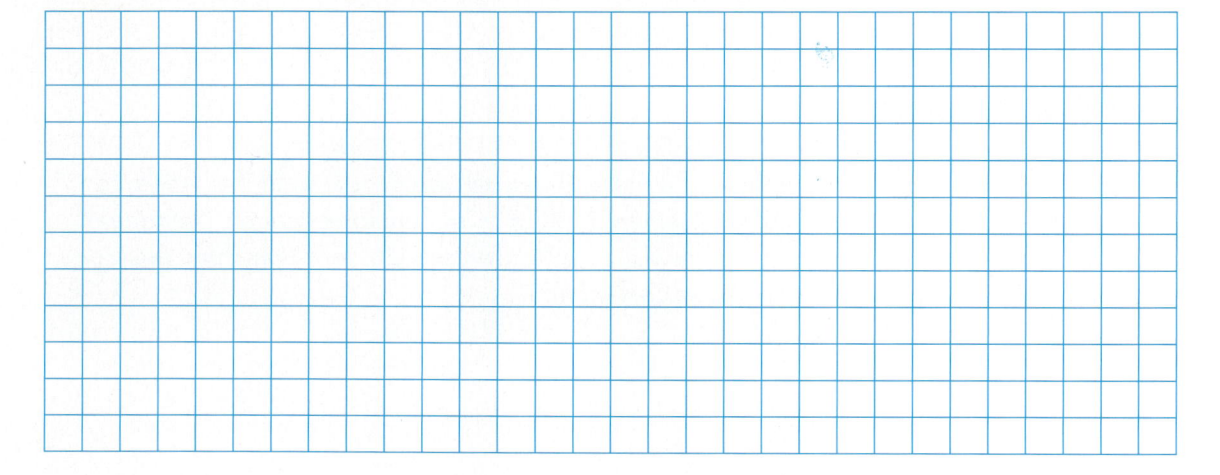

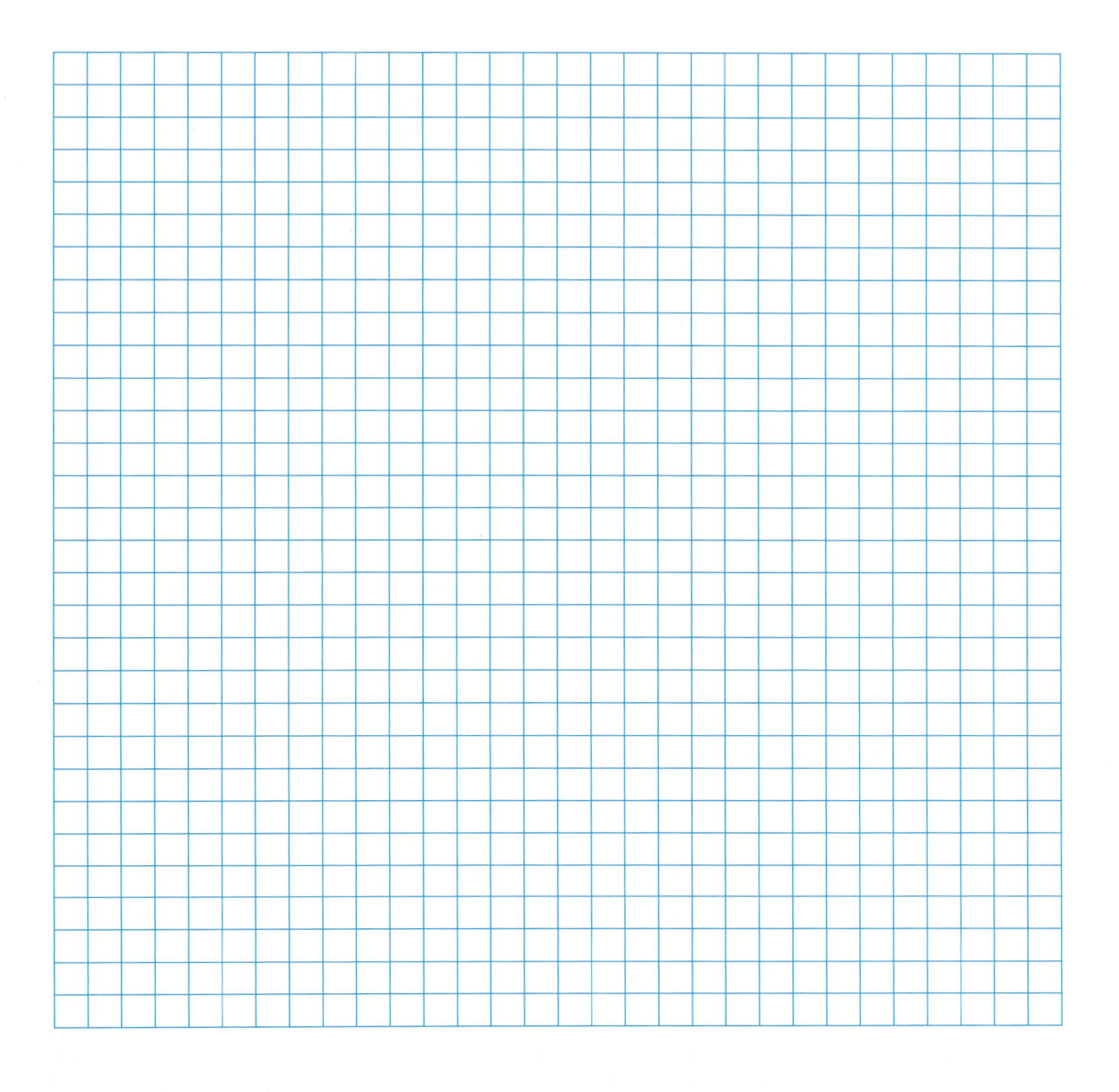

5 Jugendarbeitsschutzgesetz (JarbSchG) **Lernfeld 2**

6 Interessenvertretung der Arbeitnehmer

In den vorangegangenen Kapiteln haben Sie die rechtlichen Grundlagen kennengelernt, die den Rahmen für Ihre Berufsausbildung und Ihren Status als Auszubildende(r) regeln. Durch die Anwendung Ihres erworbenen Wissens in den Aufgaben und bei der Problemlösung können Sie inzwischen Ihre Rechte bereits gut eigenständig vertreten. An wen aber könnten Sie sich wenden, wenn Sie Unterstützung und Hilfe in aktuellen Fragen Ihrer beruflichen Situation benötigen?

Das vorliegende Kapitel will Sie mit den Gremien vertraut machen, die Ihre Interessen im Berufsalltag vertreten und die Sie beraten und unterstützen können.

Wissens-Check

Schätzen Sie Ihre Kenntnisse zur Interessenvertretung ein, indem Sie ein „X" an die entsprechende Stelle der nachfolgenden Tabelle setzen.

Aussage	Ich bin mir ganz sicher.	Da bin ich mir unsicher.	Das weiß ich gar nicht.
Ich kenne die Gesetzesgrundlagen, die die Interessenvertretung der Arbeitnehmenden in Betrieben regeln			
Ich weiß, in welchen Betrieben Personalräte eingerichtet werden.			
Ich kenne die Aufgaben der Jugend- und Auszubildendenvertretung.			
Ich kann die Begriffe Mitbestimmung und Mitwirkung gemäß Betriebsverfassungsgesetz unterscheiden.			
Ich kenne die rechtlichen Grundlagen zur Einrichtung einer Mitarbeitervertretung.			

Aufgabe

Erkunden Sie für Ihr Ausbildungsunternehmen, wie die Interessensvertretung der Mitarbeitenden geregelt ist. Machen Sie sich Notizen.

Mitarbeitende haben die Möglichkeit an betrieblichen Entscheidungen beteiligt zu werden. Durch das Betriebsverfassungsgesetz (BetrVG) und das Personalvertretungsgesetz (PVG) können Arbeitnehmerinnen und Arbeitnehmer ihre Interessen gegenüber den Arbeitgebern vertreten. Betriebsverfassungsgesetz und Personalvertretungsgesetz ermöglichen die Einrichtung eines Betriebsrates (BetrVG) oder eines Personalrates (PVG) und entsprechender Ausschüsse. Diese Gremien und Ausschüsse ermöglichen den Mitarbeitenden die aktive Beteiligung auf sozialer, personeller und wirtschaftlicher Ebene.

Betriebsverfassungsgesetz (BetrVG)

Das Betriebsverfassungsgesetz findet Anwendung in Betrieben mit privatrechtlicher Trägerschaft. Seine Fassung von 1972 bildet die gesetzliche Grundlage für die Interessenvertretung von Arbeitnehmenden in entsprechenden Betrieben.

Der Betriebsrat ist das Gremium aus dem Betriebsverfassungsgesetz, mit dem die Mitarbeitenden ihre Interessen gegenüber dem Arbeitgeber vertreten können. Betriebsräte können überall dort eingerichtet werden, wo mindestens fünf wahlberechtigte Arbeitnehmer beschäftigt werden, von denen mindestens drei wählbar sein müssen. Unter dem Begriff „Arbeitnehmer" sind alle Mitarbeitenden (Arbeiter, Angestellte, Außendienstmitarbeiter, Tele- und Heimarbeiter) zusammengefasst. Leitende Angestellte zählen nicht zu der Gruppe der wahlberechtigten und wählbaren Arbeitnehmer.

Wahlberechtigt sind alle Arbeitnehmer, die das 18. Lebensjahr vollendet haben. Wählbar sind jedoch nur diejenigen, die dem Betrieb seit mindestens sechs Monaten angehören. Dabei richtet sich die Größe des Betriebsrates nach der Zahl der Wahlberechtigten (in Betrieben mit bis zu 51 wahlberechtigten Mitarbeitenden) oder nach der Zahl der beschäftigten Arbeitnehmer (in Betrieben mit mehr als 51 wahlberechtigten Mitarbeitenden).

Der Betriebsrat wird geheim und unmittelbar für eine Amtszeit von vier Jahren gewählt. Die Besetzung des Betriebsrates sollte möglichst alle Organisationsbereiche und Beschäftigungsarten des Betriebes repräsentieren. Während der Amtszeit und bis zu einem Jahr danach ist die Kündigung eines Betriebsratsmitgliedes durch den Arbeitgeber nicht erlaubt.

Der Betriebsrat ist mindestens einmal im Jahr vom Arbeitgeber über die wirtschaftliche Lage des Betriebes, den betrieblichen Umweltschutz und aus dem Bereich Personal- und Sozialwesen zu informieren.

Absprachen und Übereinkünfte, die im Rahmen einer Auseinandersetzung zwischen Arbeitgeber und Betriebsrat getroffen werden, können schriftlich als Betriebsvereinbarung festgehalten werden. Diese Betriebsvereinbarungen gelten dann als kollektives Recht für alle Mitarbeitenden des Betriebes.

Aufgabe des Betriebsrates ist es, die Anwendung geltender Gesetze, Verordnungen, Unfallverhütungsvorschriften sowie Tarif- und Betriebsvereinbarungen im Sinne der Arbeitnehmer zu überwachen. Darüber hinaus hat der Betriebsrat eine besondere Verantwortung in Bezug auf Jugendliche und Auszubildende, Schwerbehinderte sowie ältere und ausländische Arbeitnehmerinnen und Arbeitnehmer.

In seiner Funktion hat der Betriebsrat das Recht auf Mitbestimmung. Mitbestimmung bedeutet hier, dass in Fragen der Arbeitszeitregelung, Ausschreibung von Stellenangeboten im Betrieb oder auch generellen Urlaubsregelungen eine Zustimmung des Betriebsrates erfolgen muss.

Mitwirkungsrechte hat der Betriebsrat in Fragen der Kündigung von Arbeitnehmern oder der Einstellung bzw. Versetzung. Mitwirkung bedeutet, dass der Betriebsrat Widerspruch gegen entsprechende Entscheidungen des Arbeitgebers einlegen kann. Gegen den Widerspruch kann der Arbeitgeber dann beim Arbeitsgericht klagen.

Recht auf Information und Beratung hat der Betriebsrat in Fragen der Personalplanung, bei Rationalisierungsvorhaben oder auch bei vollständigen oder teilweisen Stilllegungen des Betriebes. Der Betriebsrat ist von entsprechenden Maßnahmen zu unterrichten. So wird dem Betriebsrat die Möglichkeit gegeben, sich beratend und verhandelnd zu engagieren.

Jugend- und Auszubildendenvertretung

Wenn in einem Betrieb bereits ein Betriebsrat eingerichtet wurde und mindestens fünf Arbeitnehmer beschäftigt werden, die unter 18 Jahre alt sind oder die eine Berufsausbildung absolvieren und das 25. Lebensjahr noch nicht vollendet haben, kann eine Jugend- und Auszubildendenvertretung für eine Dauer von zwei Jahren gebildet werden. Die Wahl erfolgt geheim und unmittelbar. Wahlberechtigt sind alle jugendlichen Arbeitnehmer und Auszubildende, die das 25. Lebensjahr noch nicht vollendet haben. Wählbar sind alle Mitarbeitenden, die ebenso nicht älter als 25 Jahre sind.

Die Jugend- und Auszubildendenvertretung kann jeweils ein Mitglied zu den Betriebsratssitzungen entsenden. In Fragen, die von besonderem Belang für Jugendliche und Auszubildende sind, hat die Jugend- und Auszubildendenvertretung das Recht auf Teilnahme und ein Stimmrecht.

Personalvertretungsgesetz (PVG)
Für Betriebe der öffentlichen Hand gilt das Personalvertretungsgesetz auf Bundes- und Landesebene. Ähnlich dem Betriebsverfassungsgesetz sind hier Bestimmungen bezüglich Bildung, Wahl, Zusammensetzung, Stärke, Amtszeit sowie Rechte und Aufgaben der Jugend- und Auszubildendenvertretung geregelt.

Tendenzbetriebe
Das Betriebsverfassungsgesetz gilt nicht oder nur in Auszügen für sogenannte Tendenzbetriebe. Tendenzbetriebe sind definiert als Betriebe, die überwiegend und unmittelbar geistig-ideellen Zwecken dienen. Hierzu zählen Betriebe von Religionsgemeinschaften und deren Einrichtungen sowie Unternehmen und Betriebe, die u. a. politische, erzieherische, wissenschaftliche oder künstlerische Ziele verfolgen. Das Betriebsverfassungsgesetz findet hier keine Anwendung, wenn die Zielsetzung des Tendenzbetriebes durch die Umsetzung der Rechte stark beeinträchtigt werden könnte. Die Interessensvertretung der Arbeitnehmer in Tendenzbetrieben wird als Mitarbeitervertretung (MAV) bezeichnet.

Anwendung
1. Wandeln Sie den obigen Text in ein übersichtliches Schaubild um, das die jeweiligen Schlüsselbegriffe enthält und etwaige Beziehungen der Begriffe zueinander abbildet.
2. Welche Fragen ergeben sich jetzt noch für Sie? Notieren Sie diese in dem nachfolgenden Bereich und tauschen Sie sich diesbezüglich mit Ihren Klassenkameraden aus.

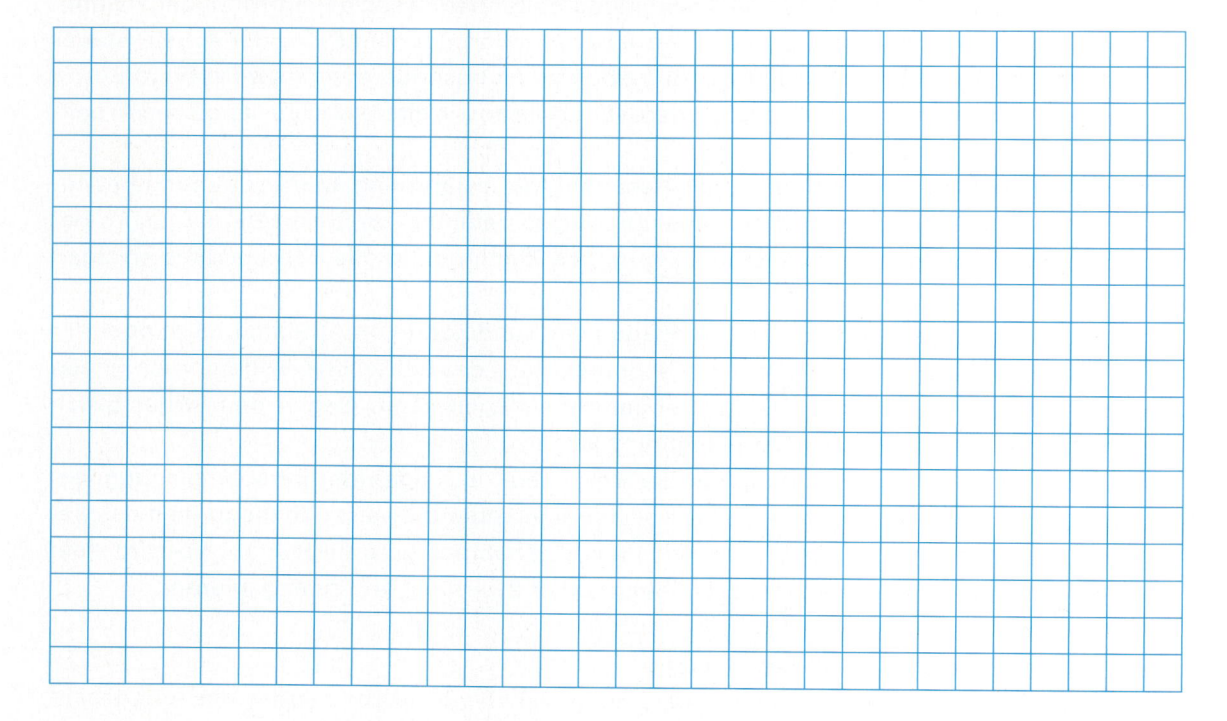

Selbstüberprüfung

Kehren Sie bitte jetzt nochmals zum Wissens-Check dieses Kapitels zurück und überprüfen Sie Ihre Angaben, indem Sie Ihren aktuellen Wissensstand mit einem „O" an der entsprechenden Stelle markieren. Bewerten Sie die Veränderungen. Sollten Sie mit dem Ergebnis unzufrieden sein, lassen Sie sich beraten und entwickeln Sie eine Zielvereinbarung für das weitere Vorgehen. Halten Sie diese Zielvereinbarung in dem nachfolgenden Bereich schriftlich fest.

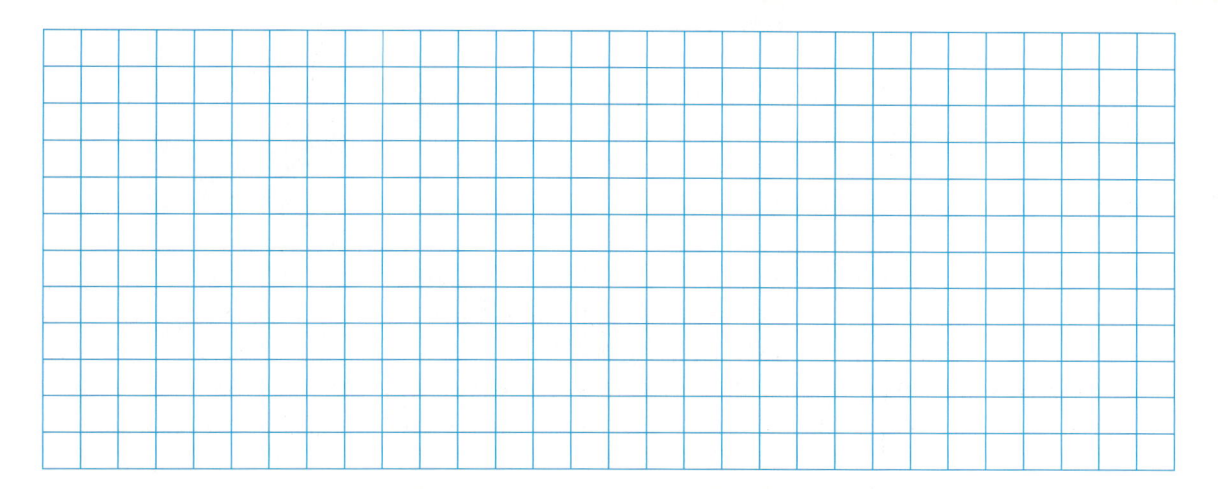

Methodenecke

Die richtige Vorbereitung

In Ihrer Situation als Auszubildende(r) ist Ihre Zeit sicherlich sehr knapp. Sie haben einen ausgefüllten Arbeitstag, der Sie nahezu täglich mit neuen Herausforderungen konfrontiert. Der Berufsschulunterricht bedarf der Vor- und Nachbereitung, und für anstehende Klassenarbeiten müssen Sie auch noch lernen. Darüber hinaus wünschen Sie sich Freizeit für Sport, Freunde und Familie. Wie sollen Sie das alles unter einen Hut bekommen?

→ *Vorbereitung auf Klassenarbeiten*
- Lernen Sie kontinuierlich und nicht phasenweise.
- Beginnen Sie rechtzeitig mit der Vorbereitung auf Klassenarbeiten.
- Lernen Sie den notwendigen Lernstoff nicht auswendig, sondern entwickeln Sie Strukturen, Verbindungen, Merksätze, Schaubilder.
- Teilen Sie sich den Lernstoff in Teilbereiche und lernen Sie diese nacheinander. Wiederholen Sie bereits erarbeitete Lernbereiche, bevor Sie sich einem neuen Lernbereich widmen (ähnlich dem Verfahren der Lernkartei).

→ *Zeitplanung*
- Legen Sie sich einen Terminkalender zu.
- Entwickeln Sie Zeitkürzel, die Sie in Ihrem Terminkalender verwenden:
  BS = Berufsschule
  AZ = Arbeitszeit
  LZ = Lernzeit
  FZ = Freizeit

- Notieren Sie sich wichtige berufliche und private Termine.
- Planen Sie am Ende einer Woche den Verlauf der Folgewoche, indem Sie die Zeitkürzel pro Tag eintragen und jeweils mit einer Dauer versehen und erstellen Sie so Ihre persönliche Wochenstruktur. Wenn Sie für die Folgewoche bereits wichtige Termine eingetragen haben, bauen Sie diese in Ihre Wochenstruktur ein.
- Prüfen Sie am Ende eines jeden Tages, ob Sie den Tagesablauf eingehalten haben. Nichteinhaltungen des geplanten Tagesablaufes haben Auswirkungen auf die Planung der Restwoche! Nehmen Sie entsprechende Änderungen vor, indem Sie bei erwirtschafteten Zeitdefiziten die jeweiligen Zeitanteile entsprechend erhöhen. Selbstverständlich können sich bei diszipliniertem Arbeitsverhalten auch Zeitgutschriften ergeben, um die Sie dann Ihre Freizeit erhöhen können.
- Setzen Sie sich realistische Ziele für Ihre Lernzeit und belohnen Sie sich, wenn Sie das Lernziel erreicht haben.

Fallsituation

Wie Sie Ihre Lehrerinnen und Lehrer kennen, werden Sie sicherlich in naher Zukunft eine Klassenarbeit zum aktuellen Lernfeld schreiben müssen. Ihr zentrales Problem dürfte vielleicht jetzt sein, wie Sie sich auf diese Arbeit vorbereiten. Wie wollen Sie die Lerninhalte für sich verfügbar machen? Wie wollen Sie sich Ihre Lernzeit einteilen, wo Sie doch nicht mehr nur Schüler sind, sondern auch Ihren beruflichen Verpflichtungen nachkommen müssen? Ach ja – und Freunde haben Sie ja auch noch, oder?!

Problemlösung

Bereiten Sie die Lerninhalte des aktuellen Lernfeldes unter Verwendung der Ihnen gezeigten Lern- und Arbeitsmethoden für die anstehende Klassenarbeit vor.

Lernfeld 1
Den Betrieb erkunden und darstellen

1 Handelsrechtliche Grundlagen

> **Aufgabe**
>
> Für die Arbeit mit diesem Kapitel benötigen Sie das Handelsgesetzbuch (HGB).

Dieses Kapitel will Sie mit den Grundlagen vertraut machen, die auf der Ebene des Handelsgesetzbuchs (HGB) für Ihr Unternehmen von Bedeutung sein können. Sie werden den Begriff „Kaufmann" neu entdecken und die Bedeutung der Kaufmannseigenschaften kennenlernen sowie Unterschiede beschreiben können. Sie werden den Begriff „Firma" kaufmännisch korrekt verwenden können, und in der Lage sein, das Handelsregister als zentrales Verzeichnis der Kaufleute in seiner Struktur zu beschreiben.

Wissens-Check

Schätzen Sie Ihre Kenntnisse zu den handelsrechtlichen Grundlagen ein, indem Sie ein „X" an die entsprechende Stelle der nachfolgenden Tabelle setzen.

Aussage	Ich bin mir ganz sicher.	Da bin ich mir unsicher.	Das weiß ich gar nicht.
Ich kenne die Kaufmannseigenschaften und kann sie erläutern.			
Ich kenne die Bedeutung des Begriffes „Kaufmann" nach HGB.			
Ich kenne die Grundsätze der Firmenwahl und kann meine Kenntnisse diesbezüglich zur Wahl einer Firma beratend einsetzen.			
Ich kenne die Struktur des Handelsregisters.			
Ich kenne die Konsequenzen, die eine Eintragung ins Handelsregister hat.			
Ich weiß, wo ich mich über die Inhalte des Handelsregisters informieren kann.			

1.1 Kaufmannseigenschaften

Werden Sie, nachdem Sie Ihre Ausbildung zum Kaufmann im Gesundheitswesen abgeschlossen haben, ein Kaufmann sein?
Die Antwort lautet: ja und nein!
Landläufig wird jemand, der einen kaufmännischen Beruf ausübt, als Kaufmann bezeichnet. In dieser Bedeutung spiegelt sich das Verständnis, dass Sie im Rahmen der beruflichen Tätigkeit mit dem Kaufen und Verkaufen von Gegenständen und Diensten beschäftigt sind.
Allerdings wird der Begriff „Kaufmann" in juristischem Sinn anders gedeutet. Diese Bedeutung wird durch das Handelsgesetzbuch (HGB) definiert.

> **§ 1 HBG**
>
> (1) Kaufmann im Sinne dieses Gesetzbuchs ist, wer ein Handelsgewerbe betreibt.
> (2) Handelsgewerbe ist jeder Gewerbebetrieb, es sei denn, dass das Unternehmen nach Art oder Umfang einen in kaufmännischer Weise eingerichteten Geschäftsbetrieb nicht erfordert. Die Notwendigkeit eines in kaufmännischer Weise eingerichteten Geschäftsbetriebes ist u. a. abhängig von der Zahl der Beschäftigten, vom Umsatz, vom Kapital oder von der Anzahl der Geschäftsbeziehungen. Ein in kaufmännischer Weise eingerichteter Geschäftsbetrieb erfordert auch die Einrichtung einer kaufmännischen Buchführung.

Im landläufigen Sinne sind Sie also nach abgeschlossener Berufsausbildung ein Kaufmann. In juristischem Sinne sind Sie nach HGB ein Kaufmann, wenn Sie ein Handelsgewerbe betreiben. Dabei unterscheidet das HGB drei Kaufmannseigenschaften: den Istkaufmann, den Kannkaufmann und den Formkaufmann.

Istkaufmann (§ 1 HGB)
Ein Istkaufmann betreibt einen Gewerbebetrieb, der nach Art oder Umfang einen in kaufmännischer Weise eingerichteten Geschäftsbetrieb erfordert. Er muss sich ins Handelsregister eintragen lassen und ist zur Erstellung einer kaufmännischen Buchführung verpflichtet. Die Eintragung ins Handelsregister wird als deklaratorische (rechtsbezeugende) Eintragung bezeichnet. Das bedeutet, dass mit der Eintragung ein Zustand bekundet wird, der bereits vor der Eintragung bestanden hat.

Kannkaufmann (§ 2f HGB)
Ein Kannkaufmann hat das Wahlrecht, sich freiwillig ins Handelsregister eintragen zu lassen. Diese Eintragung wird als konstitutive (rechtsbegründende) Eintragung bezeichnet, da mit der Eintragung ins Handelsregister erst eine juristische Grundlage geschaffen wird, die ohne die Eintragung nicht zur Anwendung gekommen wäre.
Kannkaufleute sind häufig Kleingewerbe, deren Geschäftsbetrieb keinen nach Art oder Umfang in kaufmännischer Weise eingerichteten Geschäftsbetrieb erfordert oder Land- und Forstwirtschaften und deren Nebenbetriebe wie Molkereien, Mühlen oder Brennereien.

Formkaufmann (§ 6 HGB)
Formkaufmann ist eine Handelsgesellschaft, die aufgrund der Unternehmensform (AG, GmbH, eG) zur Eintragung ins Handelsregister verpflichtet ist. Diese Eintragung ist wie beim Istkaufmann deklaratorisch.

Derjenige, der Kaufmann nach HGB ist, hat die Rechtsgrundlagen des HGB zu befolgen, führt eine Firma, darf Prokura erteilen und unterliegt der gesetzlichen Buchführungspflicht nach handelsrechtlichen Vorschriften.

Derjenige, der sich nicht für eine Eintragung ins Handelsregister entscheidet, ist kein Kaufmann nach HGB. Ohne Eintragung ins HGB ist das Bürgerliche Gesetzbuch (BGB) als Rechtsgrundlage des Handelns zu berücksichtigen, es darf keine Firma geführt und keine Prokura erteilt werden. Die Buchführung hat den Mindestanforderungen nach Steuerrecht zu entsprechen.

Aufgabe

Sichten Sie die relevanten Paragraphen des HGB zu den Kaufmannseigenschaften und erstellen Sie ein Schaubild mit den Kerninformationen und deren Beziehungen zueinander.

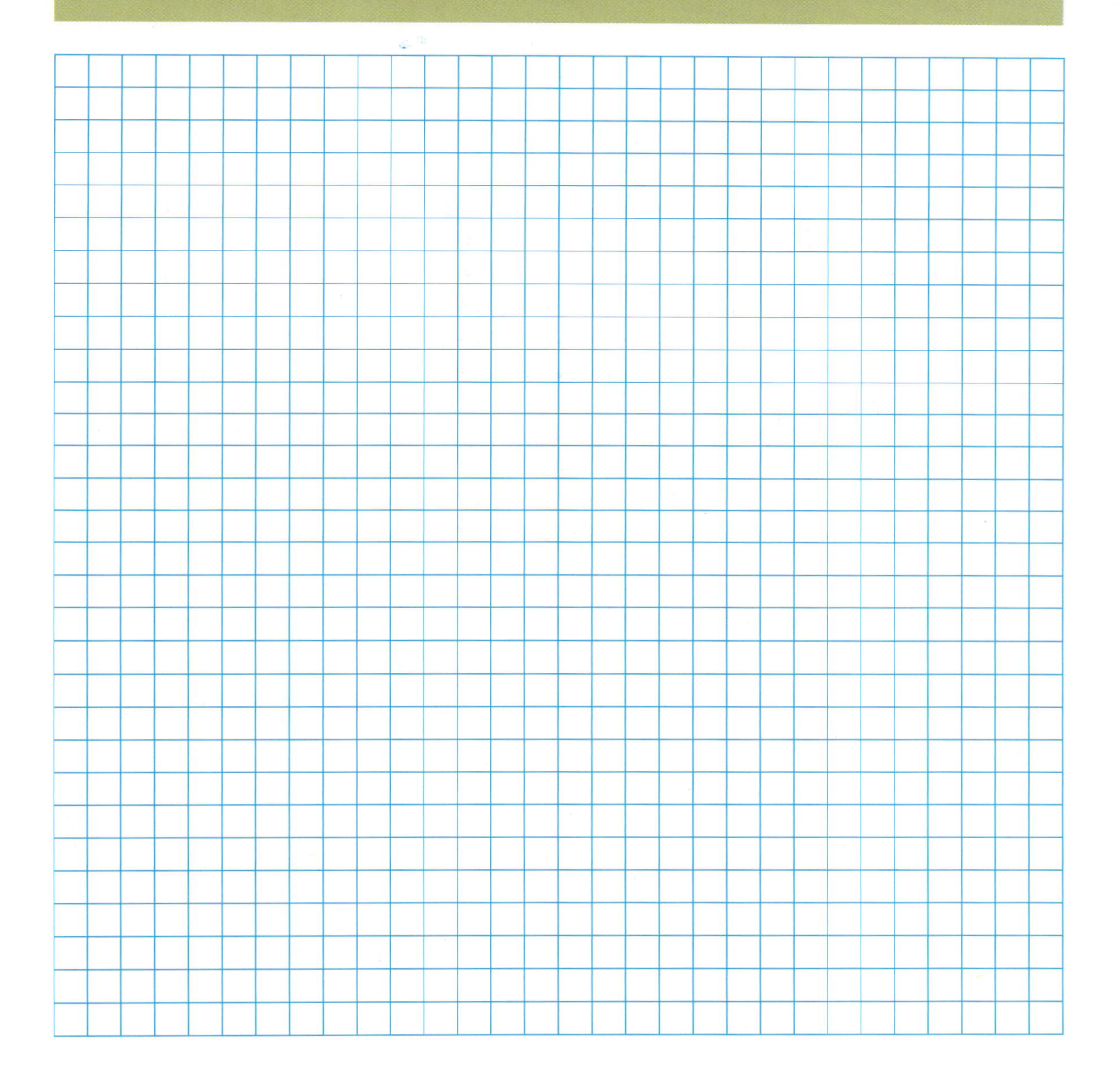

1.2 Firma

Die Ausführungen zu den Kaufmannseigenschaften haben deutlich gemacht, dass eingetragene Kaufleute zur Führung einer Firma verpflichtet sind. Allerdings entspricht der Begriff „Firma" nicht der landläufigen Bedeutung sondern ist ebenfalls im HGB definiert.

> **§ 17 HBG**
>
> (1) Die Firma eines Kaufmannes ist der Name, unter dem er seine Geschäfte betreibt und die Unterschrift abgibt.
> (2) Ein Kaufmann kann unter seiner Firma klagen und verklagt werden.

Die Firma, der Name des Unternehmens also, kann in
- Personenfirma
- Sachfirma
- Fantasiefirma oder
- gemischte Firma

unterschieden werden.

Personenfirma
In der Form der Personenfirma besteht der Name aus mindestens einem oder mehreren Personennamen. Häufig werden die Namen der Geschäftsinhaber verwendet.

Sachfirma
Als Sachfirma wird der Name des Unternehmens dann bezeichnet, wenn er aus dem Unternehmensgegenstand abgeleitet wurde.

Fantasiefirma
Ist der Name des Unternehmens eher von einem Markennamen abgeleitet und auf Werbewirksamkeit ausgelegt, der keinen Bezug zum Inhaber oder Unternehmensgegenstand herleiten lässt, spricht man von einer Fantasiefirma.

Gemischte Firma
Als gemischte Firma bezeichnet man die Namen der Unternehmen, die sowohl Anteile aus dem Unternehmensgegenstand als auch Personennamen enthalten.

Insgesamt hängt die Wahl der Firma von der gewählten Rechtsform des Unternehmens ab. Handelt es sich um ein Einzelunternehmen, welches ins Handelsregister eingetragen wurde, so ist die Firma um die Bezeichnung „eingetragener Kaufmann" bzw. „eingetragene Kauffrau" zu ergänzen. Hierfür dürfen auch die Abkürzungen „e. K." oder „e. Kfm." bzw. „e. Kfr." verwendet werden. Personen und Kapitalgesellschaften haben die jeweiligen Rechtsformen oder aber deren Abkürzungen in die Firma aufzunehmen. Dieser Zusatz ist auf allen geschäftlichen Dokumenten zu führen.

Firmenwahl
Die ausgebildete Altenpflegerin Sybille Garbach möchte sich selbstständig machen und einen ambulanten Pflegedienst eröffnen. Momentan denkt sie über den Namen ihres Unternehmens nach. Da sie sich neu am Markt positionieren muss und sich in ihrem Umfeld bereits mehrere ambulante Pflegedienste niedergelassen haben, möchte sie einen eingänglichen, aussagekräftigen und werbewirksamen Namen für ihr Unternehmen wählen.

Die Wahl der Firma ist an im HGB verankerte Grundsätze gebunden, die als
- Firmenwahrheit
- Firmenklarheit
- Firmenbeständigkeit
- Firmeneinheit und
- Firmenöffentlichkeit

bezeichnet werden.

Firmenwahrheit

Die Firma muss so gewählt werden, dass sie der tatsächlichen Rechtsform entspricht und keine Angaben enthält, die die Geschäftspartner irreführen könnten.

Firmenklarheit

Bei der Eintragung ins Handelsregister wird geprüft, ob eine Bezeichnung als Firma verwendet wird, die bereits von einem anderen Unternehmen geführt wird. Firmenklarheit bedeutet also, dass sich die Firma deutlich von bereits bestehenden ortsansässigen Unternehmen unterscheiden muss.

Firmenbeständigkeit

Wird ein Unternehmen durch den Wechsel des Inhabers an einen Nachfolger übergeben, darf die Firma weitergeführt werden. Allerdings sind die Vorgaben der Firmenwahrheit nach der Übernahme zu überprüfen und ggf. auf die Firma anzuwenden. Die Übernahme der Firma ist gestattet, da sich häufig mit dem Namen ein sogenannter Imagewert etabliert hat; die Firma ist bei den Kunden bekannt und mit einer Qualitätsvorstellung verbunden. Allerdings ist im Rahmen der Firmenbeständigkeit die Zustimmung des vorherigen Geschäftsführers oder seiner Erben erforderlich.

Firmeneinheit

Als Firmeneinheit bezeichnet man den Grundsatz, dass der Kaufmann für sein Handelsgeschäft nur eine Firma führen darf. Die Verwendung von mehreren Namen für ein und dasselbe Handelsgeschäft ist untersagt.

Firmenöffentlichkeit

Kaufleute sind verpflichtet, ihre Firma und alle späteren Änderungen ins Handelsregister eintragen zu lassen. Auf diese Weise soll garantiert werden, dass die Öffentlichkeit (Geschäftspartner, Behörden, Banken etc.) Kenntnis der aktuellen Firma erhalten und ihrerseits Rückschlüsse für die Geschäftsbeziehungen ableiten können.

Problemlösung

Helfen Sie Frau Garbach bei der Namensfindung, indem Sie Ihr bereits erworbenes Wissen zu den Kaufmannseigenschaften und zur Firmenwahl anwenden. Welche Firma schlagen Sie vor? Begründen Sie Ihre Wahl.

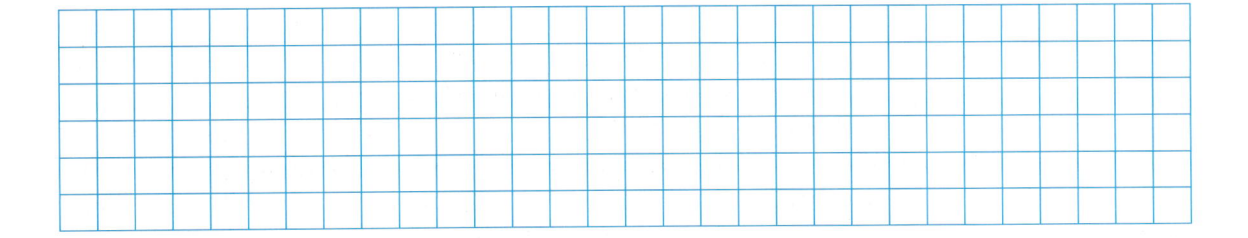

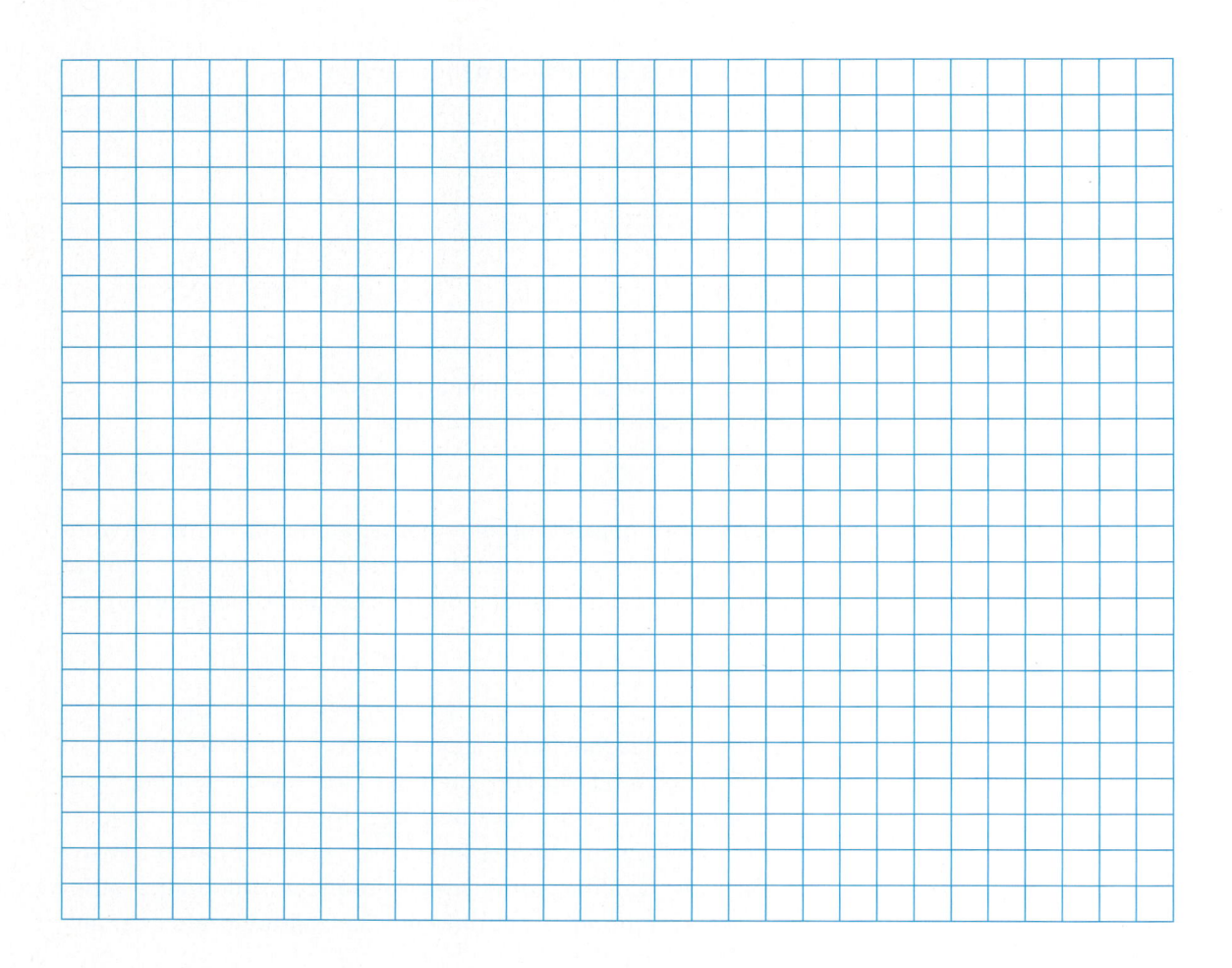

1.3 Handelsregister

Das Handelsregister wird beim ortsansässigen Amtsgericht geführt. Ins Handelsregister müssen Kaufleute alle Informationen eintragen lassen, die für die Geschäftspartner der Kaufleute von rechtlicher Bedeutung sein könnten. Durch die Eintragung ins Handelsregister werden diese Informationen öffentlich.

> **§ 29 HBG**
>
> Jeder Kaufmann ist verpflichtet, seine Firma und den Ort seiner Handelsniederlassung bei dem Gericht, in dessen Bezirk sich die Niederlassung befindet, zur Eintragung in das Handelsregister anzumelden; er hat seine Namensunterschrift unter Angabe der Firma zur Aufbewahrung bei dem Gericht zu zeichnen.

Die Eintragungen im Handelsregister sorgen also für Sicherheit im Rahmen des Rechts- und Geschäftsverkehrs von Kaufleuten.

Das Handelsregister besteht aus zwei Abteilungen. In der Abteilung A werden alle Einzelkaufleute und Personengesellschaften geführt. Die Abteilung B ist das Verzeichnis der Kapitalgesellschaften. Genossenschaften werden in einem gesonderten Register geführt.

Eintragungen und Änderungen von Firmen oder relevanten Angaben der Unternehmen, die jeweils notariell beglaubigt oder von Amts wegen veranlasst werden müssen, werden durch das Amtsgericht im Bundesanzeiger und mindestens einem weiteren Lokalblatt veröffentlicht.

Selbstüberprüfung

Sichten Sie nochmals Ihre Angaben zum Wissens-Check in diesem Kapitel und ändern Sie ggf. die von Ihnen gesetzte Markierung, indem Sie ein „O" als neues Symbol setzen. Welche Änderungen in Ihrem Wissensbestand haben sich ergeben?

Wenn Sie mit Ihren Wissensänderungen unzufrieden sind, entwickeln Sie eine entsprechende Zielvereinbarung, die Ihnen beim Erarbeiten der relevanten Wissensanteile hilft.

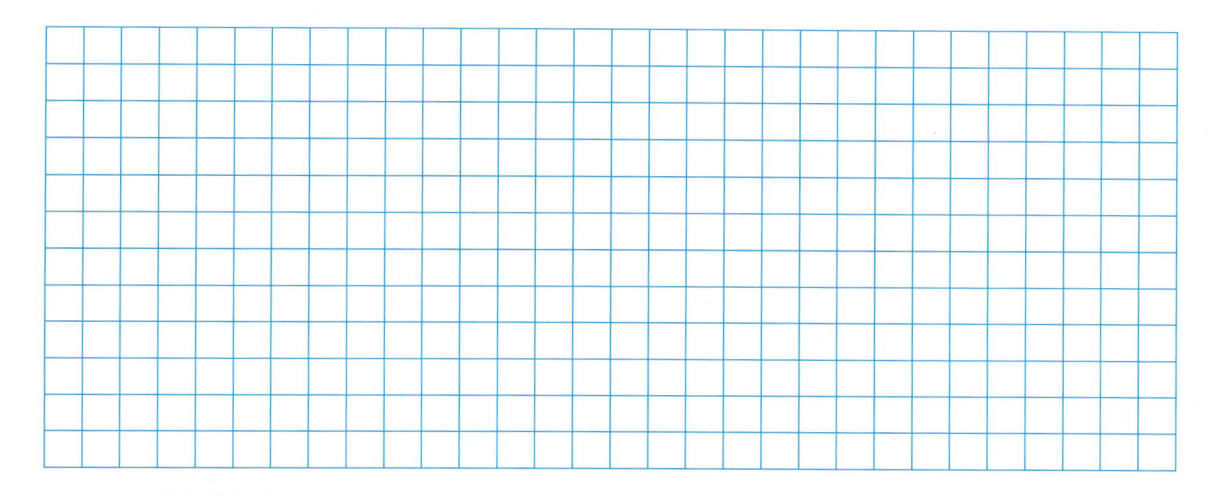

Aufgabe

Sichten Sie den Bundesanzeiger oder eine lokale Tageszeitung nach Veröffentlichungen aus dem Handelsregister und erstellen Sie eine Liste der gängigen Mitteilungen.

Methodenecke

Arbeiten Sie noch mit der Lernkartei? Die Inhalte dieses Kapitels eignen sich wieder gut zur Erstellung entsprechender Lernkarten.

Lernfeld 1 | Den Betrieb erkunden und darstellen

2 Unternehmensziele

In diesem Kapitel setzen Sie sich mit unterschiedlichen Zielgruppen auseinander, die den Leistungsgegenstand eines Unternehmens bestimmen und die Art und Weise der Leistungserreichung genauer beschreiben. Nach der Arbeit in diesem Kapitel werden Sie zwei Zielgruppen benennen können, deren Beziehung zueinander verstehen und Konfliktlagen in Unternehmen als Motor für Entscheidungen begreifen.

Wissens-Check
Schätzen Sie Ihre Kenntnisse zu den Unternehmenszielen ein, indem Sie ein „X" an die entsprechende Stelle der nachfolgenden Tabelle setzen.

Aussage	Ich bin mir ganz sicher.	Da bin ich mir unsicher.	Das weiß ich gar nicht.
Ich kann die Zielgruppen „Sachziele" und „Formalziele" unterscheiden und entsprechende Ziele benennen.			
Ich kenne die Beziehung der beiden Zielgruppen zueinander.			
Mir fällt es leicht, das Konfliktpotenzial in einem Unternehmen anhand von Formalzielen zu verdeutlichen.			
Ich kenne die Sach- und Formalziele meines Ausbildungsunternehmens.			

Unternehmen werden am Markt tätig, um eine Fülle von Zielen zu erreichen. Diese Ziele lassen sich in die Gruppen „Sachziele" und „Formalziele" unterteilen. Die Gruppe der Sachziele beschreibt den eigentlichen Leistungsumfang und lässt sich häufig – besonders bei Sachfirmen – aus der Firma ableiten. Für das Gesundheitswesen könnte für die Sachziele folgende Sammelformulierung gewählt werden:

→ **Definition**
Die optimale medizinische und pflegerische Versorgung der Kunden ist das Sachziel eines jeden Unternehmens im Gesundheitswesen.

Dieses Sachziel wird durch den Gesundheitssektor, in dem sich das Unternehmen befindet, genauer spezifiziert. Darüber hinaus verpflichten sich die Sachziele einem hohen Maß an Kundenorientierung, um somit im Wettbewerb entsprechende Vorteile entwickeln zu können. Das Sachziel beschreibt demnach die Art und Qualität des Leistungsangebotes des jeweiligen Unternehmens.

Anwendung
Formulieren Sie mindestens 2 Sachziele für den ambulanten Pflegedienst von Sybille Garbach.

→ **Definition**
Formalziele beschreiben, wie die Sachziele erreicht werden sollen.

Das Zielsystem im Bereich der Formalziele ist in der Regel sehr komplex. Unternehmen wollen gewinnmaximierend arbeiten und eine möglichst sichere Marktposition erlangen. Um aber maximale Gewinne zu erwirtschaften, sind häufig Kosteneinsparungen notwendig. Diese Kosteneinsparungen könnten zu Qualitätsverlusten führen, wenn beispielsweise veraltete, aber noch funktionsfähige Geräte nicht ausgetauscht werden oder billigere, aber vielleicht auch schlechter qualifizierte Mitarbeitende entsprechend schlechtere Leistungsqualitäten erzeugen. Die optimale medizinische Versorgung soll einerseits durch modernste Geräte garantiert werden. Der Kostendruck andererseits verhindert die Anschaffung neuer Geräte. Anhand dieses Beispiels wird deutlich, dass die Formalziele die Sachziele unterstützen, die Formalziele jedoch miteinander in Konkurrenz treten und zueinander konfliktionär sein können.

Anwendung
Erstellen Sie ein mögliches Formalzielsystem für den ambulanten Pflegedienst von Frau Sybille Garbach und machen Sie deutlich, welche Konflikte in dem von Ihnen gewählten Formalzielsystem auftreten können.

Fallsituation
Kennen Sie Ihr Unternehmen? Welches Zielsystem treibt die unternehmerischen Prozesse Ihres Ausbildungsbetriebes an?

Problemlösung

Erstellen Sie für Ihre Unterlagen eine Zielsystemübersicht Ihres Ausbildungsunternehmens und verdeutlichen Sie Konfliktpotenziale. Gibt es auch Ziele in Ihrem Unternehmen, die sich gegenseitig ergänzen (komplementäre Ziele)?

Selbstüberprüfung
Prüfen Sie nun nochmals Ihre Angaben im Wissens-Check dieses Kapitels. Markieren Sie Ihren neuen Wissensstand mit einem „O" an der entsprechenden Stelle.
Sollten Sie mit Ihrem Arbeitsergebnis unzufrieden sein, entwickeln Sie eine entsprechende Zielformulierung in dem nachfolgenden Bereich.

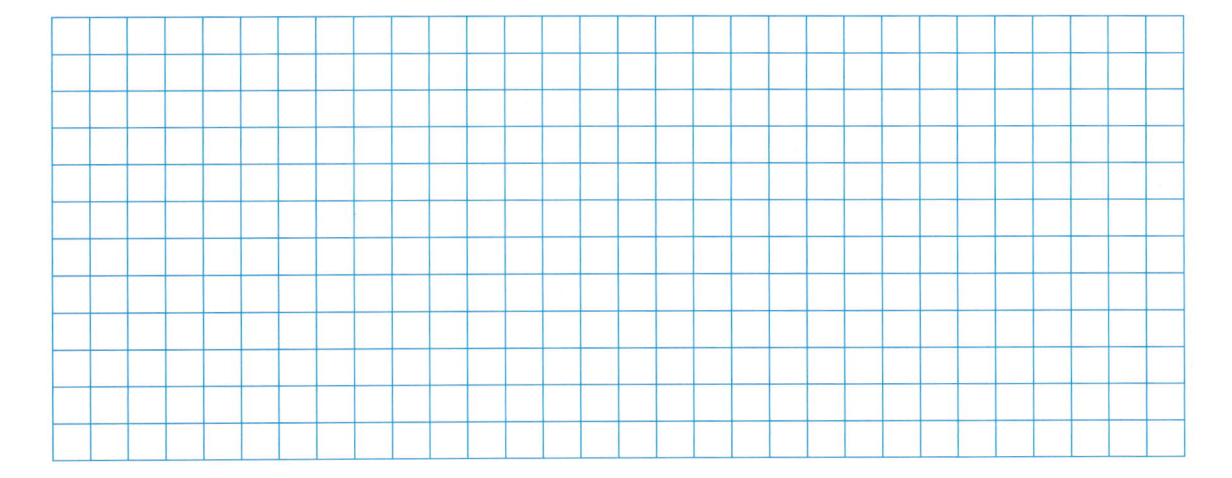

Methodenecke

An dieser Stelle sei nochmals an das Arbeiten mit Gedächtnislandkarten erinnert. Die Inhalte des aktuellen Kapitels eignen sich besonders für diese Lernvariante.

3 Organisation

In diesem Kapitel werden Sie sich grundlegende Kenntnisse aus dem Bereich Organisationslehre erarbeiten. Sie werden ein kaufmännisches Verständnis von dem Begriff „Organisation" entwickeln und die Bedeutung für Unternehmen darstellen können. Darüber hinaus werden Sie Organisationsgrundsätze nachvollziehen können, die ein organisatorisches Gleichgewicht für einen möglichst störungsfreien Gewerbebetrieb garantieren. Sie werden lernen, die Bereiche Aufbau- und Ablauforganisation zu unterscheiden und auf Ihr Unternehmen zu übertragen. Darüber hinaus werden Sie mit unterschiedlichen organisatorischen Regelungen konfrontiert, deren Einsatz Sie zur Optimierung von Strukturen und Abläufen in Ihrem Ausbildungsunternehmen nutzen können.

Wissens-Check

Schätzen Sie Ihre Kenntnisse zum Themenbereich „Organisation" ein, indem Sie ein „X" an die entsprechende Stelle der nachfolgenden Tabelle setzen.

Aussage	Ich bin mir ganz sicher.	Da bin ich mir unsicher.	Das weiß ich gar nicht.
Ich kenne die betriebswirtschaftliche Definition für den Begriff „Organisation" und kann die Bedeutungsvarianten erklären.			
Mir fällt es leicht, die Begriffe „Aufbauorganisation" und „Ablauforganisation" nachvollziehbar voneinander zu unterscheiden.			
Mir sind die Organisationsgrundsätze vertraut und ich kenne die Folgen einer entsprechenden Nichtbeachtung.			
Ich kann verschiedene Arten von organisatorischen Regelungen unterscheiden und jeweils erklären.			
Ich kann den Begriff „Stelle" erklären und beschreiben, wie Stellen als organisatorische Einheit gebildet werden können.			

→ **Definition**

Der Begriff „Organisation" kennzeichnet entweder den Prozess eines organisatorischen Handelns oder das Ergebnis dieses Handelns im Sinne einer entwickelten Struktur. Für diese beiden Definitionen werden in der Betriebswirtschaftslehre die Begriffe „Ablauforganisation" (Prozess eines organisatorischen Handelns) und „Aufbauorganisation" (Ergebnis, Struktur) unterschieden. Darüber hinaus kennt die Betriebswirtschaftslehre den Begriff „Neuorganisation" zur Kennzeichnung von aufbau- und ablauforganisatorischen Vorgängen im Rahmen von Neugründungsprozessen. Der Begriff „Reorganisation" beschreibt die Überarbeitung von bereits bestehenden Prozessen und Strukturen.

> **Aufgabe**
>
> Sammeln Sie nach Rücksprache in Ihrem Haus die Unterlagen, die etwas über die Organisation aussagen. Heften Sie die Materialien hier zu Ihren Unterlagen.

3.1 Aufbauorganisation

Die Aufbauorganisation ist das Ergebnis eines Prozesses, der aus den Teilschritten Aufgabenanalyse, Aufgabensynthese und Stellenbildung besteht. Mit der Aufbauorganisation wird die interne Struktur eines Unternehmens beschrieben. Die kleinste aufbauorganisatorische Einheit wird als Stelle bezeichnet, mehrere Stellen werden zu Abteilungen oder Sparten zusammengefasst. Jede Stelle wird mittels einer Stellenbeschreibung exakt definiert. Die grafische Darstellung der Aufbauorganisation eines Unternehmens wird als Organigramm bezeichnet.

Aufgabenanalyse
Im Rahmen der Aufgabenanalyse werden zunächst alle Tätigkeiten, die zur Erreichung der Unternehmensziele erledigt werden müssen, gesammelt. Diese Sammlung ist noch unsortiert und kann durch ein Brainstorming erstellt werden. In diesem ersten Schritt ist es wichtig, dass alle erdenklichen Tätigkeiten erfasst werden. So wird sichergestellt, dass der maximale Tätigkeitsumfang in den nächsten Arbeitsschritten berücksichtigt werden kann. Das Ergebnis dieses organisatorischen Prozesses wird damit präziser.

Aufgabensynthese
In diesem zweiten Schritt werden die gesammelten Tätigkeiten aus der Aufgabenanalyse zu Aufgabenbündeln zusammengefasst. Hier kommt es darauf an, die einzelnen Tätigkeiten auf Gemeinsamkeiten hin zu überprüfen und zu Tätigkeitengruppen zusammenzufassen. Jede Gruppe wird dann mit einer Gruppenüberschrift versehen, die die inhaltlichen Gemeinsamkeiten der Tätigkeiten beschreibt.

Stellenbildung
Bei der Stellenbildung kommt es darauf an, die Aufgabenbündel so miteinander zu kombinieren, dass die jeweiligen Tätigkeiten von einer Person im Rahmen eines Beschäftigungsverhältnisses bearbeitet werden können. Daher ist es zunächst erforderlich, die gebündelten Tätigkeiten mit Zeiteinheiten und Häufigkeiten zu versehen, sodass das gesamte Zeitvolumen für eine Tätigkeitengruppe ermittelt werden kann. Die ermittelten Zeitvolumina werden dann bei der Stellenbildung addiert um überprüfen zu können, ob die zusammengestellten Gesamtpakete an einem Arbeitstag abgearbeitet werden können. Als Stelle bezeichnet man dann das Gesamtaufgabenpaket, das als Ergebnis der Stellenbildung durch die Kombination von Aufgabenbündeln entsteht und das von einer Person im Rahmen eines Arbeitsverhältnisses erledigt werden kann. Dabei können Vollzeit- und Teilzeitstellen gebildet werden; der Kreativität sind in diesem Prozess keine Grenzen gesetzt. Hauptsache ist, dass die Zusammensetzung der Tätigkeiten für das Unternehmen sinnvoll und zielführend ist.

Stellenbeschreibung
Eine Stellenbeschreibung besteht in groben Zügen aus den Elementen Instanzenbild, Aufgabenbild und Leistungsbild. Im Instanzenbild wird definiert, gegenüber welchen anderen Stellen die jeweilige Stelle weisungsbefugt ist und von welchen Stellen die aktuelle Stelle Weisungen erhält. Somit ist im Instanzenbild die Über- und Unterordnung der Stelle zu anderen

Stellen in der Aufbauorganisation definiert. Über das Instanzenbild erfolgt die hierarchische Einordnung der Stelle in der Gesamtaufbauorganisation des Unternehmens.

Im Aufgabenbild wird festgelegt, welche Aufgaben und Tätigkeiten von der Person, die die Stelle besetzt, zu erledigen sind. In dieser Beschreibung spiegeln sich die Aufgabenbündel aus der Aufgabensynthese wieder.

Das Leistungsbild hält fest, über welche Qualifikationen der Stelleninhaber verfügen muss, um die im Aufgabenbild beschriebenen Tätigkeiten im Sinne des Unternehmens zielführend ausführen zu können.

Darüber hinaus enthält eine Stellenbeschreibung noch verwaltungstechnische Angaben. Hierzu können die Gehaltsgruppe, Angaben zu Zulagen, die genaue Bereichs- bzw. Standortbezeichnung, die telefonische Erreichbarkeit oder Ähnliches gehören.

Organigramm

Zur Erstellung eines Organigramms werden die Informationen aus jeder Stellenbeschreibung aus dem Bereich Instanzenbild zusammengetragen und zu einem Schaubild verdichtet. Durch die Anmerkungen zur Über- und Unterordnung lassen sich Beziehungen der Stellen zueinander herstellen, die dann grafisch aufbereitet werden können. Hierbei lassen sich Einlinien-, Mehrlinien-, Matrix- und Spartenorganigramme unterscheiden.

Aufgabe

Recherchieren Sie die Organigrammtypen und halten Sie jeweils ein grafisches Beispiel für einen jeweiligen Typus hier in Ihren Unterlagen fest.

3.2 Ablauforganisation

Im Gegensatz zur Aufbauorganisation, die den statischen Organisationsrahmen für ein Unternehmen schafft, beschäftigt sich die Ablauforganisation mit der Abstimmung der einzelnen Tätigkeiten aufeinander. Ziel der Ablauforganisation ist es, eine optimale Kapazitätsauslastung durch die inhaltliche, zeitliche und räumliche Organisation der Abläufe zu erzeugen. Hierzu werden Arbeitsabläufe in allen Einzelheiten beschrieben und zu Handbüchern zusammengefasst. Darüber hinaus werden die einzelnen Tätigkeiten so aufeinander abgestimmt, dass eine ökonomische Prozesskette entsteht.

Anwendung

Erkunden Sie die Aufbauorganisation in Ihrem Ausbildungsunternehmen und klären Sie, welcher Organigrammtyp zur Abbildung Ihrer Aufbauorganisation verwendet wird. Arbeitet Ihr Unternehmen mit Stellenbeschreibungen?

Prüfen Sie zudem, ob es ablauforganisatorische Regelungen in Ihrem Unternehmen gibt und ergänzen Sie Ihre Unterlagen um ein entsprechendes Beispiel.

3.3 Organisationsgrundsätze

Sie haben bislang gelernt, dass sich organisatorisches Handeln in der Entwicklung und Festlegung von Regeln äußert, die den Bereichen Aufbau- und Ablauforganisation angehören. Diese Regeln sollen die möglichst optimale Zielerreichung des Unternehmens unterstützen. Bei der Erstellung eines entsprechenden Regelwerks ist jedoch darauf zu achten, dass so wenig Regeln wie möglich und so viele Regeln wie nötig aufgestellt werden, um eine Über- oder Unterorganisation zu vermeiden. Diese Ausgewogenheit des Regelwerks kann erzeugt werden, wenn man sich an sogenannten Organisationsgrundsätzen orientiert. Diese Organisationsgrundsätze lassen sich mit den Begriffen Klarheit, Wirtschaftlichkeit und organisatorisches Gleichgewicht zusammenfassen.

Klarheit
Organisatorische Regeln müssen so formuliert sein, dass sie verständlich und nachvollziehbar sind. Missverständliche Regelungen können zu einer falschen Anwendung führen und somit die optimale Zielerreichung stören. Regelungen, die nicht nachvollziehbar sind, werden häufig missachtet.

Wirtschaftlichkeit
Organisatorische Regeln müssen so formuliert sein, dass der Aufwand, der durch sie erzeugt wird, in einem ökonomischen Verhältnis zu ihrem Nutzen steht. Es geht bei dem Aspekt Wirtschaftlichkeit also darum, dass das entwickelte Regelwerk keine Hindernisse aufbaut, die einer optimalen – also auch wirtschaftlichen – Erreichung des Unternehmensziels im Wege stehen.

Organisatorisches Gleichgewicht
In der Organisationslehre werden organisatorische Regeln (Organisation im engeren Sinne), dispositive Regeln (Disposition) und Improvisation unterschieden.
Organisation i. e. S. stellt alle generellen Regeln dar, die festgeschrieben und immer einzuhalten sind. Als Beispiel hierfür könnten die Öffnungszeiten einer Praxis oder Hygieneanweisungen sein. Die hier beschriebenen Regeln sind immer so einzuhalten; es gibt keine Ausnahme!
Disposition bezeichnet fallweise Regeln, die unter Einbezug der aktuellen Bedingungen abgeändert werden können. So beginnen zwar die Sprechzeiten in einer ambulanten Praxis morgens um 8:00 Uhr (Organisation i. e. S.) und die Ersthelferin Frau Karon bereitet normalerweise die Arbeiten vor, aber für eine Dauer von zwei Wochen kommt Frau Karon erst um 9:00 Uhr, weil sie ihren Sohn aufgrund einer Erkrankung ihres Ehemannes selbst in den Kindergarten bringen muss. Für die Dauer von diesen zwei Wochen wird Frau Karon von Frau Ehlers vertreten (fallweise Regelung).
Von Improvisation spricht man dann, wenn weder generelle noch fallweise Regelungen existieren, die zur Lösung der aktuellen Situation herangezogen werden könnten. Wenn Sie zum Beispiel am Morgen feststellen, dass ein Behandlungszimmer aufgrund eines Wasserrohrbruchs nicht genutzt werden kann, dann müssen Sie sich schnell etwas einfallen lassen. Sie werden vielleicht Patienten umbestellen, Sie werden längere Behandlungen verschieben, oder, oder, oder ... Sie improvisieren also, indem Sie auf die aktuellen Gegebenheiten reagieren.
Wenn die Organisationslehre davon spricht, dass Regeln in einem organisatorischen Gleichgewicht sein sollen, dann ist damit ein ausgewogenes Verhältnis von generellen und fallweisen Regelungen gemeint, das im Notfall auch Raum für Improvisation lässt. Beim Aufstellen eines organisatorischen Regelwerks ist ein Gleichgewicht herzustellen, das Über- und Unterorganisation vermeidet. Überorganisation führt zu Starrheit und mangelnder Flexibilität. Unterorganisation führt zu Überschneidungen und fehlenden Absprachen.

Lernfeld 1 Den Betrieb erkunden und darstellen

Fallsituation

Dr. Kaiser ist niedergelassener Allgemeinarzt in Neustadt. Er möchte die Bindung seiner Patienten an die Praxis erhöhen und hat daher an einem entsprechenden Seminar teilgenommen. Anhand seiner neuen Kenntnisse aus dem Bereich „kundenorientierte Organisation" hat er für die Rezeption seiner Praxis folgende organisatorische Regeln aufgestellt:

- Patienten unter 6 Jahren werden beim Betreten der Praxis nicht begrüßt
- Patienten ab 11 Jahren werden mit „Hallo" begrüßt
- Patienten ab 14 Jahren werden mit „Hi" begrüßt
- bei älteren Patienten wird eine Trennung nach Geschlecht vorgenommen:
  Patientinnen ab 17 Jahren werden mit „Guten Tag, junge Frau" begrüßt
  Patienten ab 17 Jahren werden mit „Guten Tag, junger Mann" begrüßt
- montags ist noch nach dem Befinden mit „Wie geht's" zu fragen
- freitags ist ein schönes Wochenende zu wünschen
- Patientinnen, die älter als 24 Jahre sind, dürfen nur noch mit „Guten Tag" begrüßt werden
- Patientinnen ab 30 Jahren sind mit „Guten Tag, gnädige Frau" zu begrüßen
- sollte es sich um eine Privatpatientin handeln, ist unabhängig vom Wochentag nach dem Befinden zu fragen

Problemlösung

Nutzen Sie Ihr aktuelles Wissen zum Thema Organisation und beraten Sie Dr. Kaiser umfassend bezüglich der von ihm aufgestellten organisatorischen Regeln.

Anwendung

1. Zeichnen Sie ein Einlinien-, ein Mehrlinien- und ein Spartenorganigramm und machen Sie jeweils Vor- und Nachteile deutlich.
2. Entwickeln Sie einen Kurzvortrag mit dem Thema: „Gegenstand und Ziel von Organisation".
3. Erstellen Sie eine Übersicht zu den Bedeutungsvarianten des Begriffes Organisation.

! Selbstüberprüfung

Prüfen Sie nun nochmals Ihre Angaben im Wissens-Check zu diesem Kapitel. Markieren Sie Ihren neuen Wissensstand mit einem „O" an der entsprechenden Stelle.
Sollten Sie mit Ihrem Arbeitsergebnis unzufrieden sein, entwickeln Sie eine entsprechende Zielformulierung in dem nachfolgenden Bereich.

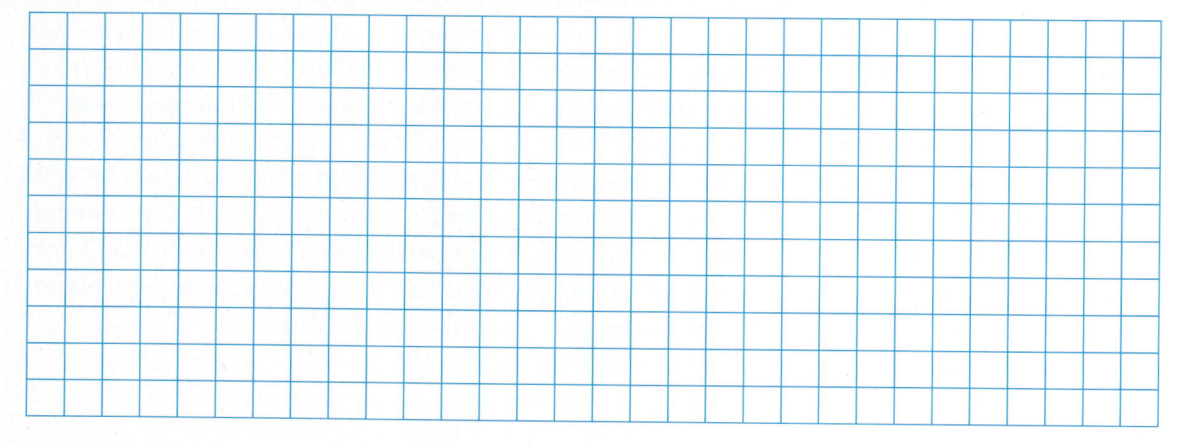

4 Unternehmensformen

Das aktuelle Kapitel will Sie mit den gängigen Unternehmensformen vertraut machen. Sie werden Vor- und Nachteile von Einzelunternehmen und Gesellschaften benennen und Personen- von Kapitalgesellschaften unterscheiden können. Wenn Sie dieses Kapitel durchgearbeitet haben, werden Sie wissen, von welchen Kriterien die Wahl der Unternehmensform abhängig sein kann und können entsprechende Entscheidungen nachvollziehen beziehungsweise beratend begleiten. Neben Unternehmensformen des privatwirtschaftlichen Bereichs werden Sie Einrichtungen des öffentlich-rechtlichen Systems kennenlernen und gemeinnützige und erwerbswirtschaftliche Unternehmensformen unterscheiden können.

Welche Unternehmensform hat Ihr Ausbildungsunternehmen? Warum hat es sich wohl für diese Unternehmensform entschieden?

Aufgabe

Für die Arbeit mit diesem Kapitel benötigen Sie das Bürgerliche Gesetzbuch (BGB).

Wissens-Check

Schätzen Sie Ihr Wissen zu den Unternehmensformen ein, indem Sie ein „X" an die entsprechende Stelle der nachfolgenden Tabelle setzen.

Aussage	Ich bin mir ganz sicher.	Da bin ich mir unsicher.	Das weiß ich gar nicht.
Ich kann unterschiedliche Arten von Personengesellschaften benennen und deren Unterschiede beschreiben.			
Ich kenne die Haftungsregelungen in einer GmbH.			
Ich kann die Organe einer AG benennen und kenne mich mit der Kapitalaufbringung durch Aktienausgabe aus.			
Es fällt mir leicht, die Unterscheidung von Profit- und Non-Profit-Unternehmen nachvollziehbar zu erklären.			
Ich kann Gründe für die Wahl der Unternehmensform gegeneinander abwägen und vor dem Hintergrund einer gegebenen Situation eine geeignete Unternehmensform vorschlagen.			

Bei der Wahl der Unternehmensform gibt es keine eindeutig richtige Lösung. Es ist vielmehr eine Fülle von Aspekten, die betrachtet und gegeneinander abgewogen werden müssen. Da ist die Frage nach der Möglichkeit der Kapitalbeschaffung oder die Frage der Geschäftsführung und Haftung. Es muss geklärt werden, in welcher Form die Gewinn- und Verlustbeteiligung erfolgen soll und wer in welcher Weise an den Geschicken des Unternehmens beteiligt wird.

Die Entscheidung für eine Unternehmensform hat immer betriebswirtschaftliche Konsequenzen. Die nachfolgenden Kapitel werden hier einen Überblick verschaffen.

4.1 Einzelunternehmen

Das Einzelunternehmen ist sicherlich die gängigste Rechtsform. Das liegt daran, dass die Gründung eines Einzelunternehmens sehr einfach und kostengünstig ist. Der Einzelunternehmer bringt das notwendige Kapital zur Finanzierung seines Unternehmens alleine auf, er übernimmt das gesamte Risiko und erhält im Gegenzug dazu den gesamten erwirtschafteten Gewinn. Dieser Gewinn ist beim zuständigen Finanzamt einkommensteuerpflichtig. Problematisch an der Risikoübernahme ist, dass er mit seinem gesamten Geschäfts- und Privatvermögen haftet. Darüber hinaus hat der Einzelunternehmer eine hohe Arbeitsbelastung. Im Rahmen der Geschäftsführung muss er alle Entscheidungen alleine treffen, was das Risiko von Fehlentscheidungen stark erhöht. Allerdings bedarf es auch keiner langen Entscheidungswege, sodass der Einzelunternehmer schnell reagieren kann. Einen Vertreter hat der Einzelunternehmer nicht. Dies kann dazu führen, dass sein Ausfall zu einer Unternehmenskrise führt. Sollte die Auflösung der Einzelunternehmung erforderlich werden, ist dies ebenso einfach zu realisieren. Ist das Einzelunternehmen ins Handelsregister eingetragen, beantragt der Inhaber zur Auflösung des Unternehmens einfach die Löschung. Die Auflösung des Einzelunternehmens erfolgt mit der Einstellung der Wirtschaftstätigkeit.

Aufgabe

Arbeiten Sie den Text zum Einzelunternehmen nochmals durch und erstellen Sie eine tabellarische Übersicht zu den Merkmalen, anhand derer Sie die Besonderheiten eines Einzelunternehmens beschreiben können.
Stimmen Sie die von Ihnen erstellte Übersicht im Klassenteam ab und nutzen Sie das eventuell überarbeitete Ergebnis für die Kurzbeschreibung der nachfolgenden Unternehmensrechtsformen.

4.2 Personengesellschaften

Wenn sich mehrere Personen zusammenschließen um ein gemeinsames unternehmerisches Ziel zu verfolgen, spricht man von einer Personengesellschaft. Die Personen, die sich zusammengeschlossen haben, werden als Gesellschafter bezeichnet. Typisch für alle Personengesellschaften ist, dass ein Beteiligter oder sogar mehrere Beteiligte mit ihrem Geschäfts- und Privatvermögen für die Verbindlichkeiten des Unternehmens haften. Die Geschäfte des Unternehmens werden von mindestens einem Gesellschafter persönlich geführt.

4.2.1 Stille Gesellschaft

Die stille Gesellschaft ist eine Personengesellschaft, bei der eine Einzelunternehmung durch finanzielle Mittel eines Außenstehenden zusätzlich unterstützt wird. Dieser Geldgeber tritt jedoch nicht in Erscheinung und hat keine Führungs- und Weisungsbefugnisse. Die Rechte zur alleinigen Geschäftsführung des Einzelunternehmers werden durch eine stille Gesellschaft also nicht eingeschränkt.
Die stille Gesellschaft wird durch einen Gesellschaftsvertrag gegründet. Hier wird auch die Gewinn- und Verlustbeteiligung des stillen Gesellschafters festgehalten. Eine Eintragung der stillen Gesellschaft in das Handelsregister erfolgt nicht. Die Haftung im Rahmen einer stillen Gesellschaft ist auf die Kapitaleinlage des stillen Gesellschafters beschränkt. Die Gewinnzuweisungen, die der stille Gesellschafter aus der Beteiligung an dem Einzelunternehmen erwirtschaftet, sind im Rahmen seiner Steuererklärung als Einkünfte aus Kapitalvermögen zu versteuern.

> **Aufgabe**
>
> Prüfen Sie, ob die von Ihnen erstellte Tabelle zur Beschreibung der Merkmale der Rechtsformen auch für die stille Gesellschaft nutzbar ist und ergänzen Sie Ihre Tabelle um die Angaben zur stillen Gesellschaft.

4.2.2 Gesellschaft bürgerlichen Rechts (GbR)

Eine Gesellschaft bürgerlichen Rechts kann nur von Gesellschaftern gegründet werden, die nicht Kaufleute gemäß HGB sind. Hieraus wird deutlich, dass für eine GbR nur das Bürgerliche Gesetzbuch (BGB) gelten kann, das Handelsgesetzbuch (HGB) kommt nicht zur Anwendung. Die Gründung einer GbR kann formlos erfolgen. Die Gesellschafter verpflichten sich zur Verfolgung eines gemeinsamen Zieles unter Einsatz jeweiliger Leistungsbeiträge. Diese Leistungsbeiträge können in Form von Geld- oder Sachleistungen in die Gesellschaft eingebracht werden. Dem Verhältnis ihrer Geld- oder Sachbeteiligungen entsprechend werden die Gesellschafter an den Gewinnen und Verlusten der GbR beteiligt. Die Gewinnbeteiligungen sind steuerlich als Einkommen zu deklarieren. Prinzipiell steht allen Gesellschaftern die Geschäftsführung zu. Wie für Personengesellschaften üblich, haften die Gesellschafter einer GbR mit dem Geschäftsvermögen und ihrem Privatvermögen.

> **Aufgabe**
>
> Erstellen Sie auch zur GbR eine entsprechende Kurzübersicht mittels der von Ihnen entworfenen Tabelle. Reichen die Beschreibungsmerkmale noch? Nehmen Sie gegebenenfalls weitere Merkmale auf.

4.2.3 Offene Handelsgesellschaft (OHG)

Im Gegensatz zur GbR ist die OHG eine Personengesellschaft, deren Unternehmenszweck auf den Betrieb eines Handelsgewerbes ausgerichtet ist. Die OHG wird ins Handelsregister eingetragen, wodurch die Regelungen des HGB Anwendung finden. Die OHG wird durch den Abschluss eines Gesellschaftsvertrages gegründet. Die Schriftform wird hierbei angeraten. Die Firma ist mit dem Zusatz OHG zu versehen.

Die Gesellschafter sind zur Einlage der vereinbarten Beteiligung verpflichtet. Darüber hinaus sind die Gesellschafter zur Geschäftsführung der OHG berechtigt und verpflichtet. Man spricht hier auch von der sogenannten Einzelgeschäftsführungsbefugnis. Wird die Gesamtführungsbefugnis im Gesellschaftsvertrag vereinbart, so bedarf es zu jedem Geschäft der Zustimmung aller Gesellschafter. Im Gesellschaftsvertrag kann auch eine Verteilung der Aufgaben im Innenverhältnis vereinbart werden. Auf diese Weise kann die Geschäftsführung unter den Gesellschaftern aufgeteilt werden. Diese Aufteilung gilt jedoch nur im Innenverhältnis. Entsprechende Regelungen haben keine Bedeutung für das Außenverhältnis der OHG.

Alle Gesellschafter der OHG haften unbeschränkt, das heißt, dass sie neben dem Geschäftsvermögen auch mit dem Privatvermögen haften. Alle Gesellschafter haften unmittelbar, was bedeutet, dass sich Geschäftspartner, die noch Forderungen gegenüber der Gesellschaft haben, an einen beliebigen Gesellschafter zum Ausgleich der Schuld wenden können. Darüber hinaus haften die Gesellschafter solidarisch. Das bedeutet, dass jeder Gesellschafter auch alleine für alle Schulden der OHG haftbar gemacht werden kann.

Der Gewinn der OHG wird wie folgt verteilt: Zunächst erhalten die Gesellschafter eine Verzinsung ihrer Kapitaleinlage. Darüber hinaus erhalten die Gesellschafter weitere Anteile am Gewinn im Verhältnis ihres Arbeitseinsatzes für die OHG. Wurde keine Gewinnverteilung vertraglich festgelegt, erfolgt die Gewinnverteilung nach gesetzlicher Grundlage. § 121 HGB sieht hier zunächst eine Verzinsung der Kapitaleinlage in Höhe von 4 % vor. Der Restgewinn soll dann nach Köpfen verteilt werden. Der Gewinn ist in der Einkommensteuererklärung jedes Gesellschafters anzugeben.

Aufgabe

Ergänzen Sie Ihre Kurzübersicht um die Angaben aus den Darstellungen zur OHG.

4.2.4 Kommanditgesellschaft (KG)

Die Kommanditgesellschaft (KG) ist eine Personengesellschaft mit mindestens zwei Gesellschaftern, die sich zum Zwecke der Betreibung eines gemeinsamen Handelsgewerbes zusammengeschlossen haben. Die Gründung der KG erfolgt in gleicher Weise wie bei der OHG. Die Firma muss den Zusatz KG führen.

Die KG unterscheidet zwei Arten von Gesellschaftern: den Komplementär und den Kommanditisten. Unterscheidungsmerkmal dieser beiden Gesellschafterarten ist die Haftung. Während Komplementäre mit ihrem Geschäfts- und Privatvermögen haften und daher auch als Vollhafter bezeichnet werden, haften Kommanditisten nur in der Höhe ihrer Kapitaleinlage. Daher werden Kommanditisten auch als Teilhafter bezeichnet. Die unterschiedlichen Haftungsmodalitäten haben auch Auswirkungen auf die Geschäftsführung. Komplementäre führen die Geschäfte der KG und vertreten die KG im Außenverhältnis. Kommanditisten haben nur das Recht auf Einsicht in die Bücher der KG, die Geschäftsführung wird ihnen nicht zugestanden. Diese Unterscheidung der Gesellschafter spiegelt sich auch in der Gewinnverteilung der KG wieder. Wird keine Regelung im Gesellschaftervertrag getroffen, kommen die Regelungen des HGB zur Anwendung. Diese geben eine Verzinsung der jeweiligen Kapitaleinlage in Höhe von 4 % vor. Der Restgewinn ist in angemessenem Verhältnis zu verteilen. Das angemessene Verhältnis der Restgewinnverteilung berücksichtigt in der Regel das Ausmaß der übernommenen Aufgaben und Verantwortungen für die KG. Die Gewinnanteile der Gesellschafter sind im Rahmen ihrer Einkommensteuer anzugeben.

Aufgabe

Sie werden es wahrscheinlich schon erraten: Ergänzen Sie Ihre Kurzübersicht um die Angaben zur KG.

Methodenecke

Erinnern Sie sich noch an die Lernmethode Gedächtniskarten? Sichten Sie diesbezüglich nochmals die Methodenecke des Kapitels 4 im Lernfeld 2 und wenden Sie die Erläuterungen auf die Ihnen bislang bekannten Unternehmensformen an.

4.3 Kapitalgesellschaften

Das Merkmal der persönlichen Haftung, wie Sie es bei den Personengesellschaften kennengelernt haben, gibt es bei Kapitalgesellschaften nicht. Kapitalgesellschaften haften mit dem Gesellschaftsvermögen, das sich aus den Kapitalanteilen der Gesellschafter zusammensetzt.

Kapitalgesellschaften sind juristische Personen, deren Rechtsfähigkeit mit der Eintragung ins Handelsregister beginnt. Die Gesellschafter (Kapitalgeber) sind in der Regel nicht an der Geschäftsführung der Kapitalgesellschaft beteiligt. Ihre Haftung beschränkt sich auf den Anteil am Gesellschaftsvermögen. Zu den Kapitalgesellschaften gehören u. a. die Gesellschaft mit beschränkter Haftung (GmbH), die gemeinnützige Gesellschaft mit beschränkter Haftung (gGmbH) und die Aktiengesellschaft (AG)

4.3.1 Gesellschaft mit beschränkter Haftung (GmbH)

Zur Gründung einer Gesellschaft mit beschränkter Haftung (GmbH) ist ein Stammkapital von derzeit mindestens 25.000,00 Euro notwendig. Der Gesellschaftsvertrag bedarf der notariellen Form. Jeder Gesellschafter muss sich mit einer Stammeinlage von mindestens 100,00 Euro am Stammkapital der GmbH beteiligen. Da die Anzahl der Gesellschafter nicht vorgeschrieben ist, kann die GmbH bei entsprechender Aufbringung der Stammeinlage auch von einer Person alleine gegründet werden. Die Einlagen der Gesellschafter können als Geld- oder Sachleistung in die GmbH eingebracht werden. Die Einlagen der Gesellschafter sind im Gesellschaftsvertrag festzuhalten. Die Eintragung der GmbH ins Handelsregister kann erst erfolgen, wenn mindestens 25 % jeder Stammeinlage geleistet wurde und insgesamt 50 % des Stammkapitals vorhanden sind. Sacheinlagen müssen zur Anmeldung der GmbH voll erbracht worden sein.

Da Eigentum und Unternehmensführung bei der GmbH nicht zusammenfallen, verfügt die GmbH über verschiedene Organe, die den Anteilseignern den Einfluss auf die Unternehmensführung ermöglichen. Diese Organe der GmbH werden als Geschäftsführer, Gesellschafterversammlung und Aufsichtsrat bezeichnet. Die GmbH unterliegt den Vorschriften des GmbH-Gesetzes (GmbHG).

Geschäftsführer

Bei der Gründung einer GmbH benennen die Gesellschafter die Geschäftsführung. Die Geschäftsführung leitet das Unternehmen und hat auch die Vertretungsbefugnis nach außen. Die Geschäftsführung kann aus den Reihen der Gesellschafter oder durch Dritte besetzt werden.

Gesellschafterversammlung

Die Gesellschafterversammlung wird durch die Geschäftsführung einberufen. In diesem Organ wird über die Verwendung der Gewinne entschieden. Zudem treffen die Gesellschafter Entscheidungen bezüglich der Bestellung, Bestätigung bzw. Abberufung der Geschäftsführung. Diese Entscheidungsbefugnis macht deutlich, dass die Gesellschafterversammlung auch die Überwachung der Geschäftsführung zur Aufgabe hat.

Aufsichtsrat

Besteht eine GmbH aus mehr als 500 Beschäftigten, so ist als drittes Organ ein Aufsichtsrat zu bilden. Der Aufsichtsrat besteht aus Vertretern der Gesellschafter und der Beschäftigten. Der Aufsichtsrat ist mit der Aufgabe betraut, die Geschäftsführung durch die Prüfung des Jahresabschlusses und des Lageberichtes zu kontrollieren.

Die GmbH haftet maximal mit ihrem Stammkapital. Die Gesellschafter haften nur in der Höhe ihrer Stammeinlage. Dabei kann jedoch vertraglich eine Nachschusspflicht vereinbart werden, die die Haftung der Gesellschafter entsprechend erhöht. Am Gewinn der GmbH werden die Gesellschafter entsprechend ihrer Kapitaleinlage beteiligt.

Als juristische Person ist die GmbH ein selbststtändiges Steuersubjekt und ist entsprechend steuerpflichtig. Die Gesellschafter haben ihre Gewinnanteile an der GmbH im Rahmen ihrer Einkommensteuererklärung zu deklarieren.

Aufgabe

Übertragen Sie obige Angaben zur GmbH in Ihre Strukturübersicht der Unternehmensformen.

Methodenecke

Die Angaben zur den Unternehmensformen eignen sich auch zur Erstellung von Lernkarteien. Probieren Sie es doch einfach mal aus!

4.3.2 Gemeinnützige Gesellschaft mit beschränkter Haftung (gGmbH)

Die gemeinnützige Gesellschaft mit beschränkter Haftung (gGmbH) ist keine eigene Gesellschaftsform. Sie hat den Status einer GmbH und unterliegt dem GmbH-Gesetz. Die Gemeinnützigkeit einer solchen GmbH ist gemäß dem Gemeinnützigkeitsrecht nachzuweisen. Eine entsprechende Entscheidung erlaubt die Erweiterung der Bezeichnung zur gGmbH. Die Folge ist eine teilweise Steuerbefreiung mit der Maßgabe, dass Gewinne nicht an die Gesellschafter ausgeschüttet werden dürfen. Die erwirtschafteten Gewinne sind für den gemeinnützigen Zweck, für den die gGmbH eintritt, zu verwenden. Die gGmbH unterscheidet sich demnach von der GmbH in ihrer Gewinnerzielungsabsicht.

4.3.3 Aktiengesellschaft (AG)

Ebenso wie die GmbH ist die Aktiengesellschaft (AG) eine juristische Person. Zur Gründung einer AG bedarf es eines Grundkapitals von derzeit mindestens 50.000 Euro, das auch von einer Person alleine aufgebracht werden kann. Die Gründung der AG bedarf der notariellen Beurkundung. Das Grundkapital der AG wird in Aktien mit einem Nennwert von mindestens einem Euro zerlegt. Diese Aktien werden von den Gesellschaftern (Aktionäre) gegen Zahlung einer entsprechenden Einlage übernommen. Die Aktien werden auf dem Kapitalmarkt gehandelt. Dadurch kann eine breite Streuung der Gesellschafter erfolgen.

Die Einlage der Gesellschafter wird am Gewinn der AG mittels Auszahlung einer Dividende beteiligt. Die Haftung der AG ist auf das Gesellschaftsvermögen beschränkt.

Die AG verfügt über die Organe Vorstand, Aufsichtsrat und Hauptversammlung.

Vorstand

Der Vorstand einer AG ist zur Geschäftsführung und zur Vertretung der AG befugt. Der Vorstand hat den Jahresabschluss der AG aufzustellen und den Aufsichtsrat über die Geschäftslage zu informieren. Zudem beruft der Vorstand die Hauptversammlung mindestens einmal jährlich ein.

Aufsichtsrat

Der Aufsichtsrat besteht aus mindestens drei Mitgliedern und fungiert als überwachendes Organ der AG. Der Aufsichtsrat wird zu zwei Dritteln durch die Hauptversammlung gewählt. Ein weiteres Drittel wird mit Beschäftigten der AG besetzt. Aufgabe des Aufsichtsrates ist es, den Geschäftsbericht und den Jahresabschluss zu prüfen und den Vorstand somit zu kontrollieren.

Hauptversammlung

Die Hauptversammlung einer AG wird auch als das beschließende Organ bezeichnet. Mitglied der Hauptversammlung sind alle Aktionäre. Die Hauptversammlung hat die Aufgabe, ihre Vertreter in den Aufsichtsrat zu wählen, eine Entscheidung bezüglich der Gewinnverwendung herbeizuführen, den Vorstand und den Aufsichtsrat zu entlasten und grundlegende Angelegenheiten der AG zu beschließen (Satzungsänderungen, Kapitalveränderungen, Auflösung).

Methodenecke

Die Ausführungen zur AG eignen sich für die Erstellung von Lernkarten oder zur Erstellung einer Gedächtniskarte. Ergänzen Sie Ihre eigenen Lernunterlagen entsprechend.

Aufgabe

Führen Sie eine Recherche durch, bei der Sie erkunden, welche Arten von Aktien es gibt und erstellen Sie eine entsprechende Übersicht.

4.4 Eingetragene Genossenschaft (eG)

Die Mitglieder einer Genossenschaft werden als Genossen bezeichnet, die sich mit dem Ziel zusammenschließen, durch die Gemeinschaft Vorteile in Anspruch nehmen zu können, die sie alleine nicht beanspruchen könnten. Die organisierten Genossen bleiben wirtschaftlich selbstständig, die Gewinnerzielung ist nicht vorrangiges Ziel der Genossenschaft. Für das Gesundheitswesen könnte die Einkaufsgenossenschaft von Interesse sein, bei der sich mehrere Mitglieder im Rahmen der Beschaffungsprozesse zusammenschließen, um in der Gemeinschaft bessere Konditionen bei Lieferanten abfragen zu können.

Die Gründung einer Genossenschaft erfolgt durch mindestens sieben Genossen, die einen schriftlichen Genossenschaftsvertrag schließen. In diesem Genossenschaftsvertrag wird festgehalten, mit welcher Einlage sich jeder Genosse an der Genossenschaft zu beteiligen hat. Diese Einlage bildet auch die Haftungsgrundlage jedes Genossen. Zur Erlangung der Mitgliedschaft ist eine Beitrittserklärung zu unterzeichnen und die Einlage zu zahlen. Gewinne der Genossenschaft werden entweder in Rücklagen für spätere Verluste umgewandelt oder den Genossen entsprechend ihrer Einlagenhöhe zugewiesen.

Die Generalversammlung ist das oberste Organ der Genossenschaft. Jeder Genosse verfügt über eine Stimme. Mit seinem Stimmrecht nimmt der Genosse in der Generalversammlung die Aufgaben der Wahl von Aufsichtsrat und Vorstand wahr. Er stimmt über die Gewinn- und Verlustbeteiligung ab und trägt mit seinem Stimmrecht zur Entlastung des Vorstands und des Aufsichtsrates bei.

Der Aufsichtsrat überwacht die Tätigkeiten des Vorstandes und hat aus mindestens drei gewählten Genossen zu bestehen.

Zu den Aufgaben des Vorstandes, der aus mindestens zwei Genossen besteht, gehört die Geschäftsführung und Vertretung der Genossenschaft, die Erstellung des Jahresabschlusses und des Lageberichts, die Führung des Genossenverzeichnisses sowie die Einberufung der Generalversammlung. Generalversammlung, Aufsichtsrat und Vorstand werden als Organe der eG bezeichnet. Nachdem die Organe gewählt sind, kann die Eintragung ins Genossenschaftsregister erfolgen.

Anwendung

Der obige Text zur eingetragenen Genossenschaft könnte inhaltlich sicherlich besser organisiert werden. Überarbeiten Sie den Text gemäß Ihren Erkenntnissen zum systematischen Lesen und Strukturieren von Texten im Lernfeld 2. Halten Sie die von Ihnen gewählten Strukturelemente im nachfolgenden Bereich fest.

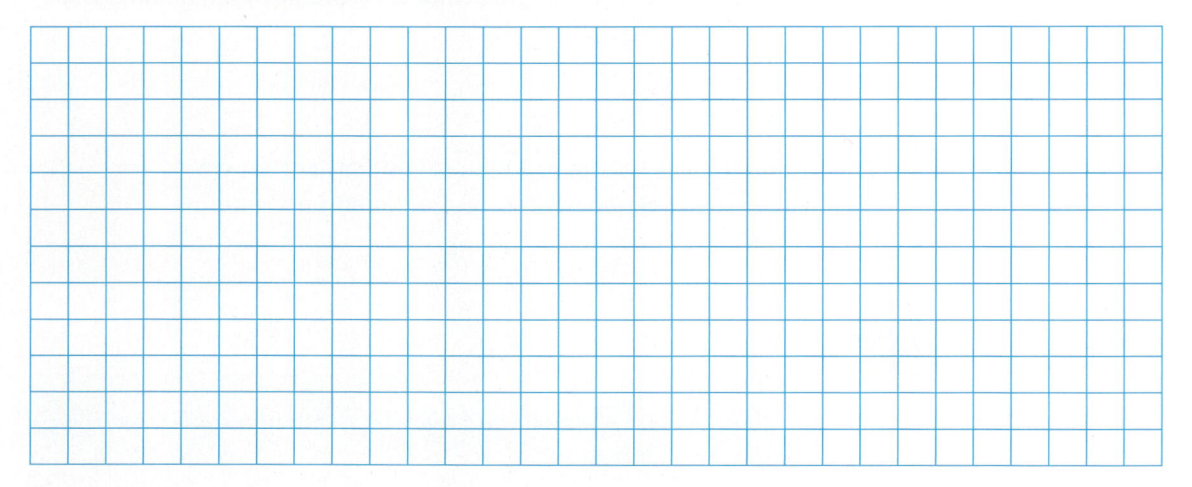

4.5 Körperschaften und Anstalten des öffentlichen Rechts

Den Begriff „juristische Person" haben Sie bereits im Rahmen der Kapitalgesellschaften kennengelernt. Kapitalgesellschaften werden auch als juristische Personen des Privatrechts bezeichnet. Sie sind eigenständige Rechtssubjekte, die mit der Eintragung ins Handelsregister ihre Rechtsfähigkeit erlangen. Gegenüber den juristischen Personen des Privatrechts kennt unsere Rechtsordnung auch juristische Personen des öffentlichen Rechts. Diese juristischen Personen des öffentlichen Rechts existieren in der Form der Körperschaft oder der Anstalt.
Im Rahmen der Körperschaften werden Gebietskörperschaften und Personenkörperschaften unterschieden. Gebietskörperschaften sind zum Beispiel Städte und Gemeinden. Alle Menschen, die im Gemeinde- oder Stadtgebiet wohnen, gehören dieser Gebietskörperschaft an. Personenkörperschaften bestehen aus bestimmten Personen, die ein gemeinsames Merkmal teilen. So stellen die Ärztekammer oder Zahnärztekammer die Personenkörperschaften der Ärzte bzw. Zahnärzte dar. Diese Personen sind Mitglied der jeweiligen Kammer. Weitere Personenkörperschaften sind die Industrie- und Handelskammer (IHK) oder auch die Handwerkskammer, die jeweils Mitglieder aus den betreffenden Branchen haben. Die Mitglieder von Körperschaften des öffentlichen Rechts haben Mitwirkungs- und Mitbestimmungsrechte. Zu den Körperschaften des öffentlichen Rechts gehören auch die Träger der Sozialversicherung. Anstalten des öffentlichen Rechts hingegen haben keine Mitglieder. Die Leistungen von Anstalten des öffentlichen Rechts können gegen Entgelt in Anspruch genommen werden. Die Konsumenten der Leistungen der Anstalten des öffentlichen Rechts haben keinen Einfluss auf die angebotenen Leistungen; sie haben also keine Mitwirkungs- und Mitbestimmungsrechte. Anstalten des öffentlichen Rechts sind beispielsweise die öffentlich-rechtlichen Rundfunk- und Fernsehanstalten.

Aufgabe

Klären Sie unter Verwendung geeigneter Quellen die folgenden Begriffe:
- Ärztekammer
- Mitwirkungsrechte
- Mitbestimmungsrechte
- juristische Person
- natürliche Person

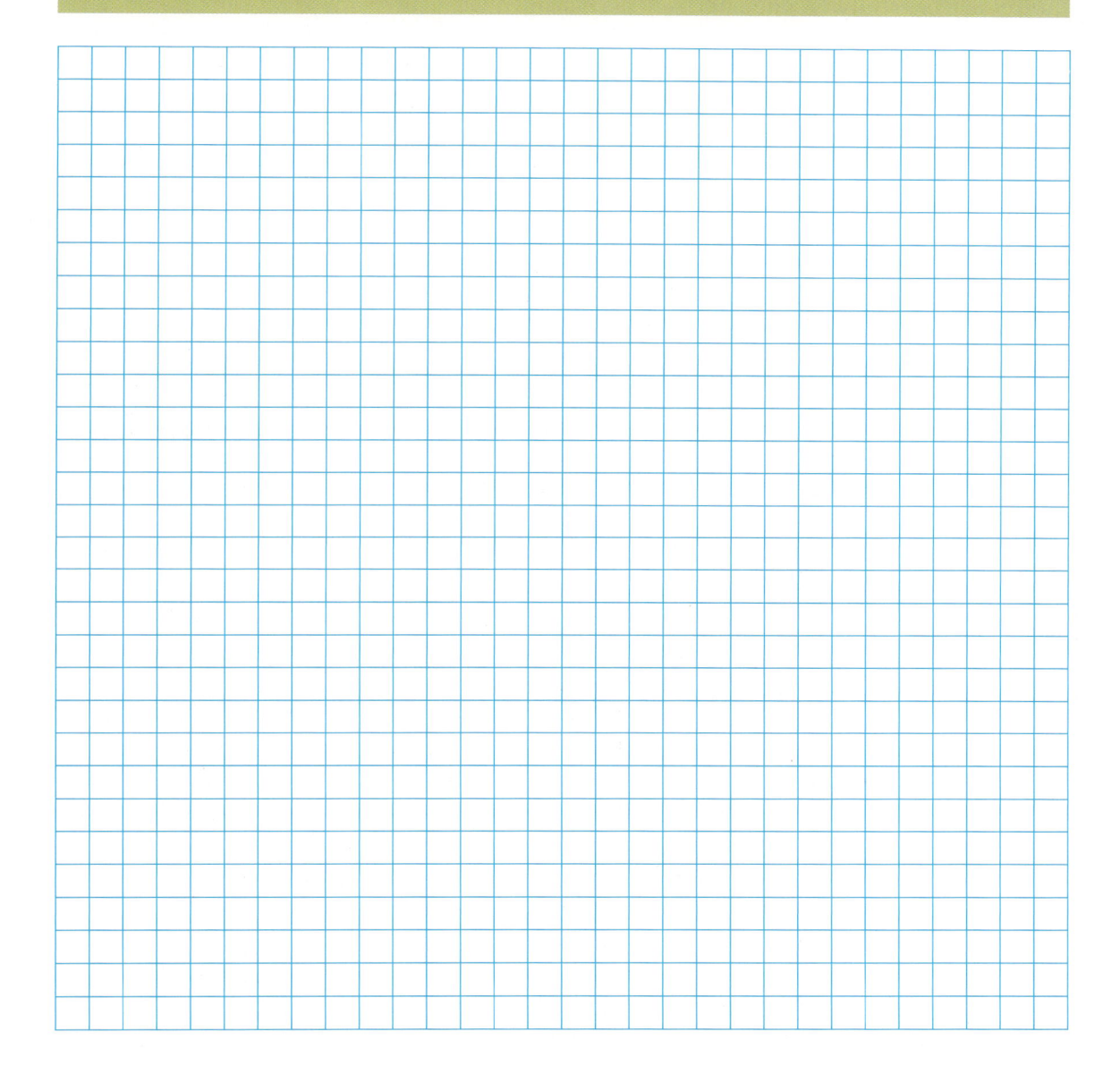

4.6 Profit- und Non-Profit-Unternehmen

Die abschließende Unterscheidung der Unternehmensformen in Profit- und Non-Profit-Unternehmen lässt sich bereits aus der Bezeichnung ableiten. Profit-Unternehmen haben vordringlich eine Gewinnerzielungsabsicht, sie wollen Profit machen. Das Ziel dieser Unternehmen ist es also, Gewinne durch erwerbswirtschaftliches Handeln zu erzeugen und diesen aus dem Unternehmen auszuleiten. Non-Profit-Unternehmen hingegen haben eine gemeinwirtschaftliche Zielabsicht. Sie haben in diesem Zusammenhang bereits die gGmbH als gemeinnütziges Unternehmen kennengelernt. Sie erinnern sich – der Gewinn einer gGmbH darf nicht an die Gesellschafter ausgeschüttet werden, sondern ist dem gemeinnützigen Zweck der gGmbH zur Verfügung zu stellen. Im Gesundheitswesen finden Sie sowohl Profit- als auch Non-Profit-Unternehmen.

Anwendung

1. Betrachten Sie Ihr Ausbildungsunternehmen. Mit welcher Art von Unternehmen stehen Sie in wirtschaftlichem Kontakt? Erstellen Sie eine Auflistung der Unternehmen und ordnen Sie diese den Arten Profit- und Non-Profit-Unternehmen zu.
2. Ergänzen Sie Ihre Aufstellung um die jeweilige Unternehmensform des Unternehmens. Ergeben sich Unternehmensformen, die bislang noch nicht thematisiert wurden? Sollte dem so sein, recherchieren Sie die Merkmale dieser Unternehmensformen und ergänzen Sie Ihre Kurzübersicht zu diesem Kapitel.

Fallsituation

Sie haben Frau Garbach durch Ihre Kenntnisse aus dem Kapitel 1 im aktuellen Lernfeld bereits bei der Firmierung ihres Pflegedienstes unterstützt. Mit dem Wissen aus dem aktuellen Kapitel müsste dieser Name nun eventuell nochmals überdacht werden.

Problemlösung

Frau Garbach möchte das Unternehmen zunächst alleine führen.
1. *Welche Unternehmensform würde passen und wie wäre die Firma dann zu gestalten?*
2. *Beraten Sie Frau Garbach bezüglich der Besonderheiten der von Ihnen vorgeschlagenen Unternehmensform(en).*

Selbstüberprüfung

Sichten Sie nochmals Ihre Angaben zum Wissens-Check in diesem Kapitel und ändern Sie ggf. die von Ihnen gesetzte Markierung, indem Sie ein „O" als neues Symbol setzen. Welche Änderungen in Ihrem Wissensbestand haben sich ergeben? Wenn Sie mit Ihren Wissensänderungen unzufrieden sind, entwickeln Sie eine entsprechende Zielvereinbarung, die Ihnen beim Erarbeiten der relevanten Wissensanteile hilft.

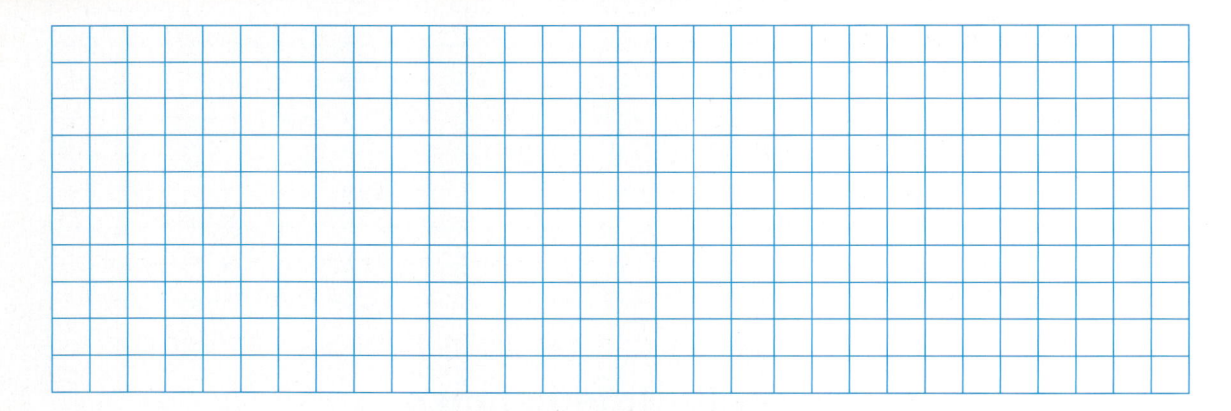

5 Soziale Sicherung

Das vorliegende Kapitel ist für Sie in privater und beruflicher Hinsicht von großer Bedeutung. Beginnen wir mit der beruflichen Perspektive: Das Gesundheitswesen bietet gemäß Definition der WHO nicht nur Leistungen im Rahmen der Vorbeugung, Behandlung und Rehabilitation, sondern auch Leistungen für das seelische und geistige Wohlbefinden. Dieses Leistungsspektrum bildet, wie Sie bereits im ersten Kapitel dieses Buches erfahren haben, die Grundlage für Ihren Ausbildungsberuf. Die Frage ist nur, wie die erbrachten Leistungen vergütet werden und wie sich die Unternehmen im Gesundheitswesen finanzieren, um neben den Sachkosten auch die Personalkosten zu decken. Mit dieser Fragestellung können wir dann auch Ihre private Perspektive auf das aktuelle Thema eröffnen. Wissen Sie, welche Versicherungen zum Umfang der Sozialversicherung gehören? Kennen Sie die Beiträge, mit denen Sie sich an der Finanzierung der von Ihnen beanspruchten Leistungen beteiligen? Wissen Sie, welche Leistungen Sie durch die Zahlung Ihrer Sozialversicherungsbeiträge in Anspruch nehmen können?

Die nachfolgenden Ausführungen werden Ihnen Antworten auf diese und weitere Fragen geben. Sie werden die Grundpfeiler der sozialen Sicherung kennenlernen, Sie werden sich mit den Säulen der Sozialversicherung auseinandersetzen und die sozialversicherungsrechtlichen Grundlagen unterscheiden, Leistungspakete beschreiben und deren Finanzierung verdeutlichen können. Darüber hinaus werden Sie die Modalitäten kennenlernen, die den Wechsel aus der gesetzlichen Krankenversicherung in die Privatversicherung ermöglichen und können Vor- und Nachteile dieser beiden Krankenversicherungsarten verdeutlichen.

Wissens-Check

Schätzen Sie Ihr Wissen zur Sozialversicherung ein, indem Sie ein „X" an die entsprechende Stelle der nachfolgenden Tabelle setzen.

Aussage	Ich bin mir ganz sicher.	Da bin ich mir unsicher.	Das weiß ich gar nicht.
Ich kann die Säulen der Sozialversicherung benennen.			
Ich kenne die Träger der gesetzlichen Krankenversicherung und kann sie in Primär- und Ersatzkassen unterscheiden.			
Ich kann die Besonderheiten der Abrechnung von Kassen- und Privatpatienten im Rahmen der Krankenversicherung nachvollziehbar erläutern.			
Mir sind die Begriffe Heil- und Hilfsmittel bekannt.			
Ich weiß, welche Leistungen ich als gesetzlich Versicherter aus der Krankenversicherung in Anspruch nehmen kann.			
Ich kenne die Pflegestufen der Pflegeversicherung und kann die entsprechenden Geldbeträge für die ambulante und stationäre Pflege benennen.			
Mir ist es möglich, die Begriffe Pflegesachleistung und Pflegegeldleistung nachvollziehbar zu verdeutlichen.			

Aussage	Ich bin mir ganz sicher.	Da bin ich mir unsicher.	Das weiß ich gar nicht.
Ich kann die ambulante, stationäre und teilstationäre Pflege voneinander unterscheiden.			
Ich kenne die Formel zur Berechnung der Altersrente und kann sie zur Beratung erklären.			
Neben der Rente wegen Alters kenne ich weitere Leistungen der gesetzlichen Rentenversicherung.			
Ich weiß, welcher Kostenträger für meine Ansprüche aus der Rentenversicherung zu kontaktieren wäre.			
Ich kann einen Versicherten bezüglich eines Wegeunfalls im Rahmen der Unfallversicherung beraten.			
Ich kenne die Leistungen, die ich im Falle einer Arbeitslosigkeit in Anspruch nehmen kann.			
Ich kann die Bedeutsamkeit der Säulen der Sozialversicherung für meinen Ausbildungsberuf nachvollziehen und erklärend darstellen.			
Ich kenne das Finanzierungssystem der Sozialversicherung und kann die Berechnungen zur Abgabe der Sozialleistungen an die jeweiligen Kostenträger nachvollziehen.			

Aufgabe

Für die Arbeit in diesem Kapitel benötigen Sie die aktuellen Beitragssätze zur Sozialversicherung. Recherchieren Sie diese und halten Sie sie im nachfolgenden Bereich schriftlich fest.

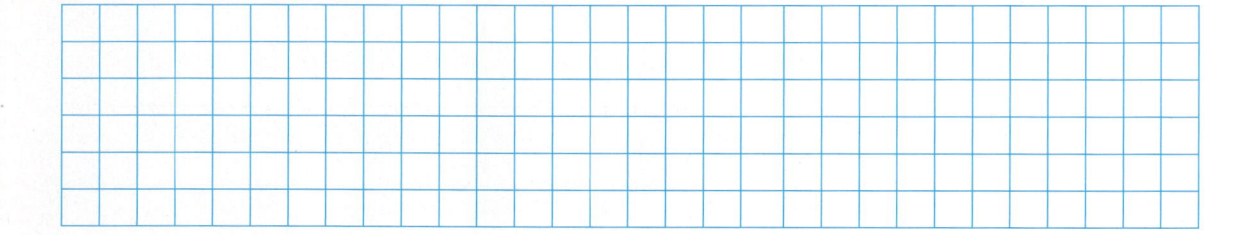

5.1 Grundsätze der sozialen Sicherung

Die Wirtschaftsordnung der Bundesrepublik Deutschland wird als soziale Marktwirtschaft bezeichnet. Grundform dieser Wirtschaftsordnung ist die freie Marktwirtschaft. In einer freien Marktwirtschaft regeln Angebot und Nachfrage das Aufeinandertreffen von Produktion und Konsumtion auf unterschiedlichen Marktarten. Charakteristisch für marktwirtschaftliche Wirtschaftsordnungen sind das Recht am Eigentum, die Vertragsfreiheit und die Wettbewerbsfreiheit. Im Gegensatz zur freien Marktwirtschaft, bei der die auf dem Markt wirkenden Kräfte in einem absolut liberalen Verhältnis zueinander agieren können, wird dieses freie Kräfteverhältnis in der sozialen Marktwirtschaft durch bewusste Lenkung und Leitung des Staates in sozialer Hinsicht beeinflusst. Die soziale Marktwirtschaft verfolgt das Ziel, die Marktfreiheit mit dem Prinzip des sozialen Ausgleichs in Verbindung zu bringen. Zu den staatlichen Einflussmaßnahmen in der sozialen Marktwirtschaft gehört die staatliche Wettbewerbspolitik. Hierbei versucht der Staat den freien Wettbewerb zu garantieren und zentrale Marktmachtpositionen zu verhindern. Ein weiteres staatliches Einflussinstrument ist die Sicherung des Geldwertes durch entsprechende marktkonforme Eingriffe in das Geldsystem. Darüber hinaus stehen dem Staat sozialpolitische, konjunkturpolitische oder auch arbeitsmarktpolitische Maßnahmen zur Verfügung, um ein soziales Gleichgewicht unter Beibehaltung der Vorteile einer liberalen Marktwirtschaft herzustellen.

Kernelement der sozialen Sicherung im Rahmen der sozialen Marktwirtschaft der Bundesrepublik Deutschland ist das Sozialleistungssystem, das sich in drei Bereiche aufteilt: Vorsorge, Versorgung und Fürsorge.

Vorsorge

Im Rahmen der Vorsorge verpflichtet der Staat seine Bürger sich gegen die Grundrisiken des Lebens abzusichern. Bestandteil der Vorsorge ist die Sozialversicherung, die aus den Teilbereichen Krankenversicherung, Rentenversicherung, Arbeitslosenversicherung, Unfallversicherung und Pflegeversicherung besteht.

Die Finanzierung der Sozialversicherung erfolgt über die Beiträge der Mitglieder sowie durch staatliche Zuschüsse. Außer bei der Unfallversicherung, die die Arbeitgeber alleine zu tragen haben, beteiligen sich Arbeitnehmer und Arbeitgeber an der Finanzierung der gesetzlichen Sozialversicherung.

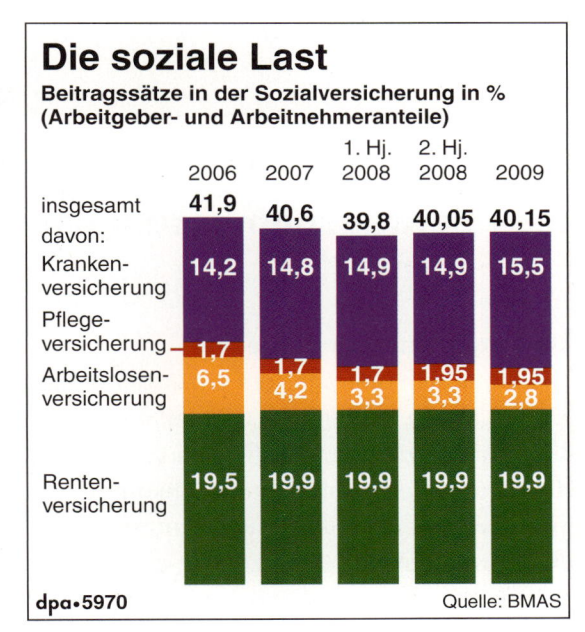

Die soziale Last
Beitragssätze in der Sozialversicherung in %
(Arbeitgeber- und Arbeitnehmeranteile)

	2006	2007	1. Hj. 2008	2. Hj. 2008	2009
insgesamt	41,9	40,6	39,8	40,05	40,15
davon: Krankenversicherung	14,2	14,8	14,9	14,9	15,5
Pflegeversicherung	1,7	1,7	1,7	1,95	1,95
Arbeitslosenversicherung	6,5	4,2	3,3	3,3	2,8
Rentenversicherung	19,5	19,9	19,9	19,9	19,9

dpa·5970 — Quelle: BMAS

Versorgung

Im Bereich der Versorgung werden einzelne Bürger staatlich entschädigt, die gesundheitliche Schädigungen erlitten haben, für die die staatliche Gemeinschaft die finanziellen Folgen zu tragen hat. Hierzu zählt die Versorgung von Kriegsopfern, Soldaten, Zivildienstleistenden oder auch Opfern von Gewalttaten.

Fürsorge

Dieser dritte Bereich soll die finanzielle Benachteiligung von Bürgern sozial ausgleichen. Leistungen der Fürsorge sind das Arbeitslosengeld II, Hilfen zum Lebensunterhalt, Elterngeld, Wohngeld, Ausbildungsförderung, Kindergeld oder auch Leistungen im Bereich der Grundsicherung wegen Alters oder wegen Erwerbsunfähigkeit.

5.2 Sozialgesetzbuch (SBG)

1976 führte der Gesetzgeber die Vielzahl von einzelnen Sozialgesetzen im Sozialgesetzbuch (SGB) zusammen. Mit dieser Zusammenfassung wurde eine übersichtlichere Ordnung der Sozialgesetzgebung angestrebt.

Das SGB umfasst heute insgesamt elf Bücher. Die Systematik des SGB ist der folgenden Aufstellung zu entnehmen:

Nummer des Buches	Inhalt
I.	Allgemeiner Teil
II.	Ausbildungsförderung
III.	Arbeitsförderung (gesetzliche Arbeitslosenversicherung)
IV.	Gemeinsame Vorschriften für die Sozialversicherung
V.	Gesetzliche Krankenversicherung
VI.	Gesetzliche Rentenversicherung
VII.	Gesetzliche Unfallversicherung
VIII.	Kinder- und Jugendhilfe
IX.	Rehabilitation
X.	Verwaltungsverfahren
XI.	Gesetzliche Pflegeversicherung

5.3 Beitragsbemessungsgrenze und Versicherungspflichtgrenze

Beitragsbemessungsgrenze

Die Höhe der Beiträge, die ein Arbeitnehmer zur Sozialversicherung zu zahlen hat, bemisst sich in einem prozentualen Anteil vom sozialversicherungspflichtigen Einkommen. Der abzuführende Prozentsatz ist für alle Versicherten gleich. Da sich der Prozentsatz jedoch auf das sozialversicherungspflichtige Einkommen bezieht, verändert sich der abzuführende Betrag zum jeweiligen Sozialversicherungszweig in Abhängigkeit von der Höhe des Einkommens.

Allerdings hat der Gesetzgeber eine maximale Beitragsgrenze installiert, die über die Beitragsbemessungsgrenze gesteuert wird. Diese Beitragsbemessungsgrenze stellt die maximale Bemessungsgrundlage für die Zweige zur Sozialversicherung dar. Wird die Beitragsbemessungsgrenze erreicht, erhöht sich der jeweilige Beitrag zur Sozialversicherung nicht mehr. Einkommen, das jenseits der Beitragsbemessungsgrenze liegt, bleibt für die Berechnung der Sozialversicherungsbeiträge unberücksichtigt.

Der Gesetzgeber hat zwei Arten von Beitragsbemessungsgrenzen installiert: eine Beitragsbemessungsgrenze für die Kranken- und Pflegeversicherung sowie eine Beitragsbemessungsgrenze für die Renten- und Arbeitslosenversicherung. Diese Beitragsbemessungsgrenzen werden jährlich durch die Bundesregierung neu angepasst. Für Sie als angehender Kaufmann im Gesundheitswesen bedeutet das, dass Sie sich spätestens zu den Prüfungen auf den aktuellen Stand bezüglich der Beitragsbemessungsgrenzen bringen müssen.

Aufgabe

Ermitteln Sie die aktuell gültigen Beitragsbemessungsgrenzen. Halten Sie Ihr␣Recher␣cheergebnis im nachfolgenden Notizbereich schriftlich fest.

Versicherungspflichtgrenze

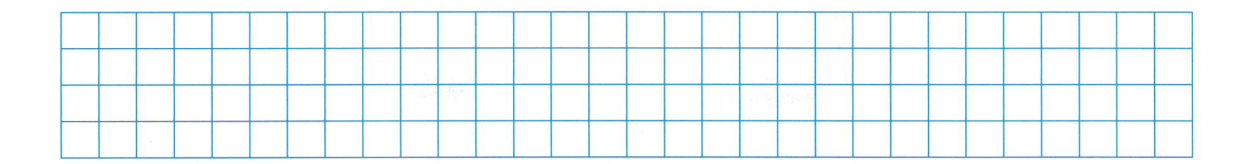

Bei Ihren Recherchen zu den aktuellen Höhen der Beitragsbemessungsgrenzen sind Sie vielleicht über einen weiteren Begriff gestolpert: die Versicherungspflichtgrenze.

Die Versicherungspflichtgrenze ist eine von der Bundesregierung installierte Grenzgröße, bis zu der Versicherungspflicht in der gesetzlichen Krankenversicherung besteht. Die Höhe der Versicherungspflichtgrenze berechnet sich aus 75 % der Beitragsbemessungsgrenze der Renten- und Arbeitslosenversicherung. Aufgrund dieser mathematischen Beziehung verändert sich also auch die Versicherungspflichtgrenze jährlich. Übersteigt das Einkommen eines Versicherten der gesetzlichen Krankenversicherung diese Versicherungspflichtgrenze im aktuellen und den drei vorhergehenden Kalenderjahren, hat er die Wahl, als freiwillig Versicherter in der gesetzlichen Krankenversicherung zu verbleiben oder in eine private Krankenversicherung zu wechseln, also „Privatpatient" zu werden.

Anwendung

1. Errechnen Sie die Beiträge zur Krankenversicherung für die nachfolgenden Angestellten der Gemeinschaftspraxis Drs. med. Peters & Lohmann in Köln. Gehen Sie bei Ihren Berechnungen davon aus, dass der Krankenkassenbeitrag für alle Personen 14 % beträgt. Beachten Sie, dass sich Arbeitgeber und Arbeitnehmer je zu 50 % an den Kosten der gesetzlichen Krankenversicherung beteiligen, der Arbeitnehmer jedoch derzeit zusätzlich 0,9 % Beitrag leisten muss.

    a) Sabine Theisen, Erstkraft in der Gemeinschaftspraxis, erhält ein Brutto-Monatsgehalt von 3.300,00 Euro.

    b) Dr. med. Frank Auerbach, angestellter Arzt in der Gemeinschaftspraxis, erhält ein Brutto-Monatsgehalt von 4.800,00 Euro

    c) Dr. med. Claudia Hansen, leitende Ärztin, erhält ein Brutto-Monatsgehalt in Höhe von 5.500,00 Euro.

2. Bestimmen Sie, wer von den berechneten Angestellten der Gemeinschaftspraxis aus der gesetzlichen Krankenversicherung in die private Krankenversicherung wechseln kann. Begründen Sie Ihre Entscheidung.

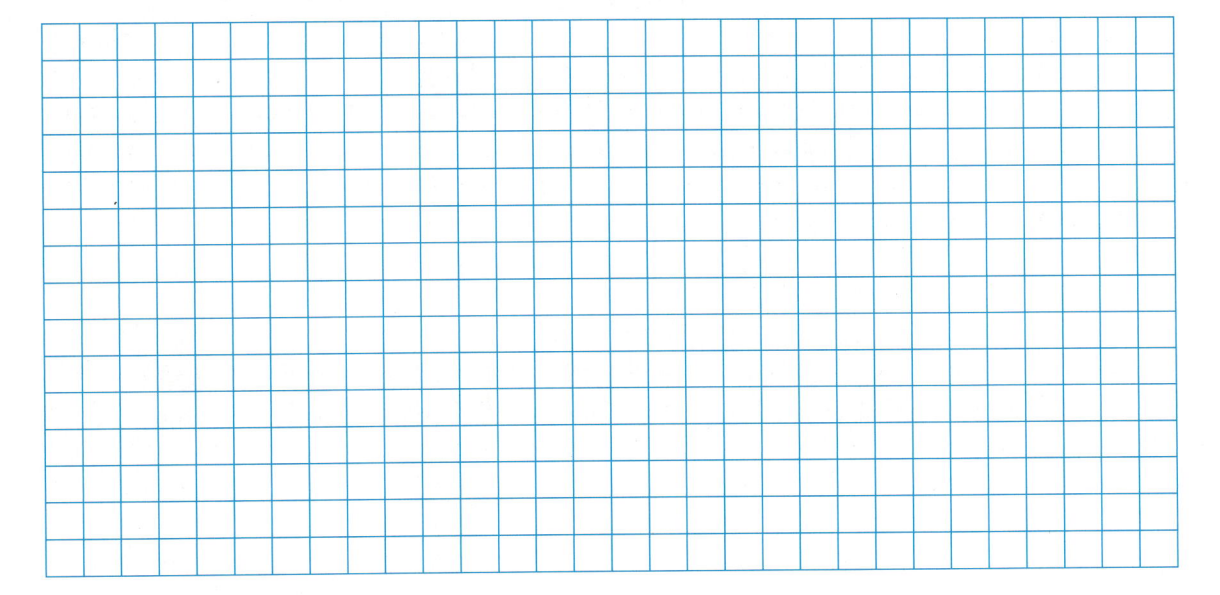

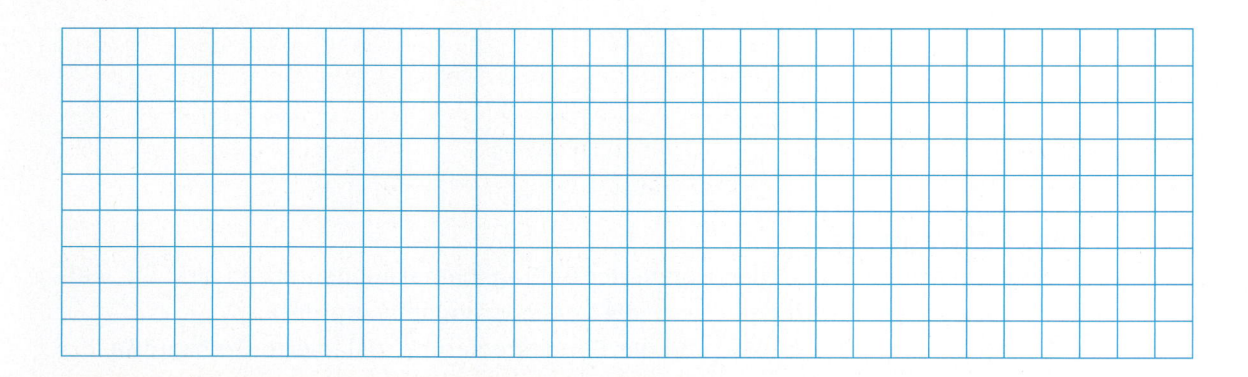

Methodenecke

Zur besseren Übersicht über die Grenzbeiträge zur Sozialversicherung können Sie die maximalen Beiträge zur Renten- und Arbeitslosenversicherung und Kranken- und Pflegeversicherung notieren. Wenden Sie hierzu einfach die Beitragssätze auf die jeweiligen Beitragsbemessungsgrenzen an. So verfügen Sie immer über die Maximalbeiträge und brauchen diese im Entscheidungsfall nicht neu zu berechnen. Diese Notizen können Sie in Ihre Lernkartei, Ihre Gedächtnislandkarte oder Ihre sonstigen Aufzeichnungen aufnehmen. Aber Achtung: Die Beitragsbemessungsgrenzen ändern sich jährlich!

5.4 Krankenversicherung

LF 8, Dienstleistungen abrechnen

Krankheit kann mit großen wirtschaftlichen Folgen verbunden sein. Gegen dieses Risiko verpflichtet der Staat seine Bürger zum Beitritt in eine Krankenversicherung. In Abhängigkeit von den Einkommensverhältnissen (Versicherungspflichtgrenze) erfolgt die Versicherung gegen Krankheit in der gesetzlichen Krankenversicherung oder in der privaten Krankenversicherung. Die nachfolgenden Ausführungen machen Sie mit den jeweiligen Gegebenheiten vertraut.

5.4.1 Gesetzliche Krankenversicherung

Grundlegende Aufgaben

Wie Sie bereits wissen, bildet das SGB V die Rechtsgrundlage für die gesetzliche Krankenversicherung. Hier werden auch die Aufgaben der gesetzlichen Krankenversicherung definiert. Demnach hat die Krankenversicherung grundlegend die Aufgabe:
- die Gesundheit der Versicherten zu erhalten,
- die Gesundheit der Versicherten wiederherzustellen und
- den Gesundheitszustand der Versicherten zu bessern.

Dem gegenüber werden aber auch die Versicherten in die Pflicht genommen und müssen ihren Gesundheitsbeitrag leisten, indem sie:
- ein gesundheitsbewusstes Leben führen,
- sich frühzeitig an gesundheitlichen Vorsorgemaßnahmen beteiligen und
- sich aktiv in die Krankenbehandlungen und Rehabilitationsmaßnahmen einbringen.

Wirtschaftlichkeitsgebot

Vor dem Hintergrund der sehr großen Anzahl der Versicherten in der gesetzlichen Krankenversicherung und dem daraus entstehenden Leistungsvolumen haben sich die Beteiligten im System der gesetzlichen Krankenversicherung wirtschaftlich zu verhalten. Das Wirtschaftlichkeitsgebot definiert hier, dass die erbrachten Leistungen das Maß des Notwendigen nicht überschreiten dürfen und gleichsam ausreichend und zweckmäßig sein müssen. Vor dem Hintergrund der qualitativ gesicherten Leistungserbringung und der Beachtung des aktuellen Wissensstands der Medizin bedeutet dies, dass der Versicherungsnehmer keine Leistungen beanspruchen darf, der Arzt keine Leistungen erbringen und die Krankenkasse keine Leistungen gewähren darf, die gegen das Wirtschaftlichkeitsgebot verstoßen.

Versicherungsnehmer

Die gesetzliche Krankenversicherung ist, wie Sie bereits im Rahmen der Ausführungen zu den Grundsätzen der sozialen Sicherung erfahren haben, eine Pflichtversicherung. Die Versicherungsnehmer, die sich in der gesetzlichen Krankenversicherung versichern müssen, werden als Pflichtversicherte bezeichnet. Zu diesen Personen gehören:

- Arbeiter, Angestellte und Auszubildende. Voraussetzung ist, dass sie einer versicherungspflichtigen Beschäftigung nachgehen und ein Einkommen haben, das die Versicherungspflichtgrenze nicht übersteigt.
- Arbeitsuchende
- Landwirte und ihre mitarbeitenden Familienangehörigen
- Künstler
- Publizisten
- Behinderte, die einer Beschäftigung in anerkannten Werkstätten nachgehen
- Studenten an staatlichen Hochschulen (maximal bis zum 14. Fachsemester und bis zur Vollendung des 30. Lebensjahres)
- Praktikanten gemäß Studien- und Prüfungsordnung
- Rentner
- Rentenantragsteller

Versicherungsfreiheit in der gesetzlichen Krankenversicherung besteht für:

- Arbeitnehmerinnen und Arbeitnehmer, deren Einkommen nach gesetzlichen Vorgaben die Versicherungspflichtgrenze übersteigt. Für diesen Personenkreis besteht jedoch die Möglichkeit der freiwilligen Versicherung in der gesetzlichen Krankenversicherung.
- Beamte, Richter, Soldaten auf Zeit, Berufssoldaten und sonstige Beschäftigte, die Anspruch auf Bezügefortzahlung und Beihilfe oder freie Heilfürsorge im Krankheitsfall haben.
- Arbeitnehmerinnen und Arbeitnehmer, die einer geringfügigen Beschäftigung nachgehen. Gemäß Sozialversicherungsrecht liegt eine geringfügige Beschäftigung vor, wenn das Einkommen die Grenze von regelmäßig 400,00 Euro nicht übersteigt.

Leistungsprinzipien

Die Leistungen der gesetzlichen Krankenversicherung erhält der Versicherungsnehmer als Sachleistung (Sachleistungsprinzip). Da die Krankenkassen die zur Gesundung ihrer Versicherungsnehmer notwendigen Maßnahmen nicht selbst anbieten können, bedienen sie sich der Leistungserbringer im Gesundheitswesen und rechnen mit ihnen deren Leistungserbringung ab. Demnach erhält der Versicherungsnehmer keine Geldmittel. Die zur Wiederherstellung der Gesundheit notwendigen Dienst- und Sachleistungen werden dem Versicherungsnehmer verordnet und über den Leistungserbringer mit der Krankenkasse abgerechnet. So wird sichergestellt, dass die aufgewendeten Geldbeträge auch tatsächlich für den Gesundungsprozess und nicht anderweitig verwendet werden.

Anwendung

Erinnern Sie sich noch an die Sektoren, Einrichtungen und Berufe im Gesundheitswesen aus dem Lernfeld 2, die als Leistungserbringer auftreten können? Erstellen Sie aus Ihrer Erinnerung eine Übersicht im nachfolgenden Bereich.

LF 2, Die Berufsausbildung selbstverantwortlich mitgestalten

Im Rahmen der Leistungsabrechnung ist zu beachten, dass nur diejenigen Leistungserbringer mit den Krankenkassen der gesetzlichen Krankenversicherung abrechnen können, die eine entsprechende Zulassung haben. Die Abrechung der Leistungen erfolgt dann auf der Bewertungsgrundlage des Einheitlichen Bewertungsmaßstabs (EBM). Der EBM ist demnach die Abrechnungsgrundlage für die Leistungen in der gesetzlichen Krankenversicherung im Bereich der ambulanten Versorgung.

Neben dem Sachleistungsprinzip kann der Versicherungsnehmer auch das Prinzip der Kostenerstattung wählen. Entscheidet sich der Versicherungsnehmer für die Kostenerstattung, bildet der EBM nicht mehr die Grundlage für die Leistungsabrechnung. Leistungen für Versicherungsnehmer, die das Prinzip der Kostenerstattung gewählt haben, werden auf der Grundlage der Gebührenordnung für Ärzte (GoÄ) abgerechnet. Die GoÄ ist die Gebührenordnung, die für die Leistungsabrechnung von Privatpatienten angewendet wird. Nach dem Prinzip der Kostenerstattung stellt der Leistungserbringer dem Versicherungsnehmer direkt eine Rechnung aus, die dieser zunächst mit dem Leistungserbringer zu begleichen hat. Anschließend reicht der Versicherungsnehmer diese Rechnung zur Rückerstattung bei seiner Krankenkasse ein. Der Versicherungsnehmer kann allerdings nur mit einer Erstattung der vorgestreckten Kosten in der Höhe rechnen, die auch im Falle des Sachleistungsprinzips auf der Grundlage des EBM erstattet worden wäre.

Ärztliche Leistungen und Verordnungen

Im Rahmen der gesetzlichen Krankenversicherungen können folgende ärztliche Leistungen erbracht und abgerechnet werden:
- ärztliche Behandlung
- Leistungen im Rahmen der Familienplanung
- Untersuchungen im Rahmen der Vorsorge und Früherkennung
- Gesundheitsuntersuchungen
- Schutzimpfungen
- Notfallleistungen
- belegärztliche Leistungen
- Verordnungen

Zu den Verordnungen, die zur Regulierung im System der gesetzlichen Krankenversicherung ausgestellt werden können, gehören u. a. Verordnungen für:
- Arzneimittel
- Heilmittel
- Hilfsmittel
- Arbeitsruhe durch Arbeitsunfähigkeitsbescheinigungen
- Krankenbeförderung
- Krankenhausbehandlung
- häusliche Krankenpflege
- Sozialtherapie

Die Leistungen, die im Rahmen der gesetzlichen Krankenversicherung in Anspruch genommen werden können, lassen sich in die Bereiche Pflichtleistungen und Ermessensleistungen unterscheiden. Pflichtleistungen bestehen besonders aus präventiven und kurativen Leistungen, die von jeder gesetzlichen Krankenversicherung angeboten werden müssen.

Ermessensleistungen sind Leistungen, die die Krankenkassen als zusätzliches Angebot für ihre Mitglieder in ihre Satzung aufnehmen können. Jedes Mitglied hat Anspruch auf die von der jeweiligen Krankenkasse angebotenen Ermessensleistungen.

Aufgabe

Unterscheiden Sie die Begriffe Arzneimittel, Heilmittel und Hilfsmittel. Verwenden Sie hierzu geeignetes Recherchematerial und erstellen Sie einen tabellarischen Überblick mit entsprechenden Definitionen und Beispielen.

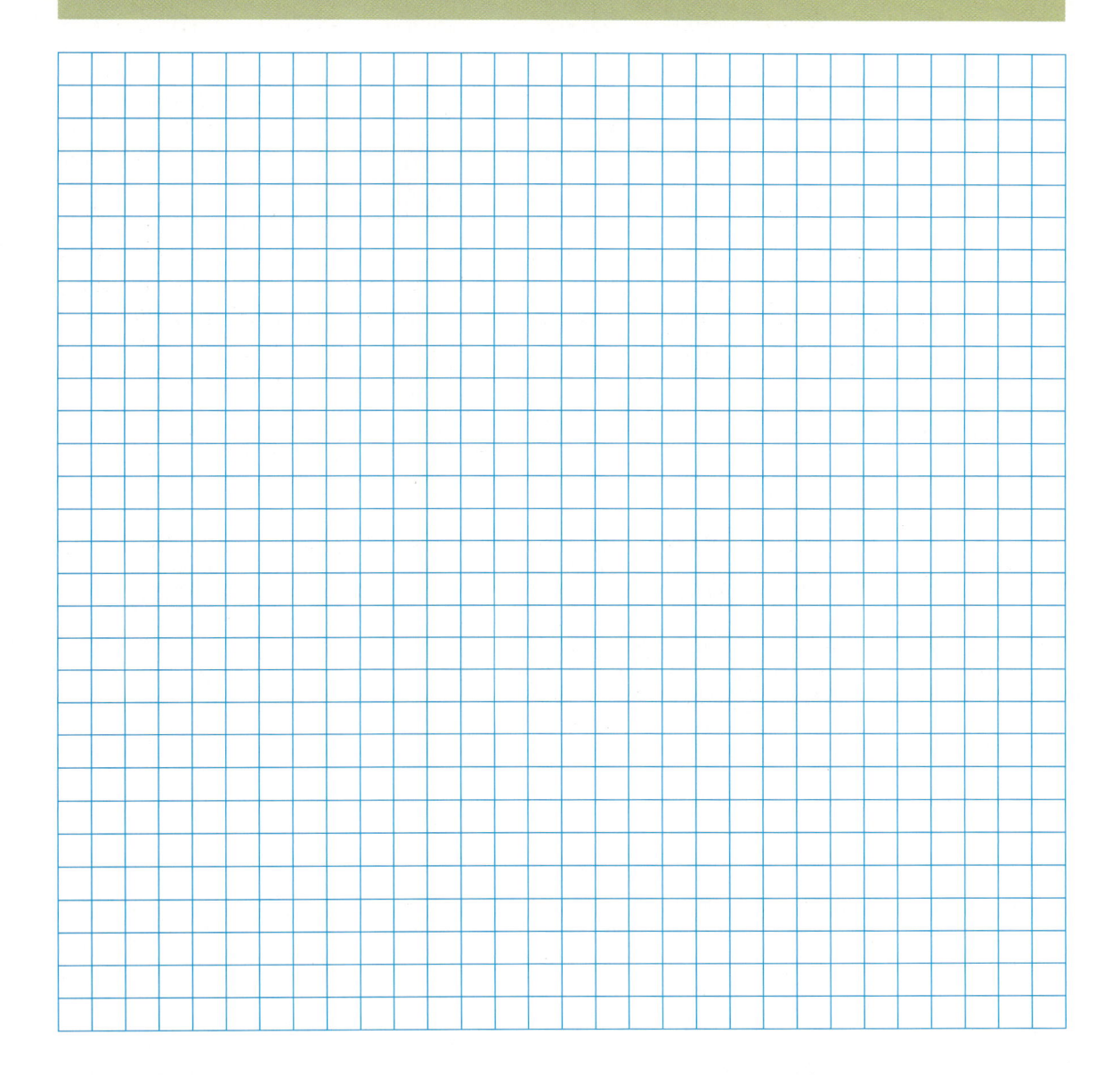

Kostenträger

Die gesetzlichen Krankenkassen werden auch als Kostenträger bezeichnet, weil sie die Kosten, die durch die Inanspruchnahme von Leistungen ihrer Versicherten entstehen, im Rahmen der Pflichtleistungen und Ermessensleistungen übernehmen.

Die Vielzahl der gesetzlichen Krankenkassen wird in die Gruppe der Primärkassen und der Ersatzkassen unterschieden. Zu den Primärkassen gehören alle gesetzlichen Krankenkassen, die für ihre Versicherungsnehmer aufgrund deren regionaler, berufsständischer oder branchenspezifischer Zugehörigkeit vorrangig (primär) zuständig sind. Zu den Primärkassen gehören die Allgemeine Ortskrankenkasse (AOK), die Landwirtschaftliche Krankenkasse (LKK), die Innungskrankenkasse (IKK), die Betriebskrankenkasse (BKK), die Bundesknappschaft (Knappschaft) sowie die See-Krankenkasse (See-KK).

Ersatzkassen sind alle übrigen Krankenkassen, die keine regionale, berufsständische oder brachenspezifische Zugehörigkeit verlangen.

Wenn man Pflichtmitglied in der gesetzlichen Krankenversicherung ist, darf man die Kasse, bei der man sich versichern will, frei wählen (Kassenwahlrecht). Wählbar sind alle Allgemeinen Ortskrankenkasse, alle Ersatzkassen und einige Innungs- und Betriebskrankenkassen.

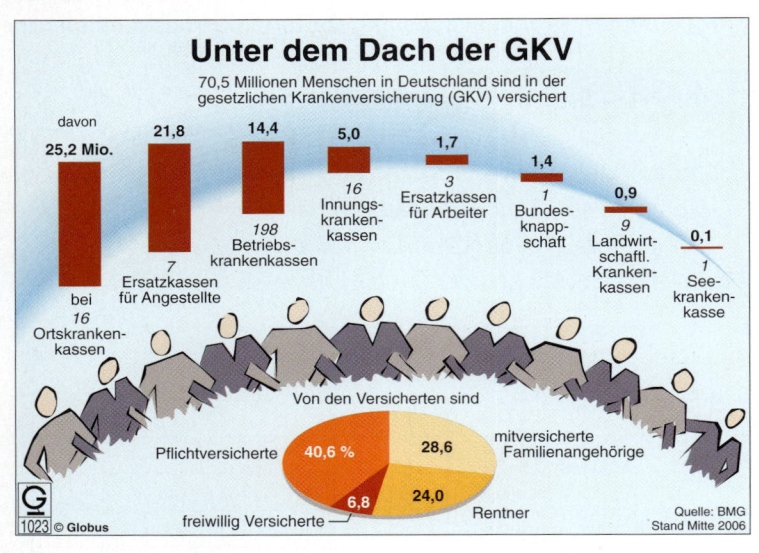

Neben den Primär- und Ersatzkassen gibt es noch weitere Kostenträger, die Leistungskosten für bestimmte Personenkreise im Krankheitsfall übernehmen. Zu diesen sogenannten „sonstigen Kostenträgern" gehören die Gemeinden, Städte, Kreise und der Bund, die Regulierung von Leistungen u.a. für Sozialhilfeempfänger, Soldaten, Beamte oder Zivildienstleistende übernehmen. Ein weiterer sonstiger Kostenträger ist die Deutsche Bahn AG, die die Kosten für Leistungen bei Krankheit und Dienstunfällen für ihre Bundesbahnbeamten übernimmt.

Aufgabe

Kontaktieren Sie die Abteilung Ihres Unternehmens, die für die Leistungsabrechnung mit den jeweiligen Kostenträgern zuständig ist und erstellen Sie eine Sammlung der für Ihr Haus relevanten Kostenträger.

Stimmen Sie Ihre Sammlung mit Ihren Mitschülern ab und nehmen Sie ggf. Ergänzungen zu der hier vorgestellten Zusammenstellung vor.

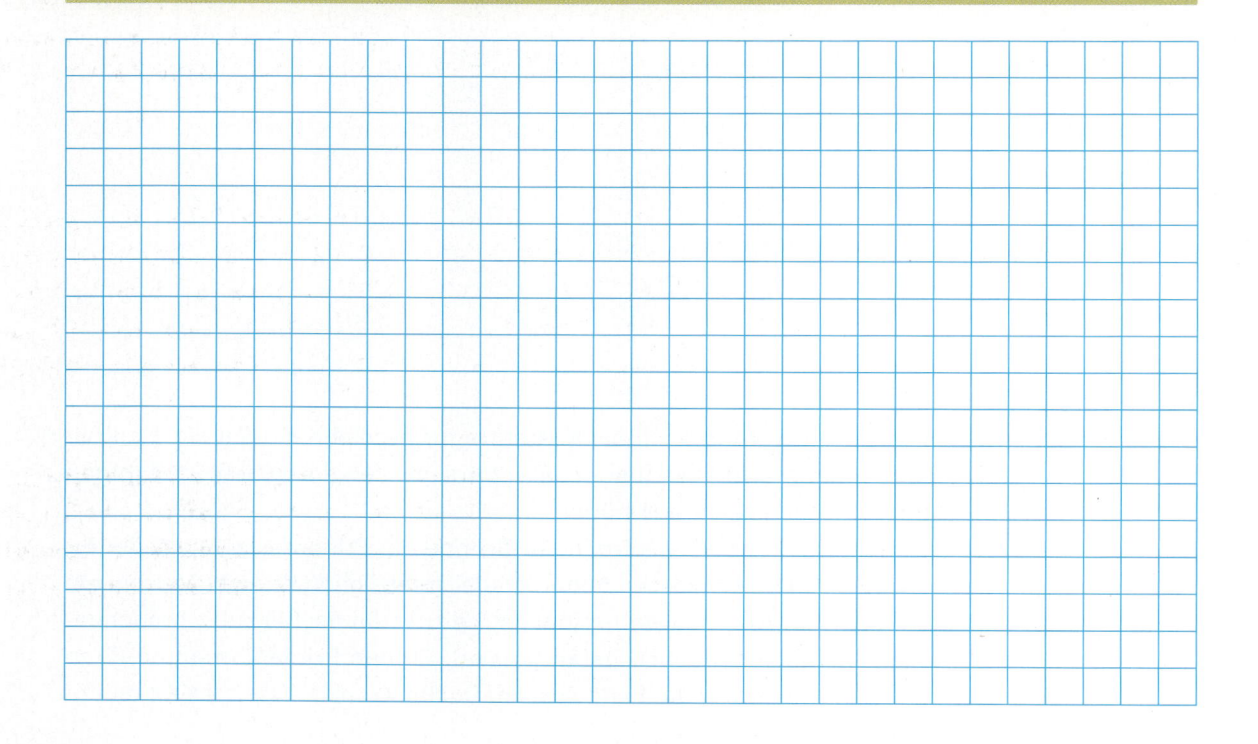

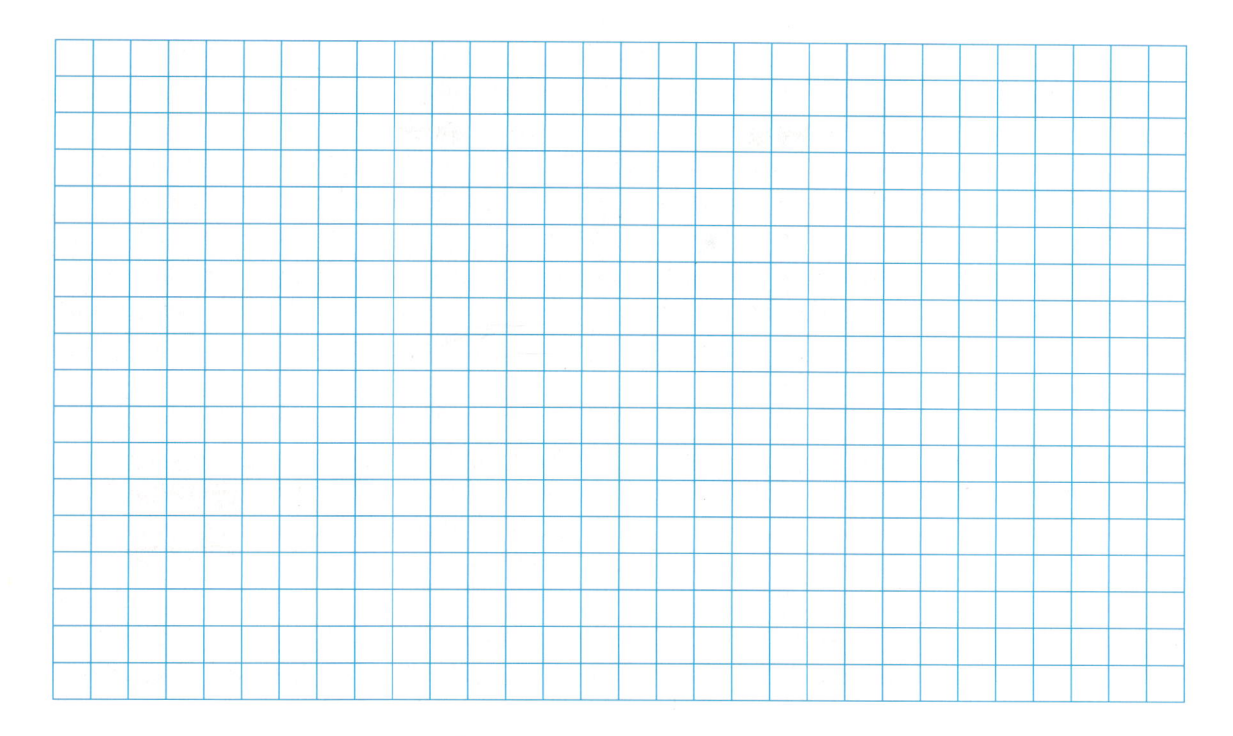

Mitgliedschaft und Finanzierung

Wie bereits dargestellt, können Pflichtversicherte der gesetzlichen Krankenversicherung ihre Krankenkasse frei wählen. Als Nachweis ihrer Mitgliedschaft erhalten sie eine Krankenversichertenkarte (KVK). Mit dieser KVK weisen die Versicherten ihren Behandlungsanspruch gegenüber den Leistungserbringern nach, die wiederum von der Übernahme der entstehenden Kosten ausgehen können.

Von Bedeutung auf der KVK ist die Schlüsselung des Versicherungsstatus. Der Status 1 bedeutet, dass es sich bei dem Inhaber um ein pflichtversichertes Mitglied der jeweiligen Krankenkasse handelt. Der Status 3 macht deutlich, dass die Person ein Familienangehöriger ist, der über ein pflichtversichertes Mitglied (Status 1) familienversichert ist. Wird für den Status die Zahl 5 geschlüsselt, handelt es sich um einen Rentner.

Aufgabe

Sichten Sie Ihre eigene KVK. Welche weiteren Angaben befinden sich auf Ihrer Karte? Erkennen Sie die Bedeutung der einzelnen Angaben?

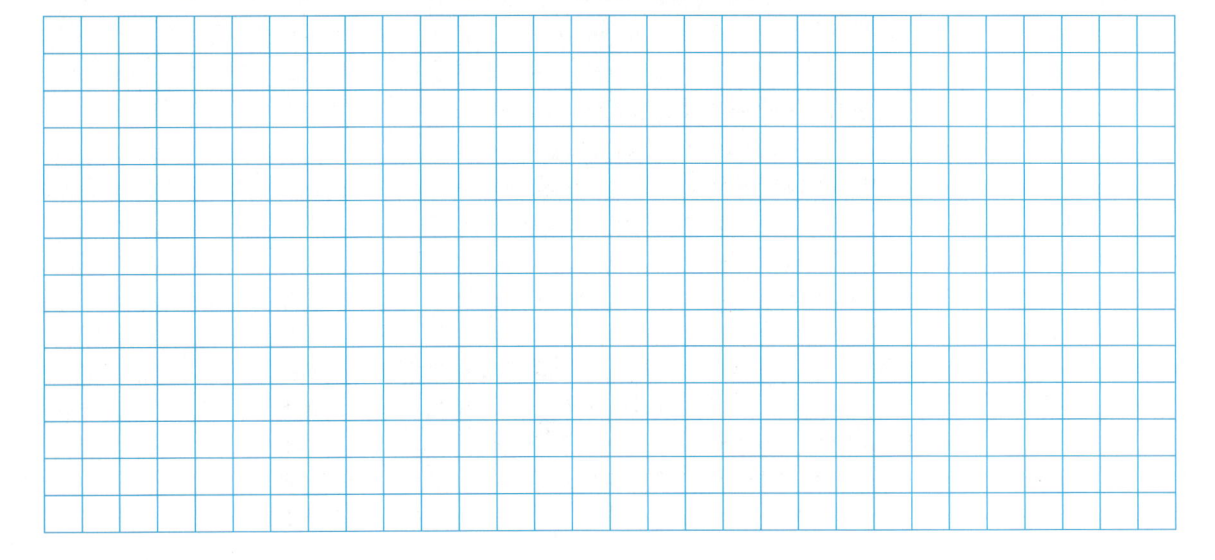

In den Ausführungen zu den Grundsätzen der sozialen Sicherung haben Sie bereits erfahren, dass die Sozialversicherung als Bestandteil der Vorsorge aus Beiträgen der Mitglieder und staatlichen Zuschüssen finanziert wird.

Die Finanzierung der gesetzlichen Krankenversicherung wird als „solidarische Finanzierung" bezeichnet. Das bedeutet, dass die Beitragszahler in Abhängigkeit von ihrem Einkommen bei gleichem Beitragssatz unterschiedliche Mitgliedsbeiträge aufzubringen haben. Wer ein höheres Einkommen hat, zahlt höhere Beiträge. Wer ein niedrigeres Einkommen hat, zahlt auch entsprechend weniger Beiträge. Die Leistungen, die die Versicherten aus der gesetzlichen Krankenversicherung in Anspruch nehmen können, bleiben aber für alle ungeachtet ihrer Beitragshöhe unverändert gleich.

An den Beiträgen zur gesetzlichen Krankenversicherung beteiligen sich sowohl die Arbeitnehmer als auch die Arbeitgeber je zur Hälfte. Derzeit wird der Beitragssatzanteil für den Arbeitnehmer jedoch noch um 0,9 % erhöht. Bei einem Krankenkassenbeitragssatz von 14 % beteiligt sich der Arbeitgeber demnach mit 7 % und der Arbeitnehmer beteiligt sich mit 7,9 %, sodass insgesamt ein Beitrag in Höhe von 14,9 % vom sozialversicherungspflichtigen Einkommen als Krankenkassenbeitrag abzuführen ist. Für Familienangehörige des Pflichtversicherten, die über kein eigenes Einkommen verfügen und somit selbst nicht versicherungspflichtig sind, werden keine weiteren Beiträge erhoben. Familienangehörige sind in der gesetzlichen Krankenversicherung prämienfrei.

Über ihren Beitrag zur gesetzlichen Krankenversicherung hinaus müssen sich die Versicherten im Rahmen von Zuzahlungen und der Praxisgebühr an den Kosten beteiligen.

Die Praxisgebühr wird in Höhe von 10,00 Euro je Quartal für ambulante ärztliche, psychotherapeutische oder zahnärztliche Behandlungen erhoben, die nicht aufgrund einer Überweisung erfolgten.

Zuzahlungen sind für Arznei-, Heil- und Hilfsmittel, zu stationären Maßnahmen und zu häuslicher Krankenpflege zu leisten. Die Belastungsgrenze, bei deren Überschreiten die Versicherten von der Pflicht zur Zuzahlung entbunden werden, liegt allgemein bei 2 % des Brutto-Jahreseinkommens und für chronisch Kranke bei 1 % des Brutto-Jahreseinkommens. Das Brutto-Jahreseinkommen berechnet sich aus der Summe aller Einkünfte des Pflichtversicherten und seiner familienversicherten Angehörigen abzüglich der Freibeträge für Ehe- oder Lebenspartner sowie der familienversicherten Kinder.

Aufgabe

1. Erkunden Sie sich bei Ihrer Krankenkasse, welche Verfahren bereitgestellt werden, um die Zuzahlung der Versicherten zu überwachen und die Befreiung von der Zuzahlung bei Überschreitung der Belastungsgrenze zu garantieren.
2. Erstellen Sie ein Merkblatt, in dem Sie über die Modalitäten zur Zahlung der Praxisgebühr informieren.

Das Solidaritätsprinzip gilt jedoch nicht nur unter den Versicherten. Auch die Krankenkassen zeigen sich solidarisch zueinander. Jede Krankenkasse ermittelt ihre Risikostruktur. Diese Risikostruktur setzt sich aus dem Alter der Versicherten, dem Geschlecht der Versicherten, der Zahl der beitragsfreien Familienangehörigen und der Anzahl der versicherten Rentner zusammen. Die Krankenkassen, die eine unvorteilhafte Risikostruktur haben, also viele ältere und daher kostenintensivere Menschen oder viele Frauen, die aufgrund von Schwangerschaften und Geburten hohe Kosten verursachen, können mit einem finanziellen Ausgleich ihrer Ausgaben durch Krankenkassen mit einer weniger ausgeprägten Risikostruktur rechnen. Das Prinzip des Risikostrukturausgleichs wird vom Bundesversicherungsamt durchgeführt und ist ein bundesweites Prinzip.

Die Abrechnung von Kassenpatienten in der ambulanten Versorgung unter Verwendung des EBM lernen Sie im Fach Steuerungs- und Abrechnungsprozesse in den Lernfeldern 7 und 8 kennen.

→ LF 7, LF 8, Dienstleistungen abrechnen, Dienstleistungen dokumentieren

5.4.2 Private Krankenversicherung

Sie wissen bereits, dass sich Pflichtversicherte, die der Maßgabe der Versicherungspflichtgrenze entsprechen, für die Versicherung in einer privaten Krankenkasse entscheiden können. Vollziehen sie diesen Wechsel, haben die privaten Krankenversicherungen das Recht, die Versicherung aufgrund des Krankheitsbildes des Antragstellers abzulehnen oder Prämienzuschläge wegen einer Erkrankung zu verlangen. Hierin wird das Risikoprinzip in der privaten Krankenversicherung deutlich. Je höher das Gesundheitsrisiko eines Versicherten ist (Alter, Geschlecht, Vorerkrankungen), umso höher ist der Beitrag zur privaten Krankenversicherung. Darüber hinaus kennt die private Krankenversicherung den Status des Familienversicherten nicht.

Die Abrechnung von Kassenpatienten in der ambulanten Versorgung unter Verwendung der GoÄ lernen Sie im Fach Steuerungs- und Abrechnungsprozesse in den Lernfeldern 7 und 8 kennen.

→ LF 7, LF 8, Dienstleistungen abrechnen, Dienstleistungen dokumentieren

5.5 Pflegeversicherung

Grundlegende Aufgaben

Die gesetzliche Pflegeversicherung ist die jüngste der fünf Säulen der Sozialversicherung und wurde zum 1. Januar 1995 etabliert und zum 1. Juli 2008 grundlegend reformiert. Die gesetzliche Grundlage zur Pflegeversicherung bildet das Buch XI des SGB. Hier ist auch definiert, dass die Pflegeversicherung den pflegebedürftigen Menschen ein möglichst selbstständiges und selbstbestimmtes Leben ermöglichen soll, sodass es der Würde des Menschen entspricht. Der Begriff „Pflegebedürftigkeit" wird im SGB XI wie folgt definiert.

→ **Definition**
Pflegebedürftig sind die Personen, die wegen körperlicher, geistiger oder seelischer Krankheit oder Behinderung für die gewöhnlichen und regelmäßig wiederkehrenden Verrichtungen im täglichen Leben auf längere Zeit, mindestens jedoch für die Dauer von sechs Monaten, oder sogar auf Dauer in erheblichem Maße der Hilfe anderer Menschen bedürfen.

Krankheiten oder Behinderungen liegen dann vor, wenn der Pflegebedürftige den Verlust eines Körperteils erlitten hat, Funktionsstörungen des Stütz- und Bewegungsapparates oder Funktionsstörungen der inneren Organe, der Sinnesorgane oder Störungen des Zentralnervensystems den Alltag einschränken.
Verrichtungen sind zu unterscheiden in die Gruppen Körperpflege, Ernährung, Mobilität und hauswirtschaftliche Versorgung. Zu der Gruppe der Körperpflege gehören Verrichtungen wie Waschen, Duschen, Baden, Zahnpflege, Kämmen, Rasieren oder auch Darm-/Blasenentleerung.
Zu der Gruppe der Ernährung gehören Verrichtungen wie die mundgerechte Zubereitung und die Betreuung bei der Aufnahme von Nahrung.
Verrichtungen der Gruppe Mobilität sind Hilfen beim Zubettgehen, Aufstehen, An-/Auskleiden, Gehen, Stehen oder auch Treppensteigen.
Zu den Verrichtungen der hauswirtschaftlichen Versorgung gehört das Einkaufen, Kochen, Reinigen, Spülen, Waschen der Wäsche oder Heizen.

Versicherungsnehmer

Die gesetzliche Pflegeversicherung wurde als Pflichtversicherung konzipiert und der gesetzlichen Krankenversicherung angehängt. Das bedeutet, dass jedes Mitglied einer gesetzlichen Krankenversicherung auch Mitglied der gesetzlichen Pflegeversicherung ist. Privat Versicherte sind Mitglied der privaten Pflegeversicherung. Mit der Einführung der Pflegeversicherung wurde somit ein System aus Pflegekassen errichtet, die den gesetzlichen oder den privaten Krankenkassen angeschlossen sind. Jeder Versicherungsnehmer, der einer Krankenversicherung angehört, ist somit auch Mitglied der Pflegeversicherung.

Leistungen der Pflegeversicherung

Die Leistungen der Pflegeversicherung werden als Pflegesachleistung und Pflegegeldleistung gewährt. Als Pflegesachleistung wird die Grundpflege und hauswirtschaftliche Versorgung bezeichnet, die im Gesetz als Leistungspakete beschrieben sind. Diese Leistungspakete werden von geschultem Personal erbracht. Der Umfang der Leistung bzw. die Höhe des zur Verfügung gestellten Betrages ist abhängig von der festgestellten Pflegestufe. Als Pflegegeldleistung wird ein pflegestufenabhängiger Geldbetrag bezeichnet, der für eine selbst organisierte Versorgung des Pflegebedürftigen im privaten Umfeld zur Verfügung gestellt wird.

Der Leistungsumfang der gesetzlichen Pflegeversicherung ist neben der Pflegestufe auch von der Realisierungsform abhängig. Leistungen der gesetzlichen Pflegeversicherung können in ambulanter, teilstationärer oder stationärer Form abgefordert werden.

Im Rahmen der ambulanten Versorgung findet die Betreuung der Pflegebedürftigen im eigenen häuslichen Umfeld statt. Zu den Leistungen gehören hier häusliche Pflegehilfe, Pflegegeld für selbst organisierte Pflegehilfen, Pflegehilfsmittel und technische Hilfen oder auch Leistungen zur sozialen Absicherung der mit der Pflege betrauten Angehörigen. Darüber hinaus können pflegende Angehörige auch an Schulungen und Pflegekursen teilnehmen.

Im Bereich der teilstationären Pflege, die in der Form der Tages- oder Nachtpflege oder auch als Kurzzeitpflege erbracht werden kann, wird die pflegebedürftige Person tagsüber, nachts oder für eine vorübergehende Dauer in entsprechenden Pflegeeinrichtungen untergebracht und betreut. Die vollstationäre Pflege definiert sich als Pflegeleistung, bei der die pflegebedürftige Person auf Dauer in einer entsprechenden Einrichtung lebt.

Leistungsumfang

Der Leistungsumfang der Pflegeversicherung richtet sich nach der Pflegebedürftigkeit. Die Pflegebedürftigkeit wird in drei Pflegestufen unterteilt und durch Begutachtung durch den Antragsteller durch den Medizinischen Dienst der Krankenkassen (MDK) festgestellt.

Pflegestufe I (erhebliche Pflegebedürftigkeit)

In die Pflegestufe I werden die Pflegebedürftigen eingestuft, die bei der Körperpflege, Ernährung oder Mobilität für wenigstens zwei Verrichtungen mindestens einmal täglich Hilfe benötigen und mehrfach in der Woche Hilfe bei der hauswirtschaftlichen Versorgung in Anspruch nehmen müssen.

Pflegestufe II (schwere Pflegebedürftigkeit)

In die Pflegestufe II werden die Pflegebedürftigen eingestuft, die bei der Körperpflege, Ernährung oder Mobilität mindestens dreimal täglich zu verschiedenen Tageszeiten Hilfe brauchen und mehrfach in der Woche Hilfe bei der hauswirtschaftlichen Versorgung in Anspruch nehmen müssen.

Pflegestufe III (schwerste Pflegebedürftigkeit)

In die Pflegestufe III werden die Pflegebedürftigen eingestuft, die bei der Körperpflege, Ernährung oder Mobilität täglich rund um die Uhr Hilfe brauchen und mehrfach in der Woche Hilfe bei der hauswirtschaftlichen Versorgung in Anspruch nehmen müssen.

Über diese drei Pflegestufen hinaus wurde noch eine sogenannte Härtefallstufe installiert, die in besonderen Fällen beansprucht werden kann.

Zudem sieht die Reform der Pflegeversicherung vor, dass psychisch kranke, behinderte oder auch demenziell erkrankte Menschen mit einem erhöhten Betreuungsbeitrag rechnen können. Dieser

Betreuungsbeitrag kommt dort zur Anwendung, wo noch keine Leistungen aus der Pflegestufe I in Anspruch genommen werden können und jemand dennoch der Hilfe bedarf (Pflegestufe 0).

Kostenträger

Kostenträger der Pflegeversicherung sind die jeweiligen Pflegekassen der gesetzlichen oder privaten Krankenversicherungen. Die Pflegekassen übernehmen auf Antrag und entsprechend der gewährten Pflegestufe die Kosten, die im Rahmen der Aufgabenstellung der Pflegeversicherung anfallen.

Mitgliedschaft und Finanzierung

Wie bereits dargestellt, sind Mitglieder der gesetzlichen Krankenversicherung und privat Versicherte gleichzeitig auch Mitglied der jeweiligen Pflegekasse. Wie die gesetzliche Krankenversicherung folgt die Pflegeversicherung im gesetzlichen und privaten Bereich dem Solidaritätsprinzip und kennt den Status der Familienversicherung.

Finanziert wird die Pflegeversicherung über Beiträge der Mitglieder, steuerliche Zuschüsse oder auch Zinserträge. Die Mitgliedsbeiträge richten sich wie bei der Krankenversicherung nach dem Einkommen der Mitglieder. Derzeit wird ein einheitlicher Beitragssatz von 1,95 % erhoben, an dem sich Arbeitgeber und Arbeitnehmer je zur Hälfte beteiligen. Zudem müssen Versicherte, die das 23. Lebensjahr vollendet und keine Kinder haben, eine Erhöhung ihres Pflegeversicherungsanteils um 0,25 % als Beitrag zur Pflegeversicherung leisten.

Anwendung

1. Welche Fragen ergeben sich nach dem Lesen der Informationen zur Pflegeversicherung noch für Sie? Halten Sie Ihre Fragen im nachfolgenden Arbeitsbereich schriftlich fest. Klären Sie diese im Austausch mit Ihren Mitschülern.
2. Erstellen Sie eine Übersicht mit den wichtigsten Angaben und Merkmalen zu den Pflegestufen.

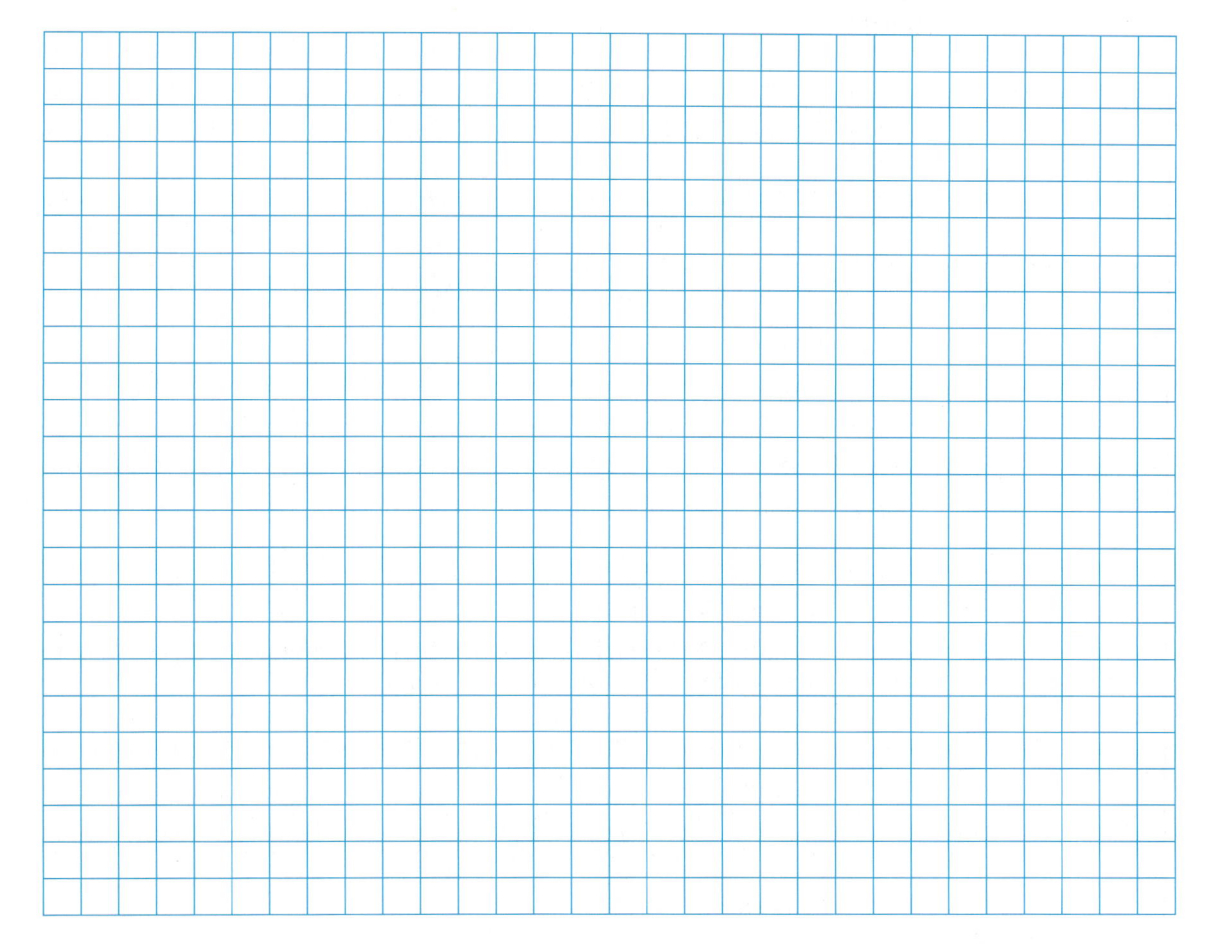

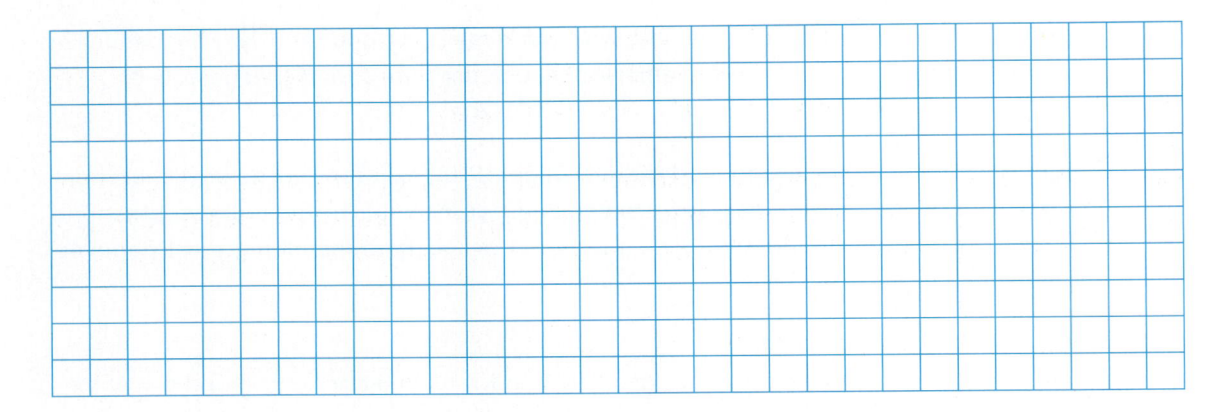

LF 7, LF 8, Die Leistungen der Pflegeversicherung, Bedingungen und Abrechnungsmodalitäten lernen
Dienstleis- Sie im Fach Steuerungs- und Abrechnungsprozesse in den Lernfeldern 7 und 8 kennen.
tungen
abrechnen,
Dienstleis-
tungen
dokumen-
tieren

5.6 Rentenversicherung

Rechtsgrundlage der gesetzlichen Rentenversicherung ist das SGB VI, in dem u. a. die Aufgaben, der versicherte Personenkreis und die Leistungen definiert sind.

Grundlegende Aufgaben

Die gesetzliche Rentenversicherung übernimmt für ihre Mitglieder die Aufgabe, Leistungen zur Rehabilitation zu erbringen, Renten zu zahlen, die Krankenkassenbeiträge für Rentner zu leisten und bei Fragen der Versicherten aufklärend und beratend tätig zu sein.
Diese Aufgaben werden im Falle der Gefährdung oder der bereits eingetretenen Minderung der Erwerbsfähigkeit, im Falle des Erreichens der Rentenaltersgrenze oder im Falle des Todes des Versicherten erbracht.

Versicherungsnehmer

Die gesetzliche Rentenversicherung ist eine Pflichtversicherung für die Personen, die als Arbeitnehmer gegen Entgelt beschäftigt sind, für Behinderte, die in einer Behindertenwerkstätte arbeiten, für Wehr- und Zivildienstleistende, für Arbeitslose, Krankengeldbezieher, für pflegende Angehörige mit einem Pflegeaufwand von mindestens 14 Stunden in der Woche, für Selbstständige, die keine pflichtversicherten Angestellten haben und weitestgehend nur für einen Auftraggeber arbeiten, für selbstständige Lehrer, Pflegepersonen, Hebammen, Publizisten oder Künstler.
Alle anderen Selbstständigen können sich freiwillig versichern, müssen dies aber innerhalb eines Zeitraumes von fünf Jahren nach Beginn der Selbstständigkeit tun. Von der Versicherungspflicht in der gesetzlichen Rentenversicherung sind nur Beamte, Richter oder auch Berufssoldaten befreit, da deren Altersvorsorge bereits durch andere staatliche Regelungen gesichert ist.

Leistungen

Wie bereits dargestellt, erbringt die gesetzliche Rentenversicherung Leistungen im Falle von Rehabilitation, Erwerbsminderung, Alter oder Tod.

Rehabilitation

Im Bereich der Rehabilitation kann der Versicherte medizinische Leistungen beanspruchen. Hierzu gehört die Behandlung durch Ärzte oder Personen anderer Heilberufe, die Beanspruchung von Arznei, Heil- und Hilfsmitteln oder auch die Durchführung von Belastungserprobungen zur Reintegration in das Arbeitsleben.

Das Spektrum im Bereich der Berufsförderung besteht aus Leistungen, die zum Erhalt des Arbeitsplatzes beitragen, die Berufsvorbereitung fördern oder durch Aus-, Fortbildung und Umschulung ebenso die Wiederaufnahme einer erwerbswirtschaftlichen Tätigkeit ermöglichen.

Leistungen aus dem Paket der ergänzenden Leistungen werden in Form von Haushaltshilfen, Reisekosten oder jeglichen anderen Kosten gewährt, die in direktem Zusammenhang mit der rehabilitativen Maßnahme stehen und die positive Entwicklung der Maßnahme stützen.

Erwerbsminderung

Leistungen aus dem Leistungsbereich Erwerbsminderung richten sich nach dem Schweregrad. Von einer teilweisen Erwerbsminderung wird dann ausgegangen, wenn aufgrund Krankheit oder Behinderung auf unbestimmte Zeit an fünf Werktagen nicht mehr als 3 bis 6 Stunden unter erwerbstätigen Bedingungen gearbeitet werden kann. Die volle Erwerbsminderung ist mit einem Arbeitsstundenvolumen von weniger als 3 Stunden definiert. Die Höhe der Rentenzahlung aufgrund Erwerbsminderung hängt von den Zuverdienstmöglichkeiten, dem Alter und den geleisteten rentenrechtlichen Anwartschaften ab.

Renten wegen Erwerbsminderung werden in der Regel nur zeitlich begrenzt gewährt und unterliegen der Überprüfung in Zeitintervallen. Nur für den Fall, dass die Besserung des Gesundheitszustandes nicht zu erwarten ist, entfällt die Befristung.

Überschreiten die Bezieher von Erwerbsminderungsrente das Rentenalter, wechseln sie automatisch in den Bezug der Altersrente.

Altersrente

Die demographische Entwicklung der Bevölkerung stellt die gesetzliche Rentenversicherung im Rahmen der Altersrente vor große Herausforderungen. Diese Herausforderung begründet sich in der Tatsache, dass die gesetzliche Rentenversicherung nach dem Umlageprinzip funktioniert und auf dem sogenannten Generationenvertrag basiert. Im Rahmen des Umlageverfahrens werden die Beitragszahlungen der Versicherten zur gesetzlichen Rentenversicherung nicht als Ansparung für den jeweiligen Versicherten gesammelt, sondern umgehend an die aktuellen Rentner als monatliche Rentenzahlung geleistet. Der Generationenvertrag besagt, dass die aktuelle erwerbswirtschaftliche Generation die Rentenzahlungen der aktuellen Rentner sichert.

Die Beitragszahlungen der Versicherten werden als persönliche Entgeltpunkte in der Berechnung der jeweiligen Rente im Altersfall berücksichtigt. Die Entgeltpunkte spiegeln die Zahl der Jahre der Erwerbstätigkeit und das jeweilige Bruttoarbeitsverdienst. Neben diesen persönlichen Rentenpunkten wird als Rentenartfaktor berücksichtigt, ob der Versicherte eine Rente wegen Alters, wegen Erwerbsminderung, eine Erziehungsrente oder z.B. eine Witwenrente bezieht. Abschließend wird zur Berechnung der Rentenhöhe noch der aktuelle Rentenwert berücksichtigt, der sich an der Lohn- und Gehaltsentwicklung der beschäftigten Arbeitnehmerinnen und Arbeitnehmer orientiert und staatlich festgelegt wird.

Die Struktur der Rentenberechnung ergibt sich als Formel demnach so:

> **Formel**
>
> Persönliche Entgeltpunkte · Rentenartfaktor · aktueller Rentenwert = Brutto-Rentenbetrag pro Monat

Durch die Berücksichtigung der persönlichen Entgeltpunkte wird das Äquivalenzprinzip der gesetzlichen Rentenversicherung im Bereich der Rentenzahlung deutlich.
Voraussetzung für Leistungsansprüche im Rahmen der Altersrente ist das Erreichen der Regelaltersgrenze sowie die Erfüllung vorbestimmter Wartezeiten.

Rente wegen Todes

Rentenleistungen wegen Todes werden als Witwen- bzw. Witwerrente, Waisenrente und Erziehungsrente gewährt. Witwen-/Witwerrente wird den Ehepartnern des verstorbenen Versicherungsnehmers gewährt. Das eigene Einkommen des hinterbliebenen Ehepartners kann eine Kürzung der Witwen-/Witwerrente zur Folge haben. Darüber hinaus kann die Witwen-/Witwerrente nur gewährt werden, wenn der verstorbene Versicherte die Mindestvoraussetzungen zum Bezug einer Rente (Wartezeiten) erfüllt hat. Die Witwen-/Witwerrente beträgt derzeit maximal 55 % der auf den Todeszeitpunkt des Ehegatten berechneten Rente.
Die Waisenrente wird, vor dem Hintergrund, dass der Verstorbene die allgemeinen Wartezeiten erfüllt hat, in der Form der Halb- und Vollwaisenrente gewährt. Halbwaisenrente erhalten die hinterbliebenen Kinder des Verstorbenen für den Fall, dass das zweite Elternteil noch lebt und der Halbwaise das 18. Lebensjahr noch nicht vollendet hat oder sich noch in der Ausbildung befindet. Die Halbwaisenrente wird maximal bis zum Alter von 27 Jahren gewährt. Die Halbwaisenrente beträgt 10 % des zu gewährenden Rentenbetrages des Verstorbenen zum Todeszeitpunkt.
Vollwaisenrenten wird den hinterbliebenen Kindern gewährt, deren Elternteile beide verstorben sind. Es gelten die gleichen Altersregelungen wie bei der Halbwaisenrente. Die Vollwaisenrente beträgt jedoch 20 % des zu gewährenden Rentenbetrages des Verstorbenen zum Todeszeitpunkt.
Eigenes Einkommen kann zur Kürzung der Waisenrente führen.
Als Erziehungsrente wird ein Rentenbezug für Geschiedene, die Kinder erziehen und deren Ehepartner mittlerweile verstorben ist, bezeichnet. Auch hier können eigene Bezüge zur Kürzung der Ansprüche führen.

Anwendung

Erstellen Sie eine Übersicht zu den Leistungen der gesetzlichen Rentenversicherung. Fassen Sie die Kernaufgabe des jeweiligen Leistungsbereiches in einem Merksatz zusammen.

> **Methodenecke**
>
> Arbeiten Sie zur Erstellung der Übersicht die obigen Informationstexte nach den Ihnen bekannten Vorgaben zum systematischen Lesen und Markieren durch. Vielleicht wollen Sie auch Schlüsselbegriffe notieren? Die Lernkartei wird Ihnen hierzu ein hilfreiches Instrument sein.

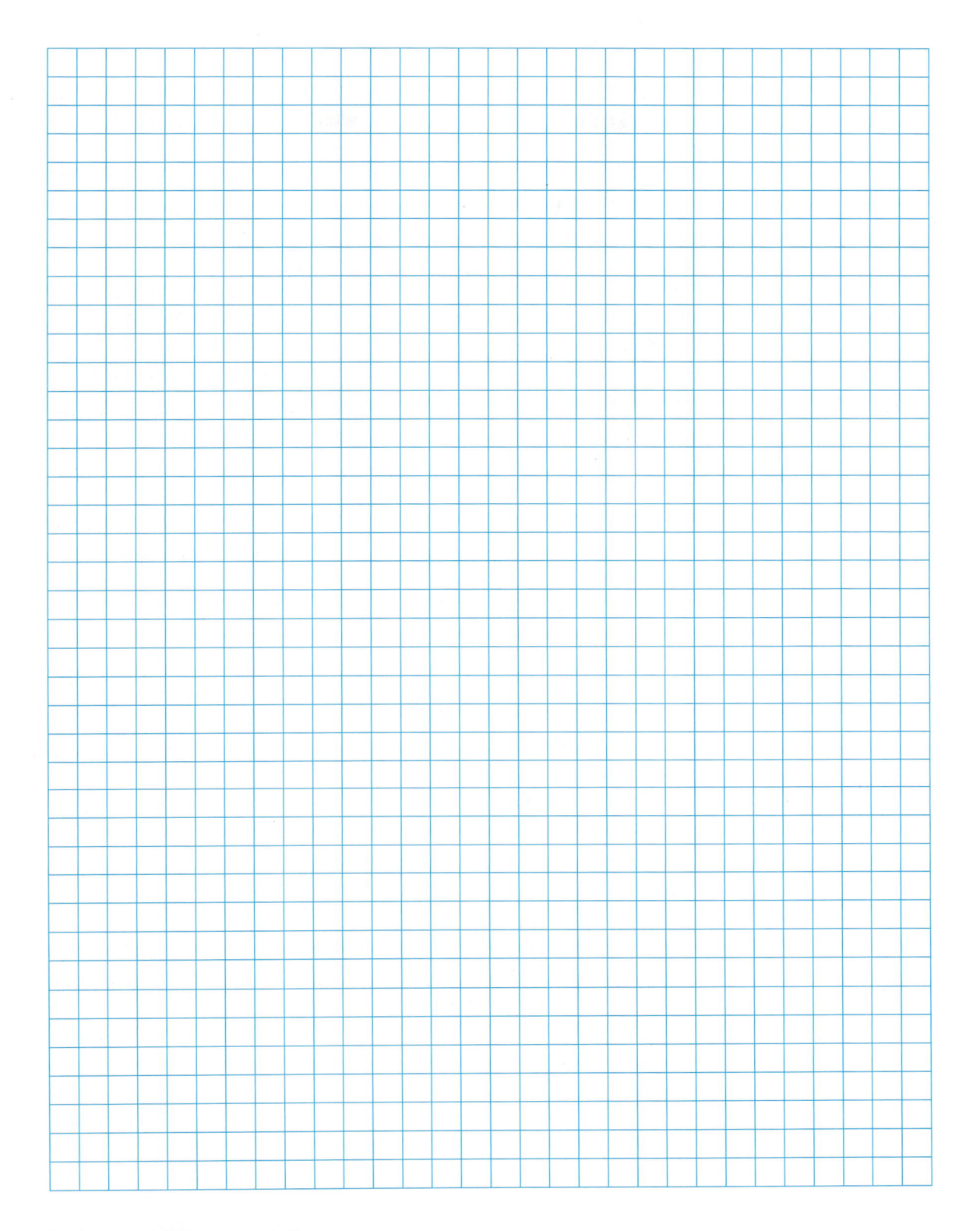

Rentenversicherungsträger
Die Leistungen der gesetzlichen Rentenversicherung werden von folgenden Einrichtungen getragen:
- Deutsche Rentenversicherung Bund
- Regionalträger (ehemalige Landesversicherungsanstalten)
- Deutsche Rentenversicherung Knappschaft-Bahn-See

Finanzierung
Die gesetzliche Rentenversicherung wird aus Beiträgen der Arbeitnehmer und Arbeitgeber finanziert. Den Beitragssatz übernehmen Arbeitgeber und Arbeitnehmer je zur Hälfte. Freiwil-

lig Versicherte zahlen den fälligen Versicherungsbeitrag alleine. Darüber hinaus fließen Mittel des Bundes und Einnahmen aus Kapitalerträgen in die Finanzierung ein.

Der bereits erwähnte demografische Wandel der Bevölkerung macht deutlich, dass eine Absicherung des Alters einzig auf der Grundlage der gesetzlichen Rentenversicherung kein zukunftsweisendes Vorsorgemodell sein kann. Der Gesetzgeber unterstützt daher die private Altersvorsorge durch Zuschüsse oder steuerliche Vergünstigungen.

Aufgabe

Stellen Sie eine strukturierte Sammlung privater Altersvorsorgemöglichkeiten zusammen, die auch kurze Erläuterungen enthält. Recherchieren Sie hierzu folgende Begriffe: Riesterrente, Direktversicherung, Pensionskasse, Pensionsfonds, Unterstützungskasse, private Altersvorsorge, betriebliche Altersvorsorge.

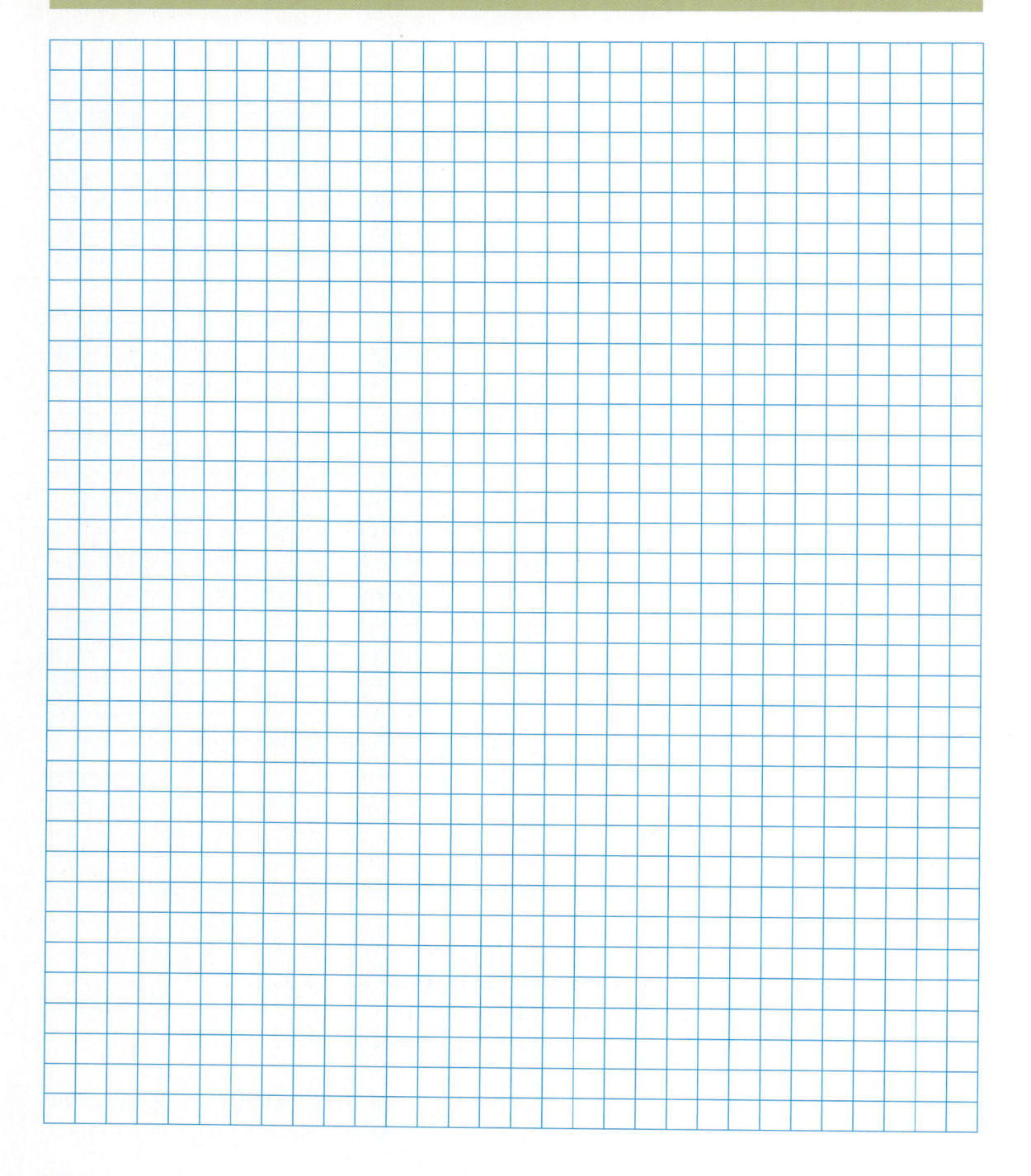

5.7 Arbeitslosenversicherung

Wenn man das SGB III genau betrachtet, wird hier nicht nur der Aspekt der Arbeitslosenversicherung definiert, sondern ein umfassendes Paket der Arbeitsförderung. Ziel der Arbeitsförderung ist es, Arbeitslosigkeit zu reduzieren oder gar zu verhindern, Ausbildungsplätze zu sichern und bereitzustellen, Leistungen bei Kurzarbeit zu gewähren oder Mitarbeitende von insolventen Unternehmen zu betreuen.

Die Leistungen im Bereich der Arbeitsförderung werden von der Bundesagentur für Arbeit und ihren Zweigstellen bereitgestellt und verwaltet. Die zur Verfügung gestellten Maßnahmenpakete richten sich an Arbeitnehmerinnen und Arbeitnehmer, an Unternehmen und an Leistungsanbieter, die die Maßnahmen der Bundesagentur für Arbeit umsetzen und unterstützen.

Im Rahmen des Leistungspakets des SGB III besteht eine Versicherungspflicht nur für den Bereich der Arbeitslosenversicherung. Zur Versicherung sind u. a. alle Arbeitnehmer und Auszubildende, Wehr- und Zivildienstleistende verpflichtet oder auch Arbeitnehmer, die aufgrund einer Arbeitsunfähigkeit aktuell an einer Rehabilitationsmaßnahme teilnehmen. Darüber hinaus können sich pflegende Angehörige, die ein Pflegeaufkommen von mehr als 14 Stunden in der Woche realisieren sowie Selbstständige mit einem Mindestarbeitsvolumen von 15 Stunden in der Woche freiwillig zur Arbeitslosenversicherung anmelden. Von der Versicherungspflicht sind z. B. die Personen befreit, für die gesonderte Regelungen greifen (Beamte, Richter, Berufssoldaten) oder Personen, die wegen einer Erwerbsminderung in vollem Umfang nicht mehr auf dem Arbeitsmarkt vermittelt werden können.

Die Beiträge zur Arbeitslosenversicherung werden vom Arbeitgeber und Arbeitnehmer jeweils zur Hälfte getragen.

Die Kernleistungen, die der Versicherte aus dem Leistungspaket der Arbeitslosenversicherung in Anspruch nehmen kann, ist die Arbeitsvermittlung. Hier bemühen sich die jeweiligen Kontaktstellen der Agentur für Arbeit um die Beratung und Vermittlung von Arbeitssuchenden. Ziel ist demnach die Vermittlung eines Arbeitsverhältnisses. In dieser Aufgabe wird die Agentur für Arbeit unter Berücksichtigung entsprechender Vorgaben auch von privaten Vermittlern unterstützt. Die Beratung von Arbeitssuchenden, das Angebot von Weiterqualifizierungsmaßnahmen und die Vermittlung in den Arbeitsmarkt werden als Sachleistungen bezeichnet.

Im Falle der Arbeitslosigkeit hat der Versicherte Anspruch auf die Zahlung von Arbeitslosengeld. Voraussetzung für diese Geldleistung ist die Mitgliedschaft und die Vorgabe, innerhalb der letzten zwei Jahre vor Eintritt der Arbeitslosigkeit mindestens eine 12-monatige Versicherungsdauer nachweisen zu können. Darüber hinaus erfolgt die Zahlung von Arbeitslosengeld nur nach einer entsprechenden Meldung der Arbeitslosigkeit an das Finanzamt. Diese Meldung hat bereits mit Kenntnisnahme der Kündigung, also schon bei drohender Arbeitslosigkeit, zu erfolgen. Die Höhe des Arbeitslosengeldes richtet sich nach dem Nettoverdienst, die Bezugsdauer richtet sich nach der versicherungspflichtigen Beschäftigungsdauer sowie dem Alter des Versicherten.

Anwendung

1. Haben Sie sich schon eine Lernübersicht zu den Merkmalen und Leistungen der bisher thematisierten Säulen der Sozialversicherung erstellt? Wenn nicht, dann sollten Sie vielleicht an dieser Stelle nochmals über eine zusammenfassende Strukturierung in der Form von Gedächtnislandkarten, Tabellen oder Lernkarten nachdenken.
   Fügen Sie dann die für Sie relevanten Merkmale des SGB III Ihren Unterlagen hinzu.

2. Ergeben sich aus Ihren bereits gemachten Erfahrungen noch Fragen oder Anmerkungen zur Arbeitsförderung und Arbeitslosenversicherung? Notieren Sie diese und halten Sie sie für einen Austausch mit Ihren Mitschülerinnen und Mitschülern bereit.

5.8 Unfallversicherung

Die Bestimmungen zur Unfallversicherung können den Ausführungen des SGB VII entnommen werden. Als Kernaufgaben werden hier die Prävention, Rehabilitation und Entschädigung angeführt.

Im Rahmen der Prävention übernimmt die Unfallversicherung die Aufgaben, Maßnahmen zur Vermeidung von Arbeitsunfällen durchzuführen und das Entwickeln von Berufskrankheiten und Auftreten von Gesundheitsgefahren am Arbeitsplatz zu verhüten. Ist eine Berufskrankheit eingetreten oder gar ein Arbeitsunfall geschehen, besteht ein Anspruch auf die Wiederherstellung der Leistungsfähigkeit im Bereich des Spektrums der rehabilitativen Leistungen. Darüber hinaus können Betroffene oder auch Hinterbliebene nach einem Versicherungsfall finanziell entschädigt werden.

Berufskrankheiten sind solche Erkrankungen, die durch besondere Auswirkungen auf den Arbeitnehmer am Arbeitsplatz entstanden sind. Der wissenschaftliche Zusammenhang zwischen Arbeitsbelastung und Erkrankung ist hierbei nachzuweisen. Als Arbeitsunfall werden alle Unfälle am Arbeitsplatz und auch Unfälle auf dem Weg von und zur Arbeit (Wegeunfall) bezeichnet. Unfälle auf dem Weg von oder zur Arbeit unterliegen jedoch nur dann den Leistungen der Unfallversicherung, wenn sie auf der kürzesten Wegstrecke zwischen Wohn- und Arbeitsstätte geschehen sind. Ausnahmen sind möglich, wenn die Wegstrecke zur Bildung von Fahrgemeinschaften oder im Rahmen der Kinderbetreuung unterbrochen wurde.

Leistungen aus der Unfallversicherung können prinzipiell alle Arbeitnehmer in Anspruch nehmen, die einer sozialversicherungspflichtigen Beschäftigung nachgehen. Die Höhe der Leistungen ist dabei unabhängig vom monatlichen Verdienst.

Die Beiträge zur Unfallversicherung werden von den Arbeitgebern alleine übernommen. Die Höhe der Beiträge richtet sich nach dem Gesamtverdienst aller Beschäftigten des jeweiligen Unternehmens und nach der Gefahrenklasse, der das Unternehmen zugeordnet wird.

Träger der Unfallversicherung sind gewerbliche Berufsgenossenschaften, Berufsgenossenschaften der Landwirtschaft sowie die Unfallversicherungsträger der öffentlichen Hand. Diese Träger realisieren präventive Maßnahmen zur Unfallverhütung in Form von Überwachung der Unternehmen und Ahndung von Verstößen im Rahmen der Einhaltung von entsprechenden Vorschriften sowie Beratungen und Schulungen. Zudem gewähren sie Leistungen nach Arbeitsunfällen, Wegeunfällen oder bei Berufskrankheiten. Die Leistungen bestehen aus der Kostenübernahme für Heilbehandlungen, Renten oder auch Wiedereingliederungsmaßnahmen in das aktive Arbeitsleben.

Anwendung

Auch dieser Informationstext ist nicht durch Hervorhebungen strukturiert, wie Sie dies aus den Texten zur Kranken, Pflege- und Rentenversicherung kennen. Nehmen Sie eine passende Strukturierung vor und übertragen Sie die Kernaussagen Ihrer Strukturelemente in die von Ihnen bereits erstellte Lernübersicht zu den Säulen der Sozialversicherung.

Selbstüberprüfung

Sichten Sie nochmals Ihre Angaben zum Wissens-Check in diesem Kapitel und ändern Sie ggf. die von Ihnen gesetzte Markierung, indem Sie ein „O" als neues Symbol setzen. Welche Änderungen in Ihrem Wissensbestand haben sich ergeben?

Wenn Sie mit Ihren Wissensänderungen unzufrieden sind, entwickeln Sie eine entsprechende Zielvereinbarung, die Ihnen beim Erarbeiten der relevanten Wissensanteile hilft.

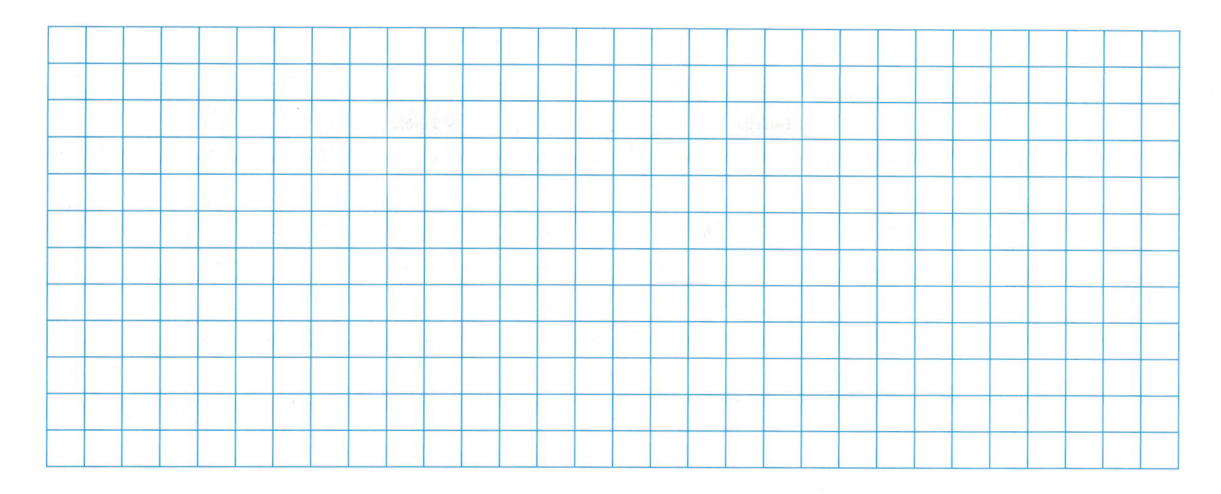

Anwendung

1. Machen Sie den Begriff „Beitragsbemessungsgrenze" deutlich und stellen Sie die Auswirkungen der Beitragsbemessungsgrenze auf die Beiträge zur Sozialversicherung dar.
2. Erläutern Sie die Kernleistungen der Säulen der Sozialversicherung für die jeweiligen Versicherungsnehmer.
3. Nennen Sie den Pflegesachleistungsbetrag, den ein Pflegebedürftiger mit Pflegestufe III aus der gesetzlichen Pflegeversicherung erwarten kann.
4. Ermitteln Sie die Berufsgenossenschaft, die für Ihren Ausbildungsbetrieb zuständig ist und erkunden Sie die Unfallverhütungsvorschriften, die für Ihren Ausbildungsbetrieb gelten.
5. Beschreiben Sie die Voraussetzungen, die zur Einstufung in die Pflegestufe II führen.
6. Nennen Sie die aktuellen Beitragssätze zur Sozialversicherung.
7. Claudia Hemmer, die Ehefrau des Einkaufsachbearbeiters Frank Hemmer, ist im vierten Monat schwanger. Klären Sie, welche Leistungen Frau Hemmer im Rahmen ihrer Schwangerschaft als gesetzlich Versicherte in Anspruch nehmen könnte.
8. Unterscheiden Sie das Risiko-, Äquivalenz und Solidaritätsprinzip und erläutern Sie, in welchen Versicherungsbereichen diese Prinzipien zur Anwendung kommen.
9. Erläutern Sie die Auswirkungen und Folgen der demografischen Entwicklung für die Sozialversicherung.
10. Welche Instrumente werden zur Kostendämpfung in der gesetzlichen Krankenversicherung eingesetzt? Sehen Sie Alternativen zu diesen Maßnahmen, die ebenso zu einem erhöhten Kostenbewusstsein bei den Versicherten führen könnten?
11. Die Bevölkerung wird teilweise gesetzlich verpflichtet und auch immer wieder aufgerufen, das Versicherungsvolumen der Sozialversicherung um Absicherungen im privaten Bereich zu ergänzen. Sehen Sie diese Notwendigkeit für sich selbst? Welche privaten Versicherungen und Vorsorgemaßnahmen belasten Ihre Geldbörse? Begründen Sie die jeweilige Ausgabenposition.

Fallsituation

Wieder einmal treffen Sie sich mit Ihren ehemaligen Klassenkameraden. Alle haben sich in ihrer neuen beruflichen Situation gut eingefunden, sodass schon langsam wieder Kapazitäten für Zukunftspläne frei sind. In entspannter Runde schmieden Sie gemeinsam Pläne und überlegen, wie sich Ihr Leben wohl weiter entwickeln könnte. Die sichere Anstellung und ein gutes bis vielleicht sehr gutes Einkommen spielen in Ihren Plänen eine große Rolle; Familienplanung ist auch ein Thema. Manche von Ihnen können sich sogar eine Selbstständigkeit vorstellen. Sabine, die eine Ausbildung zur Bankkauffrau macht, blickt zu Ihnen herüber und sagt: „Ich will unbedingt Privatpatientin werden!"

> **Problemlösung**
>
> *Reagieren Sie fachlich auf diese versteckte Beratungsaufforderung.*

Im Fach Dienstleistungsprozesse sind Sie nun am Ende des stofflichen Umfangs des ersten Ausbildungsjahres angekommen. Wenn Sie jetzt einen Blick auf das Inhaltsverzeichnis werfen, sehen Sie die Themenbereiche, mit denen Sie sich bislang vertraut gemacht haben. Schauen Sie sich auch nochmals die Zieldefinitionen der einzelnen Kapitel an und prüfen Sie, ob Sie für sich die Zielerreichung positiv beantworten können. Wenn nicht, sollten Sie sich dem jeweiligen Themenaspekt erneut zuwenden.

Darüber hinaus haben Sie auf der methodischen Ebene Strategien für ein besseres Textverständnis kennengelernt, Sie können Inhalte in Gedächtnislandkarten strukturieren oder mittels Lernkarten effektiv und zeitsparend für die Vorbereitung von Klassenarbeiten einsetzen. Kritische Betrachtungen Ihres Lernfortschritts machen Sie zu Experten in eigener Sache und mit entsprechenden Lernvereinbarungen steuern Sie eventuell notwendig gewordene Korrekturmaßnahmen. Mittlerweile dürfte es Ihnen anhand Ihrer optimalen Zeitplanung auch gelingen, Ihren beruflichen und schulischen Verpflichtungen nachzukommen und immer noch Zeit für Privates zu haben.

Ihre Unterlagen haben Sie vielleicht um persönliche Anmerkungen und zusätzliches Material ergänzt und somit dem Studien- und Arbeitsbuch bereits Ihre ganz persönliche Note gegeben. Also läuft doch alles prima und Sie sind bestens für die Themen und Arbeitsweise des zweiten Ausbildungsjahres vorbereitet.

Lernfeld 5
Dienstleistungen und Güter beschaffen und verwalten

1 Wirtschaften

Ausgangspunkt allen wirtschaftlichen Handelns sind die Bedürfnisse der Menschen. Dabei spielt eben, wie Sie es bei der Betrachtung der Definition für Gesundheit gemäß WHO erfahren haben, nicht nur die Gesundung nach einer Erkrankung eine wichtige Rolle, sondern auch das soziale und seelische Wohlbefinden. Im Gesundheitswesen stoßen Sie also auf ein sehr breites Bedürfnisspektrum, dem die Leistungserbringer im Gesundheitswesen mit ihren Dienstleistungen entsprechen wollen.

→ LF 4, Märkte analysieren und Marketinginstrumente anwenden

Kennen Sie eigentlich die wirtschaftlichen Grundlagen und Mechanismen, die Ihr wirtschaftliches Verhalten maßgeblich beeinflussen? Nein? Dann sind Sie hier vollkommen richtig. Das aktuelle Kapitel wird Sie mit den volkswirtschaftlichen Grundlagen vertraut machen, die Ihnen dabei helfen, wirtschaftliche Prozesse und deren Auslöser besser zu verstehen und nachzuvollziehen. Sie werden Bedürfnisse als Motor der Wirtschaft kennenlernen und den Weg bis zur konkreten Kaufentscheidung am Markt analysieren. Darüber hinaus werden Sie die Prozesse der Leistungserstellung und -verwertung differenzierter betrachten können. Durch die Analyse des ökonomischen Prinzips wird es Ihnen gelingen, wirtschaftliches Verhalten zu beschreiben und für sich selbst nachvollziehbar zu machen. Abschließend werden Sie die Produktionsfaktoren kennenlernen, die die Grundlage allen wirtschaftlichen Handelns bilden.

Wissens-Check
Schätzen Sie Ihre Kenntnisse zu den Grundlagen des Wirtschaftens ein, indem Sie ein „X" an die entsprechende Stelle der nachfolgenden Tabelle setzen.

Aussage	Ich bin mir ganz sicher.	Da bin ich mir unsicher.	Das weiß ich gar nicht.
Ich kann den Begriff „Bedürfnis" wirtschaftswissenschaftlich korrekt definieren.			
Es ist mir möglich, die Entwicklung hin zur Nachfrage zu beschreiben und Konsequenzen für die Wirtschaft abzuleiten.			
Ich kann erklären, wie Güter und Dienstleistungen zur Befriedigung von Bedürfnissen eingesetzt werden können.			
Ich kenne unterschiedliche Güterarten und kann diese beschreiben.			
Mir ist die wirtschaftswissenschaftliche Unterscheidung zwischen Produktion und Konsum bekannt. Diese Unterscheidung kann ich auf mein Berufsfeld übertragen.			

Lernfeld 5 Dienstleistungen und Güter beschaffen und verwalten

Aussage	Ich bin mir ganz sicher.	Da bin ich mir unsicher.	Das weiß ich gar nicht.
Ich kenne die Varianten des ökonomischen Prinzips und kann sie an Beispielen aus meiner Berufspraxis verdeutlichen.			
Ich kenne die wirtschaftswissenschaftliche Unterscheidung der Teilbereiche Volkswirtschaftslehre und Betriebswirtschaftslehre.			
Ich kenne die volks- und betriebswirtschaftlichen Produktionsfaktoren und kann deren Bedeutung für wirtschaftliche Prozesse darstellen.			

Aufgabe

Nehmen Sie Ihre Unterlagen zum Bearbeiten und Markieren von Texten aus den Methodenecken des ersten Ausbildungsjahres für die Arbeit in diesem Kapitel zur Hand.

1.1 Bedürfnis, Bedarf, Nachfrage

Horchen Sie doch einmal in sich hinein. Haben Sie gerade Hunger, ist Ihnen kalt oder fühlen Sie sich irgendwie unwohl? Oder haben Sie vielleicht einen Wunsch, den Sie sich derzeit erfüllen wollen? Ihnen wird sicherlich etwas einfallen, von dem Sie glauben, dass es Ihnen momentan fehlt. Diese Wünsche werden in der Volkswirtschaftslehre (VWL), die sich als Teilgebiet der Wirtschaftswissenschaften mit der gesamten Wirtschaft einer Gesellschaft beschäftigt, als Bedürfnisse bezeichnet. Die VWL definiert Bedürfnisse wie folgt:

→ **Definition**
Ein Bedürfnis ist das Empfinden eines Mangels, mit dem Wunsch, diesen Mangel zu beseitigen.

Es ist allerdings utopisch zu glauben, dass irgendwann alle Mangelempfindungen beseitigt wären. Wir Menschen sind sehr erfinderisch im Entwickeln neuer Mangelgefühle, also neuer Bedürfnisse. Und das ist auch gut so, denn Sie werden später noch erkennen, dass die Bedürfnisse der Menschen der Motor des Wirtschaftens sind, weil die Unternehmen immer wieder auf neue Bedürfnislagen reagieren oder Mangelempfindungen bewusst erzeugen.

Die Bedürfnisse lassen sich in verschiedene Bedürfnisarten unterteilen. Von großer Bedeutung für den Menschen sind die Existenzbedürfnisse. Hierzu zählen die Bedürfnisse nach Essen, Trinken oder Kleidung ebenso wie der Wunsch nach einem Dach über dem Kopf. Darüber hinaus beschreibt die VWL die Gruppe der Kulturbedürfnisse und fasst dort die Bereiche Bildung, Reisen oder auch Unterhaltung zusammen. Diese Bedürfnisgruppe wird erst aktiviert, wenn die Existenzbedürfnisse befriedigt sind. Die dritte Gruppe wird als Gruppe der Luxusbedürfnisse bezeichnet. Hier sind die Bedürfnisse nach teurem Schmuck, nach dem Sportwagen oder der Luxusjacht zusammengefasst, die prinzipiell nicht erfüllt werden müssen, da sie das Maß des Notwendigen deutlich überschreiten.

Die Grenzen zwischen diesen drei Gruppen sind von Individuum zu Individuum fließend. Für jemanden, der über ein geringes Einkommen verfügt, kann eine Reise einen Luxus darstellen, währenddessen jemand mit unschätzbarem Vermögen zur Sicherung seiner Lebenszufriedenheit unbedingt die neue große Jacht braucht und sicherlich genügend Argumente findet, diese Jacht als Befriedigung eines Existenzbedürfnisses zu beschreiben.

Neben diesen drei Bedürfnisarten, die vom Existenz- über das Kultur- bis hin zum Luxusbedürfnis eine absteigende Dringlichkeit beschreiben, können Bedürfnisse auch dahingehend unterschieden werden, von wem sie vorrangig geäußert werden. Beschreibt zum Beispiel ein Bedürfnis den Wunsch nach einem Stück Brot oder einem neuen Fahrrad, so kann dieses Bedürfnis von der Person selbst befriedigt werden, indem ein entsprechender Kauf getätigt wird. Die VWL definiert ein solches Bedürfnis als Individualbedürfnis. Dem steht die Gruppe der Kollektivbedürfnisse gegenüber, die Bedürfnisse beinhaltet, die nicht mehr von einer Einzelperson alleine befriedigt werden können. Wenn sich eine Einzelperson aus dem Wunsch nach Mobilität heraus ein Auto kauft und diesen Wunsch als Individualbedürfnis alleine befriedigt, so braucht diese Person dann auch Straßen, auf denen sie mit dem Auto fahren kann. Dieses Bedürfnis nach Straßen kann dann jedoch nicht mehr von dieser Einzelperson befriedigt werden. Es braucht ein Kollektiv, eine Gruppe von Menschen, um entsprechende Straßen zu bauen, auf denen dann die Einzelperson mit ihrem Auto fahren kann. Zu den Kollektivbedürfnissen gehört die Bereitstellung von Schulen, die Erzeugung von Rechtssicherheit oder auch die Bereithaltung von Krankenhäusern.

Anwendung
Nehmen Sie im obigen Text Markierungen vor, sodass die einzelnen Bedürfnisarten deutlich werden.

Wenn Sie also Hunger haben, dann verspüren Sie ein Mangelgefühl, das Sie durch Essen beseitigen wollen. Und während Sie so nachdenken, womit Sie Ihren Hunger stillen wollen, taucht plötzlich ein lecker belegtes Mehrkornbrötchen vor Ihrem inneren Auge auf. Das ist es also, womit Sie dem flauen Gefühl in Ihrem Magen ein Ende machen wollen.

Volkswirtschaftlich betrachtet, haben Sie Ihr Bedürfnis konkretisiert und in einen Bedarf umgewandelt. Aus dem Mangelgefühl Hunger ist der Bedarf nach einem belegten Mehrkornbrötchen geworden. Nun können Sie davon ausgehen, dass Sie Ihr Traummehrkornbrötchen nicht in Ihrer Tasche bei sich haben. Was tun Sie also? Sie werfen einen Blick in Ihre Geldbörse, sehen, dass Sie noch über ausreichend viel Geld verfügen – die Volkswirtschaftler sprechen hier von Kaufkraft - und machen sich auf den Weg in die Bäckerei Ihres Vertrauens.

Wenn wir uns jetzt kurz wieder der Volkswirtschaft zuwenden, dann haben Sie soeben Ihren Bedarf nach einem Mehrkornbrötchen in eine Nachfrage umgewandelt. Das konnten Sie tun, weil Sie über ausreichend viel Geld, Kaufkraft eben, verfügten.

Lernfeld 5 Dienstleistungen und Güter beschaffen und verwalten

Anwendung
Entwickeln Sie ein Begriffs-Schaubild, mit dessen Hilfe die Entwicklung vom Bedürfnis zum Bedarf und zur Nachfrage deutlich wird. Wählen Sie diesmal ein anderes Bedürfnis als das Bedürfnis nach Essen aus.

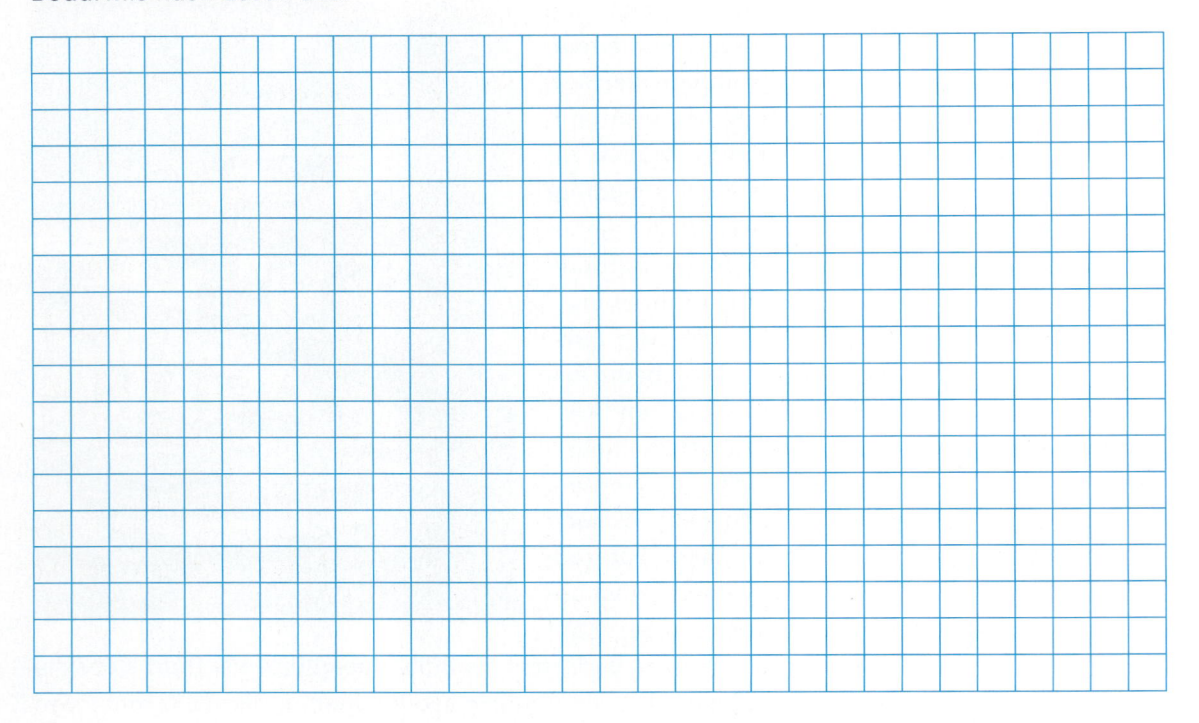

1.2 Güter und Dienstleistungen

Im obigen Beispiel haben Sie Ihr Bedürfnis nach Nahrung mit einem Mehrkornbrötchen befriedigt. Ihr Bedürfnis nach Kultur befriedigen Sie vielleicht mit einem Kinobesuch oder Ihren Wunsch nach einem neuen Look befriedigen Sie mit einem Besuch beim Friseur.

Wenn Sie Ihre Entscheidungen zur Bedürfnisbefriedigung volkswirtschaftlich betrachten, dann fragen Sie zur Bedürfnisbefriedigung Güter nach. Güter stellen somit Mittel zur Bedürfnisbefriedigung dar.

Bei den Gütern werden freie und wirtschaftliche Güter unterschieden. Während freie Güter wie Sonnenlicht, Meerwasser oder Wind in ausreichender Menge vorhanden sind und nicht hergestellt werden müssen, sind sie auch nicht Gegenstand des Wirtschaftens. Sie sind frei verfügbar und haben keinen Preis. Wirtschaftliche Güter hingegen sind knapp. Die Anzahl der wirtschaftlichen Güter reicht nicht aus, um alle Bedürfnisse danach zu befriedigen. Darüber hinaus müssen sie hergestellt werden, was Kosten verursacht. Der Preis, der für ein solches wirtschaftliches Gut gezahlt werden muss, spiegelt die Höhe der Kosten zur Herstellung und den Grad der Knappheit wieder. Insgesamt sind wirtschaftliche Güter aufgrund ihrer Eignung zur Bedürfnisbefriedigung, ihrer Knappheit und ihres Preises von großem Interesse für die Volkswirtschaft.

Wirtschaftliche Güter lassen sich in die Bereiche Produktionsgüter und Konsumgüter unterscheiden. Produktionsgüter werden dazu genutzt, weitere Produktionsgüter oder Konsumgüter herzustellen. Ein Beispiel für ein Produktionsgut ist ein Baukran. Konsumgüter hingegen werden direkt zur Bedürfnisbefriedigung verwendet. Hier unterscheidet man Sachgüter, die als Gebrauchsgut zur mehrfachen Benutzung verwendet werden können (Fernseher), und Sachgüter, die als Verbrauchsgut verwendet werden können (Heizöl). Die Verbrauchsgüter sind nach ihrer Verwendung zur Bedürfnisbefriedigung nicht mehr vorhanden.

Zu den Konsumgütern gehört auch die Gruppe der Dienstleistungen. Dienstleistungen zeichnen sich dadurch aus, dass die Herstellung und der Verbrauch meist zur gleichen Zeit stattfinden. Dienstleistungen sind nicht lagerbar und auch nicht auf Vorrat produzierbar. Ihr Friseurbesuch ist zum Beispiel eine Dienstleistung.

Anwendung

1. Markieren Sie den obigen Text so, dass die Systematik der Güter deutlich wird.
2. Versehen Sie Ihre Übersicht mit Beispielen aus dem Gesundheitswesen.
3. Gibt es Güter, die sowohl als Produktionsgut als auch als Konsumgut genutzt werden können?
4. Benennen Sie Beispiele von Produktionsgütern aus dem Gesundheitswesen, die Verbrauchsgüter sind, und solche, die Gebrauchsgüter sind.
5. Entscheiden Sie, ob in Ihrem Ausbildungsbetrieb Güter oder Dienstleistungen produziert werden.

1.3 Produktion und Konsum

Sie kennen sicherlich diese beiden Begriffe. Und wenn Sie Produktion mit Herstellen umschreiben und Konsum mit Verbrauchen, dann liegen Sie schon ganz richtig. Allerdings müsste neben dieser Beschreibung auf Aktionsebene auch noch beschrieben werden, wer konsumiert oder produziert. Hier wird es dann schon etwas schwieriger.

Anwendung

Lesen Sie die nachfolgenden Aussagen und entscheiden Sie, ob hier produziert oder konsumiert wird.

a) Ein Krankenhaus verbraucht pro Tag etwa 1.200 Einwegspritzen.
b) Sie backen für den 100. Geburtstag Ihrer Lieblingsbewohnerin zu Hause einen Überraschungskuchen.
c) In der Großküche des Seniorenheims wird das Mittagessen für 500 Heimbewohner zubereitet.
d) Sie kaufen sich für den Unterricht einen neuen Schreibblock.

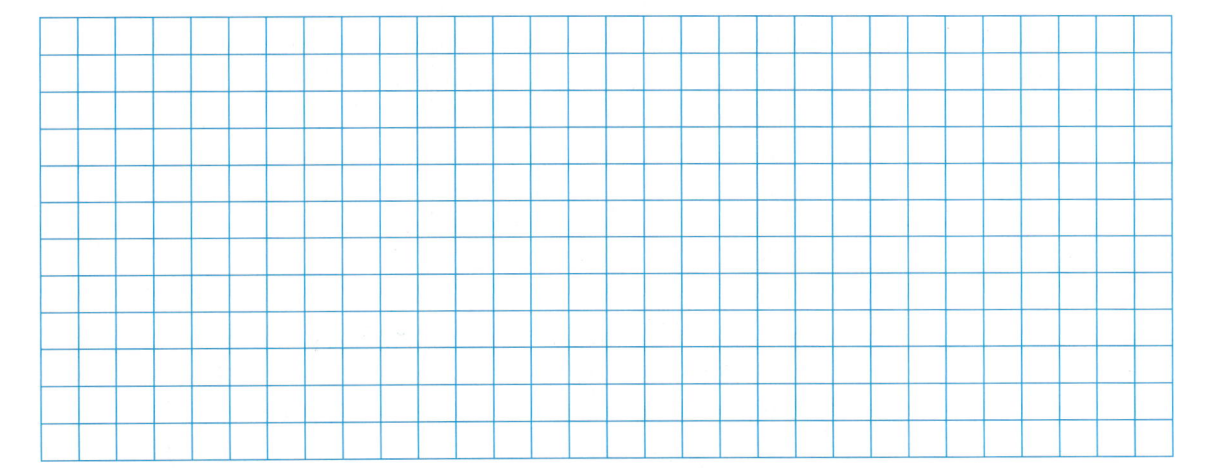

Wie haben Sie die obigen vier Aussagen eingeschätzt? Wenn Sie die Aussagen zu a) und c) mit „Produzieren" beschrieben haben und die Aussagen zu b) und d) mit „Konsumieren", dann haben Sie richtig entschieden. Warum?

In der Wirtschaft wird zwischen privaten Haushalten und Unternehmen unterschieden. Ziel von Unternehmen ist es, Güter zur Befriedigung der Bedürfnisse der Bevölkerung herzustellen. Alle Güter, die zur Herstellung weiterer Güter ge- oder verbraucht werden, fließen in den Produktionsprozess ein. Daher sind alle Aktionen, die auf die Herstellung von Gütern ausgerichtet sind, produzierende Aktionen. Unternehmen produzieren also immer, auch wenn sie andere Güter verbrauchen.

Als private Haushalte werden die Wirtschaftseinheiten bezeichnet, die die Güter, die von den Unternehmen produziert werden, zur Bedürfnisbefriedigung kaufen. Private Haushalte sind demnach die Endverbraucher, die ihrerseits nichts herstellen, sondern nur konsumieren. Auch wenn Sie den Überraschungskuchen für Ihre Lieblingsbewohnerin zum Geburtstag backen, stellen Sie wirtschaftswissenschaftlich betrachtet nichts her, da Sie den Kuchen nicht in der Absicht backen, ihn gegen Geld zu verkaufen. Täten Sie das, wären Sie eine produzierende Wirtschaftseinheit – ein Unternehmen also.

1.4 Ökonomisches Prinzip

Unternehmen produzieren nicht, nur weil sie unbedingt die Bedürfnisse der Menschen befriedigen wollen. Und private Haushalte konsumieren nicht, nur weil die Unternehmen sich so anstrengen, wunderbare Produkte auf dem Markt anzubieten.

Wenn Unternehmen sich entscheiden, Güter zu produzieren, und wenn private Haushalte sich entscheiden, Produkte zu konsumieren, sind diese Entscheidungen das Ergebnis wirtschaftlicher Überlegungen. Diese wirtschaftlichen Überlegungen basieren auf der Knappheit der verfügbaren Mittel einerseits und der bestmöglichen Bedürfnisbefriedigung andererseits.

Diese beiden Perspektiven werden mit dem ökonomischen Prinzip beschrieben, das sich in Maximalprinzip und Minimalprinzip unterscheiden lässt.

Maximalprinzip

Das Maximalprinzip besagt, dass der wirtschaftlich Handelnde versucht, die ihm zur Verfügung stehenden Mittel so einzusetzen, dass er den größtmöglichen Erfolg erzielt.

Ein Krankenhaus handelt nach dem Maximalprinzip, wenn die OP-Räume optimal ausgelastet werden und möglichst keine Leerzeiten entstehen.

Ein privater Haushalt handelt nach dem Maximalprinzip, wenn das zur Verfügung stehende Einkommen so eingesetzt wird, dass möglichst alle Bedürfnisse befriedigt werden können.

Minimalprinzip

Wirtschaftlich handelnde Unternehmen oder private Haushalte, die dem Minimalprinzip folgen, versuchen ein vorher bestimmtes Ziel mit dem geringsten Mitteleinsatz zu erreichen.

Ein Krankenhaus handelt nach dem Minimalprinzip, wenn unter Berücksichtigung des medizinischen Standards die preisgünstigsten Einwegspritzen eingekauft werden.

Ein privater Haushalt agiert auf der Grundlage des Minimalprinzips, wenn durch Preisvergleich das günstigste Fernsehgerät bei gleicher Leistungsqualität angeschafft wird.

Anwendung

1. Erstellen Sie jeweils eine eigene Definition für das Minimal- und das Maximalprinzip.
2. Vergleichen Sie Ihre Definitionen mit den Definitionen Ihrer Mitschülerinnen und Mitschüler und überprüfen Sie die fachliche Richtigkeit der Definitionen.

3. Finden Sie mindestens jeweils drei weitere Beispiele für die beiden Prinzipien aus Ihrer eigenen Berufs- und Privatwelt.
4. Diskutieren Sie Ihre Beispiele mit Ihren Klassenkameradinnen und Klassenkameraden und prüfen Sie ebenso deren fachliche Richtigkeit.

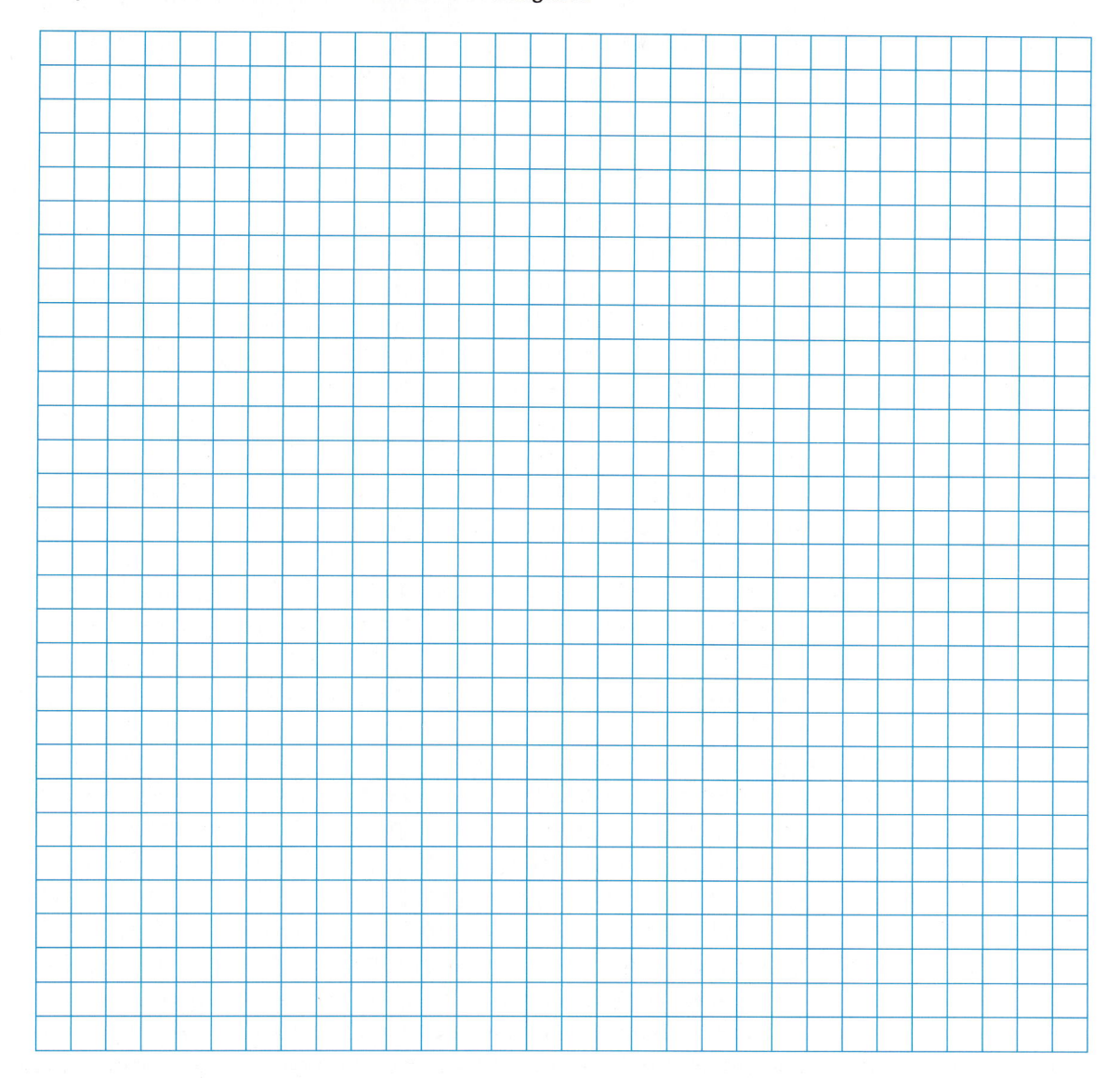

1.5 Produktionsfaktoren

Sie wissen bereits, dass zur Bedürfnisbefriedigung der Menschen (Konsum) Güter von den Unternehmen hergestellt werden (Produktion) und dass der Austausch der Güter gegen Geld (Kaufkraft) am Markt realisiert wird. Die Frage, die sich nun stellt, ist, welche Eingangsmittel die Unternehmen verwenden, um daraus ihre Produkte herzustellen. Für den Begriff „Eingangsmittel" wird in der Wirtschaftswissenschaft der Begriff „Produktionsfaktoren" verwendet.

→ *Definition*

Produktionsfaktoren sind materielle und immaterielle Güter, die zur Produktion wirtschaftlicher Güter aus technischen oder wirtschaftlichen Gründen notwendig sind.

Die Produktionsfaktoren werden den Teildisziplinen der Wirtschaftswissenschaft entsprechend in volkswirtschaftliche und betriebswirtschaftliche Produktionsfaktoren unterschieden.

1.5.1 Volkswirtschaftliche Produktionsfaktoren

Sie wissen bereits, dass sich die Volkswirtschaftslehre als Teildisziplin der Wirtschaftswissenschaft mit den wirtschaftlichen Prozessen einer Gesamtwirtschaft bzw. eines Landes beschäftigt. Daher beschreiben die volkswirtschaftlichen Produktionsfaktoren auch die Mittel, die einer Volkswirtschaft zur Produktion von Gütern durch Unternehmen zur Verfügung stehen. Zu den volkswirtschaftlichen Produktionsfaktoren gehören die Bereiche Arbeit, Boden, Kapital und Know-how.

Produktionsfaktor Arbeit

Mit dem Produktionsfaktor Arbeit wird die menschliche Arbeitskraft beschrieben, die in Form von geistiger oder körperlicher Arbeit eingesetzt wird. Der Produktionsfaktor Arbeit ist mit der Absicht der Einkommenserzielung verbunden. In den Bereich des volkswirtschaftlichen Produktionsfaktors Arbeit gehören demnach alle Menschen eines Landes, die den Unternehmen einer Volkswirtschaft ihre Arbeitskraft zur Verfügung stellen, sodass diese Güter produzieren und für den Konsum bereitstellen können. Im Gegenzug erhalten die Arbeitskräfte eine Vergütung für ihre Arbeitsleistung, die als Einkommen bezeichnet wird.

Produktionsfaktor Boden

Der Produktionsfaktor Boden wird in der Volkswirtschaftslehre aus drei Perspektiven betrachtet. Zum einen kann er als Standortboden verwendet werden, indem die Unternehmen ihre Produktionsstätten auf den jeweiligen Bodenflächen errichten. Zum anderen kann der Produktionsfaktor Boden auch als Abbauboden verwendet werden, wenn er als Abbaufläche für Rohstoffe und Energievorkommen (Kohle, Öl) genutzt wird. Als Anbauboden wird der Produktionsfaktor Boden bezeichnet, wenn er zum Beispiel in der Landwirtschaft zum Anbau von Getreide oder zum Anbau von Obst und Gemüse genutzt wird.

Produktionsfaktor Kapital

Kapital ist ein Produktionsfaktor, der erst durch die Kombination der Produktionsfaktoren Arbeit und Boden entsteht. Während die Produktionsfaktoren Boden und Arbeit bereits vorhanden sind und somit auch als ursprüngliche Produktionsfaktoren oder auch originäre Produktionsfaktoren bezeichnet werden, wird der Produktionsfaktor Kapital erst durch die Verbindung von Arbeit und Boden erzeugt. Kapital wird daher auch als abgeleiteter oder derivativer Produktionsfaktor bezeichnet. Der volkswirtschaftliche Produktionsfaktor Kapital umfasst alle Produktionsmittel, die durch die Kombination von Arbeit und Boden hergestellt wurden. Hierzu gehören Gebäude und Maschinen genauso wie Produkte, die noch nicht endgültig fertiggestellt sind. Diese Produktionsmittel stellen ein Vermögen dar, das nicht in Geld umgewandelt wurde und zur Herstellung weiterer Produkte verwendet werden kann.

Produktionsfaktor Know-how

Der Produktionsfaktor Know-how, der auch als Bildung bezeichnet wird, macht deutlich, dass die Kombination der vorgenannten Produktionsfaktoren zur Güterproduktion nicht ohne entsprechendes Wissen erfolgen kann. Wissenschaft und Forschung reagieren auf steigende Qualitätsansprüche und machen entsprechende Vorgaben auf allen ausführenden Ebenen. Aus- und Weiterbildung der Menschen in den jeweiligen Produktionsprozessen sind daher absolut notwendig, um Güter auf dem aktuellsten Stand der Wissenschaft produzieren zu können und somit am Markt erfolgreich zu sein. Der Produktionsfaktor Know-how wird ebenso als abgeleiteter oder derivativer Produktionsfaktor bezeichnet, da er nicht ursprünglich vorhanden ist, sondern aus der Kombination der ursprünglichen Produktionsfaktoren hervorgeht.

1.5.2 Betriebswirtschaftliche Produktionsfaktoren

Die Betriebswirtschaftslehre beschäftigt sich als zweite Teildisziplin der Wirtschaftswissenschaft mit den wirtschaftlichen Prozessen und Zusammenhängen innerhalb eines Unternehmens. Die Produktionsfaktoren, die in einem Unternehmen zur Produktion von Gütern verwendet werden, werden als menschliche Arbeitskraft, Betriebsmittel, Werkstoffe und Rechte bezeichnet.

Produktionsfaktor menschliche Arbeitskraft
Wie bei den volkswirtschaftlichen Produktionsfaktoren repräsentiert der Produktionsfaktor menschliche Arbeitskraft jegliche geistige und körperliche Arbeit, die in einem einzelnen Unternehmen zur Herstellung der Produkte eingesetzt wird.

Produktionsfaktor Betriebsmittel
Als Betriebsmittel werden alle Grundstücke, Gebäude, Maschinen, Werkzeuge und Einrichtungen eines Unternehmens bezeichnet, die zur Produktion der Güter benötigt werden.

Produktionsfaktor Werkstoffe
Der Produktionsfaktor Werkstoffe umfasst alle Rohstoffe, die zur Produktion der Güter verwendet werden, alle Hilfsstoffe und Betriebsstoffe.
Rohstoffe sind die Ausgangsmaterialien des Produktionsprozesses. Als Hilfsstoffe werden jene Materialien bezeichnet, die zusätzlich zu den Basismaterialien verwendet werden und während des Produktionsprozesses mit dem Produkt verschmelzen. Betriebsstoffe sind eingesetzte Mittel wie Strom, Gas oder Wasser. Betriebsstoffe werden benötigt, um Produktionsprozesse in Gang zu setzen und zu unterhalten.

Planung, Leitung, Organisation
Die betriebswirtschaftlichen Produktionsfaktoren müssen planvoll miteinander kombiniert werden, um eine möglichst wirtschaftlich erfolgreiche Produktion zu garantieren. Diese planvolle Kombination der Produktionsfaktoren wird durch Planungs-, Leitungs- und Organisationstätigkeit leitender Mitarbeiter sichergestellt.

Anwendung
Erstellen Sie ein Schaubild zu den Produktionsfaktoren und ergänzen Sie dieses Schaubild um jeweils zwei Beispiele aus Ihrem Ausbildungsbetrieb.

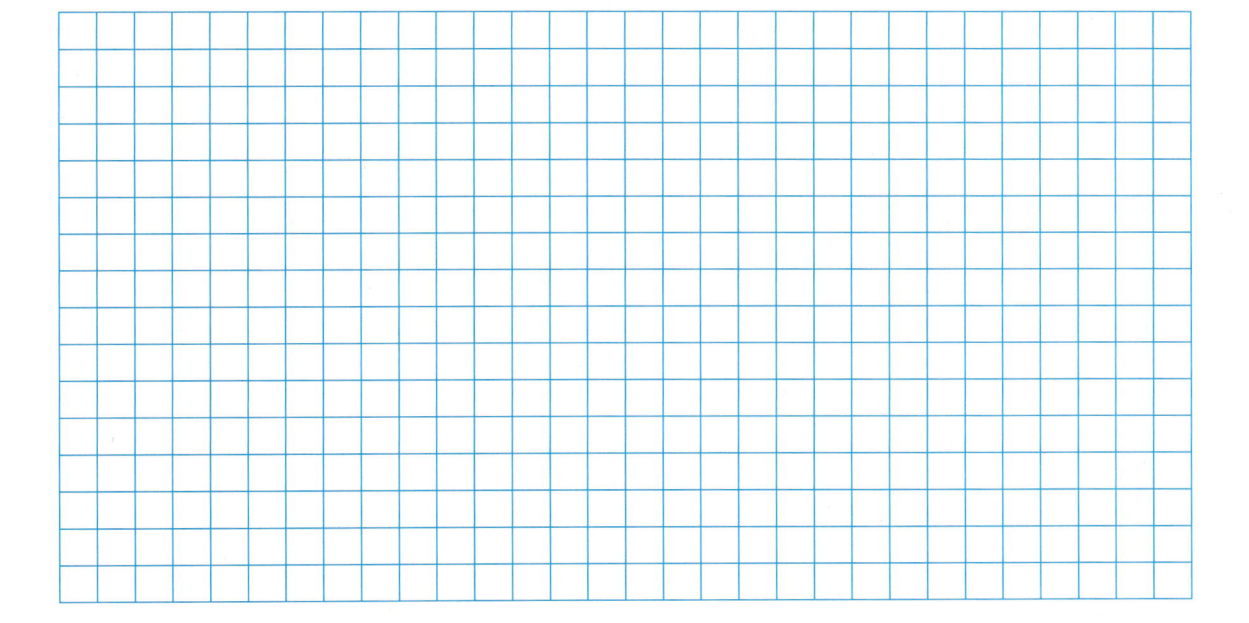

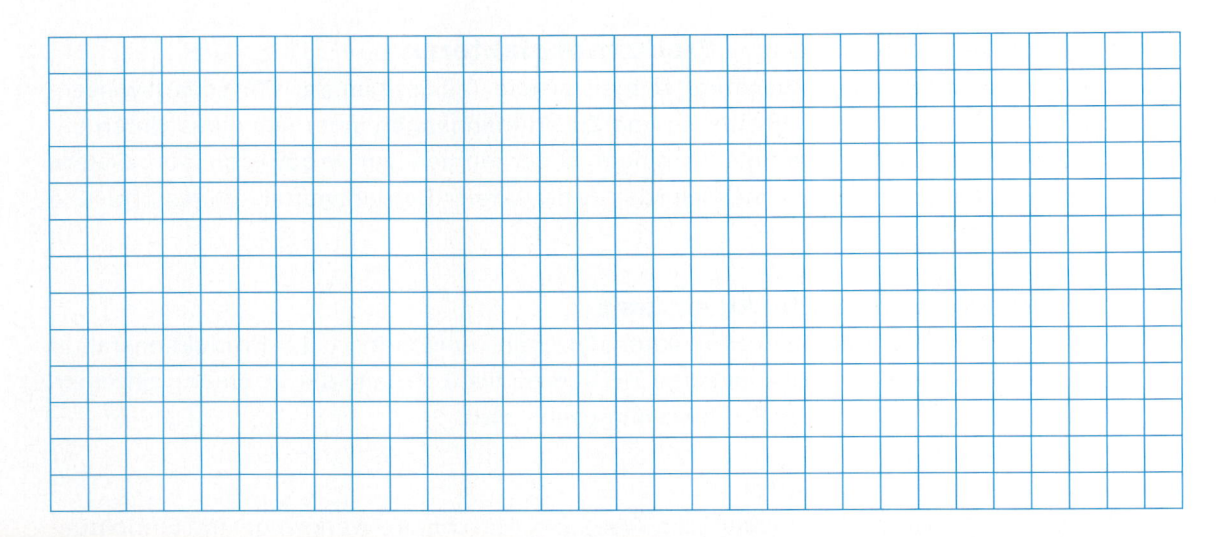

! Selbstüberprüfung

Kehren Sie bitte jetzt wieder einmal zum Wissens-Check dieses Kapitels zurück und überprüfen Sie Ihre Angaben, indem Sie Ihren aktuellen Wissensstand mit einem „O" an der entsprechenden Stelle markieren. Bewerten Sie die Veränderungen. Sollten Sie mit dem Ergebnis unzufrieden sein, lassen Sie sich beraten und entwickeln Sie auch hier wieder eine Zielvereinbarung für das weitere Vorgehen. Halten Sie diese Zielvereinbarung in dem nachfolgenden Bereich schriftlich fest.

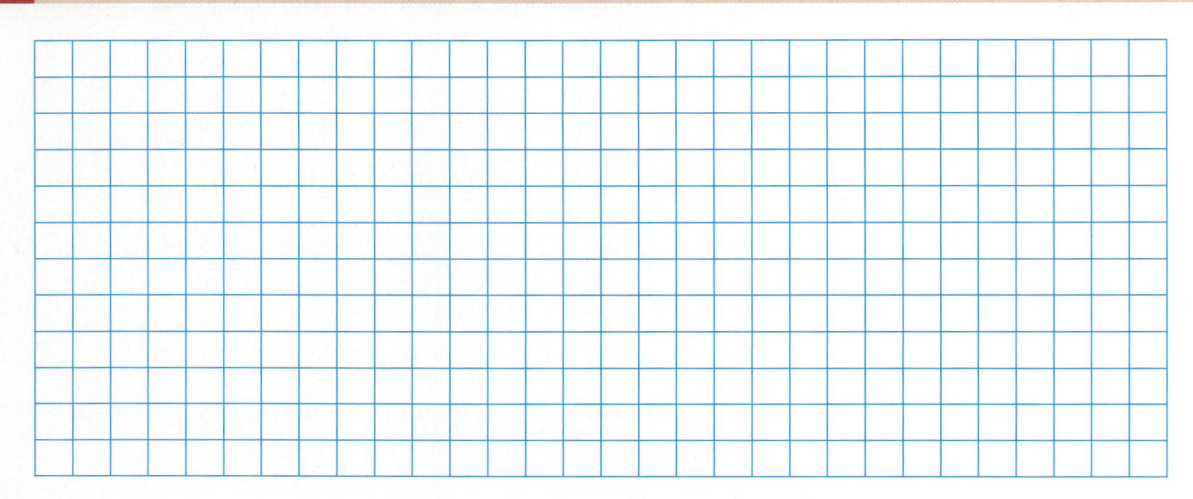

Fallsituation

In der Mittagspause sitzen Sie mit Ihren Azubi-Kollegen aus verschiedenen Ausbildungsjahrgängen zusammen. Sabine, die in der Oberstufe ist und im kommenden Frühjahr ihre Abschlussprüfung macht, berichtet davon, dass man sich in der Klasse entschieden habe, jede Woche ein Thema der Unter- und Mittelstufe in der Form eines kurzen Aufsatzes zur Wiederholung für die Abschlussprüfung zu bearbeiten. Sabine erhielt den Auftrag, einen Aufsatz zum Thema: „Mein Unternehmen im wirtschaftlichen Kontext; Nachfrage und Güterangebot" zu verfassen. Da Sie sich aktuell mit dem Thema beschäftigt haben, bieten Sie Ihre Hilfe an.

Methodenecke

Sie haben im vorliegenden Kapitel Markierungen vorgenommen oder Schaubilder erstellt. Markierungen und Schaubilder, die Ihnen die wichtigsten Stichwörter zu einem Sachverhalt liefern, können Ihnen helfen, diesen mit eigenen Worten wiederzugeben. Benutzen Sie Ihre Markierungen und Schaubilder, um Ihrer Kollegin Sabine bei der Erstellung des Aufsatzes zu helfen. Wählen Sie die klassische Aufsatzstruktur „Einleitung – Hauptteil – Schluss". Achten Sie darauf, dass der Leser in der Einleitung mit dem Thema und der Zielsetzung des Aufsatzes vertraut gemacht wird. Der Hauptteil sollte die fachliche Analyse darstellen und im Schluss ziehen Sie ein Fazit oder blicken zusammenfassend auf den Inhalt zurück.

Zur Bearbeitung dieser umfangreichen Aufgabe sei noch einmal an die Arbeitsmethode zur Bearbeitung komplexer Situationen erinnert. Schauen Sie nochmals in der entsprechenden Methodenecke zum zweiten Kapitel im Lernfeld 2 nach und folgen Sie der Verfahrensweise zur Erstellung des Aufsatzes.

➡ LF 2, Die Berufsausbildung selbstverantwortlich mitgestalten

Problemlösung

Helfen Sie Ihrer Kollegin Sabine, indem Sie sie bei der Analyse der Ausgangssituation und der Planung einer möglichen Lösung unterstützen. Erarbeiten Sie eine Übersicht über die wesentlichen fachlichen Inhalte für den Fachaufsatz. Schreiben Sie dann den Aufsatz anhand Ihrer Begriffssammlung und -struktur und stellen Sie Ihr Arbeitsergebnis vor.

Bewerten Sie abschließend die Qualität Ihres Ergebnisses und überdenken Sie den Arbeitsprozess. Gibt es Verbesserungsvorschläge?

2 Rechtliche Rahmenbedingungen des Wirtschaftens

Das vorangegangene Kapitel hat Ihnen einen Einblick in die Grundlagen des Wirtschaftens gegeben und Sie sind nun mit den Produktionsfaktoren vertraut, die durch Kombination zur Bedürfnisbefriedigung der Menschen eingesetzt werden. Darüber hinaus kennen Sie das ökonomische Prinzip, nach dem sich Unternehmen und private Haushalte verhalten. Wie aber sind die Prozesse des Wirtschaftens und die Verteilung und Zuordnung der Produktionsfaktoren und Güter geregelt? Gibt es rechtliche Regelungen, die entsprechende Sicherheiten auf allen beteiligten Seiten erzeugen?
Das vorliegende Kapitel gibt Ihnen Antworten auf diese Fragen.
Sie werden sich mit der Rechtsordnung als Grundstruktur unseres Rechtssystems auseinandersetzen und Rechtssubjekte als Handelnde sowie Rechtsobjekte als Gegenstände des Handelns im Rechtssystem kennenlernen. Darüber hinaus werden Sie erfahren, wie rechtsverbindliche Prozesse zum Austausch von Gütern eingeleitet und durchgeführt werden und welche Verstöße gegen die Rechtsordnung solche Einigungsprozesse behindern.

Wissens-Check

Schätzen Sie Ihr Wissen wieder ein. Beantworten Sie die nachfolgenden Fragen zu den rechtlichen Grundlagen des Wirtschaftens, indem Sie ein „X" an die entsprechende Stelle der nachfolgenden Tabelle setzen.

Aussage	Ich bin mir ganz sicher.	Da bin ich mir unsicher.	Das weiß ich gar nicht.
Ich kenne die Bereiche der Rechtsordnung der Bundesrepublik Deutschland.			
Ich weiß, welche Rechtsquellen zur Rechtsprechung angewendet werden.			
Ich kann Rechtssubjekte und Rechtsobjekte voneinander unterscheiden und jeweils typische Merkmale erklärend auflisten.			
Mir ist klar, wie Rechtsgeschäfte zustande kommen.			
Ich kenne den Begriff „Nichtigkeit" und kann Gründe für dessen Eintritt nachvollziehbar darlegen.			

Fallsituation

Sie arbeiten mittlerweile im zweiten Ausbildungsjahr in Ihrem Ausbildungsunternehmen. Aktuell sind Sie mit Einkaufsarbeiten beschäftigt und werden von Ihrer Vorgesetzen gebeten, zehn neue Bürodrehstühle zu beschaffen. Kurzerhand gehen Sie in der Mittagspause in das nahe gelegene Geschäft für Büroausstattung und kaufen eben zehn Stühle des Typs Büroflex zum Preis von 175,95 Euro je Stuhl.

2.1 Die Rechtsordnung

Sie können es sich sicherlich gut vorstellen – und vielleicht haben Sie es persönlich schon mal erlebt, dass das Zusammenleben der Menschen nicht immer reibungslos und störungsfrei abläuft. Schnell wird dann nach „Recht und Ordnung" gerufen, wenn Konflikte im Privat- oder

Wirtschaftsleben ausgetragen werden müssen. Woher aber kommen die Regelungen, die „Recht und Ordnung" wieder herstellen?

Die Rechtsordnung der Bundesrepublik Deutschland ist eine Sammlung allgemeingültiger Regelungen in der Form von Gesetzen und Verordnungen, Verwaltungsvorschriften und Satzungen. Diese Regelungen zeigen Grenzen auf und leiten Konsequenzen bei Regelverstößen ab und weisen somit einen legalen Spielraum aus, innerhalb dem sich die Bürger der Bundesrepublik Deutschland frei bewegen können.

Die Rechtsordnung der Bundesrepublik Deutschland ist in zwei Bereiche unterteilt. Ein Bereich regelt die Prozesse im Rahmen des öffentlichen Rechts, dem im zweiten Bereich Regelungen für das private Recht gegenüberstehen. Zum öffentlichen Recht gehören alle Rechtsbeziehungen von öffentlichen Einrichtungen zueinander oder Rechtsbeziehungen zwischen öffentlichen Einrichtungen und Privatleuten. Das private Recht regelt die Rechtsbeziehungen, die Privatleute zueinander haben. Hier wird auch vom „bürgerlichen Recht" oder „Zivilrecht" gesprochen. Gesetzesgrundlagen bilden hier das Bürgerliche Gesetzbuch (BGB) und das Handelsgesetzbuch (HGB).

Anwendung

Wandeln Sie den obigen Text in ein Schaubild um, aus dem die Systematik der Rechtsordnung der Bundesrepublik Deutschland ersichtlich wird.

Methodenecke

Achten Sie beim Erstellen von Schaubildern einmal darauf, ob Sie nicht Symbole wie Kreise, Rechtecke oder Ellipsen verwenden können, um Begriffe auf gleicher Ebene jeweils mit einer Symbolart zu versehen. Auf diese Weise machen Sie die Gleichwertigkeit von Begriffen in Ihrem Schaubild optisch deutlich. Gleiches können Sie auch durch die Verwendung von Farben erreichen. Besonders hilfreich ist es dann, wenn Sie die Symbole oder Farben am unteren Rand Ihrer Visualisierung erklären und somit eine sogenannte Legende erstellen.

Achten Sie auch auf die Anordnung im Schaubild. Schaubilder können von oben nach unten oder von links nach rechts strukturiert werden. Manchmal können zentrale Themen auch in der Mitte des Schaubildes platziert sein. Die Begriffe, die sich dann um das zentrale Thema ranken, werden um den Zentralbegriff herum sortiert. Das Einzeichnen von Pfeilen hilft hier dem Betrachter immer im Erkennen der Leserichtung und somit im Verstehen der Struktur des Schaubildes.

Von besonderer Bedeutung ist aber, dass die Visualisierungen gut lesbar und nicht zu überladen sind.

Werfen Sie einmal einen Blick auf die Visualisierungen Ihrer Kolleginnen und Kollegen und lassen Sie sich inspirieren.

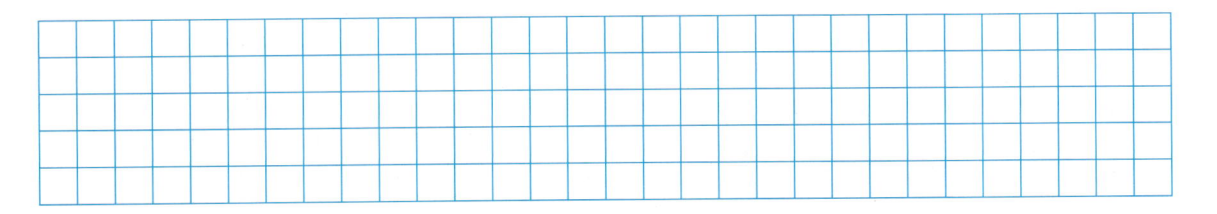

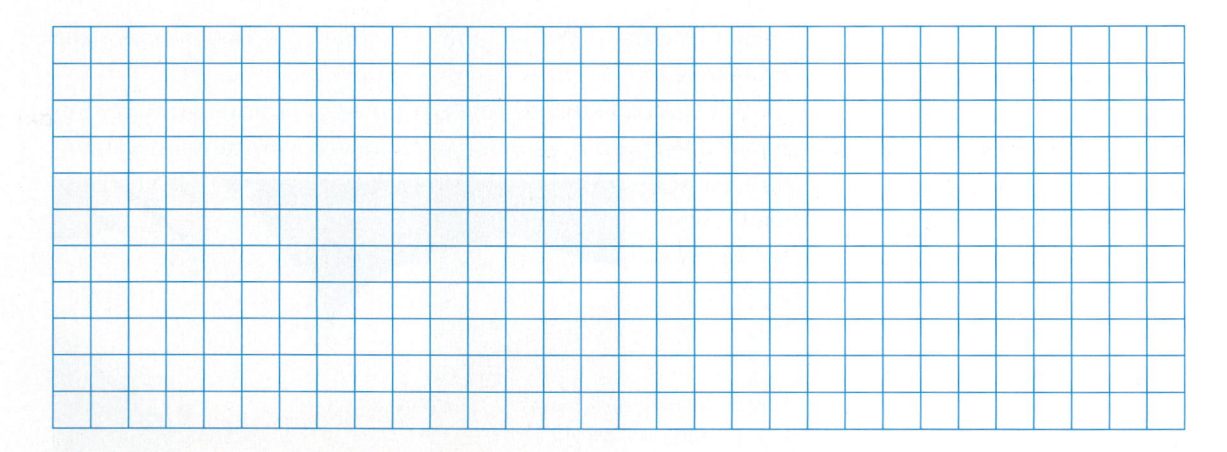

Die Rechtsordnung der Bundesrepublik Deutschland definiert zur Bestimmung von Rechten und Pflichten eine Fülle von Begriffen, die im Rechtsleben von juristischer Bedeutung und Konsequenz für Rechtsentscheidungen sind. Die nachfolgenden Kapitel werden Sie mit juristischem Basisrüstzeug ausstatten.

2.2 Rechtssubjekte

Die Rechte und Pflichten, die in einer Rechtsordnung beschrieben sind, müssen auch von jemandem in Anspruch genommen bzw. umgesetzt werden können. Die Rechtsordnung der Bundesrepublik Deutschland benennt hier sogenannte Rechtssubjekte, die Träger dieser Rechte und Pflichten sein können. Diese Rechtssubjekte treten in der Form von natürlichen und juristischen Personen auf.

2.2.1 Natürliche und juristische Personen

Alle Menschen sind natürliche Personen. Dabei spielt das Alter, deren geistiger oder körperlicher Zustand keine Rolle. Natürliche Personen als Rechtssubjekte können Rechte in Anspruch nehmen und Pflichten übertragen bekommen. Diese Inanspruchnahme und Verpflichtung gilt immer in Bezug auf andere Rechtssubjekte. So wird also deutlich, dass das Recht des einen gleichzeitig eine Verpflichtung eines anderen darstellt.
Juristische Personen sind in unserer Rechtsordnung als Zusammenschlüsse von Personen definiert. Sie erinnern sich an unterschiedliche Unternehmensformen, die auf dem Zusammenschluss von einzelnen Personen basieren. Zu diesen Unternehmensformen gehören die Kapitalgesellschaften, aber auch Vereine und Anstalten sowie Körperschaften des öffentlichen Rechts sind juristische Personen. Bedeutsam hier ist, dass diese Zusammenschlüsse in ihrer Einheit ebenfalls Träger von Rechten und Pflichten sein können. So kann einer GmbH als kapitalgetragenem Zusammenschluss mehrerer Personen das Recht zugesprochen werden, ein Grundstück erwerben zu dürfen. Ihr kann aber auch die Pflicht übertragen werden, nach 22:00 Uhr keine lärmbelästigenden Produktionsgeräusche mehr zu verursachen.

2.2.2 Rechtsfähigkeit

Wenn natürliche und juristische Personen Träger von Rechten und Pflichten sein können, dann stellt sich die Frage, ab wann diese Fähigkeit eintritt.
Bei natürlichen Personen ist die Frage leicht zu beantworten. Natürliche Personen erlangen ihre Rechtsfähigkeit mit der Geburt und verlieren diese wieder mit dem Tod.
Juristische Personen erlangen ihre Rechtsfähigkeit durch die Gründung des jeweiligen Zusammenschlusses (juristische Personen des privaten Rechts) oder durch Gesetz und Verwaltungsakt (juristische Personen des öffentlichen Rechts). Um rechtswirksam zu werden, brauchen juristische Personen jedoch immer natürliche Personen, die als leitende Angestellte oder Mitglieder der leitenden Organe entsprechende rechtliche Handlungen auslösen und durchführen.

2.2.3 Geschäftsfähigkeit

Um rechtswirksam Geschäfte abschließen zu können, setzt der Gesetzgeber Urteils- und Entscheidungsfähigkeit bei dem jeweiligen Rechtssubjekt voraus. Diese Urteils- und Entscheidungsfähigkeit ist an das Alter und den geistigen Zustand der betreffenden Person geknüpft. Das nachfolgende Schaubild gibt einen Überblick über die Regelungen zur Geschäftsfähigkeit unserer Rechtsordnung.

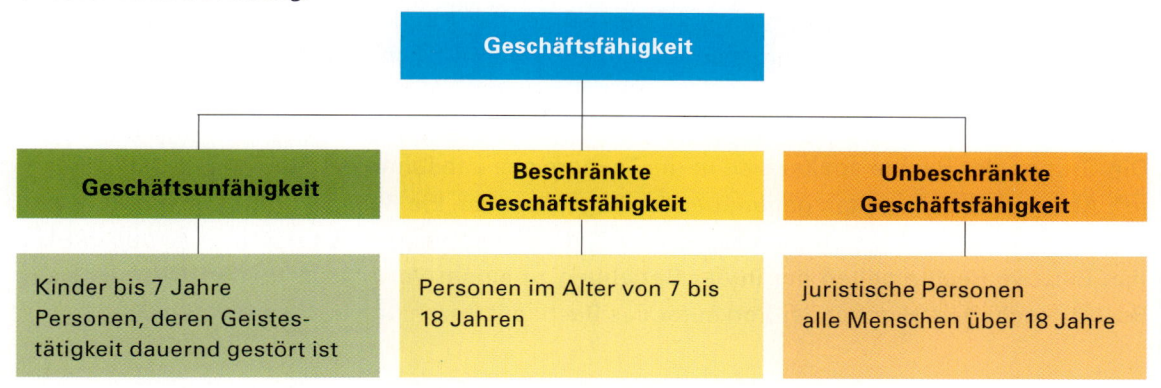

```
                    Geschäftsfähigkeit
        ┌──────────────────┼──────────────────┐
  Geschäftsunfähigkeit   Beschränkte        Unbeschränkte
                        Geschäftsfähigkeit  Geschäftsfähigkeit

  Kinder bis 7 Jahre    Personen im Alter   juristische Personen
  Personen, deren       von 7 bis 18 Jahren alle Menschen über
  Geistestätigkeit                          18 Jahre
  dauernd gestört ist
```

Anwendung

1. Wandeln Sie das obige Schaubild in einen Text um. Heften Sie Ihr Arbeitsergebnis hier zu Ihren Unterlagen.
2. Ergänzen Sie Ihr erworbenes Wissen zur Geschäftsfähigkeit, indem Sie folgende Fragen recherchieren:
   a) Wer handelt stellvertretend für Geschäftsunfähige?
   b) Unter welchen Umständen können Rechtsgeschäfte von beschränkt geschäftsfähigen Rechtssubjekten voll wirksam werden?

2.3 Rechtsobjekte

Im Rahmen von Rechtshandlungen einigen sich Rechtssubjekte bezüglich sogenannter Rechtsobjekte. Diese Rechtsobjekte werden in die Teilbereiche Sachen (körperliche Gegenstände wie Auto, Haus, Brot) und Rechte (nicht körperliche Gegenstände wie Lizenzen, Patente oder Forderungen) unterschieden.

Das Sachenrecht des BGB definiert hier die Begriffe „Eigentum" und „Besitz". Als Eigentum wird hier die rechtliche Herrschaft über eine Sache bezeichnet. Der Status des Besitzes ist dadurch gekennzeichnet, dass jemand die tatsächliche Herrschaft über eine Sache hat.

Wenn Sie beispielsweise Ihr Auto, das Sie von Ihren ersten Ersparnissen gekauft haben, an Ihren Freund für eine Wochenendtour ausleihen, dann bleiben Sie Eigentümer des Fahrzeugs, weil Sie die rechtliche Herrschaft über das Fahrzeug haben. Ihr Freund hat den Wagen aber aktuell unter seiner Gewalt, Sie haben keinen tatsächlichen Zugriff auf den Wagen. Ihr Freund ist daher der Besitzer des Wagens, weil er die tatsächliche Herrschaft über das Auto hat.

2.3.1 Sachen

Grundstücke und Häuser gehören in der Gruppe der Sachen zu den unbeweglichen Sachen. Als bewegliche Sachen werden die Gegenstände bezeichnet, die problemlos an einen anderen Ort verbracht werden können. Hierzu gehören Möbel, Fahrräder, Musikanlagen. Die Gruppe der beweglichen Sachen wird nochmals unterschieden in vertretbare und nicht vertretbare Sachen. Als vertretbare Sachen werden jene Gegenstände bezeichnet, die es in ihrer Art mehrfach gibt. Hierzu gehört das Fahrrad oder die Musikanlage. Nicht vertretbar hingegen ist ein Kunstwerk, weil es dieses nur ein einziges Mal gibt. Es kann nicht durch eine andere bewegliche Sache ausgetauscht werden. Ist eine bewegliche Sache bereits gebraucht worden und wird in diesem Gebrauchszustand zum Gegenstand eines Rechtsgeschäfts, so ist auch dieser Gegenstand eine nicht vertretbare Sache, da es einen Gebrauchtwagen in exakt gleichem Zustand nicht noch ein weiteres Mal gibt.

Die Unterscheidung in Eigentum und Besitz ist im Sachenrecht von großer juristischer Bedeutung, da nur derjenige, der die rechtliche Herrschaft über eine Sache hat, also Eigentümer ist, diese auch veräußern darf. Die Übertragung des Eigentums an beweglichen Sachen erfolgt durch Einigung und Übergabe.

Soll das Eigentum an einer unbeweglichen Sache übertragen werden, sind eine notarielle Beurkundung und eine Änderungseintragung im Grundbuch notwendig.

2.3.2 Rechte

Die Gruppe der Rechte spaltet sich in die Teilbereiche „absolute Rechte" und „relative Rechte". Absolute Rechte gelten gegenüber der Allgemeinheit. Ein Beispiel hierfür ist das Urheberrecht, bei dem der Urheber gegenüber der Allgemeinheit das Recht auf Schutz seines Werkes hat. Relative Rechte gelten nur in der Beziehung zu einem Vertragspartner im Rahmen eines Rechtsgeschäftes. Hier hat der Verkäufer das Recht auf Bezahlung der Ware durch den Käufer.

Anwendung

1. Erstellen Sie ein Schaubild, aus dem die Systematik der Rechtsobjekte deutlich wird.
2. Ergänzen Sie Ihr Schaubild um Rechtsobjekte, mit denen Sie im Rahmen Ihrer Berufsausbildung in Ihrem Ausbildungsbetrieb konfrontiert werden.

2.4 Rechtsgeschäfte

Wenn Rechtssubjekte bezüglich Rechtsobjekten miteinander in Beziehungen treten, werden diese als Rechtsgeschäfte bezeichnet. Rechtsgeschäfte bestehen demnach aus rechtlichen Beziehungen, die Rechtssubjekte miteinander eingehen, um sich über den Verbleib von Rechtsobjekten zu einigen. Im Rahmen dieser Rechtsgeschäfte drücken die beteiligten Rechtssubjekte ihren Willen aus und beabsichtigen, eine Rechtsfolge herbeizuführen. Eine Willensäußerung, die mit der Absicht ausgestattet ist, eine Rechtsfolge herbeizuführen, wird als Willenserklärung bezeichnet.

Arten von Rechtsgeschäften

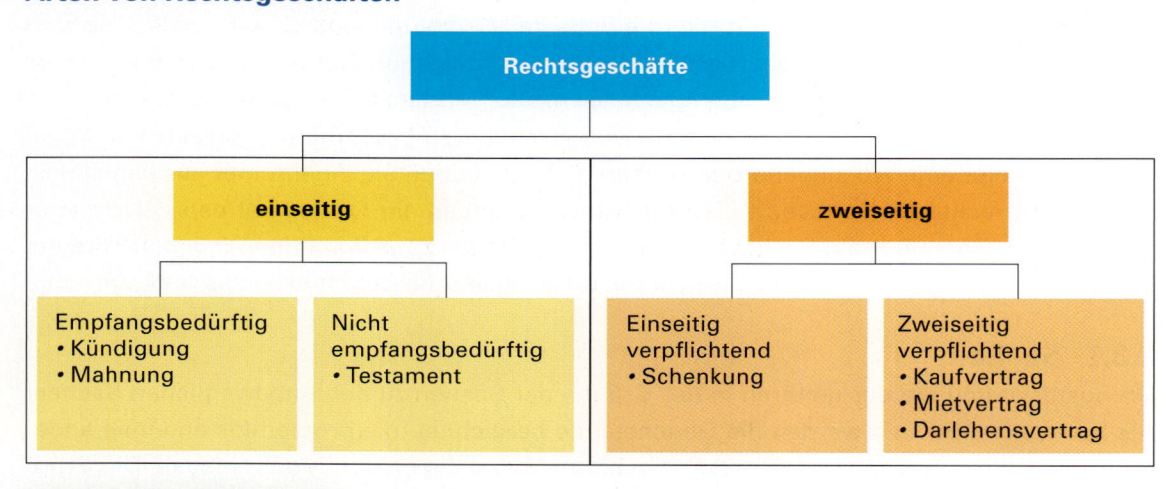

```
                        Rechtsgeschäfte
                       /              \
                  einseitig         zweiseitig
                  /      \          /         \
      Empfangs-    Nicht         Einseitig    Zweiseitig
      bedürftig    empfangs-     verpflichtend verpflichtend
      • Kündigung  bedürftig     • Schenkung  • Kaufvertrag
      • Mahnung    • Testament                • Mietvertrag
                                               • Darlehensvertrag
```

Aufgaben

Beschreiben Sie die Abbildung zu den Rechtsgeschäften mit Ihren eigenen Worten und recherchieren Sie Ihren sich eventuell ergebenden Klärungsbedarf.

Willenserklärungen können
- mündlich
- schriftlich oder
- durch konkludentes Handeln (schlüssiges Verhalten)

abgegeben werden.

Auch wenn allgemein der Grundsatz der Formfreiheit gilt, also die rechtsgültige Abgabe einer Willenserklärung nicht an eine bestimmte Form gebunden ist, schreibt der Gesetzgeber bei einigen Rechtsgeschäften doch eine bestimmte Abgabeform der Willenserklärung vor.

So haben zum Beispiel Kündigungen von Miet-, Ausbildungs- und Arbeitsverhältnissen grundsätzlich schriftlich zu erfolgen. Die Eintragung ins Handelsregister muss unter öffentlicher Beglaubigung erfolgen und wenn der Gegenstand einer Willenserklärung eine unbewegliche Sache ist, dann muss sogar eine notarielle Beurkundung herbeigeführt werden.

2.4.1 Zustandekommen

Die vorangegangenen Ausführungen haben deutlich gemacht, dass Rechtsgeschäfte durch die Äußerung von Willenserklärungen von Rechtssubjekten herbeigeführt werden können. Zustande kommen Rechtsgeschäfte aber erst dann, wenn die Willenserklärungen der Rechtssubjekte inhaltlich vollkommen übereinstimmend sind und eine Einigung bezüglich des Rechtsobjektes herbeigeführt werden konnte. Darüber hinaus haben Sie erfahren, dass neben dem Grundsatz der Formfreiheit doch einige Willenserklärungen bestimmten Formen entsprechen müssen, um rechtswirksam zu sein. Verstöße gegen diese Formvorschriften haben rechtliche Konsequenzen, die Ihnen in den nachfolgenden Kapiteln dargestellt werden.

2.4.2 Nichtigkeit

Mit dem Begriff der Nichtigkeit wird der Zustand eines Rechtsgeschäftes beschrieben, das gegen die Voraussetzungen des BGB verstößt. Diese Verstöße können im Bereich der mangelnden Geschäftsfähigkeit, der nicht eingehaltenen Formvorschriften oder einer Gesetzeswidrigkeit liegen. Darüber hinaus sind solche Rechtsgeschäfte nichtig, die sittenwidrig sind oder die nur zum Schein oder im Scherz getätigt wurden.

Ein Rechtsgeschäft, das nichtig ist, ist in seiner Konstruktion von Anfang an unwirksam. Es entstehen keine Rechte und Pflichten aus einem nichtigen Rechtsgeschäft.

Anwendung

Prüfen und begründen Sie, ob die nachfolgenden Fälle zur Nichtigkeit des Rechtsgeschäftes führen.

a) Der sechsjährige Thomas kauft für sein Zimmer eine Stereoanlage im Werte von 1.595,99 Euro.

b) Die stark alkoholisierte Sabine Leusmann bestellt in einem Designerladen ein Hochzeitskleid im Wert von über 25.000,00 Euro.

c) Die 19-jährige Natascha kauft von ihren Ersparnissen ihren ersten eigenen Wagen.

d) Der Immobilienhändler Walter Karlau verkauft die Villa am See per Handschlag an den Fabrikanten Stefan Schalbacher.

e) „Wenn Sie es schaffen, die Büroräume innerhalb der noch verbleibenden zwei Tage komplett zu renovieren, vermache ich Ihnen mein gesamtes Vermögen."

f) Der Kaufpreis des Fabrikgebäudes wird mit der Absicht, Steuern und Gebühren einzusparen, auf allen offiziellen Papieren um die Hälfte niedriger ausgewiesen.

g) Sie sind finanziell in Not geraten und finden eine Annonce, die Ihnen schnell und unkompliziert Geld verspricht. Als Sie sich mit dem möglichen Geldgeber treffen, erkennt er Ihre Notlage und vereinbart mit Ihnen ein Kreditgeschäft, das von Ihnen einen Zinssatz von 28% verlangt.

2.4.3 Anfechtbarkeit

Die Nichtigkeit eines Rechtsgeschäftes führt dazu, dass keine rechtlichen Konsequenzen aus dem Rechtsgeschäft entstehen. Anders ist dies bei Rechtsgeschäften, die anfechtbar sind. Hier ist zunächst ein Geschäft rechtswirksam zustande gekommen, das jedoch unter bestimmten Voraussetzungen rückwirkend unwirksam werden kann.

Ein Rechtsgeschäft ist bei nachfolgenden Sachverhalten anfechtbar:

Erklärungs- oder Inhaltsirrtum

Ein Erklärungsirrtum liegt vor, wenn in einer schriftlichen Willenserklärung ein Schreibfehler vorliegt, der nicht bemerkt wurde oder sich jemand bei einer mündlichen Äußerung versprochen hat. Ein Inhaltsirrtum liegt vor, wenn dem Käufer eines Bildes versehentlich das Original und nicht die Kopie ausgehändigt wird.

Übermittlungsirrtum

Es kann vorkommen, dass die betreffenden Geschäftspartner einen Boten zur Übermittlung der Willenserklärungen einschalten. Wenn dieser Bote eine der Willenserklärungen falsch weiterleitet, ist das daraus resultierende Rechtsgeschäft rückwirkend anfechtbar.

Täuschung oder Drohung

Wenn im Rahmen eines Rechtsgeschäftes falsche Tatsachen vorgespiegelt werden oder Tatsachen nicht wahrheitsgemäß bei entsprechender Auskunftspflicht bekannt gemacht werden, liegt eine arglistige Täuschung vor.

Wird ein Vertragspartner zur Abgabe seiner Willenserklärung widerrechtlich gezwungen, liegt eine Drohung vor.

Arglistige Täuschung und widerrechtliche Drohung sind Tatbestände, die zur Anfechtung eines Rechtsgeschäftes und zu Schadenersatzforderungen führen können.

Anfechtungsfristen

Bei Erklärungs-, Inhalts- und Übermittlungsirrtum ist die Anfechtung nur möglich, wenn sie fristgerecht erfolgt. Diesem Umstand wird entsprochen, wenn der Irrtum sofort nach Bekanntwerden mitgeteilt wird.

Die Anfechtung eines Rechtsgeschäftes, das unter arglistiger Täuschung oder widerrechtlicher Drohung zustande kam, muss innerhalb eines Jahres nach Bekanntwerden der Täuschung und spätestens nach der Beendigung der Bedrohungslage angefochten werden.

Generell ist eine Anfechtung eines Rechtsgeschäftes nicht mehr möglich, wenn seit dem Abschluss ein Zeitraum von zehn Jahren vergangen ist.

Anwendung

1. Entscheiden und begründen Sie in den nachfolgenden Fällen, ob die Rechtsgeschäfte nichtig oder anfechtbar voll wirksam sind.
   a) Sie teilen Ihrem Lieferanten mit, dass Sie, wenn dieser den Preis für die Büroeinrichtung nicht senkt, seine Vorstrafen publik machen.
   b) Der zwölfjährige Sebastian kauft am Kiosk eine Schachtel Zigaretten und zwei Flaschen Bier.
   c) Der 15-jährige Auszubildende Frank Schumacher wird von seinem Ausbildungsleiter beauftragt, 20 Kartons Sekt für die jährliche Sommerfeier zu bestellen.
   d) Der Gebrauchtwagenhändler Walter Kurvex verkauft Ihrem Ausbildungsunternehmen einen gebrauchten Lieferwagen. Den Unfallschaden des Fahrzeugs teilte er, auch nach mehrmaligem Nachfragen, nicht mit.
2. Erläutern sie mit jeweils einem Beispiel, in welcher Form Willenserklärungen zur Herleitung eines Rechtsgeschäftes abgegeben werden können.
3. Erläutern Sie den Grundsatz der Formfreiheit bei der Abgabe von Willenserklärungen und benennen Sie Ausnahmen.

Selbstüberprüfung

Kehren Sie bitte jetzt wieder einmal zum Wissens-Check dieses Kapitels zurück und überprüfen Sie Ihre Angaben, indem Sie Ihren aktuellen Wissensstand mit einem „O" an der entsprechenden Stelle markieren. Bewerten Sie die Veränderungen. Sollten Sie mit dem Ergebnis unzufrieden sein, lassen Sie sich beraten und entwickeln Sie auch hier wieder eine Zielvereinbarung für das weitere Vorgehen. Halten Sie diese Zielvereinbarung in dem nachfolgenden Bereich schriftlich fest.

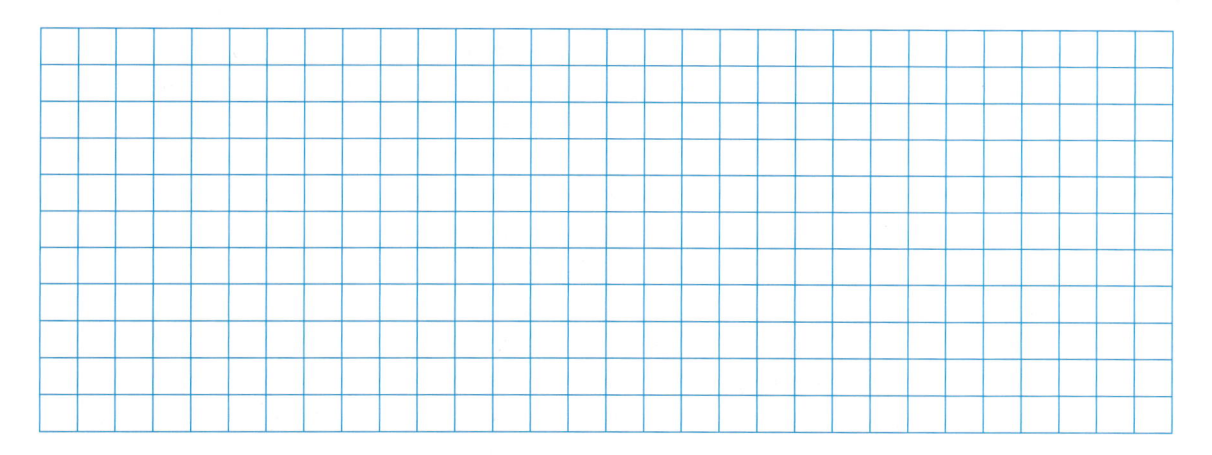

Problemlösung

Wenden Sie sich nochmals der Fallsituation zu und analysieren Sie die Rechtslage anhand Ihres bislang erworbenen Wissens. Halten Sie Ihre Analyse im nachfolgenden Bereich schriftlich fest.

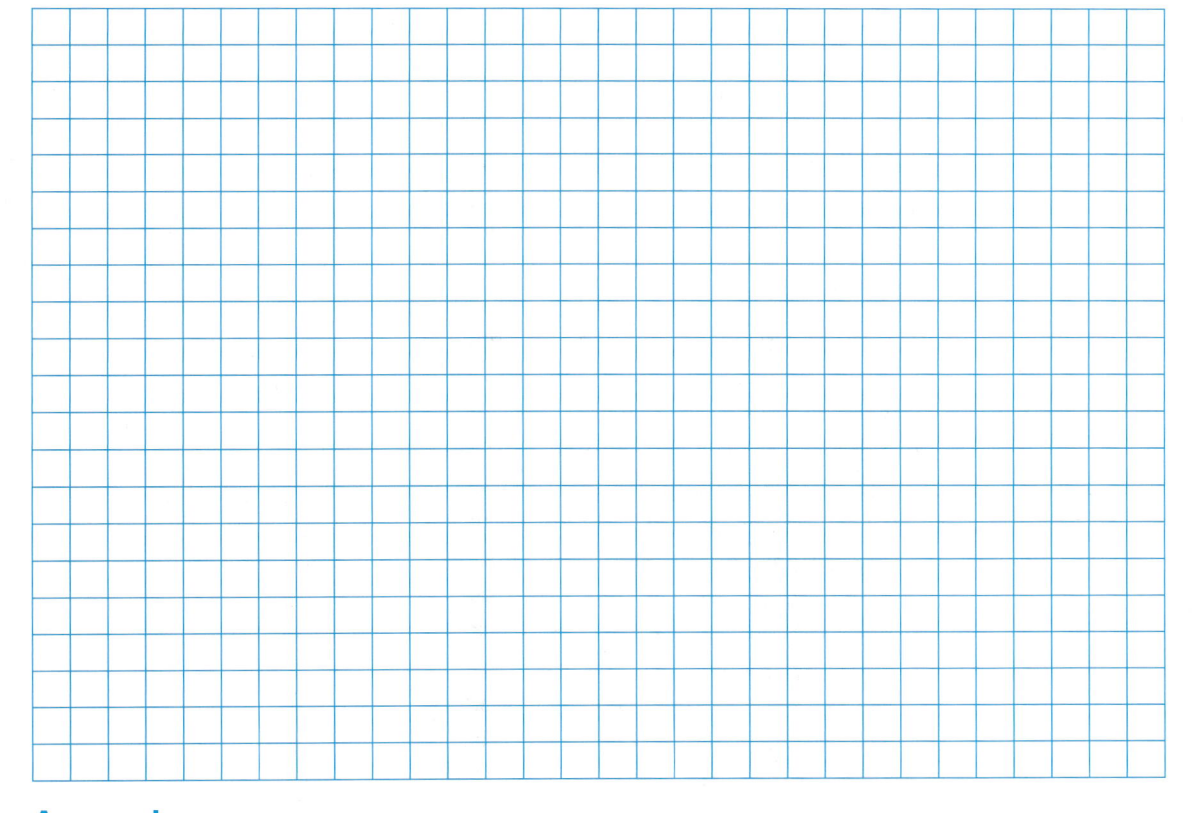

Anwendung

Ergänzen Sie Ihre Lernkartei um die in diesem Kapitel relevanten Begriffe.

3 Vertragsarten

Sie haben sich in den vergangenen Kapiteln mit den rechtlichen Rahmenbedingungen des Wirtschaftens auseinandergesetzt und erfahren, in welcher Art und Weise rechtsgültige Geschäfte zustande kommen können. Diese Ausführungen bewegten sich bislang auf einer eher theoretischen Ebene.

Das aktuelle Kapitel will Sie mit einigen für Sie und Ihren Berufsalltag relevanten Vertragsarten konfrontieren. Zu diesen Vertragsarten gehört natürlich der Kaufvertrag, der für alle Kaufleute von zentraler Bedeutung ist. Aber auch Verträge wie Miet-, Leih- und Pachtvertrag, Darlehensvertrag, die Gruppe der Dienstverträge sowie Werk- und Werklieferungsvertrag werden Gegenstand der Betrachtungen sein. Für das Gesundheitswesen von besonderer Bedeutung ist der Behandlungsvertrag. Daher werden Sie sich in den nachfolgenden Ausführungen vor allem mit diesem Vertragstypus auseinandersetzen.

Sie werden die zentralen Merkmale dieser Vertragsarten kennenlernen und die Bedeutsamkeit dieser Vertragsarten für Ihr privates und berufliches Umfeld einschätzen können.

Wissens-Check

Schätzen Sie Ihr Wissen wieder ein. Beantworten Sie die nachfolgenden Fragen zu unterschiedlichen Vertragsarten, indem Sie ein „X" an die entsprechende Stelle der nachfolgenden Tabelle setzen.

Aussage	Ich bin mir ganz sicher.	Da bin ich mir unsicher.	Das weiß ich gar nicht.
Ich kenne die Leistungspflichten aus dem Dienstvertrag.			
Ich kann die rechtmäßige Kündigung eines Behandlungsvertrages seitens eines Arztes prüfen.			
Ich kann die Vertragsarten „Mietvertrag" und „Pachtvertrag" gegeneinander abgrenzen.			
Mir ist die Unterscheidung zwischen Sach- und Gelddarlehensvertrag geläufig.			
Ich kann Vertragsgeschäften meines beruflichen Alltags die korrekten Vertragsartenbezeichnungen zuordnen.			

Aufgaben

Erstellen Sie eine Sammlung der Vertragsarten, die in Ihrem Ausbildungsbetrieb zum Abschluss kommen.

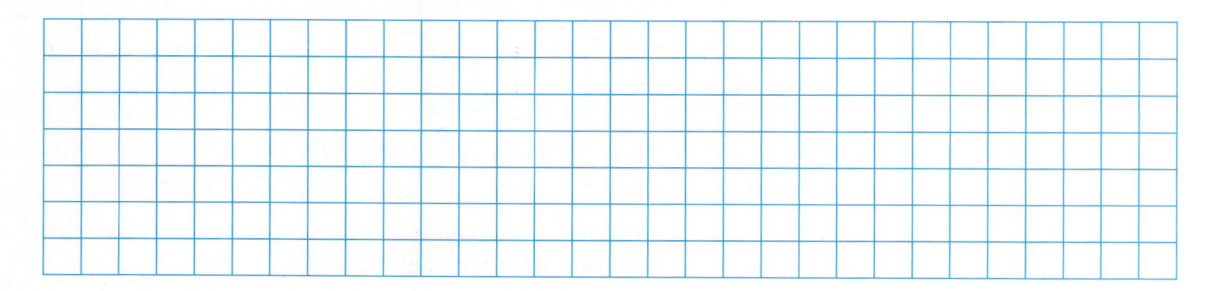

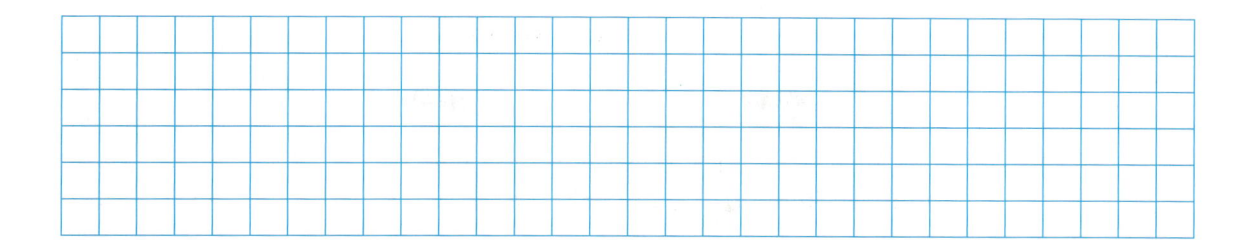

3.1 Kaufvertrag

Wie alle Verträge kommt ein Kaufvertrag durch mindestens zwei übereinstimmende Willenserklärungen zustande. Die Vertragsparteien eines Kaufvertrages werden als Käufer und Verkäufer bezeichnet. Die Willenserklärungen werden als Antrag und Annahme bezeichnet. Antrag oder Annahme können jeweils vom Käufer oder Verkäufer ausgehen.

→ *Definition*

Ein Antrag wird formuliert, indem derjenige, der einen Vertrag anbahnen möchte, sich mit seinen Vertragsvorstellungen an einen entsprechenden möglichen Vertragspartner wendet. Die Annahme beschreibt die Willenserklärung, die durch die uneingeschränkte Akzeptanz des Antrages einen Vertrag entstehen lässt.

Ein Kaufvertrag kommt demnach durch Antrag und Antragsannahme zustande.
Der Prozess des Zustandekommens wird Ihnen exemplarisch im nachfolgenden Kapitel 4 (Güter und Dienstleistungen beschaffen und verwalten) vorgestellt.

→ Kapitel 4

3.2 Mietvertrag

Der Mietvertrag wird zwischen Mieter und Vermieter geschlossen. Dabei einigen sich die Vertragsparteien darauf, dass der Vermieter dem Mieter eine Sache zum Gebrauch überlässt. Im Gegenzug muss der Mieter einen ausgehandelten Mietpreis für die Benutzung der Sache zahlen. Im Rahmen eines Mietvertrages werden häufig Wohn- und Geschäftsräume zur Nutzung überlassen. Rechtlich betrachtet wird der Mieter Besitzer der Sache, das Eigentum verbleibt beim Vermieter.

3.3 Leihvertrag

Beim Leihvertrag einigen sich die betroffenen Vertragsparteien auf die Überlassung einer Sache zur Nutzung. Im Gegensatz zum Mietvertrag ist aber kein Preis für die Überlassung zu zahlen. Sie erfolgt unentgeltlich. Sollte eine Ausleihzeit vereinbart worden sein, so verpflichtet sich der Entleiher, die Sache zum gegebenen Zeitpunkt wieder an den Eigentümer zurückzugeben. Darüber hinaus ist der Entleiher verpflichtet, den entliehenen Gegenstand ordnungsgemäß zu behandeln und nicht an Dritte weiterzugeben. Ebenso wie beim Mietvertrag wird der Entleiher Besitzer der Sache, der Verleiher bleibt Eigentümer.

3.4 Pachtvertrag

Mit dem Pachtvertrag nähern wir uns einer weiteren Vertragsvariante, die dem Miet- und Leihvertrag sehr ähnlich ist. Die Vertragsparteien werden als Verpächter und Pächter bezeichnet. Im Pachtvertrag verpflichtet sich der Pächter, einen Pachtzins an den Eigentümer zu entrichten. Dafür gestattet ihm der Verpächter jedoch nicht nur die Nutzung der überlassenen Sache. Der Pächter darf auch den während der Pachtzeit erwirtschafteten Gewinn für sich in Anspruch nehmen. Pachtverträge sind in der Land- und Forstwirtschaft sowie in der Gastronomie üblich.

3.5 Werkvertrag

Der Werkvertrag ist eine Vertragsart, die zwischen einem Auftraggeber und Auftragnehmer geschlossen wird. Der Auftragnehmer verpflichtet sich hierbei, einen ihm übertragenen Auftrag vereinbarungsgemäß zu erbringen. Damit wird deutlich, dass der Auftragnehmer nicht nur die bloße Ausführung der jeweils notwendigen Arbeiten schuldet, sondern insbesondere die erfolgreiche Ausführung der Arbeit, sodass das vereinbarte Auftragsziel auch erreicht wird. Der Auftraggeber ist dementgegen verpflichtet, den vereinbarten Auftragswert zu bezahlen.

Wenn nicht nur die Erbringung der Auftragsleistung vereinbart wurde, sondern auch das Bereitstellen der Materialien durch den Auftragnehmer, spricht man von einem Werklieferungsvertrag.

3.6 Dienstvertrag

Der Dienstvertrag wird zwischen Vertragsparteien geschlossen, die sich verpflichten, bestimmte Tätigkeiten gegen Bezahlung zu verrichten. Gegenüber dem Werkvertrag und dem Werklieferungsvertrag wird der Erfolg der Arbeit jedoch nicht geschuldet. Es steht die Ausübung der Tätigkeit als solche im Vordergrund und deren sorgfältige Ausführung. Dienstverträge werden mit Freiberuflern abgeschlossen.

Arbeitsverträge haben auch den Charakter eines Dienstvertrages. Für sie gelten jedoch die Bestimmungen des Arbeitsvertragsrechts.

LF 10, Personalwirtschaftliche Aufgaben wahrnehmen

LF 3, Geschäftsprozesse erfassen und auswerten

3.7 Darlehensvertrag

Ein Darlehensvertrag wird zwischen Darlehensgeber und Darlehensnehmer geschlossen. Die Vertragsparteien einigen sich auf die Überlassung eines Geldbetrages (Gelddarlehensvertrag) oder einer Sache (Sachdarlehensvertrag).

Beim Gelddarlehensvertrag verpflichtet sich der Darlehensnehmer neben der Darlehensschuld selbst auch einen vereinbarten Darlehenszins an den Darlehensgeber zu zahlen.

Beim Sachdarlehensvertrag, bei dem die überlassene Sache durch den Darlehensnehmer verbraucht wird, verpflichtet sich der Darlehensnehmer neben dem vereinbarten Darlehensentgelt eine Sache in gleicher Art, Güte und Menge zurückzugeben. Diese Besonderheit unterscheidet den Sachdarlehensvertrag vom Miet- oder Leihvertrag.

3.8 Behandlungsvertrag

Der Behandlungsvertrag, der der Gruppe der Dienstverträge zuzuordnen ist, wird zwischen Arzt und Patient geschlossen. Wie für Dienstverträge üblich, wird nur die Leistung geschuldet und nicht der Erfolg der Leistung. Der Behandlungsvertrag kann durch konkludentes Handeln, durch die Vergabe eines Termins, durch die Zusage eines Hausbesuchs oder im Rahmen der Geschäftsführung ohne Auftrag zustande kommen. Bei der Geschäftsführung ohne Auftrag kommt ein Behandlungsvertrag zustande, wenn der Patient aufgrund einer Bewusstlosigkeit nicht mehr seine Zustimmung zum Vertragsabschluss geben kann und gleichzeitig eine lebensnotwendige Behandlung durch den Arzt erfolgen muss.

Behandlungspflicht

Prinzipiell unterliegt ein Arzt der Behandlungspflicht. Dies ist immer besonders dann der Fall, wenn ein Mensch unverzüglich ärztlicher Hilfe bedarf. Unterbleibt die ärztliche Hilfe in einem solchen Fall, droht eine Anzeige wegen unterlassener Hilfeleistung.
Die Behandlungspflicht des Arztes entfällt, wenn er aufgrund eigener Überlastung nicht mehr die sorgfältige Behandlung des Patienten gewährleisten kann und ihn an einen anderen Arzt verweist, bei dem die Behandlung sichergestellt ist.

Pflichten der Vertragsparteien

Der Behandler hat den Patienten nach den Regeln der ärztlichen Wissenschaft zu untersuchen und zu behandeln. Darüber hinaus ist den ärztlichen Pflichten Folge zu leisten. Zu diesen Pflichten gehören die Sorgfaltspflicht, die Schweigepflicht, die Dokumentationspflicht, die Meldepflicht, die Haftpflicht, die Aufklärungspflicht und die Einwilligungspflicht.
Im Rahmen der Sorgfaltspflicht hat der Behandler mit der Sorgfalt zu agieren, die von einem Arzt gemäß der ärztlichen Kunst zu erwarten ist. Die Behandlung gemäß aktueller wissenschaftlicher Qualitätsstandards hat der Arzt durch regelmäßige Fortbildungen zu garantieren. Neben seiner eigenen Leistung übernimmt der Arzt auch die Verantwortung für alle Leistungen, die durch das Pflegepersonal oder Fachangestellte erbracht werden.
Vor dem Hintergrund des Behandlungsvertrages, der ärztlichen Berufsordnung und des Strafgesetzbuches ist der Arzt zum Schweigen verpflichtet. Die Weitergabe von den Patienten betreffenden Informationen ist nur dann gestattet, wenn es sich um definierte Aufgabenstellungen handelt (Musterung), wenn der Patient eine Entbindungserklärung unterschreibt (Verwendung von Informationen für wissenschaftliche Zwecke), wenn die Weitergabe von Informationen im Rahmen schlüssigen Handelns notwendig wird (Abrechnung mit der Kassenärztlichen Vereinigung), wenn die Einwilligung des Patienten vermutet werden kann (Information an Angehörige eines bewusstlosen Patienten) oder aber, wenn der Schutz eines höheren Rechtes im Vordergrund steht (der Arzt stellt die Misshandlung an einem Kind fest). Folgt der Arzt den Regelungen der Schweigepflicht nicht, so drohen ihm strafrechtliche Folgen, Folgen aus dem Verstoß gegen den Behandlungsvertrag und Folgen aus dem Verstoß gegen die ärztliche Berufsordnung.
Auf der Grundlage der Berufspflicht, der Vertragspflicht, der Pflichten im Zusammenhang mit der Leistungsabrechnung und zur Schaffung von Rechtssicherheit hat der Behandler eine Dokumentationspflicht. Die von ihm erbrachten Leistungen sind lückenlos zu dokumentieren und Patientenunterlagen sind aufzubewahren. Der Patient hat Anspruch auf die Einsichtnahme und Herausgabe der ihn betreffenden Unterlagen. Die Einsicht und Herausgabe entfällt für die Unterlagen, die mit subjektiven Wertungen des Arztes versehen sind.
Die Meldepflicht des Arztes gilt für ansteckende Krankheiten nach Bundesseuchengesetz, für Geschlechtskrankheiten, für Berufskrankheiten, für erkennbare Fehlbildungen bei Schwangerschaften, für Schwangerschaftsabbrüche und für geplante Straftaten, die der Arzt erkennen kann.

Die Aufklärungspflicht definiert jeden ärztlichen Eingriff, der ohne sachgemäße Aufklärung und ohne ausdrückliche Zustimmung des Patienten erfolgt, als den Tatbestand der Körperverletzung. Nur eine sachgemäße Aufklärung des Patienten in Kombination mit der ausdrücklichen Einwilligung des Patienten schließt den Tatbestand der Körperverletzung aus. Gegen den Willen des Patienten darf keine Behandlung erfolgen. Das Aufklärungsgespräch muss durch einen Arzt erfolgen. Dabei hat der Arzt dafür Sorge zu tragen, dass der Patient die Folgen des Eingriffs nachvollziehen kann.

Der Umfang des Aufklärungsgesprächs kann von der Verständigkeit des Patienten und der Dringlichkeit des Eingriffs abhängig gemacht werden. Die Aufklärung kann unterbleiben, wenn infolge der Aufklärung die Entstehung eines nicht behebbaren gesundheitlichen Schadens befürchtet werden kann, wenn dem Patienten durch die Aufklärung eine untragbare psychische Belastung zugemutet werden muss oder wenn der Patient ausdrücklich auf die Aufklärung verzichtet.

Erst wenn eine sachgemäße Aufklärung erfolgte und die Einsichtsfähigkeit des Patienten in die Tragweite seiner Entscheidung zweifelsfrei festgestellt wurde, ist die Rechtsvoraussetzung für eine ärztliche Diagnostik und Behandlung gegeben. Diese Rechtsvoraussetzung hat der Arzt im Rahmen der Einwilligungspflicht herzustellen; bei erzwingbaren Eingriffen kann sie entfallen. Eingriffe können erzwungen werden, wenn es sich um eine Erkrankung nach dem Bundesseuchengesetz, um Geschlechtskrankheiten oder um die Entnahme von Blutproben handelt. Nur in diesen Fällen muss keine Einwilligung des Patienten eingeholt werden.

Die Verantwortung, die der Arzt für seine und die Handlungen des ihm unterstellten Personals zu übernehmen hat, wird als Haftpflicht bezeichnet. Kommt ein Patient durch den Verstoß gegen anerkannte Regeln der ärztlichen Wissenschaft oder aufgrund der Verletzung der Sorgfaltspflicht zu einem gesundheitlichen Schaden oder stirbt sogar, kann daraus ein Entschädigungsanspruch für den Patienten oder dessen Angehörige abgeleitet werden. Der Arzt kann von der Haftung für die Leistungen des ihm unterstellten Personals entbunden werden, wenn er seine eigene Sorgfalt in dem zu verhandelnden Fall nachweisen kann. Diesen Nachweis kann er erbringen, indem er seine Sorgfalt im Rahmen der beruflichen Qualifikation des Personals für die geleistete Arbeit verdeutlicht, indem er notwendige Vorrichtungen und Geräte für die Leistungserbringung bereitstellt und sein Personal in dessen Arbeitsausführungen leitet und überwacht.

Ein Arzthaftungsprozess wird durch die Feststellung eines Behandlungsfehlers eingeleitet. Dieser Prozess ist das Ergebnis eines Verfahrens, bei dem der Patient zunächst einen Behandlungsfehler vermutet und einer Prüfungsstelle (Privatgutachter, Gutachterstelle, Schlichtungsstelle) entsprechende Unterlagen und Kopien zur Prüfung zur Verfügung stellt.

Der Patient hat in seiner Verpflichtung aus dem Behandlungsvertrag die ärztlichen Anordnungen zu befolgen. Zur Leistungsabrechnung hat er den Nachweis seiner Krankenversicherung durch Vorlage der Versichertenkarte zu erbringen, die Praxisgebühr zu zahlen und im Falle einer Privatversicherung die fällige Liquidation zu entrichten. Ist der Patient gesund oder die Behandlung abgeschlossen, ist der Behandlungsvertrag beendet. Daneben ist jedoch auch die Kündigung des Behandlungsvertrages durch den Patienten zu jeder Zeit möglich. Der Arzt kann den Behandlungsvertrag nur kündigen, wenn der Patient den Anordnungen nicht folgt oder das Vertrauensverhältnis durch schwerwiegendes Fehlverhalten des Patienten nachhaltig gestört ist. Der Arzt hat in diesen Fällen eine entsprechende Dokumentation anzufertigen und diese der entsprechenden Krankenkasse zuzuleiten. Allerdings darf der Arzt den Behandlungsvertrag nur dann kündigen, wenn der Patient anderweitig qualifizierte ärztliche Hilfe erhalten kann.

Methodenecke

Wie Sie wahrscheinlich erkennen, sind die Texte zu den unterschiedlichen Vertragsarten nicht besonders gut strukturiert und unübersichtlich gestaltet. Diese mangelnde Übersicht führt häufig dazu, dass die Inhalte von unserem Gehirn auch nicht besonders gut aufgenommen und verarbeitet – sprich erlernt werden können. Was ist zu tun?
Mit den Methoden zum Markieren und Strukturieren verfügen Sie bereits über hervorragende Instrumente, die Sie bei der Bearbeitung von Texten unterstützen. Wenn Sie sich die markierten Begriffe und deren Bedeutung jeweils auf getrennten kleinen Karteikarten notieren, dann können Sie diese Aufzeichnungen zu verschiedenen Übungen nutzen. Sie können die Karteikarten mischen und die jeweiligen Begriffe und deren Bedeutungen wieder zusammenstellen. Wenn Sie die Karteikarten nach einem Zufallsprinzip auslegen, können Sie das sich ergebende Ablagebild nutzen um den Text zu rekonstruieren. Dabei beginnen Sie mit einer Karte, erklären diese laut mit eigenen Worten und suchen nach einer inhaltlichen Verbindung zu einer der anderen Karten. Diese Vorgehensweise können Sie auch nutzen um einen Sachtext zu erstellen. Sie können die Karten auch spielerisch nutzen, indem Sie sie nach den Regeln des bekannten Memory-Spiels aufdecken. Achten Sie aber auch hier darauf, dass Sie sich den Inhalt oder die Bedeutung der jeweiligen Karten nochmals laut vorsagen.

Aufgaben

1. Recherchieren Sie die Aufbewahrungsfristen für folgende Patientenunterlagen: Arbeitsunfähigkeitsbescheinigung (AU), Betäubungsmittelrezepte (BTM), Krebsfrüherkennung, ärztliche Aufzeichnungen, Röntgenuntersuchungen, Strahlentherapie.
2. Bereiten Sie den Text zu den Vertragsarten visuell auf und gestalten Sie die Inhalte leserfreundlich.

Halten Sie Ihre Arbeitsergebnisse schriftlich fest und heften Sie diese hier zu Ihren Unterlagen.

Anwendung

1. Nennen Sie die Möglichkeiten des Zustandekommens eines Behandlungsvertrages.
2. Kommentieren Sie die Aussage „Jeder Arzt unterliegt der Behandlungspflicht".
3. Die medizinische Fachangestellte Susanne Vogel fühlt sich total erleichtert. Bislang hatte sie sich in der Praxis nie richtig getraut an den Patienten zu arbeiten. Doch nachdem sie in der Schule erfahren hatte, dass der Arzt eine Haftpflicht auch für die Leistungen seines Personals hat, macht sie sich keine Sorgen mehr. „Mir kann ja dann gar nichts passieren, mein Chef muss ja für alles hier in der Praxis geradestehen", denkt sie sich und beginnt mit ihrer Arbeit.
Kommentieren Sie diesen Sachverhalt.
4. Grenzen Sie die Vertragsarten Miet-, Pacht- und Leihvertrag voneinander ab.
5. Finden Sie jeweils zwei Beispiele für Werk- und Werklieferungsverträge aus Ihrem beruflichen Alltag.

Lernfeld 5 Dienstleistungen und Güter beschaffen und verwalten

> **!** **Selbstüberprüfung**
> Überprüfen Sie Ihre Angaben im Wissens-Check dieses Kapitels, indem Sie Ihren aktuellen Wissensstand mit einem „O" an der entsprechenden Stelle markieren. Bewerten Sie die Veränderungen. Sollten Sie mit dem Ergebnis unzufrieden sein, lassen Sie sich beraten und entwickeln Sie auch eine Zielvereinbarung für das weitere Vorgehen. Halten Sie diese Zielvereinbarung in dem nachfolgenden Bereich schriftlich fest.

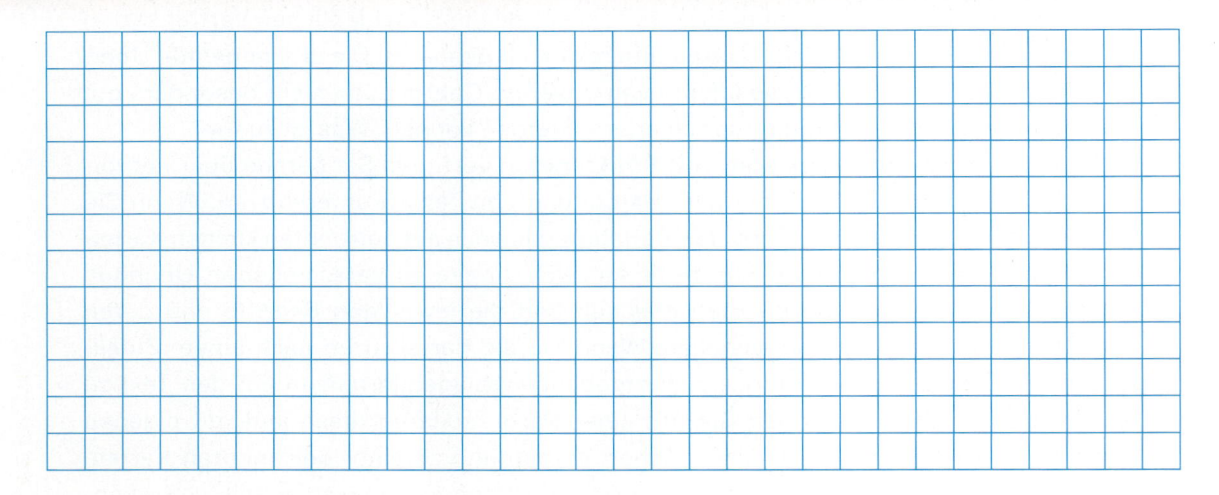

Fallsituation

Zu Beginn der Ausbildung haben Sie sich vorgenommen, Ihre Unterlagen immer aktuell zu halten und die erstellten Materialien und bearbeiteten Inhalte prüfungsgerecht aufzubereiten. Hierzu wurden Ihnen auch in der Unterstufe entsprechende Arbeitstechniken an die Hand gegeben.
Nun steht die Zwischenprüfung quasi vor der Tür. Sind die Informationen aus dem Bereich der Vertragsarten bereits lernoptimal aufbereitet?

Problemlösung

Entwickeln Sie eine Ihren Bedürfnissen gerechte Lern- und Arbeitsunterlage zu dem aktuellen Unterrichtsstoff. Heften Sie Ihr Arbeitsergebnis zu Ihren Unterlagen.

4 Güter und Dienstleistungen beschaffen und verwalten

Wie bereits angekündigt, wird das aktuelle Kapitel dazu genutzt, Ihnen auf exemplarische Weise den Prozess des Zustandekommens eines Kaufvertrages anhand eines Beschaffungsbedarfs aus Ihrer Berufspraxis nahezubringen. Nach dem Bearbeiten dieses Kapitels werden Sie zielgerichtet Beschaffungsprozesse unter Beachtung wirtschaftlicher Gegebenheiten veranlassen können. Im Rahmen des Beschaffungsvorgangs werden Sie sich rechtssicher bewegen und wirksame Kaufverträge abschließen können. Die Erkenntnisse werden über die berufliche Relevanz hinaus auch Auswirkungen auf Ihre private Geschäftstätigkeit haben.

Wissens-Check

Schätzen Sie Ihr Wissen zum aktuellen Kapitel ein. Beantworten Sie wieder die nachfolgenden Fragen, indem Sie ein „X" an die entsprechende Stelle der nachfolgenden Tabelle setzen

Aussage	Ich bin mir ganz sicher.	Da bin ich mir unsicher.	Das weiß ich gar nicht.
Ich kenne unterschiedliche Bezugsquellen zur Beschaffung von Gütern und Dienstleistungen.			
Ich kenne die rechtlichen Konsequenzen von Anfragen, Angeboten und Bestellungen.			
Ich kann die kaufmännischen Begriffe Antrag und Annahme fachlich korrekt erklären und mögliche Varianten im Rahmen des Zustandekommens von Kaufverträgen vor dem Hintergrund von Antrag und Annahme schildern.			
Mir sind die notwendigen Inhalte eines Angebotes bekannt.			
Mir fällt es leicht, die Begriffe Erfüllungsort und Gerichtsstand zu erklären.			
Ich kann im Rahmen der Zahlungsbedingungen verschiedene Preisminderungen erklären.			
Ich kann einen qualitativen und quantitativen Angebotsvergleich durchführen.			
Beim Abschluss eines Kaufvertrages kann ich die Voraussetzungen zur Wirksamwerdung der AGB prüfen.			

Aussage	Ich bin mir ganz sicher.	Da bin ich mir unsicher.	Das weiß ich gar nicht.
Ich kann die Pflichten der Vertragspartner aus einem Kaufvertrag nachvollziehbar erklären.			
Ich kenne unterschiedliche Kaufvertragsarten und kann diese inhaltlich korrekt voneinander unterscheiden.			

Methodenecke

„Wer schreibt, der bleibt." Diesen Spruch kennen Sie bestimmt – und es ist etwas Wahres daran, zumindest was das Lernen beim Schreiben angeht. Hiermit ist aber nicht unkonzentriertes Abschreiben oder gelangweiltes Mitschreiben gemeint. Schreiben ist ein aktiver und kreativer Prozess. Beim Schreiben sortieren Sie Ihre Gedanken, Sie formulieren präzise, weil Sie wollen, dass die Leser Ihrer Texte ganz genau verstehen, wovon Sie schreiben. Und derweil Sie solche Texte mit viel Energie verfassen, festigen sich auch die fachlichen Inhalte. Aber wie erstellen Sie einen solchen packenden Text?

Wenn Sie von einem Thema ausgehend den nachfolgenden Schritten Folge leisten, wird das Erstellen guter Texte leichter – und ein weiteres Zitat sei hier eingefügt: „Übung macht den Meister!".

→ **Schritt 1: Die Idee konkretisieren**
Überlegen Sie grob, welche Begriffe zum Thema Ihres Textes gehören. Sammeln Sie nicht nur Begriffe, sondern auch Argumente und Gegenargumente. Sammeln Sie alles – und zwar zunächst unsortiert -, was Ihnen zu dem von Ihnen zu bearbeitenden Thema spontan in den Sinn kommt. Diese Sammelphase wird auch als Brainstorming bezeichnet.

→ **Schritt 2: Sortieren**
Schauen Sie sich Ihre Sammlung an. Können Sie Begriffsgruppen bilden oder Überschriften für Teile Ihrer Sammlung finden? Auf diese Weise bekommt Ihre Sammlung eine erste inhaltliche Struktur.

→ **Schritt 3: Arrangieren**
Suchen Sie nach einer inhaltlichen Abfolge für Ihre im 2. Schritt festgehaltenen Inhaltsgruppen. Gibt es Gruppen, die inhaltlich unabhängig voneinander sind (waagerechte Struktur)? Welche Gruppen stehen zueinander in Abhängigkeit (senkrechte Struktur)? Legen Sie dann noch die Reihenfolge der Themen auf waagerechter Ebene (Themenbreite) und senkrechter Ebene (Thementiefe) fest. Zeichnen Sie ein entsprechendes Schemabild des Textes, indem Sie die waagerechten und senkrechten Gruppenbezeichnungen abbilden.

> **→ Schritt 4: Gliederung erstellen**
> Wandeln Sie das Schaubild in eine Gliederung um. Dabei werden die Hauptinhaltsgruppen auf waagerechter Ebene (Themenbreite) mit einer fortlaufenden Kapitelnummer versehen (1., 2., 3., ...). Die Themen der senkrechten Ebene (Thementiefe) werden dann mit Unterkapitelnummern versehen (1.1, 1.2, 2.1.1, 2.2.2, ...). Achten Sie darauf, dass die Anzahl der Unterkapitel nicht zu unübersichtlich wird. Es ist ratsam, nicht mehr als drei Tiefenebenen zu erzeugen.
>
> **→ Schritt 5: Schreiben**
> Arbeiten Sie nun Ihre Gliederung Punkt für Punkt ab. Achten Sie darauf, dass Sie Fachwörter erklären und Fremdwörter möglichst vermeiden. Schreiben Sie kurze und prägnante Sätze. Achten Sie auf die Rechtschreibung, die Grammatik und den Schreibstil.
>
> **→ Schritt 6: Kontrolle**
> Lassen Sie Ihren Text von fachfremden Personen oder kritischen Freunden lesen und lassen Sie sich von ihnen eine Rückmeldung zu dem Text geben. Ihre kritischen Leser sollten den Text unter folgenden Gesichtspunkten bewerten:
> - Wurde das Thema des Textes umfassend bearbeitet? Fehlen eventuell wichtige Informationen? Gibt es Informationen, die überflüssig sind?
> - Gibt es Verständnisprobleme (inhaltlich/sprachlich)?
> - Ist die inhaltliche Reihenfolge logisch?
>
> Überarbeiten Sie den Text anhand der gemachten Kritik und seien Sie nicht enttäuscht! Jede Kritik ist eine Chance zur Verbesserung!
>
> Viel Spaß und Erfolg!

4.1 Bedarfsanalyse

Die Bedarfsanalyse ist der erste Schritt in einem Prozess, an dessen Ende der Abschluss eines Kaufvertrages und somit die Beschaffung des benötigten Gutes oder der erforderlichen Dienstleistung steht. Aber was genau soll eigentlich beschafft werden? Obwohl das Bedürfnis erkannt und zu einem Bedarf konkretisiert wurde, bleibt häufig noch eine Fülle von Fragen, die im Rahmen der Bedarfsanalyse geklärt werden müssen. Zu diesen Fragen gehört die möglichst genaue Beschreibung des zu beschaffenden Gutes bzw. der zu beschaffenden Dienstleistung. Was wird genau erwartet, was soll das Gut leisten und zu welchem Zweck soll es genutzt werden? Die Klärung dieser Fragen hilft, den Sachverhalt exakter zu beschreiben und den Beschaffungsprozess zielgerichtet zu realisieren. Ein weiteres Fragenbündel bezieht sich auf die zu beschaffenden Mengeneinheiten, auf den Preis bzw. das zur Verfügung stehende Budget sowie den Zeitpunkt, zu dem der Beschaffungsprozess realisiert sein muss.

Die Antworten auf diese Fragen bilden die Ausgangsbasis für den weiteren Beschaffungsprozess und definieren die Rahmenbedingungen, die zur optimalen Beschaffungsrealisierung eingehalten werden müssen.

4.2 Bezugsquellenermittlung

Sie haben also nun eine ganz konkrete Vorstellung von dem, was Sie beschaffen wollen. Sie kennen den finanziellen Rahmen und den Zeitpunkt, zu dem der Beschaffungsprozess abgeschlossen sein soll. Woher aber könnten Sie das Gut oder die Dienstleistung beziehen? Diese Frage beantwortet die Bezugsquellenermittlung.

Handelt es sich um Güter, die bereits einmal zu einem früheren Zeitpunkt beschafft wurden, lohnt der Blick in die bereits vorhandene Lieferantenkartei. Diese besteht in der Regel aus Angaben zum Lieferanten (Adresse, Kontaktdaten) und seinem Warensortiment. Darüber hinaus finden sich hier Angaben zu früheren Bestellvorgängen, zu Preisen, Zahlungs- und Lieferbedingungen sowie Hinweise bezüglich Zuverlässigkeit oder auch Qualität der bezogenen Waren.

Findet sich kein möglicher Lieferant, weil keiner Ihrer bisherigen Lieferanten den von Ihnen gewünschten Gegenstand liefern kann oder weil Sie aufgrund Ihrer bisherigen Erfahrungen den Auftrag nicht an einen Ihrer bisherigen Lieferanten vergeben wollen, dann stehen Ihnen viele andere Informationsquellen zur Verfügung, die Sie nutzen können. Zu diesen Informationsquellen gehören Branchenverzeichnisse, Kataloge, Messebesuche, Nachfragen bei Berufs- oder Branchenverbänden oder auch die Recherche im Internet.

Das Suchergebnis sollte in einer Übersicht zusammengestellt werden, sodass die Kontaktdaten zu den potenziellen Lieferanten mit den für den Bestellungsprozess notwendigen Informationen (Produktbezeichnung, Preisangaben etc.) stets verfügbar sind.

Aufgaben

Erkunden Sie die Struktur und den Inhalt der Lieferantenkartei Ihres Ausbildungsunternehmens.

4.3 Anfrage

Die Anfrage stellt die Kontaktaufnahme zu einem möglichen Lieferanten dar. Wenn Sie sich in der Anfrage nur allgemein nach dem Lieferprogramm erkundigen, wird diese Anfrage als „allgemeine Anfrage" bezeichnet. Ziel einer solchen allgemeinen Anfrage ist es, einen Überblick über das Leistungsspektrum des Anbieters zu erhalten und einen ersten Eindruck zu erlangen. In Reaktion auf eine allgemeine Anfrage wird man Ihnen Kataloge, Broschüren oder auch Preislisten zur Verfügung stellen.

Werden in der Anfrage der zu beschaffende Gegenstand oder die zu beschaffende Dienstleistung genau beschrieben und die konkreten Zahlungs- und Lieferungsbedingungen erfragt, wird diese Anfrage als „bestimmte Anfrage" bezeichnet. Auf eine solche bestimmte Anfrage werden Sie ggf. ein Angebot des möglichen Lieferanten erhalten, in dem er Bezug auf die von Ihnen gewünschten Informationen nimmt.

Anfragen haben keine rechtliche Wirkung. Aus Anfragen kann keine Kaufverpflichtung seitens eines Anbieters abgeleitet werden.

4.4 Angebot

4.4.1 Arten des Angebots

Das Angebot stellt die Kontaktaufnahme eines Anbieters zu Ihnen als Kunde dar. Dabei sind das verlangte und das unverlangte Angebot zu unterscheiden.

Das verlangte Angebot ist die Reaktion einen Anbieters auf Ihre Anfrage. Der Anbieter reagiert auf Ihre Aufforderung, indem er Ihnen ein Angebot zukommen lässt.

Wenn Anbieter von sich aus auf Sonderangebote hinweisen, auf die Veränderung des Warensortiments oder überhaupt auf das Warenangebot aufmerksam machen wollen und Ihnen zu diesen Zwecken Broschüren, Kataloge oder Prospektmaterial zusenden, so spricht man von unverlangten Angeboten. Die Anbieter agieren hier ohne vorherige Aufforderung.

Anwendung
Stellen Sie die Angebotsarten in einem Begriffsschaubild gegenüber.

4.4.2 Inhalte
Das Angebot ist ein bedeutsamer Schritt im Verlauf der Anbahnung eines Kaufvertrages. Daher sollte das Angebot inhaltlich möglichst präzise formuliert sein. Zum einen sollte der potenzielle Geschäftspartner einen detaillierten Eindruck vom Geschäftsgegenstand bekommen und zum anderen bildet das Angebot die Rechtsgrundlage für das später zustande kommende Geschäft.

Zum aussagekräftigen Inhalt eines Angebotes gehören:

Art, Güte und Beschaffenheit der Ware
Der Geschäftsgegenstand wird in seinen Eigenheiten möglichst genau beschrieben. Hierbei können Abbildungen, Muster oder die Angabe von Güteklassen, die die Qualität der Ware definieren, hilfreich sein. Darüber hinaus werden häufig auch Markenzeichen der Hersteller angegeben oder die Gütezeichen benannt, die ein Produkt zum Beispiel als besonders umweltfreundlich (Umweltengel) oder als Bio-Produkt auszeichnen.

Darüber hinaus können auch Angaben zum Herkunftsland, zum Jahrgang oder zur inhaltlichen Zusammensetzung der Ware gemacht werden, um einer exakten Beschreibung des Geschäftsgegenstandes zu entsprechen.

Preis je Verkaufseinheit
Der Preis je Verkaufseinheit wird üblicherweise in der Landeswährung des möglichen Vertragspartners deklariert und bezieht sich auf handelsübliche Maßeinheiten (Meter, Quadratmeter, Kilogramm oder Liter), Stückzahlen (Stück, Dutzend) oder verkehrsübliche Einheiten (Kiste, Fass, Gebinde).

Lieferbedingungen
In den Lieferbedingungen macht der Anbieter Angaben zu den Beförderungskosten, zu den Verpackungskosten und zur Lieferzeit. Prinzipiell gilt, dass der Käufer die Ware beim Händler abholen muss und auch für die Kosten der Verpackung aufzukommen hat, da Warenschulden Holschulden sind. Das Angebot kann aber davon abweichende Reglungen treffen, die dann wirksam werden, wenn es zu einem Vertragsabschluss auf der Grundlage des Angebotes kommt.

Im Rahmen der Lieferzeit kann angeboten werden, dass die Ware sofort geliefert wird (Sofortkauf). Häufig ist das aber nicht möglich, sodass ein Zeitraum angegeben wird, innerhalb dessen dann die Lieferung erfolgen soll (Terminkauf). Eine entsprechende Formulierung gibt an, dass die Lieferung in der 23. Kalenderwoche erfolgt oder innerhalb von vier Wochen nach Vertragsabschluss. Wird im Angebot ein festes Lieferdatum angegeben (14. August 20..), so wird ein Fixkauf angeboten, dessen Lieferung später zu exakt diesem Datum zu erfolgen hat. Manchmal bestellen Kunden große Warenmengen, die sie aber nicht im Unternehmen lagern können. Der Verkäufer kann hier einen Kauf auf Abruf anbieten, bei dem die Kunden die gewünschte Warenmenge beziehen können; die Lagerung übernimmt jedoch der Lieferant, von dem der Kunde die von ihm benötigten Einheiten dann über einen definierten Zeitraum in Teilmengen abrufen kann.

Zahlungsbedingungen
In den Zahlungsbedingungen wird angegeben, wann die Zahlung der Ware zu erfolgen hat. Die Zahlung kann Zug um Zug sofort bei der Lieferung erfolgen. Hier wird dann die Ware gegen den vereinbarten Zahlungsbetrag getauscht.

Es kann aber auch vereinbart werden, dass die Zahlung erst nach der erfolgten Lieferung fällig wird. Häufig wird dem Kunden dann ein sogenanntes Zahlungsziel von zum Beispiel 30 Tagen eingeräumt. Innerhalb dieses Zahlungsziels muss er die Ware bezahlen (Zielkauf). Diese Zahlungsfrist enthält häufig noch eine kürzere Zeitangabe (zum Beispiel 10 Tage), innerhalb der der Kunde nach Rechnungserhalt eine Skontobetrag in Höhe von zum Beispiel 3 % vom Rechnungsbetrag abziehen kann, wenn die Rechnung eben innerhalb dieser Skontofrist zur Zahlung angewiesen wird. Der Rechnungsbetrag reduziert sich dann im Nachhinein um den ermittelten Skontobetrag.

Die Ware kann auch zum Kauf in Raten angeboten werden (Ratenkauf). Der Kunde zahlt dann einen monatlichen Teilbetrag in einer vereinbarten Anzahl von Monaten. Das Angebot zum Ratenkauf wird in der Regel seitens des Anbieters mit einem Zinsaufschlag versehen. Sowohl beim Ratenkauf als auch beim Zielkauf behält sich der Lieferant das Eigentum an der Ware vor, bis die vollständige Zahlung erfolgt ist.

Darüber hinaus kann der Anbieter Preisnachlässe anbieten. Den Begriff Skonto haben Sie in diesem Zusammenhang bereits oben für die Zahlung einer Rechnung innerhalb einer angegebenen Skontofrist kennengelernt. Zudem gibt es noch eine Fülle von Rabatten (Mengenrabatt, Sonderrabatt, Treuerabatt), die dem Kunden gewährt werden und bereits im Vorhinein den Rechnungsbetrag vermindern.

Häufig legen Unternehmen auch Bonus-Programme auf, bei denen die Kunden eine Umsatzvergütung geltend machen können. Diese Umsatzvergütung ist nicht abhängig von der einzelnen Rechnung, sondern vom Gesamtumsatz. Unternehmen realisieren diese Bonusprogramme häufig mit dem Sammeln von Bonusmarken, die abhängig von der gesammelten Anzahl unterschiedlichen Gegenwerten entsprechen.

Erfüllungsort

Als Erfüllungsort wird juristisch der Ort bezeichnet, an dem die Pflichten aus dem Kaufvertrag erbracht werden müssen. Die gesetzlichen Bestimmungen laut BGB legen fest, dass der Erfüllungsort für die Lieferung der Wohn- bzw. Geschäftssitz des Lieferanten ist. Der Erfüllungsort für die Zahlung ist gemäß BGB der Wohn- bzw. Geschäftssitz des Käufers.

Der Erfüllungsort kann aber auch vertraglich geregelt werden. Hier einigen sich die Vertragspartner dann häufig auf einen Erfüllungsort für beide Verpflichtungen aus dem Kaufvertrag.

Gerichtsstand

Die Angaben zum Gerichtsstand machen deutlich, an welchem Ort eine gerichtliche Auseinandersetzung für den Fall von vertraglichen Streitigkeiten stattfinden sollte. Auch hier kann die gesetzliche Regelung, die prinzipiell vorsieht, dass der Gerichtsstand der jeweilige Wohn- bzw. Geschäftssitz des betreffenden Schuldners ist, durch eine vertragliche Regelung verändert werden. Bei dieser vertraglichen Regelung würden sich die Vertragspartner dann auf einen Gerichtsstand für beide Teile einigen. Allerdings ist es gesetzlich nur erlaubt, den Gerichtsstand im Rahmen eines zweiseitigen Handelskaufs auf einen Ort festzulegen.

Anwendung

Der Abschnitt zu den Inhalten eines Angebotes enthält eine Fülle von Angaben und Definitionen, die sich durch Lesen nur schwierig aus dem Text herausarbeiten und erlernen lassen. Finden Sie – unter Anwendung des bisher Gelernten – für sich ein Verfahren, sich die fachlichen Inhalte zugänglich zu machen.

4.4.3 Rechtliche Wirkung

Die Inhalte eines Angebotes sollten deshalb so ausführlich wie möglich und mit größter Sorgfalt verfasst sein, da ein Angebot rechtlich immer bindend ist. Das Angebot stellt die Willenserklärung des Anbieters dar, in der er dem potenziellen Geschäftspartner den Vertragsgegenstand und die Vertragsbedingungen so spezifiziert, dass dieser sein Einverständnis (Willenserklärung)

nur noch mit einem „Ja" bekräftigen müsste, um einen Kaufvertrag rechtswirksam zustande kommen zu lassen. Ein Angebot darf rückwirkend nicht mehr geändert werden!
Allerdings ist die generelle Verbindlichkeit eines Angebotes eingeschränkt und zwar dann, wenn es sich um ein Angebot an die Allgemeinheit handelt.
Ein Angebot an die Allgemeinheit ist zum Beispiel die Preisangabe in einem Schaufenster. Diese Preisangabe richtet sich nicht an eine spezielle Person, sondern an eine unbestimmte Gruppe von Menschen (Allgemeinheit). Angebote müssen jedoch immer auf eine Person oder ein Unternehmen bezogen sein. Daher kann eine Schaufensterauslage kein Angebot im gesetzlichen Sinne sein. Die Preisauszeichnung wird juristisch vielmehr als Aufforderung an einen Kunden verstanden, einen Antrag zum Kauf der ausgestellten Ware zu machen, dem dann ein Angebot seitens des Verkäufers an die entsprechende Einzelperson folgt.
Die Verbindlichkeit von Angeboten kann auch durch sogenannte Freizeichnungsklauseln eingeschränkt werden. Sicherlich haben Sie schon einmal die Angabe gelesen, dass ein Angebot nur gültig ist, solange der Vorrat reicht, oder dass Preise freibleibend sind oder Änderungen des Angebotes vorbehalten werden. Häufig wird die Verbindlichkeit durch die Dauer des Angebots eingeschränkt. Wenn das Angebot bis zum 13.12.20.. gültig ist, können ab dem Folgetag wieder andere Konditionen gelten.
Wird ein Angebot am Telefon oder im direkten Gesprächskontakt unterbreitet, ist dieses Angebot nur so lange gültig, wie das Gespräch dauert. Wird das Gespräch durch eine räumliche Trennung unterbrochen, zum Beispiel dadurch, dass sich der Käufer noch bei der Konkurrenz nach günstigeren Konditionen erkundigen will, ist der Anbieter bei Neuaufnahme des Gespräches nicht mehr an sein vorhergehendes Angebot gebunden.
Wird ein Angebot per Brief, Fax oder E-Mail unterbreitet und gibt es keine Fristsetzung oder Freizeichnungsklauseln, so ist der Anbieter nur so lange an sein Angebot gebunden, wie er unter verkehrsüblichen Bedingungen eine Antwort auf das Angebot erwarten könnte.

4.4.4 Widerruf

Natürlich kann es passieren, dass Ihnen bei der Formulierung eines Angebotes ein Fehler unterläuft. Nun müssen Sie aber wissen, dass ein Angebot zu dem Zeitpunkt verbindlich wird, zu dem es bei dem Empfänger eintrifft. Fällt Ihnen also auf, dass das Angebot fehlerhaft ist, können Sie es nur widerrufen, indem Sie dafür sorgen, dass die Korrektur den Empfänger spätestens gleichzeitig mit dem fehlerhaften Angebot erreicht. Will sich ein Anbieter nicht mehr an sein Angebot halten, muss dieser Widerruf ebenso spätestens gleichzeitig mit dem Angebotsschreiben beim Kaufinteressenten eingehen.

4.5 Angebotsvergleich

Sie haben eine Anfrage gestellt und an mehrere potenzielle Lieferanten verschickt. Einige dieser möglichen Lieferanten haben Ihnen ein Angebot zukommen lassen – und nun müssen Sie sich für eines entscheiden. Wie gehen Sie beim Angebotsvergleich vor?
Ziel des Angebotsvergleichs ist es, das günstigste Angebot zu ermitteln und es zur Grundlage des Kaufvertrages zu machen. Dabei ist das günstigste Angebot nicht unbedingt das Angebot mit dem niedrigsten Preis. Neben den Angaben, die sich auf den Preis des angebotenen Gegenstandes auswirken (quantitativer Angebotsvergleich), spielen auch Faktoren eine Rolle, die situationsbedingt von Wichtigkeit sein könnten (qualitativer Angebotsvergleich).

→ LF 6, Dienstleistungen anbieten

Quantitativer Angebotsvergleich

Beim quantitativen Angebotsvergleich konzentrieren Sie sich auf die Preisebene des Angebots. Hierzu gibt es folgendes Schema:

Angebotspreis/Listenpreis
- Rabatt
= Zieleinkaufspreis
- Skonto
= Bareinkaufspreis
+ Beförderungskosten
+ Verpackungskosten
= Bezugspreis/Einstandspreis

Nachdem Sie die Berechnungen für alle Angebote erstellt haben, werden Sie sich gemäß dem quantitativen Angebotsvergleich für das preisgünstigste Angebot entscheiden.
Gibt es aber nicht noch weitere Besonderheiten, die eventuell eine Auswirkung auf die Lieferantenentscheidung haben?

Qualitativer Angebotsvergleich
Beim qualitativen Angebotsvergleich berücksichtigen Sie neben dem Angebotspreis zum Beispiel noch den Faktor Zuverlässigkeit. Wissen Sie, wie zuverlässig der Lieferant ist? Es nützt Ihnen gar nichts, wenn er den günstigsten Preis anbietet, Sie aber nicht damit rechnen können, dass er Sie auch fristgerecht beliefert. Die Lieferfrist ist ohnehin ein sehr bedeutsamer Faktor. Manchmal werden Sie sich trotz eines höheren Preises im Rahmen des qualitativen Angebotsvergleichs für einen anderen als den preisgünstigsten Anbieter entscheiden. Darüber hinaus werden Sie darauf achten, welchen Service der Lieferant anbietet oder wie kulant sich der Anbieter bereits bei früheren Geschäften Ihnen gegenüber gezeigt hat.
Sie sehen, der Preis ist nicht immer nur das einzige Entscheidungskriterium.

Anwendung
Auch die vorangegangenen Abschnitte waren wieder prall gefüllt mit wichtigen Informationen. Finden Sie einen Weg, sich diese Informationen für Ihr eigenes Lernen aufzubereiten.

4.6 Kaufvertrag

Lassen Sie uns noch mal zurückschauen. Sie haben eine Anfrage gestellt, auf die Sie Angebote erhalten haben. Sie haben die Angebote miteinander verglichen und sich für das aus Ihrer aktuellen Perspektive günstigste Angebot entschieden. Wie kommt es nun zum Kaufvertrag?

4.6.1 Zustandekommen
Wenn Sie sich für einen Anbieter entschieden haben, so teilen Sie ihm das am besten unter Bezug auf das Angebot schriftlich mit. Dieser Schritt wird als Bestellung bzw. Auftrag bezeichnet.
Die Bestellung ist die Willenserklärung des Käufers, in der er den Konditionen des Angebotes des Lieferanten zustimmt. Daher sollte sie die Inhalte des Angebotes wiederholen. Eine Bestellung erlangt ihre Verbindlichkeit zu dem Zeitpunkt, zu dem sie beim Verkäufer eintrifft. Hat sich also ein Fehler in der Bestellung eingeschlichen oder wollen Sie an einer Bestellung nicht festhalten, so müssen Sie dafür sorgen, dass der Widerruf der Bestellung spätestens gleichzeitig mit der Bestellung beim Lieferanten eingeht. Formulieren Sie die Bestellung so, dass die Inhalte des Angebots verändert sind, kommt dies einer neuen Anfrage gleich, da die Willenserklärungen der beiden Geschäftspartner nicht mehr übereinstimmen. Der Lieferant würde Ihnen dann ein neues Angebot machen müssen, um seinen Willen zur Abänderung zu erklären.
Ging einer Bestellung kein Angebot voraus, muss die Bestellung alle Informationen enthalten, die in einem Angebot enthalten sind.
Haben Sie dem Lieferanten eine Bestellung zugeschickt, kann dieser mit einer sogenannten Auftragsbestätigung darauf reagieren. In dieser Auftragsbestätigung werden dann nochmals alle

Vereinbarungen dargestellt, die Gegenstand der Willenserklärungen waren. Eine Auftragsbestätigung, die infolge eines Angebotes erstellt wurde, dient zur nochmaligen inhaltlichen Kontrolle des Vertragsgeschäftes. Erfolgt eine Bestellung ohne vorherige Angebotserteilung, muss der Verkäufer die Auftragsbestätigung nutzen, um seinen Willen zur Durchführung des Auftrages zu erklären. Die Auftragsbestätigung ist dann also die Willenserklärung des Lieferanten.

Zusammenfassung
Wurde eine Anfrage gestellt, ist diese unverbindlich und wird durch ein Angebot beantwortet. Dieses Angebot ist bindend und stellt den Antrag (Willenserklärung des Verkäufers) dar. Auf dieses Angebot folgt eine verbindliche Bestellung. Diese Bestellung stellt im Prozess des Zustandekommens von Kaufverträgen die Annahme dar und ist die Willenserklärung des Käufers. Dieser Bestellung kann dann eine Auftragsbestätigung folgen.

Wurde eine Bestellung durch den Käufer aufgegeben, ohne dass vorher ein Angebot erteilt wurde, stellt diese Bestellung den Antrag und somit die Willenserklärung des Käufers dar. Auf diese Willenserklärung reagiert der Verkäufer mit einer verbindlichen Auftragsbestätigung (Annahme), die seine Willenserklärung repräsentiert.

Achtung: Wird der Inhalt eines Antrages in der Annahme verändert, entspricht dies einem neuen Antrag. Ebenso verhält es sich bei einer Annahme, die nach den zu erwartenden verkehrsüblichen Zeiten erfolgte.
Enthält ein Antrag Freizeichnungsklauseln, so wird ein Kaufvertrag erst dann wirksam, wenn der Käufer eine Bestellung aufgibt und der Verkäufer eine Auftragsbestätigung zu diesem Vertragsgeschäft ausstellt.

Manchmal kommt es vor, dass Ware einfach zugesendet wird, ohne dass zuvor eine Bestellung erteilt wurde.
In solchen Fällen kommt ein Kaufvertrag dann zustande, wenn die Ware angenommen, bezahlt oder ge- bzw. verbraucht wird.
Wenn der Empfänger der Ware nicht auf deren Erhalt reagiert, gilt dieses Schweigen unter Kaufleuten, die bereits Geschäftsbeziehungen zueinander unterhalten, als Zustimmung und somit als Annahme. Bestehen noch keine Geschäftsbeziehungen oder handelt es sich bei dem Vertragspartner um eine Privatperson, so wird das Schweigen als Ablehnung betrachtet und es kommt kein Kaufvertrag zustande. Die unverlangt zugesendete Ware muss dann zur Abholung aufbewahrt werden.

Anwendung
Alles klar? Dann bereiten Sie sich auch diese Inhalte zum Lernen auf.

4.6.2 Allgemeine Geschäftsbedingungen (AGB)
Sie haben sicherlich bereits gemerkt, dass eine Fülle von Sachverhalten Bestandteil eines Kaufvertrages sind. Damit nicht bei jedem Vertragsabschluss alle Vertragsinhalte neu festgelegt werden müssen, bedienen sich die Verkäufer der AGB. Die AGB enthalten Angaben zu den Lieferungs- und Zahlungsbedingungen, sie machen Aussagen zu den Garantiezeiten, definieren den Erfüllungsort und Gerichtsstand, regeln den Eigentumsvorbehalt und weisen auf die Verfahren bei Störungen des Kaufvertrages hin. Die AGB befinden sich häufig in klein gedruckter Form auf der Rückseite der Vertragsformulare. Sie werden durch

die Unterschrift der Vertragsparteien zum Gegenstand des Vertrages. Allerdings gelten hierfür einige Voraussetzungen.

Voraussetzungen für die AGB als Vertragsbestandteil

Die AGB werden nur zum Bestandteil des Vertrages, wenn der Käufer ausdrücklich auf sie hingewiesen wurde. Zudem muss es dem Käufer bei Vertragsabschluss möglich gewesen sein, die AGB in zumutbarer Weise zur Kenntnis nehmen zu können. Darüber hinaus werden die AGB nur zum Bestandteil, wenn der Kunde seine Einwilligung zu den AGB erklärt.

Inhalte der AGB

Wurden die AGB zum Gegenstand des Vertrages, haben jedoch persönliche Absprachen, die sich abseits der AGB bewegen, Vorrang. Darüber hinaus sind alle Formulierungen in den AGB unwirksam, die eine unangemessene Benachteiligung des Käufers bedeuten.

So sind zum Beispiel Klauseln, die normalerweise nicht in AGB formuliert sind und den Käufer überraschen, da er sie nicht erwarten kann, unwirksam.

Klauseln, die mehrdeutig formuliert sind und keine eindeutige Klärung herbeiführen können, werden immer zugunsten des Käufers gewertet.

Zudem ist es nicht erlaubt, die Möglichkeit der kurzfristigen Preiserhöhung nach Abschluss des Kaufvertrages in AGB festzuhalten. Darüber hinaus dürfen Kürzungen der Garantie oder Gewährleistungsfristen nicht vorgenommen werden. Entsprechende Klauseln sind unwirksam.

> *Aufgaben*
>
> *Sichten Sie die AGB Ihres Ausbildungsunternehmens.*

4.6.3 Erfüllung

Es ist also ein rechtssicherer Kaufvertrag auf der Grundlage der übereinstimmenden Willenserklärungen und der entsprechenden formalen Schritte zustande gekommen. Die Frage ist nun, welche Verpflichtungen die Vertragspartner gegenseitig mit der Schließung des Kaufvertrages eingegangen sind, um den Kaufvertrag in Gänze zu erfüllen.

Pflichten des Verkäufers aus dem Kaufvertrag

Der Verkäufer hat die Pflicht, den Vertragsgegenstand zur richtigen Zeit, am richtigen Ort, in der richtigen Menge, Art, Güte und Beschaffenheit an den Käufer zu übergeben. Der Verkäufer hat auch die Pflicht, das Eigentum am Vertragsgegenstand auf den Käufer zu übertragen.

Pflichten des Käufers aus dem Kaufvertrag

Der Käufer hat die Pflicht, die ordnungsgemäß gelieferte Ware anzunehmen und den vereinbarten Kaufpreis an den Verkäufer zu zahlen.

Rechte aus dem Kaufvertrag

Und welche Rechte ergeben sich für die Vertragsparteien aus dem Kaufvertrag? Ganz einfach: Die Pflichten des einen Vertragspartners sind die Rechte des anderen Vertragspartners. Demnach hat der Verkäufer das Recht auf Annahme der Ware und Erhalt des Kaufpreises. Der Käufer hat das Recht auf eine rechtzeitige und mangelfreie Lieferung sowie die Übertragung des Eigentums bei vollständiger Bezahlung.

4.6.4 Kaufvertragsarten

So, dann ist ja alles geklärt – Sie haben einen kaufmännisch einwandfreien Kaufvertrag abgeschlossen; Gratulation! Wissen Sie aber, was für eine Art von Kaufvertrag Sie abgeschlossen haben? Vielleicht einen Gattungskauf, einen Verbrauchsgüterkauf oder gar einen Terminkauf? Wenn Sie die nachfolgenden Abschnitte durchgearbeitet haben, werden Sie es wissen.

Unterscheidung nach der Art und Beschaffenheit der Ware

In dieser Gruppe lassen sich der Stückkauf, bei dem es sich um eine ganz genau identifizierbare Ware handelt (Kunstwerk), der Gattungskauf, bei dem die Ware aufgrund bestimmter Merkmale (Farbe, Materialzusammensetzung) bestimmt wird, die konkrete Auswahl nimmt aber dann der Verkäufer vor (Benzin), der Kauf auf Probe, bei dem der Käufer für eine gewisse Zeitdauer die Ware testen und anschließend zurückgeben kann, Kauf zur Probe, bei der der Käufer eine kleinere Menge erwirbt und später - bei Gefallen - vielleicht eine größere Menge nachbestellt (Weinkauf), Kauf nach Probe, bei dem der Käufer zunächst ein Muster erhält und sich eventuell anschließend zum Kauf entscheidet, unterscheiden. Beim Spezifikationskauf wird vorab nur die Menge und Art der Ware bestimmt, eine genauere Spezifikation erfolgt innerhalb einer festgelegten Frist. Der Ramschkauf ist eine Kaufvertragsart, bei der ein gesamter Warenposten erworben wird (Versteigerung, Lagerauflösung), ohne eine Qualitätsprüfung einzelner Warenstücke durchzuführen (auch Kauf in Bausch und Bogen).

Unterscheidung nach den Vertragspartnern

Sind beide Vertragspartner Privatleute, so wird ein zwischen ihnen geschlossenen Kaufvertrag als bürgerlicher Kauf bezeichnet. Wird ein Kaufvertrag zwischen einer Privatperson und einem Kaufmann geschlossen, ist dies ein Verbrauchsgüterkauf. Von einem zweiseitigen Handelskauf sprechen wir, wenn beide Vertragspartner Kaufleute sind.

Unterscheidung nach dem Zeitpunkt der Kaufpreiszahlung

Wird die Ware sofort bei der Übergabe bezahlt, so handelt es sich um einen Barkauf. Ist der Zahlungszeitpunkt auf ein Datum nach Lieferungserhalt terminiert, handelt es sich um einen sogenannten Zielkauf. Treffen die Vertragspartner die Vereinbarung den Kaufpreis in Raten zu bezahlen, ist dies ein Raten- oder auch Abzahlungskauf.

Unterscheidung nach dem Zeitpunkt der Lieferung

Es kommt vor, dass ein Käufer eine größere Mengeneinheit einer Ware bestellt, diese aber nur in Teilmengen vom Lieferanten geliefert bekommt, weil der Käufer keine entsprechenden Lagerkapazitäten hat. Ein solcher Kaufvertrag wird als Kauf auf Abruf bezeichnet. Wird für die Lieferung ein dem Kalender nach zu bestimmender Termin im Kaufvertrag vereinbart (3. November 20..), ist dieser Kaufvertrag ein Fixkauf. Wird für die Lieferung ein Zeitraum vereinbart (innerhalb von vier Wochen nach Auftragseingang, Lieferung im September 20..), handelt es sich bei dem Kaufvertrag um einen Terminkauf.

Fallsituation

Schildern Sie in Ihrem Ausbildungsbetrieb, mit welchem Fachthema Sie sich aktuell beschäftigen. Erfragen Sie, ob Sie einen anstehenden Beschaffungsprozess verantwortlich realisieren dürfen.

Problemlösung

Konzentrieren Sie sich bei der Bearbeitung Ihres Beschaffungsprozesses auf die einzelnen Phasen der Anbahnung und des Zustandekommens eines Kaufvertrages. Achten Sie auch auf die inhaltlichen Formulierungen der von Ihnen erstellten Schriftstücke.

! Selbstüberprüfung

Kontrollieren Sie jetzt noch einmal kritisch Ihre Angaben zum Wissenscheck dieses Kapitels, indem Sie Ihren aktuellen Wissensstand mit einem „O" an der entsprechenden Stelle markieren. Bewerten Sie die Veränderungen. Sollten Sie mit dem Ergebnis unzufrieden sein, lassen Sie sich beraten und entwickeln Sie auch eine Zielvereinbarung für das weitere Vorgehen. Halten Sie diese Zielvereinbarung in dem nachfolgenden Bereich schriftlich fest.

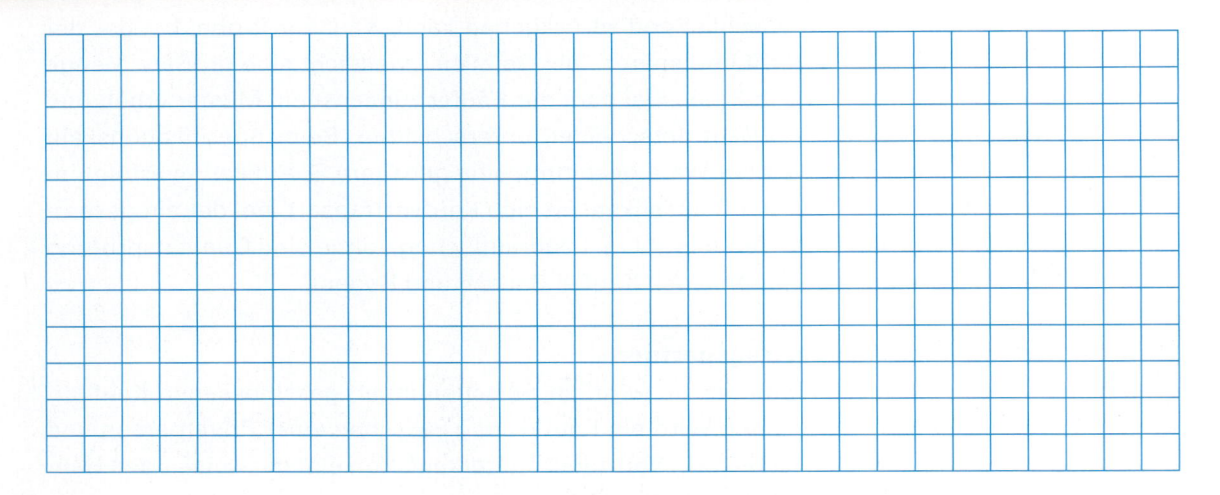

↓ Anwendung

Nehmen Sie die Abschnitte des aktuellen Kapitels nochmals unter die Lupe. Was gefällt Ihnen am Schreibstil, was gefällt Ihnen nicht? Hätten Sie die Textteile so arrangiert? Haben Sie Ideen für Ergänzungen? Würden Sie etwas rausnehmen? Erscheint Ihnen die Reihenfolge logisch?

Seien Sie kritisch und nehmen Sie entsprechende Änderungen vor. Vielleicht wollen Sie sich dabei an den Schritten der Methodenecke dieses Kapitels orientieren?

5 Vertragsstörungen

Sie haben bereits in den vorangegangenen Ausführungen erfahren, dass ein Kaufvertrag immer aus zwei Teilen besteht, dem Verpflichtungsgeschäft und dem Erfüllungsgeschäft. Im Rahmen des Verpflichtungsgeschäftes verpflichtet sich der Verkäufer die Ware mangelfrei zu übergeben, das Eigentum an der Ware zu übertragen und den Kaufpreis anzunehmen. Der Käufer ist verpflichtet den gekauften Gegenstand anzunehmen und den vereinbarten Kaufpreis zu zahlen. Die tatsächliche Umsetzung, die Erfüllung der Pflichten aus dem Verpflichtungsgeschäft, erfolgt im Erfüllungsgeschäft. Der Verkäufer liefert mangelfrei, überträgt das Eigentum, nimmt den Kaufpreis an und der Käufer zahlt den Kaufpreis und nimmt die mangelfreie Ware an. So weit, so gut.

Was aber, wenn die Pflichten aus dem Verpflichtungsgeschäft nicht erfüllt werden?

Das aktuelle Kapitel wird Sie am Beispiel des Kaufvertrages mit den möglichen Störungen vertraut machen, die Ihnen im Tagesgeschäft auf privater und beruflicher Ebene begegnen können. Nach erfolgreichem Durcharbeiten werden Sie in der Lage sein, die möglichen Störungen zu benennen und deren Voraussetzungen zu prüfen. Darüber hinaus werden Sie Konsequenzen aus den Kaufvertragsstörungen für die jeweiligen Vertragspartner kaufmännisch korrekt ableiten können, sodass Sie jederzeit Ihre Ansprüche, aber auch die Forderungen, die an Sie als Störungsverursacher gestellt werden könnten, im Auge haben. Wenn Sie sich intensiv mit diesem Kapitel auseinandersetzen, werden Sie Kaufvertragsstörungen problemlos bewältigen können.

Wissens-Check

Schätzen Sie Ihre Kenntnisse zum Thema Kaufvertragsstörungen mit Hilfe des nachfolgenden Wissenschecks ein. Markieren Sie Ihr Wissen mit einem „X" an der entsprechenden Stelle der nachfolgenden Tabelle.

Aussage	Ich bin mir ganz sicher.	Da bin ich mir unsicher.	Das weiß ich gar nicht.
Ich kann die Pflichten des Käufers aus einem Kaufvertrag benennen und daraus resultierende Störungen ableiten.			
Ich kenne die Voraussetzungen des Lieferungsverzugs.			
Ich kann einen Verkäufer im Rahmen seiner Rechte aus dem Annahmeverzug beraten.			
Ich kann die Begriffe Sachmangel und Rechtsmangel unterscheiden.			
Mir sind die Verjährungsfristen aus Mängelansprüchen bekannt.			
Ich kenne die Voraussetzungen des Zahlungsverzugs.			
Ich kenne die Reaktionsmöglichkeiten des Verkäufers, die im Rahmen der Nacherfüllung bei mangelhafter Lieferung durchzuführen wären.			

Aussage	Ich bin mir ganz sicher.	Da bin ich mir unsicher.	Das weiß ich gar nicht.
Ich kenne die unterschiedlichen Rügefristen für den Verbrauchsgüterkauf und den Handelskauf.			
Ich kann das außergerichtliche und gerichtliche Mahnverfahren unterscheiden.			
Ich kann Stufen des außergerichtlichen Mahnverfahrens entwickeln.			
Ich kenne die aktuell gültigen Verjährungsfristen und den Unterschied zwischen Hemmung und Neubeginn der Verjährungsfrist.			
Ich kann die Schritte des gerichtlichen Mahnverfahrens bis zur Zwangsvollstreckung nachvollziehbar beschreiben.			
Ich kann eine Systematik der Störungen des Kaufvertrags erstellen, aus der die Rechte der jeweiligen Vertragspartner und etwaige Besonderheiten ersichtlich sind.			

Methodenecke

Sachtexte enthalten immer Informationen zu unterschiedlichen Richtungsfragen. Wer muss was, wann und wie machen? Das sind ebendiese Richtungsfragen, aus denen sich die Informationen eines Sachtextes in der Gesamtschau zusammensetzen.

In der Methodenecke des Kapitels 3 im Lernfeld 5 haben Sie sich im spielerischen Umgang mit Ihren Aufzeichnungen auf Karteikarten geübt. Die aktuelle Methodenecke will Ihnen jetzt zeigen, wie Sie Informationen zu den Richtungsfragen eines Sachtextes möglichst kurz und kompakt notieren, um sie dann für spätere Zwecke zu nutzen und in einem kompletten Zusammenhang wieder herstellen zu können.

→ *Schritt 1: Lesen Sie den Sachtext ganz durch.*
→ *Schritt 2: Markieren Sie wichtige Textpassagen.*
→ *Schritt 3: Ordnen Sie die Textpassagen den Richtungsfragen zu.*
→ *Schritt 4: Fassen Sie die von Ihnen hervorgehobenen Textpassagen mit eigenen Worten zusammen.*
→ *Schritt 5: Reduzieren Sie die von Ihnen erstellten Zusammenfassungen immer weiter. Verwenden Sie Zeichen wie Pfeile, Linien oder Ähnliches, um inhaltliche Zusammenhänge darzustellen.*
→ *Schritt 6: Reduzieren Sie das Ergebnis aus Schritt 4, bis nur noch möglichst ein Schlüsselbegriff übrig bleibt. Die Zusammenhänge der Schlüsselbegriffe zueinander dürfen Sie weiterhin symbolisch darstellen.*

Auf diese Weise ergibt sich ganz automatisch ein Struktogramm des Textes als sichtbares Ergebnis Ihrer Arbeit. Darüber hinaus haben Sie aber auch noch ein mentales Ergebnis erreicht. Wann immer Sie auf dem Weg zu möglichst nur einem Schlüsselbegriff

> beschließen, eine weitere Information aus Ihrer Zusammenfassung zu streichen, vollziehen Sie eine sehr bewusste Entscheidung. Dieser aktive Denkprozess trägt dazu bei, dass Sie sich die Zusammenhänge und Bedeutungen besser merken können. Wenn Sie sich intensiv in diesem Prozess mit den Inhalten auseinandersetzen, wird Ihnen später das Struktogramm genügen, um sich an eine Vielzahl von Details und Zusammenhängen erinnern zu können. Mit einer auf diese Weise von Ihnen erstellten Unterlage können Sie auch jederzeit einen Inhaltsvortrag halten, wobei die Struktur des Schaubildes Ihnen dann als roter Faden dient. Versuchen Sie's!

5.1 Lieferungsverzug

Nun ist es also passiert. Sie haben einen Kaufvertrag abgeschlossen und warten auf die Lieferung; aber es kommt einfach nichts. Liegt vielleicht ein Lieferungsverzug vor?
Dieser Frage gehen Sie in diesem Kapitel nach, denn der Lieferungsverzug ist an bestimmte Voraussetzungen geknüpft. Damit Sie als Käufer Ihre Rechte aus dem Lieferungsverzug geltend machen können, sind folgende Sachverhalte zu klären.

Die Lieferung muss fällig sein.

Eine Lieferung ist immer dann fällig, wenn der Liefertermin kalendermäßig bestimmt war. Eine solche kalendermäßige Bestimmung ist zum Beispiel durch die Vertragsangabe „Lieferung am 17. Juni 20.." oder „Lieferung in der 23. Kalenderwoche" oder „Lieferung innerhalb von 7 Tagen nach Bestellung" gegeben. Verstreichen diese Kalenderangaben, kommt der Verkäufer bereits ohne eine Mahnung in Verzug.
Ist der Liefertermin nicht bestimmt, so hat die Lieferung sofort zu erfolgen. Erfolgt die sofortige Lieferung nicht, muss der Käufer den Verkäufer in Verzug setzen. Dies kann durch einen formlosen Brief erfolgen, in dem der Käufer den Verkäufer zur umgehenden Lieferung auffordert. Erst nachdem dem Verkäufer diese Lieferungsaufforderung zugegangen ist, kommt er in Verzug.
Handelt es sich bei dem Kaufvertrag um einen Zweckkauf, bei dem das Interesse des Käufers an der Lieferung mit Ablauf eines Datums entfällt (Lieferung eines Buffets nach der Unternehmensfeier, für die das Buffet vorgesehen war), ist eine Mahnung ebenso entbehrlich.

Den Lieferer muss ein Verschulden treffen.

Zu den Voraussetzungen des Lieferungsverzugs gehört ferner, dass der Lieferer eine Schuld an der nicht erfolgten Lieferung hat. Dieses Verschulden liegt bei Fahrlässigkeit, wenn er also nicht sorgfältig und gewissenhaft arbeitet, oder bei Vorsatz, wenn der Lieferer also mit voller Absicht nicht rechtzeitig liefert, vor.
Den Lieferer trifft kein Verschulden, wenn ihm die Zustellung der Sendung aufgrund höherer Gewalt (Streik, Unwetter, Naturkatastrophen, o. Ä.) nicht möglich war.

Die Lieferung muss nachholbar sein.

Der Lieferungsverzug setzt voraus, dass die Lieferung prinzipiell noch möglich ist. Kann der Lieferant die betreffende Ware überhaupt nicht mehr zustellen, weil zum Beispiel das Kunstobjekt gänzlich zerstört wurde, liegt auch kein Lieferungsverzug vor, da der Vertragsgegenstand nicht mehr lieferbar ist.

Bevor Sie also mögliche Rechte aus dem Lieferungsverzug in Anspruch nehmen wollen, müssen Sie zunächst die Voraussetzungen prüfen: Ist die Lieferung fällig? Liegt das Verschulden beim Lieferanten? Ist die Lieferung der Ware prinzipiell noch möglich?

Sind die Voraussetzungen geprüft und es liegt ein Lieferungsverzug vor, können Sie als Käufer aus verschiedenen Rechten wählen.

Rechte des Käufers aus dem Lieferungsverzug

Sie haben als Käufer das Recht, weiterhin auf die Lieferung zu bestehen. Das macht besonders immer dann Sinn, wenn Sie die entsprechende Ware anderweitig nicht oder nur unter höheren Kosten beziehen könnten. Darüber hinaus können Sie Schadenersatz verlangen für den Fall, dass der Lieferer schuldhaft die Lieferung verzögert hat und Ihnen als Käufer tatsächlich auch ein Schaden entstanden ist.

Ist eine angemessene Frist verstrichen, innerhalb derer der Verkäufer die Ware, ohne sie noch herstellen oder selbst beziehen zu müssen, hätte liefern können, können Sie als Käufer vom Kaufvertrag zurücktreten. Auf diese Weise erhalten Sie sich die Möglichkeit, die Ware an anderer Stelle schnell und vielleicht günstiger zu beziehen. Daneben können Sie einen Schadenersatz anstelle der Leistung verlangen. Hierbei muss jedoch ein Verschulden des Lieferanten vorliegen. Darüber hinaus ist es möglich, dass Sie den Ersatz von Aufwendungen beim Verkäufer geltend machen, die Ihnen im Rahmen des Lieferungsverzuges entstanden sind.

Rücktritt und Schadenersatz sind jedoch nur möglich, wenn Sie dem Verkäufer eine angemessene Nachfrist gesetzt haben. Eine Nachfrist ist beim Recht auf Schadenersatz nicht zu setzen, wenn der Verkäufer von sich aus erklärt, dass er nicht oder nicht mehr liefern kann. Eine Nachfristsetzung kann beim Rücktritt vom Kaufvertrag entfallen, wenn der Verkäufer erklärt, dass er die Lieferung der Ware endgültig nicht erbringt oder es sich um einen Zweckkauf handelte.

5.2 Annahmeverzug

Beim Annahmeverzug handelt es sich um eine Störung, die vom Käufer ausgeht. Wenn der Lieferant die Ware fristgerecht und mangelfrei liefert, der Käufer sie aber nicht annimmt, gerät der Käufer in Annahmeverzug. Um Ihre Rechte als Verkäufer aus dem Annahmeverzug geltend machen zu können, sind jedoch zuvor die Voraussetzungen für den Annahmeverzug zu prüfen.

Voraussetzungen für den Annahmeverzug

Zunächst muss die Lieferung gemäß den Vereinbarungen im Kaufvertrag fällig sein. Wurde kein Lieferzeitpunkt definiert, haben Lieferung und Annahme sofort zu erfolgen.

Eine weitere Voraussetzung besteht darin, dass der Verkäufer dem Käufer die Ware tatsächlich zur Übernahme anbieten muss. Diese Voraussetzung macht deutlich, dass ein Käufer niemals in Annahmeverzug gerät, wenn der Verkäufer nicht liefern kann.

Ein Annahmeverzug liegt auch dann vor, wenn der Käufer die Ware nicht, wie im Kaufvertrag vereinbart, abholt. Dabei ist es unerheblich, ob den Käufer eine Schuld trifft.

Rechte des Verkäufers aus dem Annahmeverzug

Wenn die Voraussetzungen zum Annahmeverzug erfüllt sind, hat der Verkäufer nachfolgende Rechte: Er kann den Käufer umgehend auf die Abnahme der Ware verklagen. Hierzu kann er den betreffenden Gegenstand des Kaufvertrages auf Kosten des Käufers einlagern und den Ersatz der Mehrkosten (Transport, Bearbeitungsgebühren) verlangen.

Darüber hinaus wird der Verkäufer dem Käufer eine angemessene Nachfrist zur Annahme der Ware setzen. Ist diese verstrichen, so kann der Verkäufer vom Kaufvertrag zurücktreten oder die Ware auf Kosten des Käufers im Rahmen eines Selbsthilfeverkaufes verkaufen. Ist die Ware verderblich, kann der Verkäufer zum Notverkauf greifen und die Ware sofort öffentlich versteigern lassen. Ort und Datum des Not- bzw. Selbsthilfeverkaufs sind dem Käufer mitzuteilen. Darüber hinaus ist dem Käufer der erzielte Erlös nachzuweisen. Liegt der Verkaufspreis unter der Forderung gemäß Kaufvertrag, hat der Käufer die Differenz zu tragen. Ein Mehrerlös ist dem Käufer zuzuweisen.

Beim Annahmeverzug gilt auch eine Beschränkung der Haftung für den Verkäufer. Da der Käufer die Ware nicht rechtzeitig angenommen hat, ist der Verkäufer nur noch bei grober Fahrlässigkeit oder Vorsatz im Falle des Untergangs der Ware haftbar.

5.3 Lieferung mangelhafter Ware

Aus dem Kaufvertrag ergeht für den Verkäufer die Pflicht mangelfreie Ware zu liefern. Diese Pflicht wird als Gewährleistungspflicht bezeichnet. Erfolgt keine Übergabe mangelfreier Ware, was auch als Schlechtleistung bezeichnet wird, stehen dem Kunden verschiedene Gewährleistungsrechte aus der mangelhaften Lieferung zu.

Zunächst sind jedoch grundsätzlich zwei Mangelarten zu unterscheiden: der Sachmangel und der Rechtsmangel.

Sachmangel

Ein Sachmangel liegt vor, wenn die übergebene Ware nicht der im Kaufvertrag vereinbarten Beschaffenheit entspricht. So ist zum Beispiel ein Kratzer auf dem neuen Büroschreibtisch ein Sachmangel. Ein Sachmangel liegt auch vor, wenn das DVD-Laufwerk des neu gekauften Laptops nicht funktioniert.

Wurde die Beschaffenheit des Kaufgegenstandes vertraglich nicht vereinbart, liegt dann ein Sachmangel vor, wenn sich die gelieferte Ware nicht zu der im Kaufvertrag vereinbarten Verwendung eignet oder wenn die Ware nicht zur gewöhnlichen Verwendung geeignet ist und auch nicht die Beschaffenheit aufweist, die der Käufer beim Kauf vergleichbarer Ware erwarten könnte. Sollten in der Werbung für ein Produkt Eigenschaften betont werden, über die die Ware jedoch nicht verfügt oder die sie nicht erfüllt, liegt auch in diesem Falle ein Sachmangel vor. Von Sachmängeln wird auch dann gesprochen, wenn die Montage unkorrekt ausgeführt wurde und zum Beispiel die Büroeinbauwand nun einen dicken Kratzer auf einer der Holzfronten hat. Ebenso liegt ein Sachmangel vor, wenn eine andere Sache als die vertraglich bestimmte Sache geliefert wird oder aber die Mengeneinheiten nicht stimmen.

Rechtsmangel

Die Juristen sprechen von einem Rechtsmangel, wenn Dritte mehr Rechte an dem Kaufgegenstand haben als der Käufer selbst. Wenn Ihr Unternehmen einen gebrauchten PKW erwirbt, dessen Eigentümer jedoch nicht die Person ist, die Ihnen den Wagen verkauft hat, dann liegt ein Rechtsmangel vor, da der PKW nicht ohne Zustimmung des Eigentümers verkauft werden kann.

Vorrangiges und nachrangiges Recht

Dem Käufer steht aus Sach- oder Rechtsmängeln zunächst das vorrangige Recht auf Nacherfüllung zu. Hier kann er zwischen der Nachbesserung in der Form einer Reparatur oder dem Ersatz der fehlerbehafteten Sache wählen. Erst wenn die Nacherfüllung nach zwei Versuchen gescheitert ist, hat der Käufer weitere sogenannte nachrangige Rechte.

Zu diesen nachrangigen Rechten gehört der Rücktritt vom Kaufvertrag oder die Minderung des zuvor vereinbarten Kaufpreises. Der Käufer kann auch den Ersatz des ihm entstandenen

Schadens verlangen unter der Bedingung, dass dem Käufer durch das Verschulden des Verkäufers auch tatsächlich ein Schaden entstanden ist. Anstelle des Schadenersatzes kann der Käufer auch den Ersatz vergeblicher Aufwendungen verlangen. Hierunter verstehen die Juristen Kosten, die dem Käufer entstanden sind, weil er auf die Mangelfreiheit der Ware vertraut hat.

Mangelausschluss

Diese Rechte kann der Käufer jedoch nur geltend machen, wenn kein Mangelausschluss vorliegt. Ein Mangelausschluss liegt dann vor, wenn der Käufer seiner Pflicht zur Prüfung der Ware auf Mängel nicht oder nur unzureichend nachgekommen ist und diese in Folge grober Fahrlässigkeit unbemerkt geblieben sind. In einem solchen Fall kann der Käufer seine Rechte nur noch dann geltend machen, wenn dem Verkäufer nachgewiesen werden kann, dass er den Mangel arglistig verschwiegen hat.

Rüge- und Verjährungsfristen

Bei den Ansprüchen aus mangelhafter Lieferung sind aber auch Verjährungsfristen zu berücksichtigen. So müssen Mängel an Bauwerken und Sachen, die für Bauwerke verwendet wurden, innerhalb von fünf Jahren gerügt werden. Arglistig verschwiegene Mängel sind innerhalb von drei Jahren zu rügen und Mängel im Rahmen von einseitigen Handelskäufen (Verbrauchsgüterkauf) sind innerhalb von zwei Jahren zu rügen. Innerhalb der ersten sechs Monate werden alle auftretenden Mängel beim Verbrauchsgüterkauf zu Gunsten des Käufers gewertet. Es wird davon ausgegangen, dass der Mangel bereits bei der Übergabe vorlag. Der Verkäufer muss demnach innerhalb der ersten sechs Monate beweisen, dass der Mangel an der Ware nicht schon bei der Übergabe vorhanden war. Nach Ablauf der sechs Monate gilt die sogenannte Beweislastumkehr. Nun muss der Käufer beweisen, dass der Mangel schon beim Erwerb der Ware vorgelegen hat.

Innerhalb der hier dargestellten Zeiträume muss der Käufer eine sogenannte Mängelrüge verfassen, um seine Ansprüche aus der mangelhaften Lieferung geltend machen zu können. Es empfiehlt sich die Mängelrüge zur Sicherung der Beweislast schriftlich zu formulieren. Offene Mängel sind unverzüglich nach deren Entdeckung zu rügen.

Bürgerlicher Kauf

Handelt es sich um einen Kauf zwischen Privatpersonen (bürgerlicher Kauf), so können Gewährleistungsansprüche ausgeschlossen werden.

Handelskauf

Bei Handelskäufen hat eine unverzügliche Prüfung zu erfolgen, da ansonsten die Ware als angenommen gilt. Eine Ausnahme bilden versteckte Mängel, die innerhalb der gesetzlichen Rügefrist zu beanstanden sind.

Handelt es sich bei einem offenen Mangel um einen sogenannten Platzkauf, bei dem die Vertragspartner am gleichen Ort wohnen, kann der Käufer die Annahme der Ware verweigern und an den Lieferanten zurückschicken. Bei einem Distanzkauf, bei dem Käufer und Verkäufer nicht im selben Ort wohnen, hat der Käufer bei einem offenen Mangel zunächst für die ordnungsgemäße Einlagerung der Ware zu sorgen.

Versteckte Mängel sind unverzüglich nach deren Entdeckung, spätestens aber innerhalb von zwei Jahren zu rügen. Ansprüche aus arglistig verschwiegenen Mängeln verjähren nach drei Jahren.

5.4 Zahlungsverzug

Der Zahlungsverzug ist wieder eine Vertragsstörung, die vom Käufer ausgeht. Beim Zahlungsverzug erfolgte eine mangelfreie und termingemäße Lieferung, der Käufer ist zur Annahme und zum Kauf des vereinbarten Preises verpflichtet.

Voraussetzung des Zahlungsverzugs

Zur Bestimmung des Zahlungsverzugs muss zunächst geprüft werden, ob die Zahlung fällig ist. Bei nicht vereinbarten Zahlungsterminen ist eine Zahlung spätestens 30 Tage nach Zugang einer Rechnung oder einer entsprechenden Zahlungsaufforderung fällig. Bei Verbrauchsgüterkäufen muss die Rechnung mit einem entsprechenden Vermerk versehen sein.

Ist der Zahlungstermin kalendermäßig bestimmbar, so kommt der Käufer mit Ablauf des Zahlungstermins in Zahlungsverzug.

Der Käufer kommt auch in Zahlungsverzug, wenn er den vereinbarten Kaufpreis unvollständig oder gar nicht zahlt. Allerdings ist bei den Voraussetzungen zum Zahlungsverzug zu prüfen, ob der Käufer den Zahlungsverzug verschuldet hat.

Rechte des Verkäufers aus dem Zahlungsverzug

Liegt ein Zahlungsverzug vor, kann der Verkäufer auf die sofortige Zahlung des vereinbarten Kaufpreises bestehen und den Ersatz eines Schadens wegen der Verzögerung der Zahlung verlangen (Verzögerungsschaden).

Diesen Verzögerungsschaden kann der Verkäufer in Form von Verzugszinsen geltend machen. Der Zinssatz beträgt hier bei Verbrauchsgüterkäufen 5 % und bei Handelskäufen 8 % über dem gültigen Basiszinssatz, der jeweils zum Jahresanfang von der Europäischen Zentralbank bekannt gegeben wird. In besonders schweren Fällen kann der Verkäufer aber auch einen höheren Schaden geltend machen. Dies ist aber dann gesondert nachzuweisen.

Erfolgt die Zahlung innerhalb einer angemessenen Nachfrist nicht, so kann der Verkäufer vom Kaufvertrag zurücktreten. Er kann Schadenersatz statt der Leistung verlangen oder die vergeblichen Aufwendungen beim Käufer geltend machen.

5.4.1 Mahnverfahren

Wenn der Käufer seiner Pflicht zur Zahlung des Kaufpreises nicht nachkommt, kann der Verkäufer mithilfe von Mahnverfahren die Zahlung forcieren. Dabei lassen sich das außergerichtliche (auch kaufmännische) und das gerichtliche Mahnverfahren unterscheiden.

Außergerichtliches (kaufmännisches) Mahnverfahren

Wie der Name bereits sagt, versucht der Verkäufer den Käufer ohne Inanspruchnahme eines Gerichtes zur Zahlung des Kaufpreises zu bewegen. Der Ablauf des außergerichtlichen Mahnverfahrens ist dabei nicht vorgeschrieben. In der kaufmännischen Praxis erhält der Zahlungspflichtige zunächst ein Erinnerungsschreiben, in dem in freundlicher Art und Weise an die noch ausstehende Zahlung erinnert wird. Reagiert der Zahlungspflichtige nicht, erhält er in einem zweiten Schritt eine erste Mahnung. Diese Mahnung fordert den Käufer nochmals zur Zahlung auf und nennt einen neuen Zahlungstermin. Mit diesem neuen Zahlungstermin wird dem Zahlungspflichtigen eine Nachfrist zur Zahlung gesetzt. Dass es sich mit dem Schreiben um eine Mahnung handelt, wird häufig bereits in der Betreffzeile deutlich gemacht. Reagiert der Käufer wiederum nicht auf die erste Mahnung, gerät er mit Ablauf der Nachfrist in Zahlungsverzug. In einem dritten Schritt erhält er eine erneute Mahnung, die in der Formulierung schärfer wird und auf die zusätzlich entstehenden Kosten durch das Mahnverfahren und die Verzugszinsen hinweist. Es kann auch die Beauftragung eines Inkasso-Instituts angedroht werden.

Reagiert der Zahlungspflichtige immer noch nicht, erhält er ein weiteres Mahnschreiben mit dem Hinweis, dass nach Ablauf einer weiteren Frist gerichtliche Schritte eingeleitet werden.

Das außergerichtliche Mahnverfahren ist für die Unternehmen in der Regel mit hohem Zeitaufwand und Kosten verbunden. Daher gehen die Verkäufer immer mehr dazu über, den Zahlungstermin direkt auf der Rechnung zu vermerken, sodass der Zahlungspflichtige nach 30 Tagen automatisch in Zahlungsverzug gerät. Auf diese Weise können verkürzte Mahnverfahren durchgeführt werden.

Anwendung
Formulieren Sie Schriftstücke, die einem mehrstufigen, außergerichtlichen Mahnverfahren entsprechen könnten.

Gerichtliches Mahnverfahren
Mit dem gerichtlichen Mahnverfahren können nur Geldschulden eingefordert werden. Das Formular zum Antrag auf Erlass eines Mahnbescheides ist im Internet oder in Schreibwarengeschäften erhältlich. Gemäß Ausfüllanleitung muss der Gläubiger die Höhe seiner Forderungen angeben und deutlich machen, worauf sich seine Forderungen begründen. Der Antrag auf Erlass eines Mahnbescheides wird bei dem für den jeweiligen Bezirk zuständigen Amtsgericht, das die Funktion eines zentralen Mahngerichtes hat, gestellt. Die Angaben des Antragstellers werden bei Gericht nur formal geprüft. Einer inhaltlichen Prüfung, also ob die Forderung des Antragstellers gegenüber dem Schuldner tatsächlich besteht, wird nicht nachgegangen.
Der vom Mahngericht ausgestellte Mahnbescheid wird dem Schuldner zugestellt. In diesem Mahnbescheid wird der Schuldner aufgefordert den Betrag innerhalb von zwei Wochen zu zahlen oder aber Widerspruch gegen den Mahnbescheid einzulegen. Reagiert der Schuldner nicht auf den Mahnbescheid, kann der Gläubiger innerhalb von sechs Monaten einen Vollstreckungsbescheid (Zwangsvollstreckung) erwirken. Zahlt der Antragsgegner den geforderten Betrag nach Erhalt des Mahnbescheides, ist das Verfahren beendet.
Legt der Schuldner Widerspruch gegen den Mahnbescheid ein oder erhebt er Einspruch gegen den Vollstreckungsbescheid, muss der Gläubiger eine Begründung für seine Forderung innerhalb von zwei Wochen beibringen. Infolge dieses Schrittes kommt es dann zu einem mündlichen Verfahren und einem Gerichtsurteil. Fällt dieses zugunsten des Gläubigers aus, so darf dieser die Zahlung erwarten. Reagiert der Schuldner nicht auf das Gerichtsurteil zu seinen Ungunsten oder reagierte der Schuldner auch nicht auf den ihm zugestellten Vollstreckungsbescheid, wird eine Zwangsvollstreckung gegen das Vermögen des Schuldners durchgeführt.
Bei welchem Gericht der erhobene Sachverhalt zur Klärung gebracht wird, hängt von den im Vertrag getroffenen Regelungen zum Gerichtsstand ab. Sofern keine vertraglichen Regelungen bezüglich des Gerichtsstandes getroffen wurden, ist das Gericht am Wohnort bzw. Unternehmenssitz des Zahlungspflichtigen zuständig.
Der Schuldner kann zu jedem Zeitpunkt des Verfahrens die auf ihn bezogene Gesamtschuld begleichen und damit das Verfahren beenden. Allerdings ist zu vermerken, dass die Kosten im Laufe des Verfahrens durch zusätzliche Mahn- und Gerichtskosten ansteigen. Besteht die Forderung des Gläubigers also zu Recht, sollte diese auch entsprechend bezahlt werden.

Gegenüber der Antragstellung auf Erlass eines Mahnbescheides kann der Gläubiger auch umgehend eine Klage auf Zahlung bei dem in Abhängigkeit vom definierten Gerichtsstand zuständigen Gericht auf dem Wege der Zivilgerichtsbarkeit erheben. Dies wird der Gläubiger dann tun, wenn er davon ausgehen muss, dass der Schuldner der gegenüber ihm gestellten Forderung im Rahmen des gerichtlichen Mahnverfahrens widersprechen wird. Eine solche Vorgehensweise verkürzt das Verfahren und verschafft dem Gläubiger einen schnelleren Zugriff auf die noch ausstehende Forderung.

> **Aufgaben**
>
> Besorgen Sie sich einen Antrag auf Erlass eines Mahnbescheides. Studieren Sie das Formular und beachten Sie besonders die Katalogziffern, mit denen die Forderung gegenüber dem Schuldner zu bezeichnen ist.

5.4.2 Zwangsvollstreckung

Mit dem Gerichtsurteil gegen den Schuldner und der Zwangsvollstreckung erhält der Schuldner einen sogenannten vollstreckbaren Titel in das Vermögen des Schuldners. Ziel der Zwangsvollstreckung ist es, die Forderung des Gläubigers durchzusetzen. Das Mahngericht bzw. der von ihm bestellte Gerichtsvollzieher kann nun eine Zwangsvollstreckung in das bewegliche oder unbewegliche Vermögen des Schuldners durchführen.

Im Bereich des beweglichen Vermögens können körperliche Sachen oder Forderungen zwangsvollstreckt (gepfändet) werden. Bei körperlichen Sachen bringt der Gerichtsvollzieher ein Pfandsiegel an der körperlichen Sache an oder er entfernt die Gegenstände aus dem Vermögen des Schuldners. Die gepfändeten körperlichen Sachen werden dann öffentlich zur Versteigerung gebracht. Gegenstände, die zur Berufsausübung oder zum Lebensunterhalt notwendigerweise genutzt werden, dürfen nicht gepfändet werden.

Forderungen als bewegliches Vermögen werden durch das Amtsgericht gepfändet. Solche Forderungen können Lohn- und Gehaltsforderungen des Schuldners sein, die bis zur Grenze eines für die Lebensführung notwendigen Betrags pfändbar sind.

Unbewegliches Vermögen (Grundstücke, Gebäude) wird durch eine öffentliche Versteigerung zwangsvollstreckt. Verfügt der Schuldner über Miet- oder Pachterträge aus Immobilien, so können diese dem Gläubiger im Rahmen der Zwangsverwaltung zum Ausgleich dessen Forderung zugeleitet werden.

Ist die Zwangsvollstreckung erfolglos, weil es kein pfändbares bewegliches oder unbewegliches Vermögen gibt, hat der Schuldner nach Antrag des Gläubigers ein Vermögensverzeichnis anzufertigen und unter Eid zu bestätigen, dass er kein weiteres als in diesem Verzeichnis deklariertes Vermögen besitzt. Diese eidesstattliche Versicherung des Schuldners führt dazu, dass der Schuldner in ein Schuldnerverzeichnis eingetragen wird. Dieses Schuldnerverzeichnis hat Informationscharakter für Behörden, die Staatsanwaltschaft oder für Geschäftspartner, die hier ermitteln können, ob eine eidesstattliche Versicherung eines Unternehmens oder einer Privatperson vorliegt. Mit der Eintragung in das Schuldnerverzeichnis erfolgt bei Privatpersonen auch eine entsprechende Negativeintragung bei der SCHUFA (Schutzgemeinschaft für allgemeine Kreditsicherung). Die Eintragung im Schuldnerverzeichnis kann auf Antrag nach Begleichung der Schuld gelöscht werden. Automatisch wird sie nach Ablauf von drei Jahren gelöscht. Erfolgte eine vorzeitige Löschung, ist ein entsprechender Löschungsantrag auch bei der SCHUFA zu stellen.

Anwendung

Erstellen Sie eine Übersichtszeichnung, aus der die Möglichkeiten der Forderungseintreibung im Rahmen des außergerichtlichen und gerichtlichen Mahnverfahrens ersichtlich werden. Heften Sie Ihre Zeichnung hier zu Ihren Unterlagen.

5.4.3 Verjährung

Der Begriff Verjährung bezeichnet den Sachverhalt, dass Ansprüche aus Verträgen innerhalb einer bestimmten Zeit geltend gemacht werden müssen, da sie ansonsten vom jeweiligen Gläubiger nicht mehr eingefordert oder eingeklagt werden können.

Verjährungsfristen

Die Regelverjährungsfrist beträgt drei Jahre. Innerhalb von drei Jahren müssen demnach Forderungen aus mangelhafter Lieferung gestellt werden. Die Regelverjährungsfrist beginnt jeweils zum 31. Dezember des Jahres, in dem die Forderung entstanden ist.

Forderungen aus Verbrauchsgüterkäufen verjähren nach zwei Jahren. Die Verjährungsfrist für Bauwerke und Sachen, die für die Errichtung eines Bauwerkes verwendet wurden, beträgt fünf Jahre. Mit einer Frist von zehn Jahren verjähren Forderungen aus Immobilienkäufen und nach 30 Jahren sind Gerichtsurteile, Vollstreckungsbescheide oder von Notaren beurkundete Forderungen verjährt. Darüber hinaus verjährt ein Verbrechen wie Mord niemals.

Die 2-, 5-, 10- und 30-jährige Frist beginnt zum Zeitpunkt des Entstehens des jeweiligen Anspruchs.

Hemmung und Neubeginn der Verjährungsfrist

Erkennt ein Schuldner den gegen ihn bestehenden Anspruch an, indem er dies schriftlich erklärt oder eine Teilzahlung auf die Schuld leistet oder wenn der Gläubiger Klage erhebt oder einen gerichtlichen Mahnbescheid anstrengt, so beginnt die Verjährungsfrist ab diesen jeweiligen Zeitpunkten neu.

Die Verjährungsfrist wird gehemmt, wenn beispielsweise zwischen den Vertragsparteien Verhandlungen bezüglich des Anspruchs stattfinden, der Schuldner um Stundung der Forderung bittet und dies ihm auch vom Gläubiger gewährt wird oder aber auch wenn dem Schuldner ein gerichtlicher Mahnbescheid zugestellt wird. Im Gegensatz zum Neubeginn der Verjährung, bei der die Verjährungsfrist ab dem jeweiligen Ereignis neu zu laufen beginnt, wird die Verjährungsfrist bei einer Hemmung der Verjährung um die jeweilige Dauer der Hemmung verlängert.

Aufgaben

Sie wissen, dass Sie zur Klärung gesetzlicher Grundlagen im Rahmen von Kaufverträgen das HGB und das BGB heranziehen müssen.
1. Klären Sie, wann das BGB und wann das HGB zur Anwendung kommt.
2. Erstellen Sie für Ihre Unterlagen eine Übersicht, anhand derer Sie erkennen können, welche Paragrafen schwerpunktmäßig welche Vertragsstörung thematisieren.

! Selbstüberprüfung

Wenden Sie sich jetzt wieder Ihren Angaben im Wissenscheck dieses Kapitels zu und überprüfen Sie Ihren Wissensstand, indem Sie ihn mit einem „O" an der entsprechenden Stelle markieren. Bewerten Sie die Veränderungen. Sollten Sie mit dem Ergebnis unzufrieden sein, lassen Sie sich beraten und entwickeln Sie auch eine Zielvereinbarung für das weitere Vorgehen. Halten Sie diese Zielvereinbarung in dem nachfolgenden Bereich schriftlich fest.

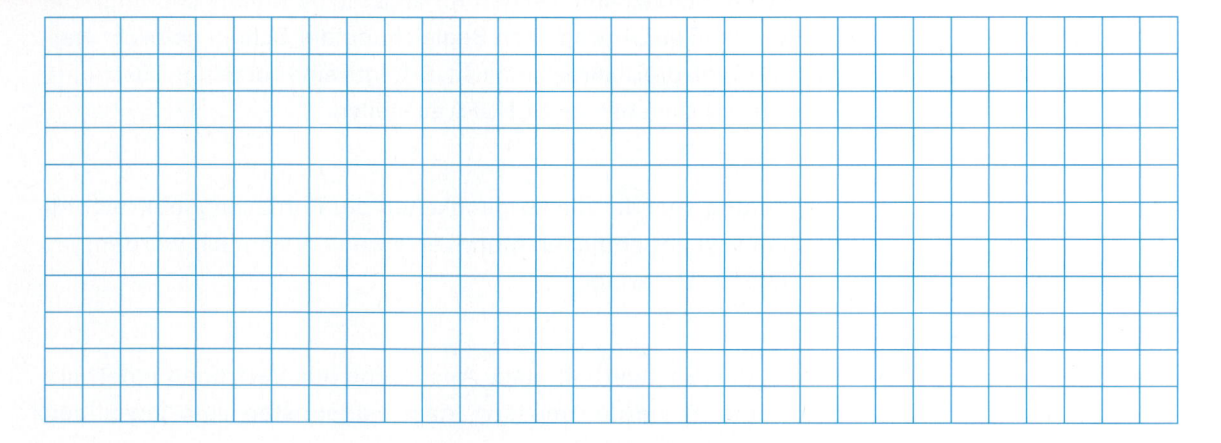

Fallsituation

Konstruieren Sie einen Fall, der eine Vertragsstörung aus dem Kaufvertrag darstellt. Vielleicht erfragen Sie eine entsprechende Begebenheit in Ihrem Ausbildungsunternehmen?

Beschreiben Sie die von Ihnen gewählte Ausgangssituation möglichst genau und entwerfen Sie eine Lösungsskizze zu dem Fall, aus dem die jeweiligen Ansprüche und Vorgehensweisen deutlich und fachlich korrekt hervorgehen.
Stellen Sie den Fall Ihren Mitschülerinnen und Mitschülern vor und lassen Sie ihn bearbeiten.

Problemlösung

Gleichen Sie die Lösung Ihrer Mitschülerinnen und Mitschüler mit Ihrer Lösungsskizze ab. Gibt es Differenzen? Prüfen Sie die jeweilige Richtigkeit und nehmen Sie Korrekturen an entsprechender Stelle vor.

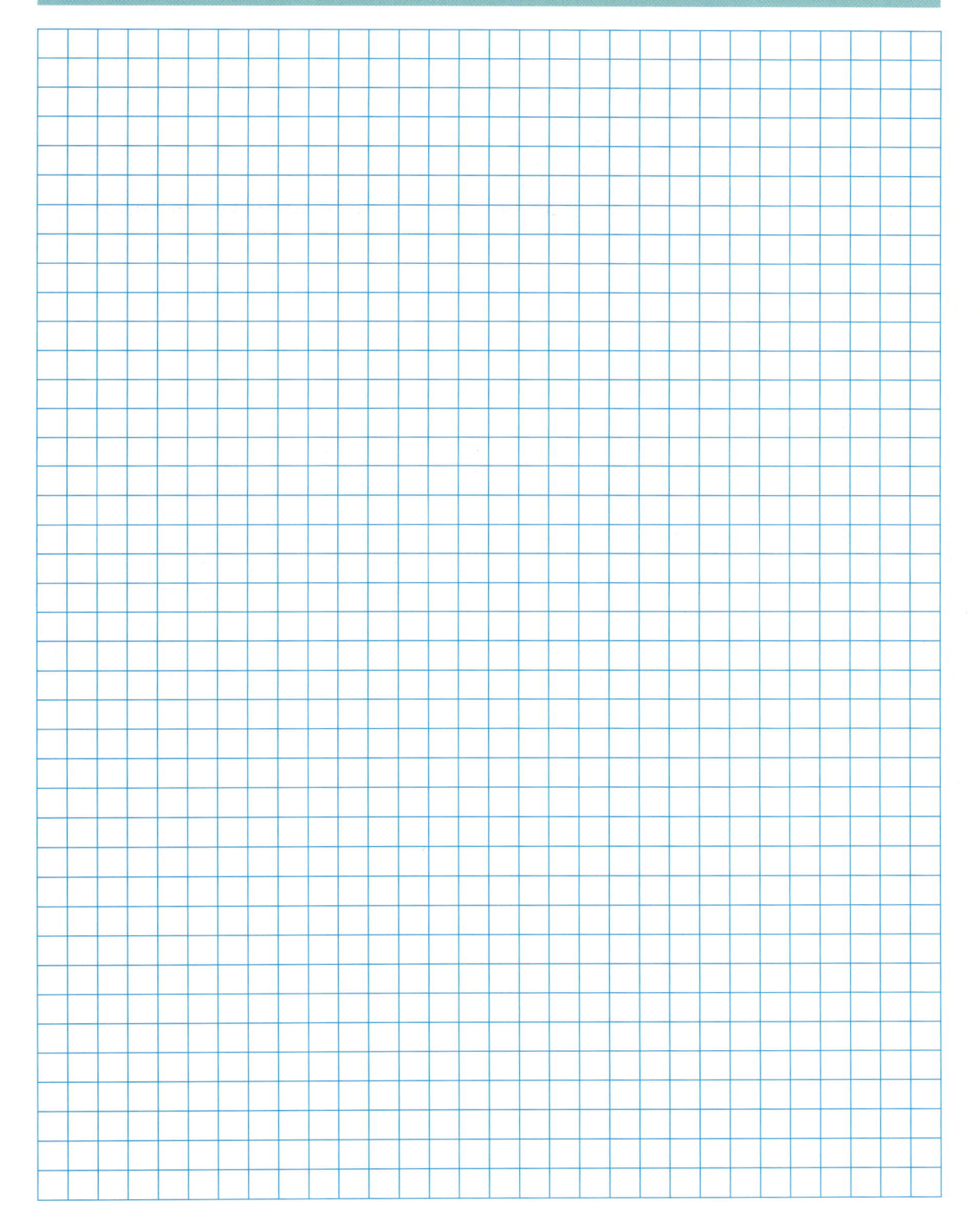

6 Zahlungsverkehr

Sie haben einen Kaufvertrag rechtswirksam abgeschlossen. Die Lieferung ist erfolgt, es gibt keine Gründe der Beanstandung. Nun kommt es für den Käufer zum unangenehmeren und für den Verkäufer zum weitaus angenehmeren Teil der Erfüllung des Rechtsgeschäfts – die Zahlung des Kaufpreises steht an.

Wenn Sie das nachfolgende Kapitel durchgearbeitet haben, dann werden Sie unterschiedliche Formen des Geldes kennengelernt haben und mit verschiedenen Zahlungsarten, deren Realisation und Vor- und Nachteilen vertraut sein. Sie werden sich dann im Zahlungsverkehr sicher bewegen können.

Wissens-Check

Schätzen Sie Ihre Kenntnisse zum Themenbereich Zahlungsverkehr ein und setzen Sie zur Markierung Ihres Wissens ein „X" an die entsprechende Stelle der nachfolgenden Tabelle.

Aussage	Ich bin mir ganz sicher.	Da bin ich mir unsicher.	Das weiß ich gar nicht.
Mir sind die Funktionen des Geldes bekannt und ich kann diese nachvollziehbar erklären.			
Ich kann die Begriffe Giralgeld und Bargeld gegeneinander abgrenzen und in der Praxis richtig verwenden.			
Ich kenne die Verwendungsmöglichkeit verschiedener Geldersatzmittel.			
Ich kann die in der Praxis auftretenden Zahlungsformen den Arten der Zahlung zuordnen und deren Vor- und Nachteile nachvollziehbar schildern.			
Mir fällt es leicht, die Zahlungssysteme POS und POZ voneinander abzugrenzen und deren Besonderheiten zu verdeutlichen.			
Ich weiß, für welche Zahlungsverpflichtungen ich besser ein Lastschriftverfahren oder einen Dauerauftrag einrichte.			
Ich kann die Begriffe Gläubiger, Schuldner, Kreditor und Debitor kaufmännisch korrekt unterscheiden und den Vertragspartnern im Rahmen eines Kaufvertrages korrekt zuordnen.			

6.1 Geld, Geldarten und Geldersatzmittel

Sie kennen sicherlich eine Fülle von Situationen aus Ihrem Privatleben, in denen Sie Zahlungsströme realisieren. Sie kaufen in Supermärkten ein, Sie tanken, Sie begleichen Rechnungen von Versandhäusern oder kommen den Zahlungsaufforderungen von Versicherungen nach.

Diese Zahlungsverpflichtungen stellen für Sie Ausgaben dar, die zu einer Verringerung Ihres Geldvolumens führen. Ihre Ausbildungsvergütung stellt im Gegensatz dazu eine Einnahme dar, die, auch wenn noch in recht niedrigem Maße, Ihr Geldvolumen erhöht.
Auch Ihr Ausbildungsunternehmen hat Einnahmen und Ausgaben, die zu nahezu täglichen Geldbewegungen führen.

Aufgaben

Erstellen Sie eine Übersicht der Einnahmen- und Ausgabenpositionen Ihres Unternehmens.

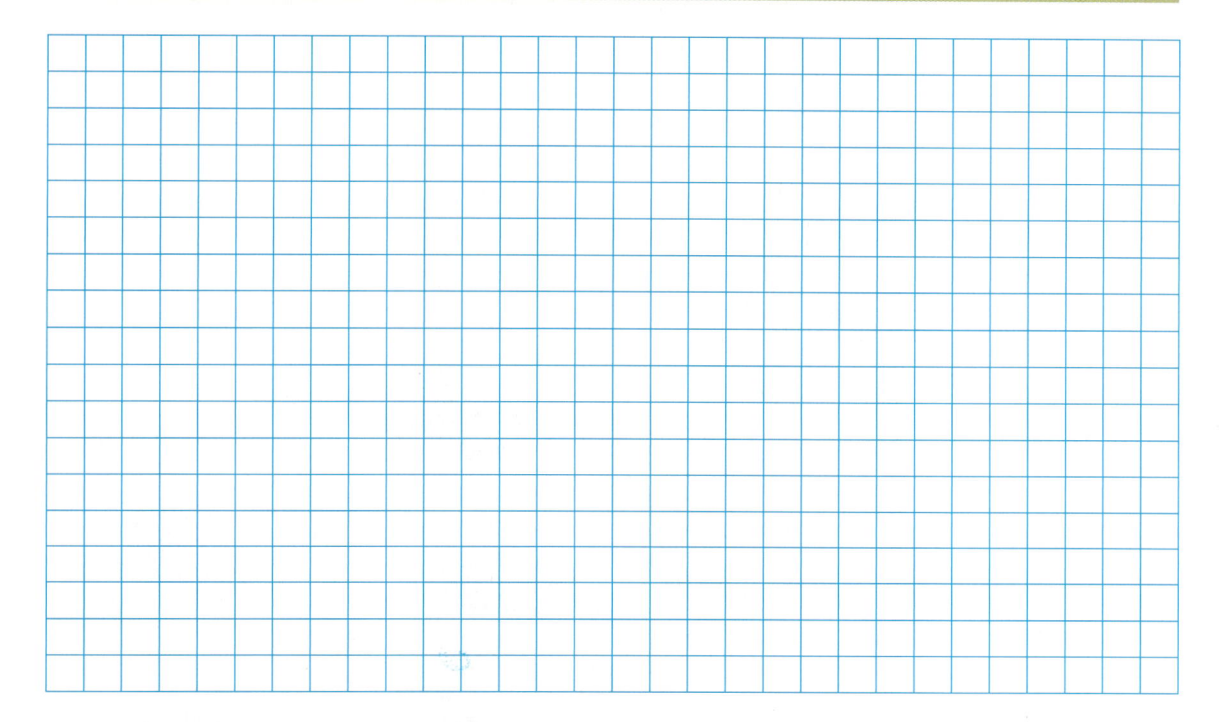

Die Frage ist nun, warum Geld als Mittel zur Realisierung von Zahlungsströmen anerkannt ist? Aus der historischen Entwicklung lässt sich für Geld folgende Definition ableiten:

→ Definition
Geld ist ein Zahlungsmittel, das allgemein anerkannt ist. Es übernimmt die Funktion des Tauschmittels, es fungiert als Wertmesser und Recheneinheit, als gesetzliches Zahlungsmittel, Wertaufbewahrungsmittel und als Kreditmittel.

Die in der Definition erwähnten Funktionen werden nachfolgend verdeutlicht.

Gesetzliches Zahlungsmittel
Geld ist ein gesetzliches Zahlungsmittel. Das bedeutet, dass jeder Gläubiger gesetzlich verpflichtet ist, Geld in seinen typischen Erscheinungsformen zur Begleichung einer Schuld anzunehmen.

Tauschmittel
Aufgrund der Tatsache, dass Geld ein gesetzliches Zahlungsmittel ist, ermöglicht und erleichtert es auch den Tausch von Gütern. Ließen sich früher Tauschvorgänge nur realisieren, wenn die zu tauschenden Güter auch auf eine gegenseitige Nachfrage stießen, so kann Geld heute als „neutrales Tauschmittel" zwischengeschaltet werden, weil durch die gesetzliche Pflicht zur Annahme von Geld eine spätere Tauschsicherheit gegeben ist.

Wertaufbewahrungsmittel

Die Ausführungen zur Tauschmittelfunktion machen deutlich, dass Tauschaktionen durch die Verwendung von Geld zeitlich auseinander fallen können. Da Geld zwischengeschaltet werden kann, muss der Warentausch nicht mehr sofort erfolgen. Es werden zunächst Güter gegen Geld getauscht und dieses Geld kann dann bei späterem Bedarf wieder zum Erwerb von anderen Gütern eingesetzt werden. In der Zwischenzeit behält das Geld den Wert, den es durch den Eintausch von Gütern repräsentiert. Jedoch ist die Wertaufbewahrung nicht ganz stabil. Geld kann durch veränderte Preisbedingungen am Markt an Kaufkraft verlieren. Fachleute bezeichnen den Wertverlust des Geldes auch als Inflation.

Wertmesser und Recheneinheit

Der Preis eines Gutes wird in Geldeinheiten ausgedrückt. Aufgrund dieser Tatsache können die Werte von Gütern ermittelt und zueinander in Beziehung gesetzt werden; wertmäßige Vergleiche werden möglich.

Kreditmittel

Wenn Geld nicht ausgegeben wird, wird es häufig den Banken gegen eine Verzinsung des übergebenen Guthabens überlassen (Guthabenzinsen). Dieses gesparte Geld verwenden die Banken dann zur Gewährung von Krediten; selbstverständlich auch wieder gegen Zinsen (Kreditzinsen). Die Differenz, die sich aus Kreditzinsen und Guthabenzinsen ergibt, fällt den Banken zu.

Geldarten und Geldersatzmittel

Wenn Sie in Ihre Geldbörse schauen, dann finden Sie dort Bargeld in der Form von Münzen und Scheinen. Die Prägung von Münzen und die Ausgabe von Banknoten werden staatlich gesteuert.

Wenn Sie sich die Auszüge Ihres Bankkontos anschauen, dann finden Sie dort eine Sammlung von Zu- und Abgangsbuchungen. Diese Geldbewegungen stellen die zweite Geldart dar; das Buchgeld. Buchgeld wird auch als Sichtguthaben oder Giralgeld bezeichnet. Buchgeld kann jederzeit in Bargeld umgewandelt werden.

Aufgaben

Sichten Sie Ihre Kontoauszüge. Wie werden Geldzugänge und Geldabgänge auf den Kontoauszügen Ihres Bankinstituts dargestellt? Vergleichen Sie die Darstellungsweise mit den Erkenntnissen Ihrer Mitschülerinnen und Mitschüler.

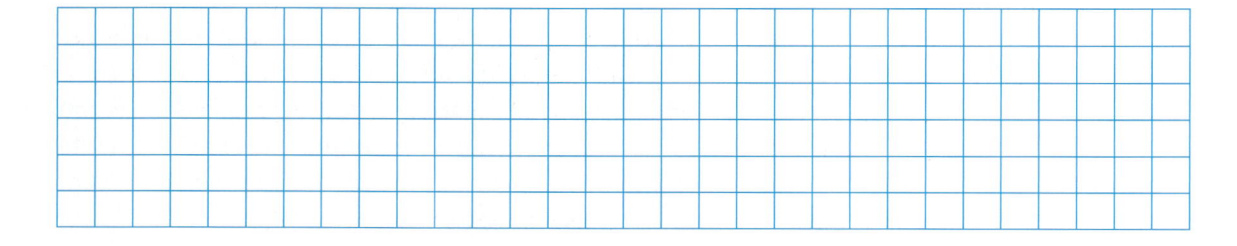

Zu den Geldersatzmitteln gehören Schecks, Kreditkarten und kurzfristige Forderungen.
Schecks finden als Barscheck oder Verrechnungsscheck Anwendung. Der Scheckaussteller weist mit dem Scheck seine Bank an, das Guthaben um den angegebenen Betrag zu belasten. Weist das angegebene Konto nicht die notwendige Deckung zur Auszahlung des Betrages aus, kann die Bank die Auszahlung des angegebenen Betrages verweigern.
Kreditkarten bieten die Möglichkeit über einen von einem Kreditkarteninstitut eingeräumten Geldbetrag zu verfügen und zu Konsumzwecken zu nutzen. Solche Kreditkartenanbieter sind beispielsweise American Express, Visa oder Diners Club. Das zur Verfügung gestellte Kreditkartenvolumen ist abhängig von der Höhe des Sichtguthabens und von dem Umfang der Guthabenbuchungen auf dem entsprechenden Bankkonto.
Kurzfristige Forderungen, die kurzfristig in Geld umgewandelt werden können, zählen ebenso zu den Geldersatzmitteln. Solche kurzfristigen Forderungen sind Sparguthaben bei Banken, über die mit einer Frist von höchstens drei Monaten frei verfügt werden kann. Ebenso gehören Termingelder, die für einen kurzfristigen Zeitraum festgelegt wurden (z. B. 30 Tage), zu den Geldersatzmitteln in der Form der kurzfristigen Forderung.

Anwendung
Begründen Sie, warum Sparguthaben und Termingelder als kurzfristige Forderungen bezeichnet werden und als Geldersatzmittel verwendet werden können.

6.2 Zahlungsarten

Sie verfügen jetzt über grundlegendes Wissen in Bezug auf die Erscheinungsformen von Geld und dessen Funktion. Nachfolgend wird nun geklärt, in welcher Weise Geld zum Ausgleich von Verpflichtungen transferiert werden kann.

6.2.1 Barzahlung
Zahlungen, bei denen Münzen und Scheine zur Anwendung kommen, werden als Barzahlung bezeichnet. Dabei kann das Bargeld direkt durch den Zahlungspflichtigen oder durch einen Boten übergeben werden. Der Erhalt des entsprechenden Betrages wird dem Zahlungspflichtigen gegenüber durch Ausstellung einer Quittung bestätigt. Dabei sollte eine Quittung nachfolgende Bestandteile enthalten:
- Betrag in Ziffern und Buchstaben
- Name des Zahlungspflichtigen
- Ort und Datum der Ausstellung
- Grund der Zahlung
- Bestätigung des Geldempfangs
- Unterschrift des Zahlungsempfängers

Zum Ausstellen einer Quittung werden häufig Formulare verwendet. Quittungen können aber auch selbst erstellt werden. Als Zahlungsbeleg werden sie jedoch in der Regel nur dann anerkannt, wenn die selbst erstellten Quittungen über die oben aufgeführten Bestandteile verfügen. Das Original einer Quittung wird immer dem Zahlungspflichtigen ausgehändigt, die Kopie verbleibt beim Zahlungsempfänger.
Als Nachweis einer geleisteten Zahlung werden aber auch Kassenbons von Registrierkassen oder Quittungsvermerke auf einer Rechnung anerkannt.
Barzahlung ist durch die Möglichkeit des Verlustes des Bargeldes risikoreich.

Anwendung
Erstellen Sie ein eigenes Quittungsformular, das den Anforderungen entspricht.

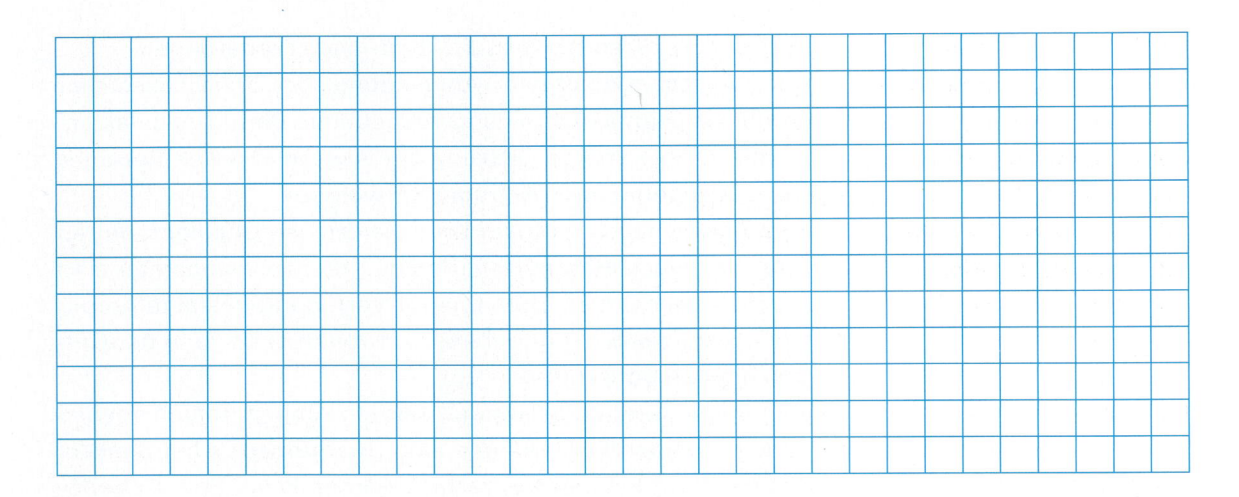

6.2.2 Halbbare Zahlung

Die halbbare Zahlung bezeichnet einen Zahlungstransfer, bei dem sowohl Bargeld als auch ein Bankkonto verwendet werden. Ob der Zahlungspflichtige oder der Zahlungsempfänger das Bankkonto verwendet, bestimmt die Art der halbbaren Zahlung.

Zu den Formen der halbbaren Zahlung gehört der Zahlschein, die Zahlung per Nachnahme oder auch der Barscheck.

Zahlschein

Der Zahlschein wird verwendet, um Bargeld auf ein Girokonto einzuzahlen. Bei dieser halbbaren Zahlungsvariante besitzt also der Zahlungsempfänger ein Bankkonto. Beim Bankinstitut des Zahlungsempfängers ist ein entsprechender Zahlschein auszustellen, auf dem die Kontonummer und der Name des Zahlungsempfängers vermerkt werden. Als Nachweis über die geleistete Einzahlung erhält der Zahlungspflichtige einen Einzahlungsbeleg. Einzahlungen dieser Art können auch auf eigene Bankkonten erfolgen.

Aufgaben

Besorgen Sie sich einen Zahlschein Ihres Bankinstituts und heften Sie das Formular hier zu Ihren Unterlagen. Vergleichen Sie Ihren Formularvordruck mit den Zahlscheinen anderer Bankinstitute Ihrer Mitschülerinnen und Mitschüler.

Barscheck

Beim Barscheck verwendet der Zahlungspflichtige ein Bankkonto. Er füllt den Vordruck aus, indem er den Zahlungsbetrag in Worten und Ziffern, den Namen des Zahlungsempfängers sowie Ort und Datum einsetzt. Der Barscheck ist eigenhändig zu unterschreiben.

Die Handhabung von Schecks ist im Scheckgesetz festgehalten. Hiernach muss ein Scheck über nachfolgende gesetzliche Bestandteile verfügen.
- Das Formular muss die Bezeichnung „Scheck" enthalten.
- Das Formular muss die Anweisung zur Zahlung eines bestimmten Geldbetrages enthalten.
- Der Zahlungsbetrag muss in Buchstaben angegeben sein.
- Das Geldinstitut, das die Summe auszahlen soll, muss benannt sein.
- Der Zahlungsort muss angegeben sein.
- Ort und Datum der Ausstellung des Barschecks müssen angegeben sein.
- Der Barscheck muss vom Aussteller unterschrieben sein.

Fehlt einer dieser gesetzlichen Bestandteile, wird der Scheck ungültig.

Neben diesen gesetzlichen Bestandteilen verfügt das Barscheckformular auch über sogenannte kaufmännische Bestandteile, die die Abwicklung des Scheckverkehrs enorm erleichtern. Zu diesen kaufmännischen Bestandteilen gehören:
- die Guthabenklausel
- der zu zahlende Betrag in Ziffern
- der Name des Zahlungsempfängers und Überbringerklausel
- die Schecknummer
- die Kontonummer
- die Bankleitzahl

Das Fehlen eines kaufmännischen Bestandteils macht den Scheck nicht ungültig.
Stimmt der Betrag in Zahlen nicht mit dem Betrag in Worten überein, so wird gemäß Scheckgesetz der Betrag in Worten zur Zahlung angewiesen.
Barschecks werden bei deren Vorlage eingelöst, sofern das bezogene Konto eine entsprechende Deckung aufweist oder dem Kontoinhaber ein Überziehungsrahmen eingeräumt wurde.
Für die Einlösung von Schecks gelten folgende Einlösefristen:
- Schecks sind im Inland innerhalb von acht Tagen nach deren Ausstellung einzulösen.
- Scheckaustellungen innerhalb Europas sind innerhalb von 20 Tagen einzulösen.
- Schecks, die nicht im europäischen Ausland ausgestellt wurden, sind innerhalb von 70 Tagen einzulösen.

Häufig werden Schecks von den Bankinstituten auch nach Ablauf der Frist noch eingelöst. Sollte der Barscheck verloren gehen oder gar gestohlen werden, sollte dies dem betreffenden Bankinstitut unverzüglich gemeldet werden. Nur so kann die Sperrung eines Schecks rechtzeitig erfolgen. Sollte der Scheck zwischenzeitlich eingelöst worden sein, übernimmt die Bank hierfür keine Haftung, es sei denn, die Bank trifft eigenes Verschulden.

Aufgaben

Klären Sie die Begriffe „Guthabenklausel" und „Überbringerklausel" und halten Sie Ihr Rechercheergebnis im nachfolgenden Bereich schriftlich fest.

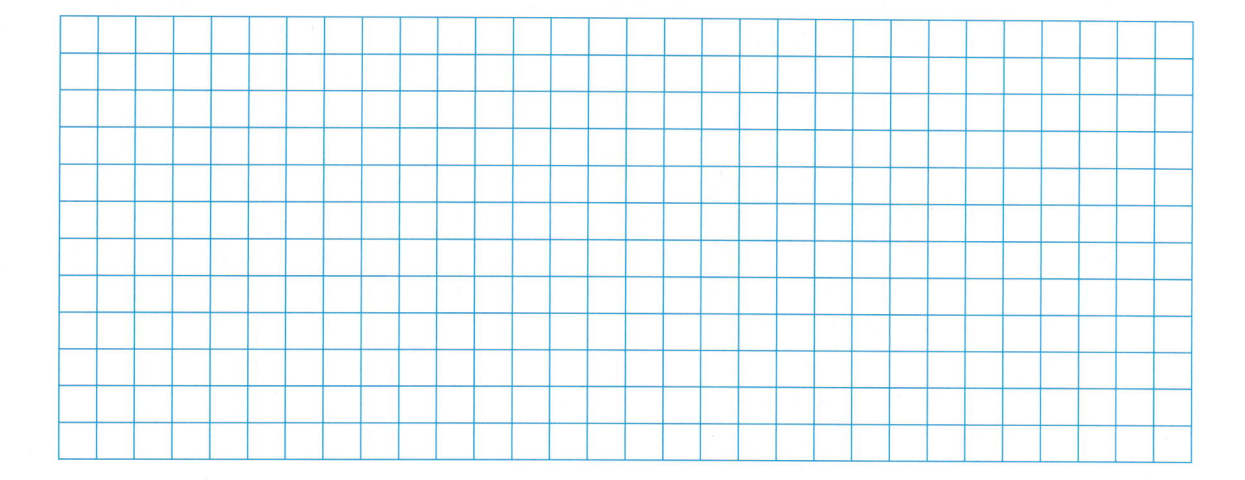

Nachnahme

Warensendungen werden häufig per Nachnahme versendet. Der Zahlungspflichtige erhält die Ware nur, wenn er den Nachnahmebetrag direkt beim Zusteller der Warensendung bar entrichtet. Der vom Zustelldienst erhobene Nachnahmebetrag wird dann dem Konto des Zahlungsempfängers gutgeschrieben. Die halbbare Zahlung per Nachnahme setzt demnach voraus, dass der Zahlungsempfänger ein Konto besitzt.

6.2.3 Bargeldlose Zahlung

Bei der bargeldlosen Zahlung werden keine Münzen und Scheine verwendet. Bargeldlose Zahlung zeichnet sich dadurch aus, dass Zahlungspflichtiger und Zahlungsempfänger ein Konto besitzen und den Geldtransfer über ihre Konten abwickeln.

Verrechnungsscheck

Beim Verrechnungsscheck wird das Konto des Scheckausstellers mit dem angegebenen Betrag belastet und die Summe dem Zahlungsempfänger gutgeschrieben. Häufig wird hierfür ein Barscheckformular verwendet. Soll aus einem Barscheck ein Verrechnungsscheck werden, wird der Vordruck auf der Vorderseite mit dem Zusatz „Zur Verrechnung" versehen. Der Verrechnungsscheck kann als sicheres Zahlungsmittel angesehen werden, da der angewiesene Betrag nur dem Zahlungsempfänger gutgeschrieben wird und der Zahlungstransfer vom Aussteller bis zum Empfänger nachvollzogen werden kann.

Überweisung

Mit einer Überweisung veranlasst der Zahlungspflichtige bei seiner Bank den Transfer eines bestimmten Betrages von seinem Konto auf das Konto des Zahlungsempfängers. Eine Überweisung kann mit einem entsprechenden Überweisungsformular oder elektronisch per Onlinebanking erfolgen.

Die Überweisung wird seitens der Bank des Zahlungspflichtigen nur durchgeführt, wenn das Konto die notwendige Deckung aufweist oder ein noch nicht überschrittener Kreditrahmen eingeräumt wurde. Der vom Zahlungspflichtigen angewiesene Betrag wird an die Bank des Zahlungsempfängers weitergeleitet. Die Bank des Zahlungsempfängers nimmt dann die Gutschrift des betreffenden Betrags vor.

Beim Belegverfahren verbleibt das Original des Überweisungsformulars bei der Bank des Zahlungspflichtigen. Die Kopie bzw. der Durchschlag des Überweisungsträgers wird dem Zahlungspflichtigen als Quittung überlassen.

Mittlerweile können Überweisungen auch an Überweisungsautomaten ausgefüllt werden. Hier wird das Überweisungsformular an einem Terminal ausgefüllt. Ein Papierbeleg ist dann nicht mehr notwendig. Als Überweisungsbestätigung erhält der Zahlungspflichtige einen entsprechenden Ausdruck.

Wird die Überweisung online getätigt, muss der Zahlungspflichtige die entsprechende Onlinebanking-Software aktivieren und das Online-Formular ausfüllen. Durch Eingabe einer Transaktionsnummer wird der Vorgang abgeschlossen und die Bank mit der Überweisung des festgelegten Betrages beauftragt. Als Nachweis erhält der Zahlungspflichtige eine Überweisungsbestätigung.

Besondere Formen der Überweisung

Sollen Zahlungen regelmäßig und in gleichbleibender Höhe ohne wiederholte Anweisung des Zahlungspflichtigen transferiert werden, kann hierfür ein Dauerauftrag eingerichtet werden. Daueraufträge werden zum Beispiel für Mietzahlungen eingerichtet. Ein Dauerauftrag kann vom Schuldner bei dem beauftragten Bankinstitut jederzeit beendet werden.

Das sogenannte Lastschriftverfahren wird verwendet, wenn Zahlungen zwar regelmäßig, jedoch immer in unterschiedlicher Höhe anfallen. Zahlungen für Strom oder Telefon sind solche terminlich fixen, jedoch dem Betrag nach unterschiedliche Zahlungsverpflichtungen, die mittels Lastschriftverfahren realisiert werden können. Dabei werden das Einzugsermächtigungsverfahren und das Abbuchungsverfahren unterschieden.

Mit dem Einzugsermächtigungsverfahren (Einzugsermächtigung) wird der Gläubiger vom Schuldner ermächtigt, den fälligen Betrag per Lastschrift einzuziehen. Eine Lastschrift kann innerhalb von sechs Wochen nach der Belastung des Kontos widerrufen werden. Die Belastung des Kontos des Zahlungspflichtigen wird hierbei vom Schuldner aus aktiviert.

Das Abbuchungsverfahren (Abbuchung) ist eine schriftliche Mitteilung des Schuldners an sein Bankinstitut, dass ein bestimmter Zahlungsempfänger seine Forderungen vom Konto des Zahlungspflichtigen abbuchen darf. Die Belastung des Kontos ist jederzeit widerrufbar. Die Belastung des Kontos des Zahlungspflichtigen wird beim Abbuchungsverfahren vom Gläubiger aus aktiviert.

Mit einer Sammelüberweisung werden mehrere Überweisungen an unterschiedliche Zahlungsempfänger zusammengefasst. Das Konto des Schuldners wird mit der Gesamtsumme der Überweisungen belastet. Bei der Sammelüberweisung reduziert sich der Anteil an Verwaltungsarbeiten. Zudem werden die Kosten der Einzelbuchungen eingespart, da nur eine Belastungsbuchung entsteht. Sammelüberweisungen eignen sich für den Transfer von Löhnen und Gehältern.

Muss eine Überweisung besonders schnell realisiert werden, so bietet sich die Eilüberweisung an, bei der der Zahlungsempfänger sofort nach entsprechender Gutschrift über den Zahlungsbetrag verfügen kann. Die Eilüberweisung wird seitens der Bankinstitute mit erhöhten Gebührensätzen berechnet.

Kreditkarten

Kreditkarten sind ein weiteres bargeldloses Zahlungsmittel. Kreditkarten werden bei den jeweiligen Kreditkarteninstituten (American Express, Diners Club, Mastercard, Visa) beantragt. Verfügt der Antragsteller über eine entsprechende Kreditwürdigkeit, erhält er die Kreditkarte, die er dann zur Zahlung bei den Geschäftspartnern einsetzen kann, die ihrerseits das jeweilige Kreditkartensystem akzeptieren. Zur Verwendung der Kreditkarte ist häufig eine Geheimnummer notwendig. Die Akzeptanz der Kreditkarten wird in der Regel durch Aushang bekannt gegeben.

Die vom Kreditkartenbesitzer ausgelöste Zahlung wird dem Zahlungsempfänger zunächst durch die Kreditkartenorganisation erstattet. Für diesen Service berechnet die Kreditkartenorganisation dem Zahlungsempfänger jedoch einen prozentualen Anteil am Zahlungsbetrag. Hierin liegt auch der Grund, dass manche Unternehmen eine Kreditkartenzahlung erst ab einer bestimmten Zahlungshöhe akzeptieren. Der Kreditkartenbesitzer erhält eine monatliche Aufstellung der von ihm verursachten Zahlungen. Der Gesamtbetrag der Aufstellung wird dem Konto des Kreditkartenbesitzers dann per zuvor erteilter Einzugsermächtigung belastet. Für die Nutzung der Kreditkarte hat der Nutzer eine Jahresgebühr an die betreffende Kreditkartenorganisation zu entrichten.

Die Kreditkartenorganisationen finanzieren sich somit aus zwei Quellen. Zum einen erhalten sie die Jahresbeiträge ihrer Kreditkartennutzer, zum anderen sind sie prozentual an den von ihren Kreditkartennutzern verursachten Umsätzen beteiligt.

Achtung: Der Verlust der Kreditkarte ist der jeweiligen Kreditkartenorganisation sofort anzuzeigen. Es erfolgt die Sperrung der Karte, sodass keine unbefugte Verwendung der Karte mehr möglich ist.

Bankkarte

Zahlungen mit der von den Bankinstituten ausgegebenen EC-Karte gehören ebenso zum Bereich des bargeldlosen Zahlungsverkehrs. Hierbei werden grundsätzlich zwei Zahlungsvarianten unterschieden.

Beim POS-Verfahren (Point of Sale) muss der Kunde beim Einsatz der Bankkarte seine Geheimzahl (PIN) eingeben. Es erfolgt eine sofortige Überprüfung, ob das Konto des Kunden die notwendige Deckung aufweist. Ist dem so, wird der Zahlungsvorgang realisiert. Der Erhalt des geforderten Betrages ist dem Gläubiger garantiert.

Beim POZ-Verfahren (Point of Sale ohne Zahlungsgarantie) wird die Bankkarte mittels Magnetstreifen eingelesen und eine Lastschrift erzeugt. Diese ist vom Kunden zu unterschreiben. Es erfolgt lediglich eine Prüfung, ob die Karte gesperrt ist. Ob die entsprechende Deckung vorhanden ist, wird nicht geprüft. Seit dem 1. Januar 2007 wird dieses Verfahren nicht mehr angewendet.

Achtung: Der Verlust der Karte ist dem jeweiligen Bankinstitut umgehend anzuzeigen. Erst die Sperrung der Karte verhindert eine unbefugte Verwendung.

Geldkarte

Schauen Sie sich Ihre EC-Karte doch einmal etwas genauer an. Ist auf ihr das Symbol für die Geld-Karte zu sehen? Dann verfügt Ihre EC-Karte über einen speziellen Chip, den Sie als elektronische Geldbörse benutzen können. Die Geldkarte ist jedoch auch losgelöst von der EC-Karten-Funktion zu erhalten. Um die Geldkarte verwenden zu können, benötigen Sie einen entsprechenden Automaten, mit dem Sie einen Geldbetrag von Ihrem Konto auf die Geldkarte transferieren können. Mit dieser Geldkarte können Sie dann überall dort bezahlen, wo die Geldkarte als Zahlungsmittel akzeptiert wird. Der geforderte Geldbetrag wird von der Geldkarte abgebucht und dem Zahlungsempfänger über ein internes Verrechnungsverfahren gutgeschrieben. Der Zahlungserhalt ist dabei garantiert.

Achtung: Die Geldkarte ist eine elektronische Geldbörse. Wenn Sie die Geldkarte verlieren, ist auch der darauf enthaltene Geldbetrag verloren. Der Finder der Geldkarte könnte sie jederzeit zu eigenen Zwecken einsetzen.

Onlinebanking, Telefonbanking

Abschließend werden Ihnen noch zwei bargeldlose Zahlungsformen vorgestellt, bei denen moderne Kommunikationsmittel (Internet/Telefon) zum Einsatz kommen.

Beim Onlinebanking kann sich der Bankkunde per Internet mittels entsprechender Banksoftware bei seiner Bank nach Eingabe der persönlichen Identifikationsnummer (PIN) einloggen um Bankgeschäfte zu erledigen. Per Onlinebanking sind nahezu alle Transaktionen ausführbar, die auch an einem Schalter zu den Schalteröffnungszeiten ausführbar wären. Die Banksoftware stellt die gewünschten Formulare am Bildschirm zur Verfügung, der Bankkunde füllt die Formulare aus und bestätigt die Transaktion durch Eingabe einer sogenannten Transaktionsnummer (TAN). Über die vom Kunden ausgeführten Transaktionen wird ein Journal geführt, sodass alle Zahlungen jederzeit nachvollziehbar sind.

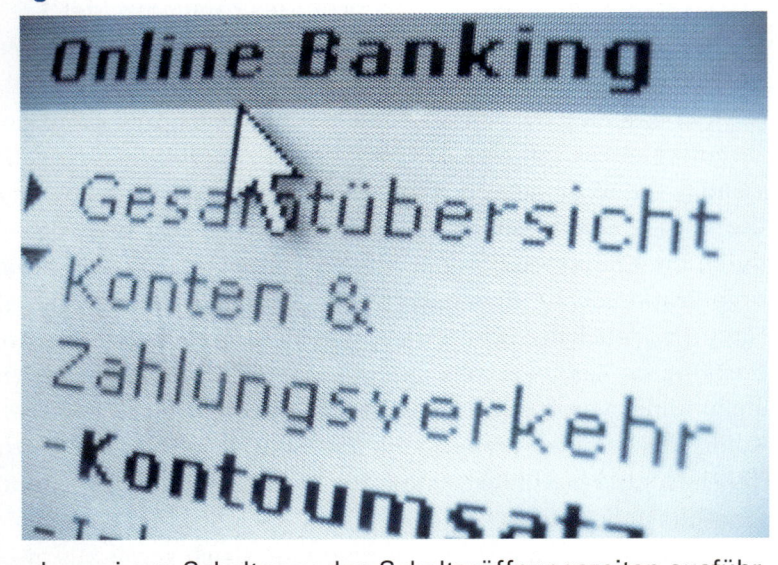

Beim Telefonbanking identifiziert sich der Kunde mittels Geheimzahl oder Codewort im jeweiligen System der Bank. Mittels Sprachcomputer und Erkennungssoftware seitens der Bank kann sich der Kunde dann durch das Bankingprogramm wählen und die von ihm gewünschte Transaktion veranlassen.

Aufgaben

Sie haben einen Überblick über die Möglichkeiten zur Zahlungsabwicklung erhalten. Erstellen Sie jetzt für Ihre Unterlagen eine Sammlung aller Formulare, die Sie hier in theoretischer Form beschrieben finden. Informieren Sie sich zudem über die Bedingungen, die an den Erhalt von Kreditkarten geknüpft sind.

6 Zahlungsverkehr **Lernfeld 5**

Selbstüberprüfung

Setzen Sie sich nochmals mit dem Wissens-Check dieses Kapitels auseinander und überprüfen Sie, ob Sie einen Wissenszuwachs erarbeiten konnten. Markieren Sie Ihren neuen Wissensstand mit einem „O" an der entsprechenden Stelle. Können Sie eine positive Veränderung feststellen? Wenn Sie mit dem Ergebnis unzufrieden sind, dann lassen Sie sich beraten und entwickeln Sie eine neue Zielvereinbarung für das weitere Vorgehen. Der nachfolgende Bereich bietet Ihnen Raum um diese Zielvereinbarung schriftlich festzuhalten.

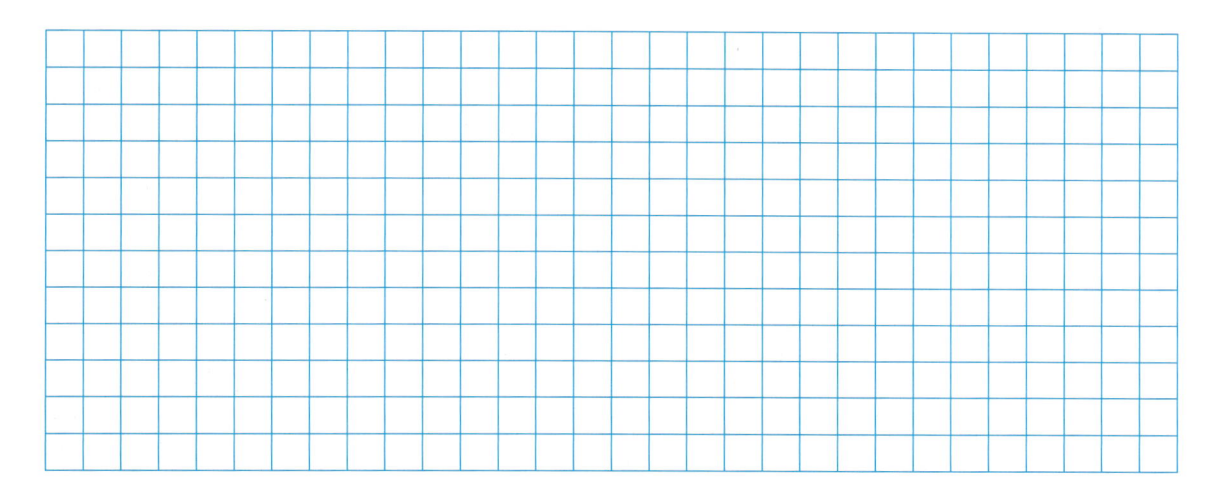

Fallsituation

Eine Ihrer Freundinnen aus der Clique der ehemaligen Klassenkameraden hat den Überblick über ihre diversen Zahlungen vollkommen verloren. Miete, Strom, Gas, Wasser, Versicherungen und auch der ein oder andere Strafzettel wegen Falschparken liegen auf dem Schreibtisch – und die Mahnungen flattern reihenweise ins Haus. Darüber hinaus liegt auch noch ein Antrag auf Erteilung einer VISA-Card im Papierstapel, obwohl das Konto chronisch überzogen ist.

Problemlösung

Helfen Sie Ihrer Freundin und bringen Sie Ordnung ins Chaos. Beraten Sie sie zudem bezüglich der finanziellen Situation.

Methodenecke

In den vorangegangenen Kapiteln haben Sie sich methodisch damit beschäftigt, wie Sie nach Stichworten schreiben, wie Sie Visualisierungen erstellen und Inhaltsstrukturen darstellen oder wie Sie einen umfassenden Text nach einer Vorlage erstellen.
Jetzt ist es langsam an der Zeit, dass Sie nicht einen bereits erstellten Text nacharbeiten, sondern sich selbst ein Thema wählen, das Sie bearbeiten wollen. Die aktuelle Methodenecke wird Sie in das Verfassen von Facharbeiten einführen und Ihnen dabei die Grundlagen wissenschaftlichen Arbeitens darstellen. Hier nun die Regeln:

→ *Schritt 1:*
  Planen Sie genügend Zeit für das Erstellen der Facharbeit ein. Beginnen Sie umgehend und arbeiten Sie konsequent, damit Sie nicht in Zeitschwierigkeiten kommen. Am besten erstellen Sie sich einen Zeitplan.

→ *Schritt 2:*
  Reden Sie über Ihr Thema mit unterschiedlichen Personen und lesen Sie entsprechende Fachbücher. Auf diese Weise erhalten Sie viele Informationen zu Ihrem Thema.

➜ *Schritt 3:*
Legen Sie sich, sobald Sie neue Erkenntnisse gewinnen, Karteikarten mit entsprechenden Notizen an. Halten Sie neben dem fachlichen Erkenntnisgewinn auch die Quelle genau fest, aus der Sie die neu gewonnene Information haben.

➜ *Schritt 4:*
Sichten Sie Ihre gesammelten Karteikarten und nehmen Sie eine Eingrenzung vor. Was ist wichtig? Was gehört zentral zum Thema?

➜ *Schritt 5:*
Erstellen Sie die Gliederung für Ihre Arbeit anhand der Informationen, die Sie verarbeiten wollen. Mit dem Erstellen von Gliederungen haben Sie sich bereits in der Methodenecke des Kapitels 4 beschäftigt. Ebenso haben Sie sich dort schon einmal mit der Gesamtstruktur Einleitung – Hauptteil – Schluss beschäftigt.

➜ *Schritt 6:*
Schreiben Sie Ihren Text. Achten Sie darauf, dass Sie wörtliche oder sinngemäße Zitate in Ihrer Facharbeit kenntlich machen. Den Nachweis, woher das Zitat stammt, muss so geführt werden, dass es gefunden werden kann (Autor, genaue Buchbezeichnung – Titel, Ausgabe, Jahr der Veröffentlichung – und Seitenangabe). Beziehen Sie sich auf eine Zeitung/Zeitschrift, nennen Sie den Titel, die Nummer der Ausgabe und ebenso die Seitenzahl. Wenn Sie eine Internetseite als Quelle verwenden, geben Sie den Link zu dieser Seite an und machen Sie deutlich, zu welchem Datum Sie die Information von dieser Seite entnommen haben. Den Quellennachweis führen Sie in Fußnoten, die Sie mit einer Textverarbeitungssoftware automatisch fortlaufend nummeriert erstellen lassen können.

Den Text schreiben Sie mit einem 1,5-fachen Zeilenabstand und in der Schriftgröße 12. Wählen Sie eine gut lesbare Schriftart (Arial, Times Roman) und versehen Sie jede Seite mit ausreichend viel Rand (mindestens 2,5 cm). Am besten richten Sie eine Kopf- oder eine Fußzeile ein, in der Sie dann die Seiten fortlaufend nummerieren. Das Inhaltsverzeichnis nummerieren Sie beispielsweise mit römischen Ziffern. Der Text beginnt mit der Zahl 1 und sollte mit arabischen Schriftzeichen nummeriert sein. Das Titelblatt hat keine Seitenzahl.

Auf dem Titelblatt stehen das Thema der Arbeit sowie der Name des Verfassers. Darüber hinaus können Sie festhalten, aus welchem Grund Sie die Arbeit verfassen und an welcher Schule oder welcher Institution Sie die Arbeit vorlegen. Zudem versehen Sie das Deckblatt mit Datum und Ortsangabe.

Die Facharbeit schließt mit einem Literaturverzeichnis. Hier führen Sie alle Bücher, Internetseiten oder Zeitschriften auf, die Sie zur Erstellung Ihrer Arbeit verwendet haben. Das Literaturverzeichnis wird so erstellt, dass mit Hilfe der Angaben die jeweilige Publikation jederzeit gefunden werden kann.

7 Lagerhaltung

Die Aussage „Jedes Unternehmen betreibt Lagerhaltung" trifft auch auf die Unternehmen des Gesundheitswesens zu. Warum sollte das nicht so sein? Denn in jedem Unternehmen werden Dinge bevorratet. Die Frage ist nur, aus welchem Grund solche Bevorratungen angelegt werden.

Das Kapitel Lagerhaltung wird Sie mit der Zielsetzung und den Funktionen der Lagerhaltung vertraut machen. Nachdem Sie das aktuelle Kapitel durchgearbeitet haben, werden Sie den Themenbereich Lagerhaltung auf Ihr Ausbildungsunternehmen übertragen können. Sie werden die klassischen Beschreibungen der allgemeinen Betriebswirtschaftslehre in Ihrem Ausbildungsbetrieb wiedererkennen. Sie werden das Ziel der Lagerhaltung für Ihr Unternehmen definieren können, Sie werden Arbeiten der Lagerhaltung auf Ihr Unternehmen übertragen und mit Hilfe der Lagerkontrolle über Instrumente verfügen, mit denen Sie die Kosten der Lagerhaltung überwachen können. Sie werden in der Lage sein, wirtschaftliche Entscheidungen für Ihr Unternehmen im Bereich der Lagerhaltung zu treffen und diesen Unternehmensbereich vielleicht für sich als zukünftigen Wunscharbeitsbereich entdecken.

Wissens-Check

Schätzen Sie Ihre Kenntnisse zum Themenbereich Lagerhaltung ein und setzen Sie zur Markierung Ihres Wissens ein „X" an die entsprechende Stelle der nachfolgenden Tabelle.

Aussage	Ich bin mir ganz sicher.	Da bin ich mir unsicher.	Das weiß ich gar nicht.
Ich kenne die Zielsetzung der Lagerhaltung und kann deren Bedeutung auf meinen Ausbildungsbetrieb übertragen.			
Ich kenne unterschiedliche Lagerarten, die in der Betriebswirtschaftslehre definiert sind. Es fällt mir leicht, diese klassische Einteilung auf mein Ausbildungsunternehmen zu übertragen.			
Ich weiß um die Bedeutsamkeit der Wareneingangskontrolle für die Realisierung meiner Rechte als Käufer aus dem Kaufvertrag.			
Ich kenne Verfahren der Warenausgabe, mit denen es möglich ist der Zielsetzung der Lagerhaltung zu entsprechen und die Bestände des Lagers zu überwachen.			
Ich kann den durchschnittlichen Lagerbestand errechnen und somit eine Aussage über die Kostensituation meines Lagers machen.			
Ich kenne unterschiedliche Kostenpositionen der Lagerhaltung und kann diese zu einer Kostengröße zusammenfassen.			
Ich kenne Strategien zur Kostendämpfung im Rahmen der Lagerhaltung.			

Aussage	Ich bin mir ganz sicher.	Da bin ich mir unsicher.	Das weiß ich gar nicht.
Ich kann die Grundlagen der klassisch-betriebswirtschaftlichen Sichtweise der Lagerhaltung auf die Besonderheiten im Gesundheitswesen übertragen.			

7.1 Funktionen der Lagerhaltung

Zielsetzung

Die Kernfunktion der Lagerhaltung wird in der Betriebswirtschaftslehre im Ausgleich von Schwankungen zwischen Beschaffung und Absatz gesehen. Ziel ist es dabei, den Kunden immer ein möglichst umfassendes Warenangebot vorstellen zu können, ständig liefer- und verkaufsbereit zu sein oder aber auch Preisvorteile durch Nutzung von Rabatten oder durch die Senkung von Bezugskosten bei der Bestellung größerer Mengeneinheiten zu erwirtschaften

Anwendung

1. Betrachten Sie die Zielsetzung der Lagerhaltung kritisch aus der Perspektive des Gesundheitswesens. Lassen Sie sich dabei von folgenden Fragen leiten:
   a) Wer sind Ihre Kunden?
   b) Welches Warenangebot bieten Sie Ihren Kunden an?
   c) Was bedeutet Liefer- und Verkaufsbereitschaft für Ihr Ausbildungsunternehmen?
   d) Eignen sich die von Ihrem Unternehmen bezogenen Güter alle zum Kauf in großen Mengeneinheiten?
2. Entwickeln Sie eine Definition für den Begriff Lagerhaltung, der auf Ihr Ausbildungsunternehmen zutrifft.

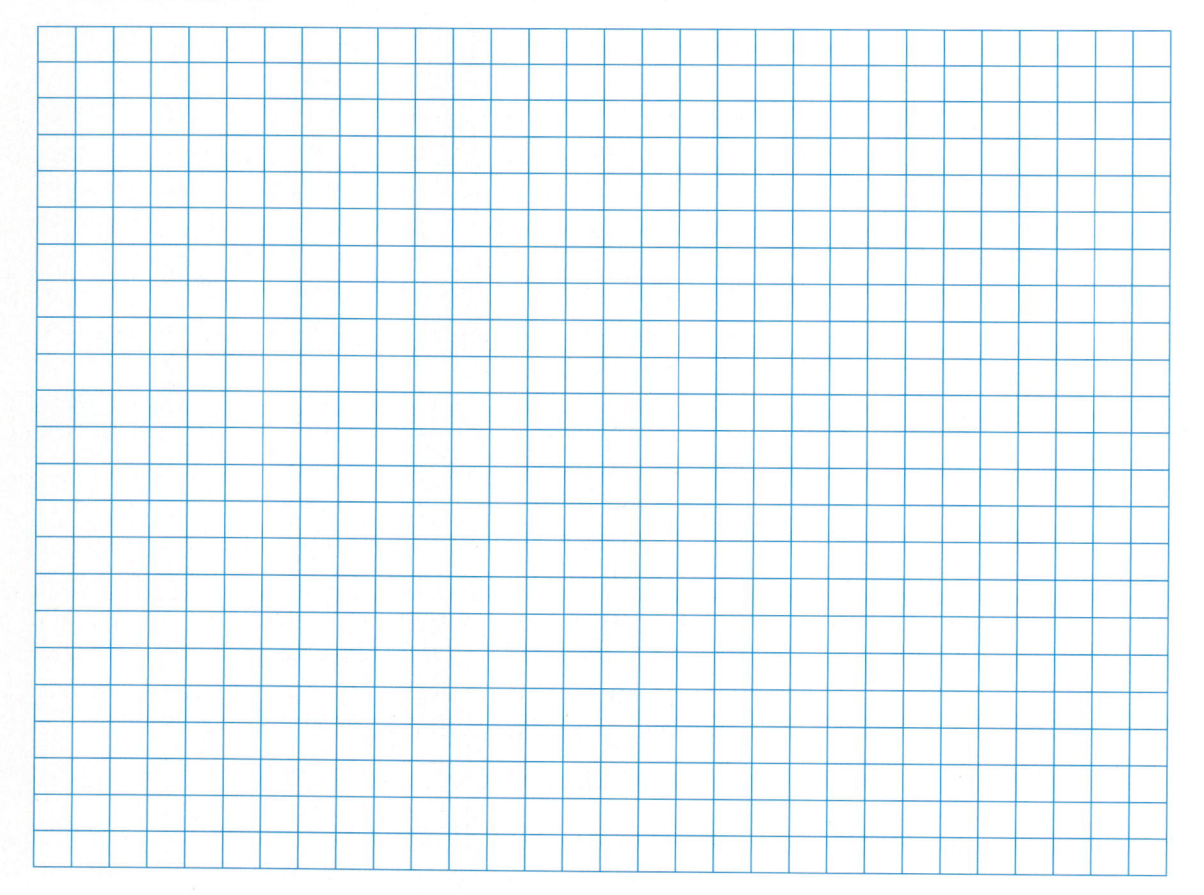

Lagerarten

Um die Ziele der Lagerhaltung erfüllen zu können, definiert die Betriebswirtschaftslehre eine Fülle von Lagerarten. Die Definitionen lassen erkennen, dass sie der Industrie und dem Handel entstammen und für das Gesundheitswesen überarbeitet werden müssen.

Als Verkaufslager werden jene Räumlichkeiten bezeichnet, in denen das gesamte Warensortiment bereitgestellt und dem Kunden zugänglich gemacht werden kann, jeder Verkaufsraum, in dem den Kunden Waren angeboten werden, wird als Verkaufslager bezeichnet.
Als Reserve- oder Ersatzlager werden betriebswirtschaftlich jene Räumlichkeiten bezeichnet, die zur Aufbereitung der Waren im Sinne von auspacken, prüfen oder mit Preisschildern versehen genutzt werden. Diese Reserve- oder Ersatzlager nehmen Warenmengen auf, die zum Ausgleich von Warendefiziten im Verkaufslager verwendet werden sollen.
Als Auslieferungslager werden jene Lager bezeichnet, in denen Waren zur Abholung durch den Kunden oder zur Auslieferung an den Kunden bereitgestellt werden. Diese Waren wurden bereits verkauft und warten im Auslieferungslager auf die Übergabe an den Kunden.

Anwendung

Prüfen Sie auch diese Angaben wieder kritisch in Bezug auf Ihr Ausbildungsunternehmen. Gibt es oben beschriebene Lagerarten in Ihrem Unternehmen? Werden die Lagerarten hier auch so bezeichnet?

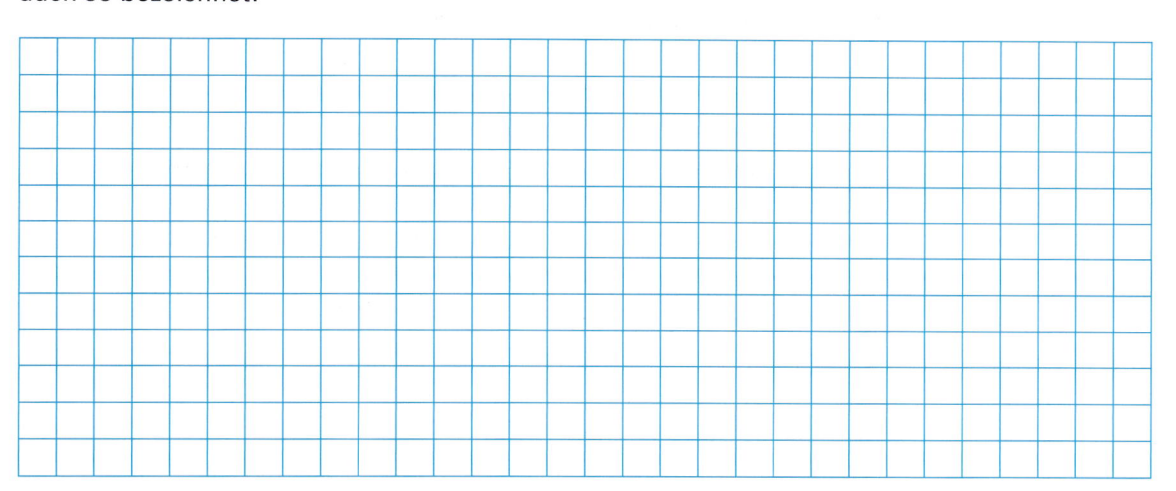

Notwendige Einrichtungen

Zu den Merkmalen der Lagereinrichtung gehören die Lagergröße, die Ausstattung und die logistische Erreichbarkeit des Lagers. Die Größe des Lagers ist abhängig von der Art der Lagergüter, deren Anzahl und der jeweiligen Lieferzeit. Je größer das einzelne Lagergut vom Volumen her ist, umso größer muss auch der Lagerraum sein. Bei großen Mengenbevorratungen verhält es sich ebenso. Die Lieferzeit hat Auswirkungen auf die Größe des Lagers, da die Bezugsmengen umso größer sein müssen, je länger die Lieferzeit für das betreffende Gut ist. Von besonderer Bedeutung für die Lagerhaltung ist auch die Lagerausstattung. Hierzu gehört die Lagereinrichtung wie Regale, Schränke, Büroeinrichtung, Vorrichtungen und Geräte, die die ordnungsgemäße Lagerung der Ware garantieren und vor Verderb oder Vernichtung schützen (Kühlungen, Trockenhaltung), aber auch Einrichtungen und Maschinen wie Gabelstapler, Kräne oder Transportbänder, die die Positionierung und den Zugang zu den gelagerten Waren ermöglichen. Darüber hinaus sind geeignete Einrichtungen zur mengen- und wertmäßigen Kontrolle des Lagerbestandes vorzuhalten. In Abhängigkeit vom Wert der gelagerten Waren oder dem Gefahrenpotenzial sind zudem Sicherheitsvorkehrungen zu treffen.

Anwendung
Beschreiben Sie die Einrichtungen zur Lagerhaltung in Ihrem Unternehmen unter Berücksichtigung der Angaben in der Methodenecke der Kapitels 4 und 6 in diesem Lernfeld in einem Aufsatz. Versuchen Sie die klassischen Beschreibungen der Betriebswirtschaftslehre in Ihr Unternehmen zu übertragen.

7.2 Kosten der Lagerhaltung

Die Aussage „Lagergüter sind totes Kapital" bezieht sich nur auf einen Teil der Kosten, die durch Lagerhaltung verursacht werden. Sicherlich, jedes Gut, das Sie im Lager bevorraten, bindet Kapital. Dieses gebundene Kapital können Sie nicht für weitere finanzielle Transaktionen verwenden. Lagergüter beschränken Ihre Liquidität. Wenn Sie auf die Lagerung verzichten, könnten Sie die nicht verwendeten Geldmittel für den Erwerb der Lagergüter zinswirksam anlegen. Die Zinsverluste, die Ihnen durch Lagerhaltung entstehen, können mit den Instrumenten der Lagerkennziffern ermittelt werden. Hierzu mehr im nachfolgenden Kapitel.

Neben diesen Zinsverlusten verursacht Lagerhaltung aber auch Kosten im Bereich der Einrichtung (Mobiliar, Fahrzeuge, Verbrauchsmaterial) und des Betreibens eines Lagers. Lager verursachen Raum- und Nebenkosten für Heizung, Strom, Wasser. Darüber hinaus müssen Sie das beschäftige Personal bezahlen, es entstehen also auch Personalkosten. Zudem tragen Sie das Risiko, dass Lagergüter verderben oder beschädigt werden und somit für den Leistungserstellungsprozess unbrauchbar sind. Weitere Risiken, die Sie als Unternehmen zu tragen haben, sind die technische Veralterung von Lagergütern, das Versicherungsrisiko des Lagerbestandes oder auch der Diebstahl von Lagergütern.

Zur Verringerung der Kosten und Risiken, die durch Lagerhaltung entstehen, gehen viele Unternehmen dazu über, ihre Lagerhaltung „auf die Straße" oder auf den Lieferanten zu verlagern. Mit dem Prinzip Just-in-time wird dies möglich. Just-in-time bedeutet, dass die benötigten Güter immer genau dann angeliefert werden, wenn sie für den Leistungserstellungsprozess benötigt werden. Es findet keine Lagerhaltung des Gutes beim Käufer statt. Der Lieferant bzw. der Spediteur übernehmen die Lagerhaltung mit allen anfallenden Kosten und Risiken. Vorteilhaft für den Käufer ist sicherlich die Reduzierung des Kostenapparates. Nachteilig ist jedoch, dass Störungen des Lieferungsprozesses zu Verzögerungen in der Leistungserbringung führen können.

Anwendung
1. Erstellen Sie für das Lager/ein Teillager Ihres Unternehmens eine Übersicht zu den anfallenden Kostenpositionen.
2. Prüfen Sie, ob Ihr Unternehmen das Just-in-time-Prinzip ganz oder teilweise anwendet.

7.3 Lagerarbeiten

Die Ausführungen zu den notwendigen Lagereinrichtungen haben bereits in Ansätzen erkennen lassen, welche Arbeiten im Lager zu erledigen sind. In chronologischer Reihenfolge sind das Arbeiten, die im Bereich des Wareneingangs und der Wareneingangskontrolle, der sachgemäßen Lagerung der Güter, der Warenausgabe und der Überwachung des Lagers im Sinne einer Lagerkontrolle angesiedelt sind.

7.3.1 Wareneingangskontrolle

Werden bestellte Waren angeliefert, ist es ratsam zunächst eine äußere Prüfung der Waren vorzunehmen. Als Erstes wird die Lieferanschrift geprüft, um nicht verlangte Lieferungen oder Irrläufer zu identifizieren. Darüber hinaus ist die Lieferung auf äußere Beschädigungen der Verpackung zu prüfen. Entsprechende Beschädigungen sind zu protokollieren und vom Überbringer abzuzeichnen. Bei starken Beschädigungen der Verpackungen, die die Zerstörung der Ware vermuten lassen, kann die Annahme der Ware mit Hinweis auf deren Verpackungszustand verweigert werden.

Nach Annahme der Ware hat die innere Prüfung zu erfolgen. Hier werden Warenart, Menge und Qualität der Ware mit der Bestellung verglichen. Die Qualität der Ware wird durch geeignete Vorgehensweisen (Sichtkontrolle, Funktionskontrolle oder auch durch chemische Verfahren) auf etwaige Mängel (offene Mängel) hin geprüft. Entdeckte Mängel sind dem Lieferanten durch eine Mängelrüge anzuzeigen. Versteckte Mängel, die nicht durch geeignete Methoden bei der Wareneingangskontrolle entdeckt werden konnten, sind dem Lieferanten unverzüglich nach deren Feststellung durch eine Mängelrüge mitzuteilen.

Bei einem zweiseitigen Handelskauf ist der Käufer zu einer unverzüglichen Prüfung der erhaltenen Ware verpflichtet. Die Wareneingangskontrolle darf nicht schuldhaft verzögert werden. Nur so behält sich der Käufer den Anspruch auf Gewährleistung gegenüber dem Lieferanten vor.

Nur mangelfreie Ware wird ins Lager aufgenommen und als Wareneingang verbucht. Der erfolgte Wareneingang wird dann zur Rechnungsbearbeitung an die betreffenden hausinternen Stellen gemeldet. Hier werden die Zahlungsbedingungen der Rechnung mit den Vertragsunterlagen verglichen und bei Übereinstimmung entsprechend zur Zahlung angewiesen.

Anwendung

Erstellen Sie eine Ablaufbeschreibung zur Wareneingangskontrolle in Ihrem Ausbildungsunternehmen. Fertigen Sie jeweils einen Text und ein Schaubild an. Greifen Sie dabei auf Ihre erworbenen Kenntnisse aus den jeweiligen Methodenecken zurück.

7.3.2 Lagerung

Soll Lagergut ohne Schaden und Qualitätsverlust gelagert werden, müssen Vorkehrungen getroffen werden, die der Beschaffenheit und der Art des Lagergutes entsprechen. So mag es Lagergut geben, das kühl gelagert werden muss, dunkel oder absolut trocken. Manche Lagergüter dürfen aufgrund einer möglichen Beeinträchtigung anderer Lagergüter nur separat gelagert werden. Von großer Bedeutung ist in diesem Zusammenhang die Ausstattung des Lagers mit funktionalen Vor- und Einrichtungen, die eine sachgerechte Lagerung der Güter ermöglichen.

Anwendung

Erstellen Sie eine Übersicht der in Ihrem Unternehmen eingelagerten Güter, deren Besonderheiten bei der Lagerung und der jeweilig genutzten Einrichtungen zur Vermeidung von Qualitätsverlusten.

Erkunden Sie auch, ob es Lagerungsvorschriften gibt und notieren Sie diese ebenfalls in Ihrer Übersicht.

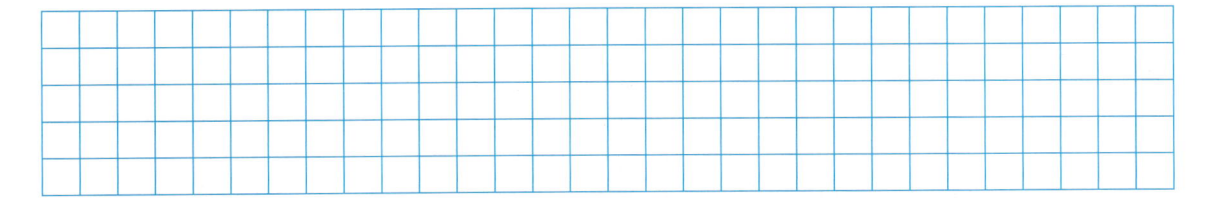

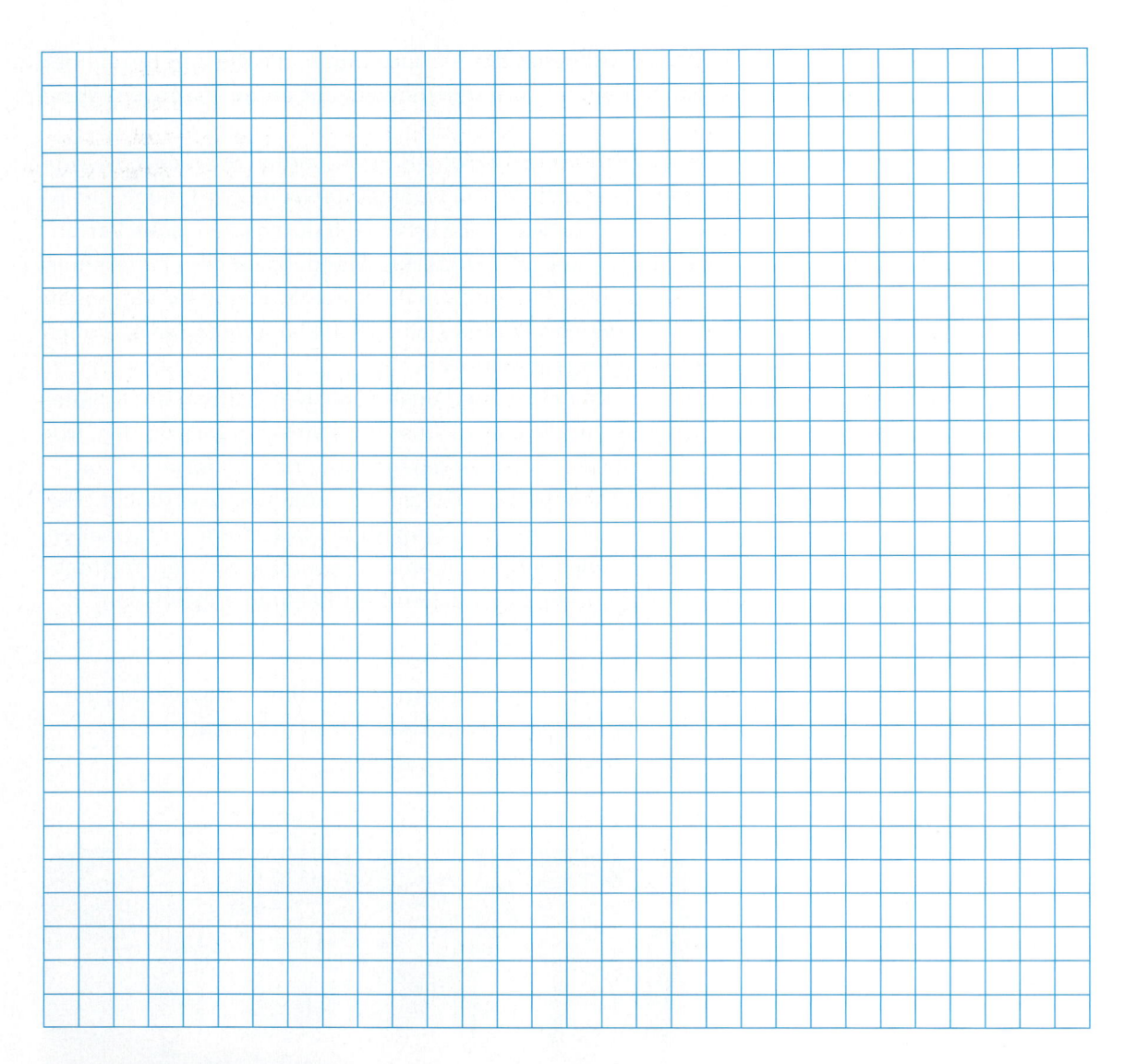

7.3.3 Warenausgabe

Aufgabe der Lagerhaltung ist es auch, die eingelagerten Waren zur rechten Zeit in der erforderlichen Menge und Qualität in den Leistungserstellungsprozess des Unternehmens zu überführen. Nur auf diese Weise kann die Zielsetzung der Lagerhaltung auch ökonomisch optimal für das Unternehmen erreicht werden. Bei der Warenausgabe werden diverse Verfahren der körperlichen Entnahme der Güter aus dem Lager unterschieden.

First-In-First-Out (FIFO)

Dieses Warenausgabeverfahren bestimmt, dass die Güter, die zuerst eingelagert wurden, auch als erste in den Leistungserstellungsprozess übergeben werden. Auf diese Weise soll vermieden werden, dass Qualitätsverlust durch Überschreitung von Haltbarkeitszeiten entstehen.

Highest-In-First-Out (HIFO)

Bei diesem Entnahmeverfahren wird darauf geachtet, dass das Lagergut mit dem höchsten Wert auch als erstes Gut in den Leistungserstellungsprozess übergeben wird. Auf diese Weise soll das durch das teure Lagergut gebundene Kapital möglichst schnell wieder freigesetzt werden.

Last-In-First-Out (LIFO)

Dieses Entnahmeverfahren verlangt die vorrangige Entnahme der Güter, die zuletzt eingelagert wurden. Dieses Verfahren ist bei steigenden Preisen vorteilhaft. Allerdings muss auch die Verderblichkeit der eingelagerten Güter unter Anwendung dieses Verfahrens zur Vermeidung von unnötigen Kosten berücksichtigt werden.

Zur Wahrung der mengen- und wertmäßigen Übersicht über den Lagerbestand sind Warenausgaben zu dokumentieren. Durch die Aufnahme des Lagergutes in das Lagerverzeichnis beim Wareneingang und durch die Dokumentation der Warenausgabe ist eine fortlaufende Kontrolle des Lagerbestandes möglich. Die unterschiedlichen Verfahren der Lagerkontrolle werden Ihnen nachfolgend vorgestellt.

Aufgaben

Erkunden Sie, welche Papiere zur Dokumentation des Warenausgangs in Ihrem Unternehmen verwendet werden und ergänzen Sie Ihre Unterlagen, nach Rücksprache mit Ihren Ausbildern, um entsprechende Formulare.

7.3.4 Lagerkontrolle

Die Ausführungen zu den Kosten der Lagerhaltung haben deutlich gemacht, dass die Lagerhaltung für Unternehmen mit teilweise hohen Kosten verbunden ist.

Im Rahmen der Lagerkontrolle werden daher Mengen-, Qualitäts- und Wertprüfungen mit der Absicht durchgeführt, Veränderungen der Bestände durch Zugänge, Abgänge, Verderb, Schwund oder auch Diebstahl festzustellen.

Inventur und Inventar

Zentrales Instrument der Lagerkontrolle ist die Durchführung der Inventur und das Aufstellen eines Inventars. Bei der Inventur werden die Bestände des Lagers mengen- und wertmäßig aufgenommen. Das Ergebnis der Inventur ist eine Aufstellung der im Lager enthaltenen Vermögensteile im Rahmen einer Ist-Aufnahme. Kaufleute sind nach HGB zur Durchführung einer Inventur für jedes Geschäftsjahr verpflichtet. Die Ermittlung des Ist-Bestandes kann durch Messen, Wiegen, Zählen oder Schätzen erfolgen.

→ LF 3, Geschäftsprozesse erfassen und auswerten

Durch den Vergleich des Inventurergebnisses mit den Daten der Lagerkartei (Soll-Bestand) können Abweichungen festgestellt werden, die das Ergebnis von Schwund, Diebstahl, Verderb oder auch Fehlbuchungen sein können.

Die so ermittelten Vermögensanteile können dann im Inventar, dem Verzeichnis der Vermögensteile und Schulden, abgebildet werden.

Aufgaben

1. *Werden in Ihrem Ausbildungsunternehmen Inventurformulare verwendet? Nehmen Sie, nach Rücksprache mit Ihrem Ausbilder, einen entsprechenden Vordruck zu Ihren Unterlagen.*
2. *Kennen Sie das Inventar Ihres Unternehmens? Bitten Sie um Einsichtnahme.*

Lagerkennziffern

Das Dilemma der Lagerhaltung ist, dass zu große Lagerbestände einerseits die Risiken und die Kosten der Lagerhaltung für das Unternehmen in die Höhe schnellen lassen. Andererseits können zu kleine Lagerbestände zu Störungen im Leistungserstellungsprozess führen. Es gilt also, eine optimale Lagerkapazität zu bestimmen. Hilfreich sind hierbei die sogenannten Lagerkennziffern.

Mindestbestand

Der Mindestbestand stellt eine mengenmäßige Größe dar, die als eiserner Bestand oder auch Sicherheitsbestand im Lager bevorratet werden soll und garantiert, dass die Leistungserbringung noch für eine vorbestimmte Zeit aufrechterhalten werden kann, für den Fall, dass es zu Lieferengpässen kommt. Eine einheitliche Richtlinie für die Größe des Mindestbestandes gibt es nicht. Als Faustregel gilt folgende Formel:

> **Formel**
>
> Mindestbestand = Durchschnittlicher Tagesverbrauch · Anzahl Sicherheitstage

Die Anzahl der Sicherheitstage ist ein Erfahrungswert.

Meldebestand

Sie haben soeben erfahren, dass der Mindestbestand eine absolute Notreserve darstellt, die nur in äußersten Fällen verwendet werden sollte. Der Meldebestand stellt die Lagermenge dar, bei deren Erreichen eine neue Bestellung zu erfolgen hat, sodass bis zum Eintreffen der neu bestellten Ware der Mindestbestand nicht angegriffen werden muss. Zur Berechnung des Meldebestandes kann folgende Formel verwendet werden:

> **Formel**
>
> Meldebestand = durchschnittlicher Tagesverbrauch · Lieferzeit + Mindestbestand

Höchstbestand

Der Höchstbestand wird erreicht, wenn die bestellte Ware im Lager eintrifft. Der Höchstbestand setzt sich aus der Summe des Mindestbestandes und der Bestellmenge zusammen. Der Bestellrhythmus, der sich aus dem Bestellzeitpunkt und der Bestellmenge ergibt, ist abhängig vom durchschnittlichen Tagesverbrauch, vom Finanzrahmen des Unternehmens und von der Lagerfähigkeit des betreffenden Gutes.

Durchschnittlicher Lagerbestand

Mit der Berechnung des durchschnittlichen Lagerbestandes wird ermittelt, welche Warenmengen bezogen auf einen Zeitabschnitt im Lager bevorratet werden. Der durchschnittliche Lagerbestand kann pro Jahr oder auch pro Monat angegeben werden. Die Formeln lauten:

> **Formel**
>
> Durchschnittlicher Lagerbestand pro Jahr =
> (Jahresanfangsbestand + Jahresendbestand) : 2
>
> Durchschnittlicher Lagerbestand pro Monat =
> (Monatsanfangsbestand + Monatsendbestand) : 2

Soll der durchschnittliche Monatsbestand auf ein Jahr bezogen ermittelt werden, so ist folgende Formel anzuwenden:

> **Formel**
>
> Durchschnittlicher Lagerbestand pro Monat auf ein Jahr bezogen =
> (½ Jahresanfangsbestand + 11 Monatsendbestände + ½ Jahresendbestand) :12

Umschlaghäufigkeit

Die Umschlaghäufigkeit gibt an, wie oft der Lagerbestand in Folge von Zu- und Abgängen komplett erneuert wurde. Die Umschlaghäufigkeit kann wert- und mengenmäßig ermittelt werden. Für die wertmäßige Ermittlung gilt nachfolgende Formel:

> **Formel**
>
> Umschlaghäufigkeit = Wareneinsatz pro Jahr in Euro : durchschnittlicher Lagerbestand pro Jahr in Euro

Dabei wird der Wareneinsatz berechnet, indem die Bezugskosten der Lagerwaren ermittelt werden.

Bei der mengenmäßigen Bestimmung der Umschlaghäufigkeit gehen Sie bitte wie folgt vor:

> **Formel**
>
> Umschlaghäufigkeit = Menge der ausgegebenen Lagerwaren pro Jahr : durchschnittlicher Lagerbestand pro Jahr

Durchschnittliche Lagerdauer

Diese Kenngröße gibt an, wie lange ein Lagergut durchschnittlich im Lager verbleibt, bevor es in den Leistungserstellungsprozess überführt wird.

> **Formel**
>
> Durchschnittliche Lagerdauer = 360 Tage : Umschlaghäufigkeit

Lagerzins

Der Lagerzins wird unter Verwendung der vorherigen Lagerkennziffern ermittelt.

Zunächst gilt es, den wertmäßigen durchschnittlichen Lagerbestand zu ermitteln, unter dessen Verwendung dann die Umschlaghäufigkeit und die durchschnittliche Lagerdauer ermittelt werden kann. Wenn wir von einer durchschnittlichen Lagerdauer von 50 Tagen ausgehen und einen Jahreszinssatz von 9 % berücksichtigen, so ergibt sich ein Zinssatz von 1,25 % (Tageszinssatz) für die Dauer von 50 Tagen.

> **Formel**
>
> 9 % : 360 Tage · 50 Tage

Zur Berechnung der Zinskosten ist dann der ermittelte Zinssatz mit dem wertmäßigen durchschnittlichen Lagerbestand zu multiplizieren.

> **Formel**
>
> Durchschnittlicher Lagerbestand in Euro · Tageszinssatz

Methodenecke

In Verbindung mit den Methodenecken aus Kapitel 3 und Kapitel 5 in diesem Lernfeld, die Sie mit dem Strukturieren und Gestalten von Inhalten vertraut gemacht haben, können Sie jetzt lernen, wie Sie wesentliche Inhalte in Diagrammen darstellen. Diagramme eignen sich besonders immer dann, wenn es um die Darstellung von Entwicklungen oder Vergleichen auf der Basis von Zahlenmaterial geht. Wenn Sie also die Entwicklung der Lagerkennziffern grafisch darstellen wollen, ist die aktuelle Methodenecke für Sie genau richtig.

Diagramme können in Form eines Säulendiagramms, eines Kreis- oder eines Kurvendiagramms erstellt werden. Bei der Erstellung der Diagramme können Sie sich von entsprechenden Softwareprogrammen (z. B. EXCEL) unterstützen lassen.

Säulen- und Kurvendiagramme basieren auf einem Koordinatensystem, auf dessen Achsen (X- und Y-Achse) Sie zwei Größen (Menge und Preis) zueinander in Beziehung setzen. In das Koordinatensystem tragen Sie dann die Werte der Beziehungspaare ein. Wenn Sie ein Säulendiagramm erstellen wollen, dann verbinden Sie jede Markierung mit der X-Achse. Wenn Sie ein Kurvendiagramm erstellen wollen, werden alle eingetragenen Werte miteinander verbunden.

Mit Kreis- oder auch Kuchendiagrammen können Sie den mengenmäßigen oder auch prozentualen Anteil einer Teilmenge an einer Gesamtmenge darstellen. Da ein Kreis aus 360 Grad besteht, setzen Sie die Gesamtmenge in Bezug zu den 360 Grad eines Kreises. Mit dem Dreisatz können Sie dann ermitteln, wie viel Gradanteile eine Teilmenge an der Gesamtkreisfläche hat.

Die von Ihnen erstellten Diagramme sollten noch eindeutig beschriftet werden, sodass der Leser weiß, welche Angaben zu einem Diagramm verdichtet wurden und welche Besonderheit in dem Diagramm dargestellt werden soll. Darüber hinaus sollten Sie darauf achten, dass die Diagramme gut lesbar sind.

Bei der Erstellung von Überschriften, Beschriftungen und Legenden werden Sie von den gängigen Softwareprodukten zur Erstellung von Grafiken unterstützt.

Anwendung
Erstellen Sie unterschiedliche Datenreihen zu den Lagerkennziffern und bereiten Sie die Datenreihen grafisch auf.

Selbstüberprüfung
Setzen Sie sich nun wieder mit dem Wissens-Check dieses Kapitels auseinander, indem Sie überprüfen, ob Sie sich einen Wissenszuwachs erarbeiten konnten. Markieren Sie hierzu Ihren neuen Wissensstand mit einem „O" an der entsprechenden Stelle. Können Sie eine positive Veränderung feststellen? Sollten Sie mit dem Ergebnis unzufrieden sein, lassen Sie sich beraten und entwickeln Sie eine neue Zielvereinbarung für das weitere Vorgehen. Halten Sie diese Zielvereinbarung in dem nachfolgenden Bereich schriftlich fest.

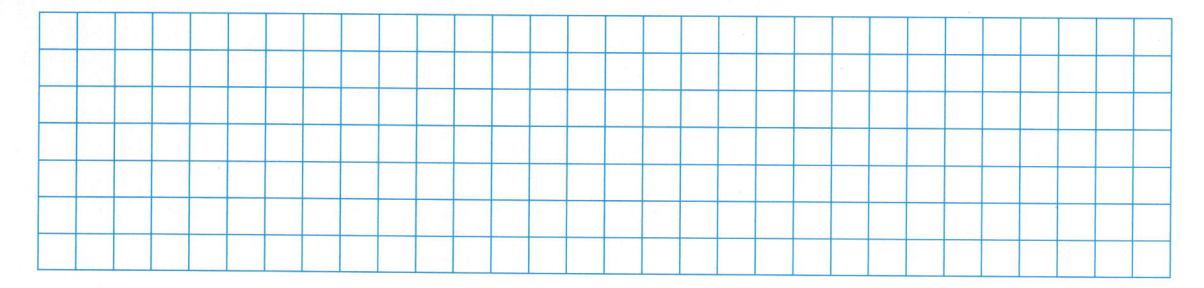

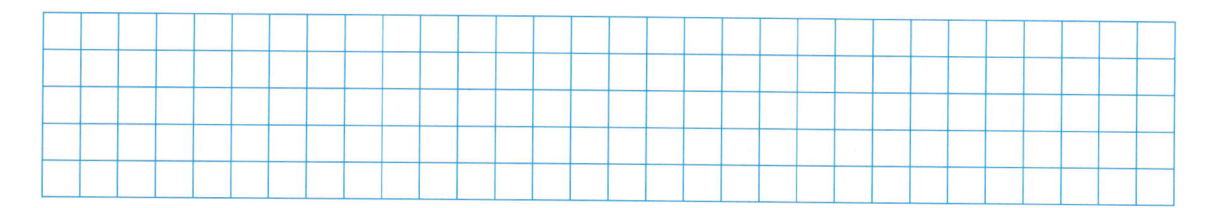

Fallsituation

Viele Unternehmen – so wahrscheinlich auch Ihr Ausbildungsunternehmen – lassen sich im Rahmen der Lagerorganisation und –verwaltung von sogenannten Warenwirtschaftssystemen unterstützen. Diese Warenwirtschaftssysteme sind heute meist Softwareprogramme, die die Mitarbeitenden des Lagers verwenden, um die anfallenden Lagerarbeiten zu erledigen und die Lagerkapazitäten ständig unter ökonomischen Gesichtspunkten zu überwachen. Welches Warenwirtschaftssystem wird bei Ihnen eingesetzt?

Problemlösung

Sie wollen den theoretischen Themenbereich Lagerhaltung für Ihr Unternehmen in einen Praxiszusammenhang bringen und die Überlegungen und Arbeiten, die diesbezüglich in Ihrem Haus anfallen, beschreiben.
Analysieren Sie diese Arbeiten für Ihr Haus und stellen Sie die Theorie-Praxis-Verknüpfung schriftlich dar. Vielleicht hilft die von Ihnen erstellte Unterlage zur Orientierung für nachfolgende Auszubildende? Vielleicht können Sie auch aus der Auseinandersetzung mit der Theorie heraus Verbesserungsvorschläge machen?
Heften Sie Ihre Ausführungen hier zu Ihren Unterlagen.

8 Hygiene

Das Gesundheitswesen ist ein Wirtschaftssektor, der zur qualitativ einwandfreien Erbringung seiner Dienstleistungen in vielen Fällen zur Einhaltung hygienischer Rahmenbedingungen verpflichtet ist.
Kennen Sie die hygienischen Notwendigkeiten Ihres Ausbildungsunternehmens und die entsprechenden Vorschriften?
Das vorliegende Kapitel will Sie in die Hygienebereiche einführen und Ihnen zeigen, aus welchen Perspektiven der Begriff Hygiene betrachtet werden kann. Darüber hinaus werden Sie Hygienevorschriften kennenlernen, aus denen Sie entsprechende Verhaltensweisen für Ihren Ausbildungsbetrieb ableiten können. Zum Abschluss werden Sie lernen, welche organisatorischen Maßnahmen getroffen werden müssen, um den Hygieneanforderungen an Unternehmen im Gesundheitswesen zu entsprechen. Vielleicht ist ja auch die Fortbildung zur Hygienefachkraft für Sie von Interesse?

Wissens-Check

Schätzen Sie Ihre Kenntnisse zum Themenbereich Hygiene ein, indem Sie ein „X" an die entsprechende Stelle der nachfolgenden Tabelle setzen.

Aussage	Ich bin mir ganz sicher.	Da bin ich mir unsicher.	Das weiß ich gar nicht.
Ich kann den Begriff Hygiene definieren und für mein Ausbildungsunternehmen konkretisieren.			
Ich kenne relevante Hygienevorschriften.			
Ich weiß, wer in meinem Ausbildungsbetrieb für die Einhaltung von Hygienevorschriften verantwortlich ist.			
Ich kann die Hygienebereiche Umwelt-, Individual- und Sozialhygiene unterscheiden und deren Bedeutung auf mein Ausbildungsunternehmen übertragen.			

→ **Definition**

Hygiene befasst sich mit der Wechselbeziehung des Menschen zu seiner Umwelt. Schwerpunkt der Betrachtung sind die Auswirkungen auf den Gesundheitszustand des Menschen. Dabei spielen Fragen der Reinhaltung von Körper, Kleidung und Arbeitsumgebung die zentrale Rolle. Ziel der Hygiene ist es, die Ausbreitung von Krankheiten durch Bakterien und Keime zu vermeiden.

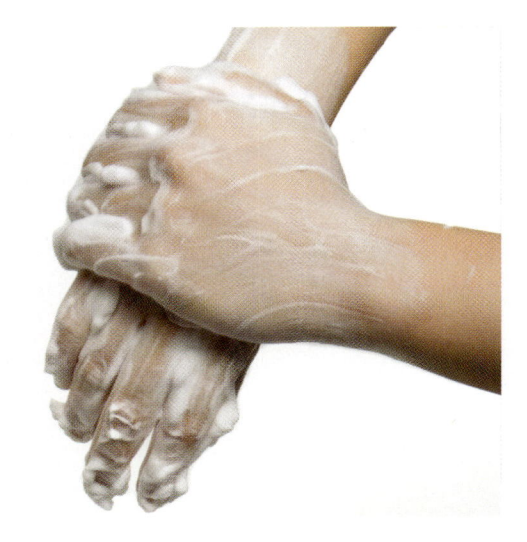

8.1 Bereiche

Ein Untersuchungsbereich der Hygiene ist die Umwelt.
Hier werden Einflüsse auf das Wohlbefinden und die Gesundheit des einzelnen Menschen betrachtet. In den Blick nimmt die Hygiene in diesem Fall die Auswirkungen chemischer Schadstoffe auf den Menschen, die Auswirkungen von Strahlungen, Verschmutzungen der Luft sowie Einflussfaktoren, die bei der Entstehung und Lagerung von Abfall auf den Einzelnen wirken.
Allgemeines Ziel ist es, die negativen Einflüsse auf die Gesundheit des Menschen zu reduzieren oder durch entsprechende Maßnahmen und Einrichtungen einzudämmen.
Im Bereich der Sozialhygiene werden Probleme betrachtet, die aus der Wechselbeziehung einer einzelnen Person mit ihrer sozialen Umwelt entstehen. Durch Maßnahmen im Rahmen der Gesundheitserziehung, bei denen Regeln der Reinhaltung von Körper, Kleidung und Arbeitsumgebung vermittelt werden, durch das Bereitstellen von Vorrichtungen und Geräten im Rahmen der Gesundheitsfürsorge oder auch durch Untersuchungen, die das frühzeitige Erkennen relevanter Erkrankungen möglich machen, wird hier versucht, Hygieneprobleme und die damit verbundenen Folgen für die Gesundheit der Menschen zu überwachen. Der Bereich Sozialhygiene wird auch als Arbeitshygiene bezeichnet.
Einen weiteren Hygienebereich stellt die Individualhygiene dar. Hier geht es besonders um Maßnahmen, die die Psyche des Menschen betreffen. Ziel der Individualhygiene ist es, psychische Überlastungen zu vermeiden und somit die Gesundheit des Menschen zu stärken. Dieser dritte Bereich erweitert die Hygienedefinition um den Aspekt der Psyche.

Für die Einrichtungen und Unternehmen im Gesundheitswesen geht es im Rahmen der Hygiene also darum, Infektionskrankheiten zu vermeiden oder im Notfall effektiv zu bekämpfen. Wissen und entsprechende Vorkehrungen aus den obigen Bereichen helfen so, negative Einwirkungen auf Patienten und Personal zu reduzieren oder bestenfalls sogar zu vermeiden.

Aufgaben

Erkunden Sie in Ihrem Ausbildungsbetrieb, welche Infektionskrankheiten die Gesundheit der Mitarbeitenden und Ihrer Kunden gefährden könnten.

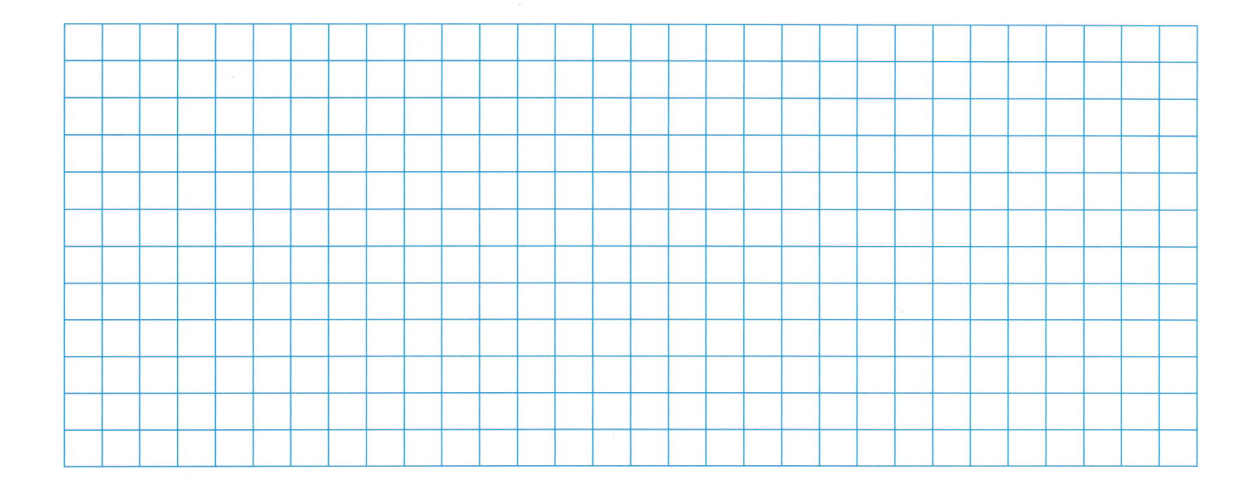

8.2 Vorschriften

Die Maßnahmen zur Hygiene mit der Absicht die Entstehung von Infektionen zu vermeiden oder deren Folgen einzudämmen sind nicht beliebig. Vorschriften in Form von Gesetzen, Verordnungen, Richtlinien und Normen regeln das jeweilige Verhalten. Zu diesen Vorgaben gehören zum Beispiel das Infektionsschutzgesetz, das Medizinproduktegesetz, Unfallverhütungsvorschriften, DIN-Vorschriften oder aber auch Richtlinien für die Krankenhaushygiene und die Infektionsprävention. Diese Vorgaben definieren grundlegende Standards vor dem Hintergrund wissenschaftlicher Erkenntnisse. Die Einhaltung dieser Standards ist immer auch Gegenstand einer Qualitätsanalyse im Rahmen des Qualitätsmanagements.

8.3 Organisation

Die Einhaltung der Hygienevorschriften ist für Unternehmen im Gesundheitswesen von weitreichender Bedeutung. Daher bedarf es auch differenzierter organisatorischer Maßnahmen, um die Anforderungen unternehmensweit zu erfüllen. Es gilt hier einerseits Verfahrensanweisungen zu definieren und deren Einhaltung zu kontrollieren und gegebenenfalls Korrekturmaßnahmen einzuleiten. Andererseits ist es absolut notwendig, den erlassenen Anweisungen und Vorgaben Folge zu leisten, um den definierten Hygienestandard zu erreichen. In den Teilbereichen der Vorgaben erlassenden und umsetzenden Einheiten arbeiten ärztliche Direktoren, Hygienebeauftragte, Pflegedienstleitungen, technische Leiter oder aber auch Hygienefachkräfte eng zusammen.
Die Einhaltung der Hygienestandards wird von offiziellen Behörden und Einrichtungen wie dem Gesundheitsamt übernommen.

Anwendung
Erkunden Sie in Ihrem Ausbildungsbetrieb, wie die Einhaltung relevanter Hygienevorschriften organisatorisch realisiert wird und erstellen Sie ein entsprechendes Organigramm.

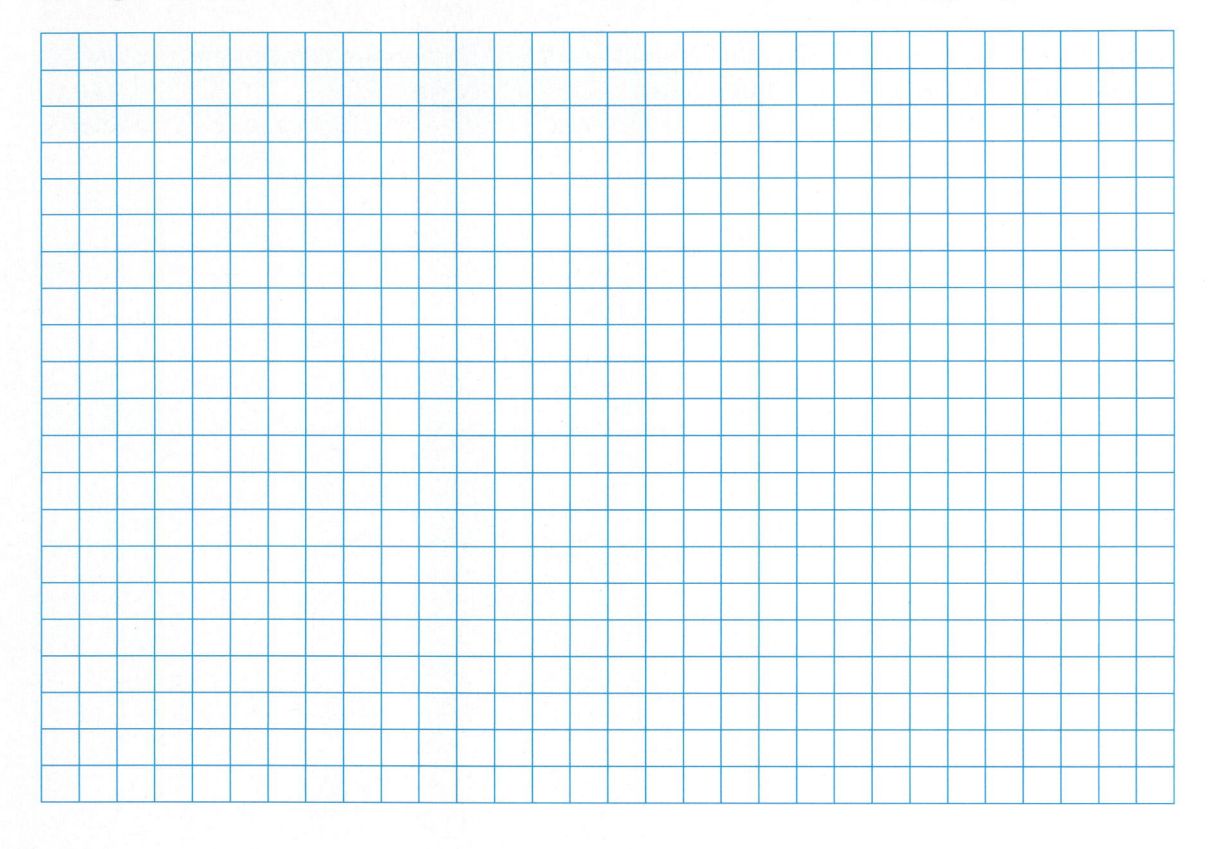

8 Hygiene **Lernfeld 5**

Selbstüberprüfung
Kehren Sie bitte jetzt zum Wissens-Check dieses Kapitels zurück und überprüfen Sie Ihre Angaben, indem Sie Ihren aktuellen Wissensstand mit einem „O" an der entsprechenden Stelle markieren. Bewerten Sie die Veränderungen. Sollten Sie mit dem Ergebnis unzufrieden sein, lassen Sie sich beraten und entwickeln Sie auch hier wieder eine Zielvereinbarung für das weitere Vorgehen. Halten Sie diese Zielvereinbarung in dem nachfolgenden Bereich schriftlich fest.

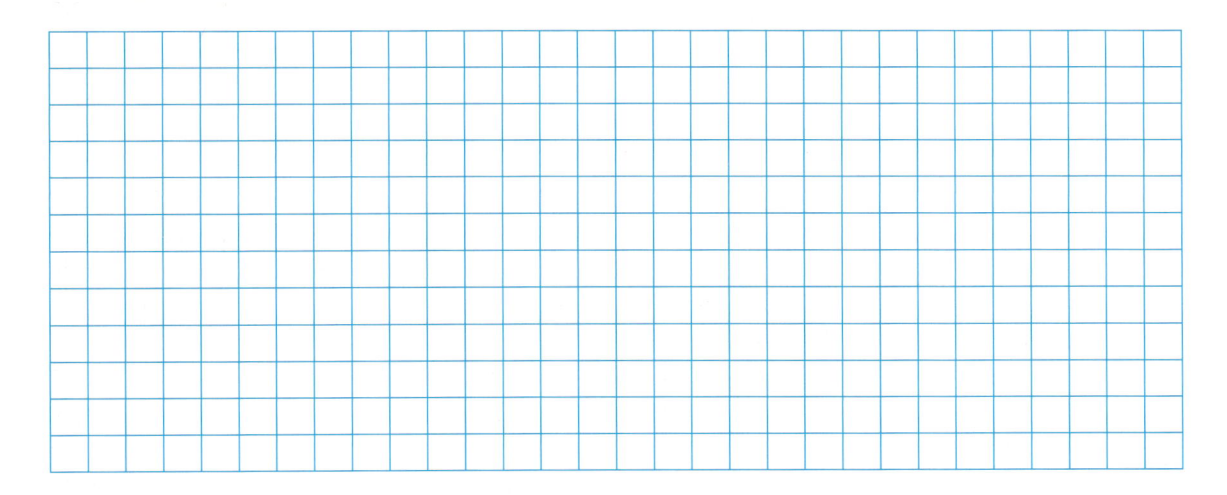

!

Fallsituation

Wie war das, als Sie Ihre Ausbildung begonnen haben? Wussten Sie, wie Sie sich vor dem Hintergrund hygienerelevanter Vorschriften zu verhalten haben?
Sicherlich haben Sie mit der Zeit entsprechende Erfahrungen gemacht und das aktuelle Kapitel wird Ihnen auch noch weitere Informationen an die Hand gegeben haben, aber wenn Sie an Ihren Eintritt zurückdenken und sich in die Situation neuer Auszubildender heute versetzen, könnten Sie für Abhilfe sorgen?

Methodenecke

Sie werden immer wieder in die Situation kommen, dass Sie größeren Problemen und komplexen Situationen gegenüberstehen. Für solche Situationen sind Sie auch schon gewappnet, denn Sie verfügen bereits über einige Techniken, mit denen Sie sich Übersicht verschaffen können, mit denen Sie Sortierungen vornehmen können und die Ihnen helfen, Ihr Fachwissen adressatengerecht weiterzugeben.

An dieser Stelle können Sie erfahren, welche Planungs- und Arbeitsschritte Sie zur Lösung eines Problems abarbeiten sollten um zu einem erfolgreichen Prozessergebnis zu gelangen.

→ *Schritt 1:*
 Benennen Sie das Problem kurz und knapp, aber dennoch präzise.
→ *Schritt 2:*
 Sammeln Sie Informationen zum Problem. Beleuchten Sie das Problem näher.
→ *Schritt 3:*
 Beschreiben Sie den Sollzustand (Zielklärung).
→ *Schritt 4:*
 Sammeln Sie Lösungsmöglichkeiten.

→ **Schritt 5:**
Prüfen Sie die Lösungsmöglichkeiten auf ihre Realisierbarkeit, entscheiden Sie sich für eine Lösungsstrategie und entwickeln Sie hierfür einen Arbeitsplan zur Umsetzung.

→ **Schritt 6:**
Setzen Sie den Arbeitsplan mit den von Ihnen bestimmten Einzelschritten um.

→ **Schritt 7:**
Prüfen Sie das Lösungsergebnis. Entspricht das Ergebnis der Zielvorstellung?

→ **Schritt 8:**
Wenn Sie mit dem Ergebnis unzufrieden sind, dann wählen Sie eine der anderen geprüften Lösungsmöglichkeiten aus Schritt 4 aus. Verfolgen Sie dann das Ablaufschema weiter.

Wenn Sie mit dem Ergebnis zufrieden sind, dann reflektieren Sie nochmals den Planungs- und Arbeitsprozess und dokumentieren Sie, welche Schritte besonders zum erfolgreichen Abschluss der Arbeit geführt haben. Diese Notizen verstärken die gedankliche Auseinandersetzung mit dem Arbeitsprozess und lassen die Arbeitsweise zur Routine werden.

Problemlösung

Sorgen Sie unter Beachtung der Methodenecke dafür, dass sich zukünftige Auszubildende schneller und besser mit hygienerelevanten Vorschriften vertraut machen können.

9 Entsorgung

Vor dem Hintergrund der vielfältigen Leistungen, die von den Unternehmen im Gesundheitswesen angeboten werden, entstehen auch eine Vielzahl unterschiedlicher Abfälle. Die Bandbreite der zu entsorgenden Abfälle reicht von herkömmlichen Abfällen, wie sie auch in jedem privaten Haushalt anfallen, bis zu Abfällen, die aufgrund ihrer chemischen oder biologischen Zusammensetzung einer gesonderten Behandlung bedürfen, weil von Ihnen unterschiedliche Gefahren bei nicht sachgemäßer Entsorgung ausgehen.

Das vorliegende Kapitel wird Sie mit den entsprechenden Abfallgruppen vertraut machen und Sie werden lernen, welche besonderen Vorkehrungen im Umgang mit den jeweiligen Abfällen zu treffen sind. Sie werden sich mit dem Prinzip der Kreislaufwirtschaft konfrontieren und nach Möglichkeiten auch in Ihrem Unternehmen suchen können, Abfallvermeidungs- und -verwertungsstrategien zu realisieren. Die Abfallentsorgung werden Sie als ökologisch sehr belastende und ökonomisch sehr teure Variante kennenlernen.

Wissens-Check
Schätzen Sie Ihre Kenntnisse zur Abfallwirtschaft ein und setzen Sie zur Markierung Ihres Wissens ein „X" an die entsprechende Stelle der nachfolgenden Tabelle.

Aussage	Ich bin mir ganz sicher.	Da bin ich mir unsicher.	Das weiß ich gar nicht.
Ich kenne das Prinzip der Kreislaufwirtschaft.			
Mir fällt es leicht, die Begriffe Abfallvermeidung, Abfallverwertung und Abfallentsorgung voneinander zu trennen.			
Ich kenne die rechtlichen Grundlagen, die im Rahmen der Abfallwirtschaft maßgeblich sind.			
Mir sind unterschiedliche Verfahren der Abfallbeseitigung bekannt und ich kann diese nachvollziehbar erklären.			
Ich kenne die für das Gesundheitswesen relevanten unterschiedlichen Abfallgruppen und weiß, wie mit ihnen im Sinne der Kreislaufwirtschaft zu verfahren ist.			

9.1 Kreislaufwirtschaft

Die Abfallwirtschaft im Gesundheitswesen unterliegt dem Prinzip der Kreislaufwirtschaft. Dieses Prinzip verfolgt die Absicht, Abfälle zunächst prinzipiell zu vermeiden. Sollten doch Abfälle entstehen, gilt es vorrangig, diese wiederzuverwerten und nur in Ausnahmefällen zu entsorgen.
Eine der wichtigsten Rechtsgrundlagen ist hier das Gesetz zur Förderung der Kreislaufwirtschaft und Sicherung der umweltverträglichen Beseitigung von Abfällen (Krw-/AbfG). Darüber hinaus greifen Abfallgesetze der Länder oder entsprechende Regelungen im Strafgesetzbuch (StGB) oder auch Richtlinien und Verordnungen auf nationaler und europäischer Ebene.

→ *Definition*
Im Kreislaufprinzip der Abfallwirtschaft gilt Vermeidung vor Verwertung vor Entsorgung von Abfällen.

Aufgaben

Erkunden Sie das in Ihrem Unternehmen umgesetzte Abfallkreislaufprinzip.

Vermeidung

Die Abfallvermeidung setzt bereits vor der Entstehung von Abfällen an. Aus Ihrem privaten Bereich kennen Sie die Möglichkeit, Umverpackungen beim Kauf direkt beim Händler zurückzulassen. Sicherlich entstehen diese Abfälle zunächst; durch die Belassung dieser Abfälle bei den Verursachern üben Sie aber Druck auf die jeweiligen Hersteller aus, sodass diese eventuell ihre Verpackungsstrategien ändern. Darüber hinaus können Sie bereits beim Einkauf auf den Erwerb unnötig verpackter Produkte verzichten. Auch das ist ein Verhalten mit Signalwirkung. Diese Verhaltensmöglichkeiten sind prinzipiell auch in den Unternehmen des Gesundheitswesens denkbar.

⬇ Anwendung

Erkunden Sie die Abfallvermeidungsstrategie Ihres Ausbildungsunternehmens. Können Sie weitere Vermeidungspotenziale erkennen?
Halten Sie Ihre Rechercheergebnisse schriftlich fest und heften Sie sie hier zu Ihren Unterlagen.

Verwertung

Nun ist es also passiert – Sie haben ein Produkt erworben, dessen Verpackung nach dem Verbrauch übrig bleibt. Die Frage ist, wie Sie mit diesem Abfall umgehen. Hier kennen Sie sicherlich aus Ihrem privaten Leben Rücknahmesysteme für PET- oder Glasflaschen und das Kreislaufsystem „Grüner Punkt". Diese Verwertungsstrategien setzen nach dem Entstehen von entsprechenden Abfällen ein und versuchen diese durch gezieltes Trennen und Wiederaufbereitung (Recycling) in den Warenwirtschaftskreislauf zu reintegrieren.

⬇ Anwendung

Gibt es in Ihrem Unternehmen ein entsprechendes Trennungsprogramm zur Zurückführung wiederverwertbarer Abfälle? Vielleicht wollen Sie ein entsprechendes System vorschlagen oder Sie entdecken Verbesserungsmöglichkeiten?
Halten Sie Ihre Erkenntnisse und Ideen schriftlich fest und heften Sie sie hier zu Ihren Unterlagen.

Entsorgung

Wenn Abfälle nicht vermieden werden konnten und ein Recycling nicht möglich ist, dann bleibt nur noch die Abfallentsorgung. Infolge dieser Maßnahme werden die entstandenen Abfälle aus dem Kreislaufsystem entnommen und vernichtet. Diese Vernichtung geht jedoch in der Regel mit Belastungen für die Umwelt einher, die häufig erst in der Summe ihres Auftretens nachhaltige negative Auswirkungen auf das ökologische Gleichgewicht haben. Um jedoch die Entstehung im Einzelnen bereits einzuschränken sind die Verfahren der Abfallentsorgung mit hohen Kosten für deren Verursacher verbunden. Die Bemühungen um die Vermeidung oder auch die Wiederverwertung von Abfällen ist daher aus ökologischen und ökonomischen Gründen für private Haushalte und für Unternehmen von großer Bedeutung.
Die Verfahren der Abfallentsorgung werden Ihnen im Folgenden vorgestellt.

9.2 Abfallentsorgung

Wie Sie in der Darstellung zur Abfallkreislaufwirtschaft erfahren haben, gilt es bei der Abfallentsorgung die entstandenen Abfälle dauerhaft aus dem Kreislaufsystem zu entnehmen. Dabei stehen die Verfahren
- Verbrennung
- Deponierung und
- Kompostierung

zur Auswahl.

Verbrennung

Die Verbrennung von Abfällen erfolgt heute in sogenannten Müllverbrennungsanlagen. Die Energie, die durch den Verbrennungsvorgang in Form von Hitze entsteht, kann zur Erzeugung von Strom oder Heizwärme genutzt werden. Entsprechende Müllverbrennungsanlagen werden daher auch als Müllkraftwerk bezeichnet. Die Rückstände des Verbrennungsprozesses, die auch als Emissionen bezeichnet werden, sind Abgase, Aschen, Schlacken und Stäube. Diese werden durch Filteranlagen ausgefiltert und durch Auffangvorrichtungen gesammelt und häufig in Salzbergwerken deponiert.

Die Verbrennung von Abfällen hat wegen des geringeren Volumens der Verbrennungsrückstände heute Vorrang vor der Deponierung.

Deponierung

Bei der Deponierung werden die Abfälle in ihrer aktuellen Erscheinungsform gelagert. Einzig durch mechanische Einflüsse (Pressung) wird versucht, die Lagerdichte zu optimieren. Weitere Behandlungsprozesse werden nicht unternommen. Wie bereits dargestellt, ist Deponierraum knapp und daher sehr teuer. Darüber hinaus bedürfen Deponien einer ständigen Überwachung, um die Entstehung von Umweltschädigungen durch chemisch-physikalische Prozesse des deponierten Abfalls zu erkennen und ggf. zu beseitigen.

Kompostierung

Bei der Kompostierung wird der Abfall während seiner Lagerung von Mikroorganismen zersetzt und in einen anderen physikalischen Zustand umgewandelt. Sollte das Umwandlungsprodukt verwendet werden können, stellt die Kompostierung eine Form des Recyclings dar. Ist das Endprodukt der Kompostierung jedoch nicht mehr in den Abfallkreislauf zu reintegrieren, erfolgt auch hier eine entsprechende Deponierung.

Bei der Kompostierung entstehen ebenso Emissionen (Gase, Wärme), die durch geeignete Verfahren wiederverwendet werden können.

9.3 Abfallgruppen

Abfälle in Unternehmen des Gesundheitswesens können aus infektionspräventiver, umwelthygienischer und ethischer Perspektive betrachtet und entsprechend gehandhabt werden. Zur Optimierung einer ökologisch orientierten Handhabung der Abfälle können diese einem Abfallgruppensystem zugeordnet werden, welches auch eine angemessene Entsorgung vorschlägt. Folgende Abfallgruppen können unterschieden werden:

Gruppe 1
Dieser Gruppe gehören alle Abfälle an, die auch in privaten Haushalten anfallen und an die Abfallsammlungseinrichtungen der Kommunen weiter geleitet werden können. Hierzu zählen Abfälle aus Papier, Pappe, Glas, Metalle, Kunststoffe, Biomüll. Diese Abfälle können den öffentlichen Sammelsystemen übergeben werden.

Gruppe 2
In diese Gruppe gehören zum einen Abfälle ohne Verletzungsgefahr wie Wundverbände, Gipsverbände, Einmalwäsche, Inkontinenzartikel, Einmalartikel wie Tupfer, Handschuhe, Katheter oder auch entleerte Urinsammelsysteme.
Abfälle mit Verletzungsgefahr wie Lanzetten, Skalpelle und Ampullenreste gehören dieser Gruppe ebenso an wie sogenannte Nassabfälle, bei denen durch den Transport die Möglichkeit besteht, dass Flüssigkeiten austreten.
Diese Abfälle sind bei bestehender Verletzungsgefahr in geeigneten Behältern zu sammeln und werden durch entsprechende Anbieter verbrannt oder deponiert.

Gruppe 3
Abfälle der Gruppe 3 stellen eine besondere Gefahr dar. Nicht desinfizierte mikrobiologische Kulturen und Abfälle, die mit gefährlichen Erregern versehen sind, sind dieser Abfallgruppe zuzuführen.
Diese Abfälle sind sofort in geeigneten Behältern zu sammeln und der Verbrennung für Klinikmüll zuzuführen.

Gruppe 4
Der Gruppe 4 werden alle Labor- und Chemikalienreste, Arzneimittelabfälle und Desinfektionsmittel zugeordnet. Zudem sind in dieser Gruppe alle Organabfälle, Körperteile sowie Küchen- und Kantinenabfälle zu entsorgen.
Auch diese Abfälle sind fachgerecht zu sammeln und einer Verbrennungsanlage für Klinikmüll zuzuführen.

! Selbstüberprüfung
Setzen Sie sich nochmals mit dem Wissens-Check dieses Kapitels auseinander. Überprüfen Sie Ihre Angaben und markieren Sie Ihren neuen Wissensstand mit einem „O" an der entsprechenden Stelle. Können Sie eine positive Veränderung feststellen? Sollten Sie mit dem Ergebnis unzufrieden sein, lassen Sie sich beraten und entwickeln Sie eine neue Zielvereinbarung für das weitere Vorgehen. Halten Sie diese Zielvereinbarung in dem nachfolgenden Bereich schriftlich fest.

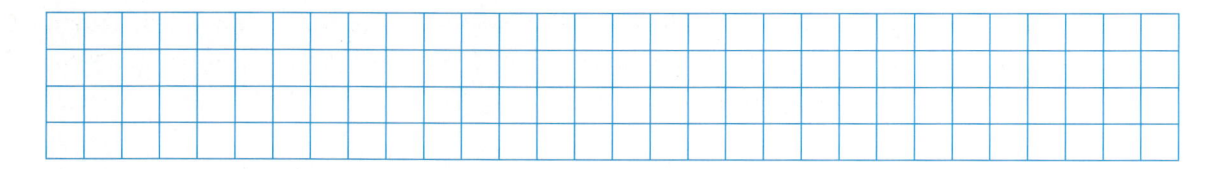

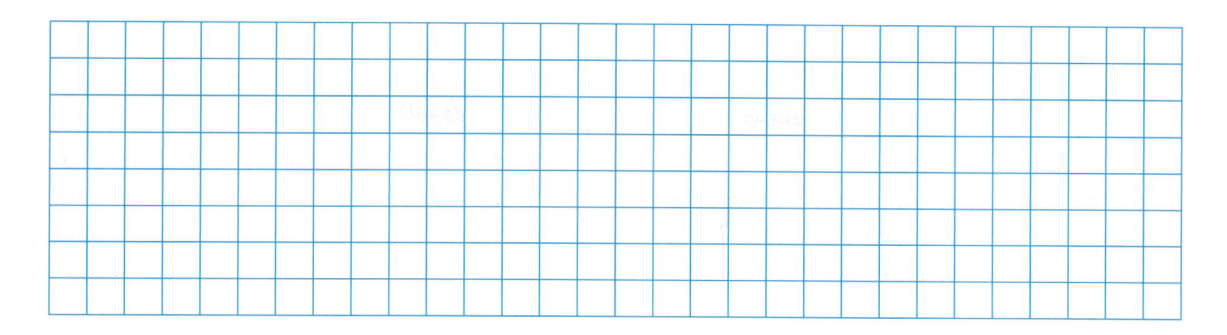

Anwendung

Erstellen Sie eine Übersicht, aus der die entstehenden Abfälle in Ihrem Unternehmen und die jeweiligen Handhabungen dieser Abfälle deutlich werden. Achten Sie darauf, dass Ihre Übersicht einen Informationscharakter hat, der zur Verdeutlichung des Abfallkreislaufwirtschaftssystems in Ihrem Unternehmen beiträgt und zu einer höheren Sensibilität in diesem Bereich führen könnte.

Fallsituation

Wie sieht es mit dem Abfallwirtschaftsbewusstsein in Ihrem Ausbildungsunternehmen aus? Wurden Sie bei Ihrem Eintritt ins Unternehmen entsprechend eingewiesen?

Problemlösung

Entwickeln Sie unter Verwendung Ihres erarbeiteten Wissens und der bereits erstellten Unterlagen ein Infosystem für Ihr Ausbildungsunternehmen.

Methodenecke

Berücksichtigen Sie zur Problemlösung nochmals die Methodenecke des Kapitels 8. Hilfreich könnten auch die Methodenecken der Kapitel 1, 4 und 6 sein, wenn Sie sich für das Erstellen eines Textes entscheiden. Die Methodenecken der Kapitel 2, 3 und 5 könnten Ihnen bei bildhaften Darstellungen helfen. Die Angaben beziehen sich auf das aktuelle Lernfeld.

Darüber hinaus sei an dieser Stelle nochmals an die Techniken zur Informationserarbeitung und -verarbeitung aus den Kapiteln zum ersten Ausbildungsjahr erinnert, mit denen Sie sich die Fülle von Informationen für Ihren beruflichen Alltag und für die bald anstehende Abschlussprüfung verfügbar machen können.

Geschafft! Sie sind am Ende des zweiten Ausbildungsjahres angekommen. Wissen Sie noch, welche Inhalte Ihnen bis hierhin begegnet sind? Ein Blick in die Inhaltsverzeichnisse zum ersten und zweiten Ausbildungsjahr hilft Ihnen sich nochmals zu orientieren. Auf jeden Fall dürfte die Fülle Ihrer Unterlagen bezüglich fachlicher wie auch methodischer Inhalte stark angewachsen sein, und wenn Sie die Methoden zu den Arbeits- und Lerntechniken beherzigt haben, dann befindet sich diese Fülle nicht nur in Ihrem Ordner sondern auch in Ihrem Kopf. Testen Sie das, indem Sie sich nochmals die Zieldefinitionen der einzelnen Kapitel anschauen. Können Sie kaufmännisch korrekt mitreden? Gratulation! Dem Start ins dritte und letzte Ausbildungsjahr steht nichts mehr im Wege.

Lernfeld 10
Personalwirtschaftliche Aufgaben wahrnehmen

Das Personal in Unternehmen ist von großer Bedeutung für den Unternehmenserfolg. Das gilt besonders für Unternehmen im Gesundheitswesen. Wissen Sie, warum das so ist?
Ganz sicher können Sie eine Antwort auf diese Frage geben, aber antworten Sie wie ein Kaufmann im Gesundheitswesen? Können Sie eine inhaltlich übergreifende Argumentationskette so herleiten, dass keine fachlichen Fragen mehr bleiben und Sie uneingeschränkt als sachverständige Fachperson akzeptiert werden? Reizt Sie diese Perspektive? Dann seien Sie im für das Fach Dienstleistungsprozesse einzigen Lernfeld der Oberstufe willkommen!

1 Personalpolitik im Gesundheitswesen

In diesem Kapitel werden Sie die Erkenntnis gewinnen, dass Personalarbeit im Gesundheitswesen von besonderer Bedeutung ist. Hierzu werden Sie neues Wissen generieren und mit Ihren Kenntnissen aus dem ersten und zweiten Ausbildungsjahr kombinieren. Insgesamt konstruieren Sie einige Argumentationseinheiten, die Sie dann zu einer logischen Argumentationskette zusammenfügen können. Auf diese Art und Weise erarbeiten Sie sich ein Basisverständnis und eine fachlich fundierte Legitimation für Personalarbeit als wirtschaftlicher Erfolgsfaktor im Gesundheitswesen – und vielleicht erkennen Sie, dass Personalarbeit Ihr Betätigungsfeld der Zukunft ist?

Wissens-Check
Schätzen Sie Ihre Kenntnisse zum aktuellen Kapitel ein und setzen Sie zur Markierung Ihres Wissens ein „X" an die entsprechende Stelle der nachfolgenden Tabelle.

Aussage	Ich bin mir ganz sicher.	Da bin ich mir unsicher.	Das weiß ich gar nicht.
Ich kann mich fachlich fundiert zur Bedeutsamkeit von Personalarbeit in Unternehmen des Gesundheitswesens äußern.			
Es fällt mir leicht, eine argumentativ logische Begründung für die Notwendigkeit von Personalarbeit in Unternehmen des Gesundheitswesens herzuleiten.			
Ich kann das Thema „Personalarbeit im Gesundheitswesen" zu anderen Bereichen der Wirtschaft in Beziehung bringen.			
Ich fühle mich im Bilden sachlogischer Argumentationsketten sicher.			

Sie sind also nun auf der Suche nach Begründungen dafür, dass gute Personalarbeit für Unternehmen im Gesundheitswesen für eine erfolgreiche Arbeit auf dem Gesundheitsmarkt notwendig ist. Die nachfolgenden vier Arbeitsblöcke helfen Ihnen die Argumentationselemente zu entdecken. Sie werden vielleicht noch nicht sofort die Verbindung der jeweiligen Inhalte zur Personalarbeit erkennen, aber wenn Sie am Ende dieses Kapitels angekommen sind, dürfte alles klar sein!

→ LF 5, Dienstleistungen und Güter beschaffen und verwalten

→ LF 4, Märkte analysieren und Marketinginstrumente anwenden

Aufgaben

1. Erstellen Sie eine Übersicht der Ihnen bekannten Produktionsfaktoren. Erinnern Sie sich an die volkswirtschaftliche und betriebswirtschaftliche Perspektive?

2. Betrachten Sie Ihr Schaubild. Welcher Produktionsfaktor könnte als Schnittmenge beider Produktionsfaktorengruppen bezeichnet werden? Ändern Sie Ihr Schaubild entsprechend ab.
3. Interpretieren Sie die Tatsache, dass ein Produktionsfaktor sowohl als volkswirtschaftlicher als auch als betriebswirtschaftlicher Produktionsfaktor vorhanden ist. Gleichen Sie Ihre Interpretation im Plenum ab.
4. Erstellen Sie anhand Ihres Schaubildes ein Kurzreferat zu den Produktionsfaktoren. Achten Sie auf die Verwendung der korrekten Fachbegriffe.

Jetzt wenden Sie sich dem zweiten Argumentationsblock zu, in dem Sie sich mit den Personalkosten eines Unternehmens beschäftigen.

→ LF 3, Geschäftsprozesse erfassen und auswerten

Aufgaben

1. Ermitteln Sie anhand einer GuV den prozentualen Anteil der Personalkosten an den Gesamtkosten des Leistungserstellungsprozesses. Verwenden Sie hierzu eine GuV aus dem Fach Steuerung- und Abrechnungsprozesse.
2. Wie interpretieren Sie Ihr Ergebnis in Bezug auf Personalarbeit im Gesundheitswesen?

→ LF 2, Die Berufsausbildung selbstverantwortlich mitgestalten

Im ersten Ausbildungsjahr haben Sie sich mit unterschiedlichen Unternehmen und Berufen im Gesundheitswesen auseinandergesetzt und die Bandbreite der angebotenen Leistungen kennengelernt. Im dritten Argumentationsblock konzentrieren Sie sich nochmals auf die Kompetenzen, über die Mitarbeitende im Gesundheitswesen verfügen sollten.

Anwendung

Sichten Sie Ihre Unterlagen aus dem ersten Ausbildungsjahr zum Themenbereich Kompetenzen. Nehmen Sie hierzu auch den Lehrplan für Ihren Ausbildungsberuf zur Hand.

1. Erstellen Sie ein Schaubild zu den Ihnen bekannten Kompetenzen, an denen Sie auch im Rahmen Ihrer Ausbildung arbeiten.
2. Welche Verbindung sehen Sie zwischen dem Kompetenzprofil eines Mitarbeitenden im Gesundheitswesen und der Personalarbeit eines Unternehmens?

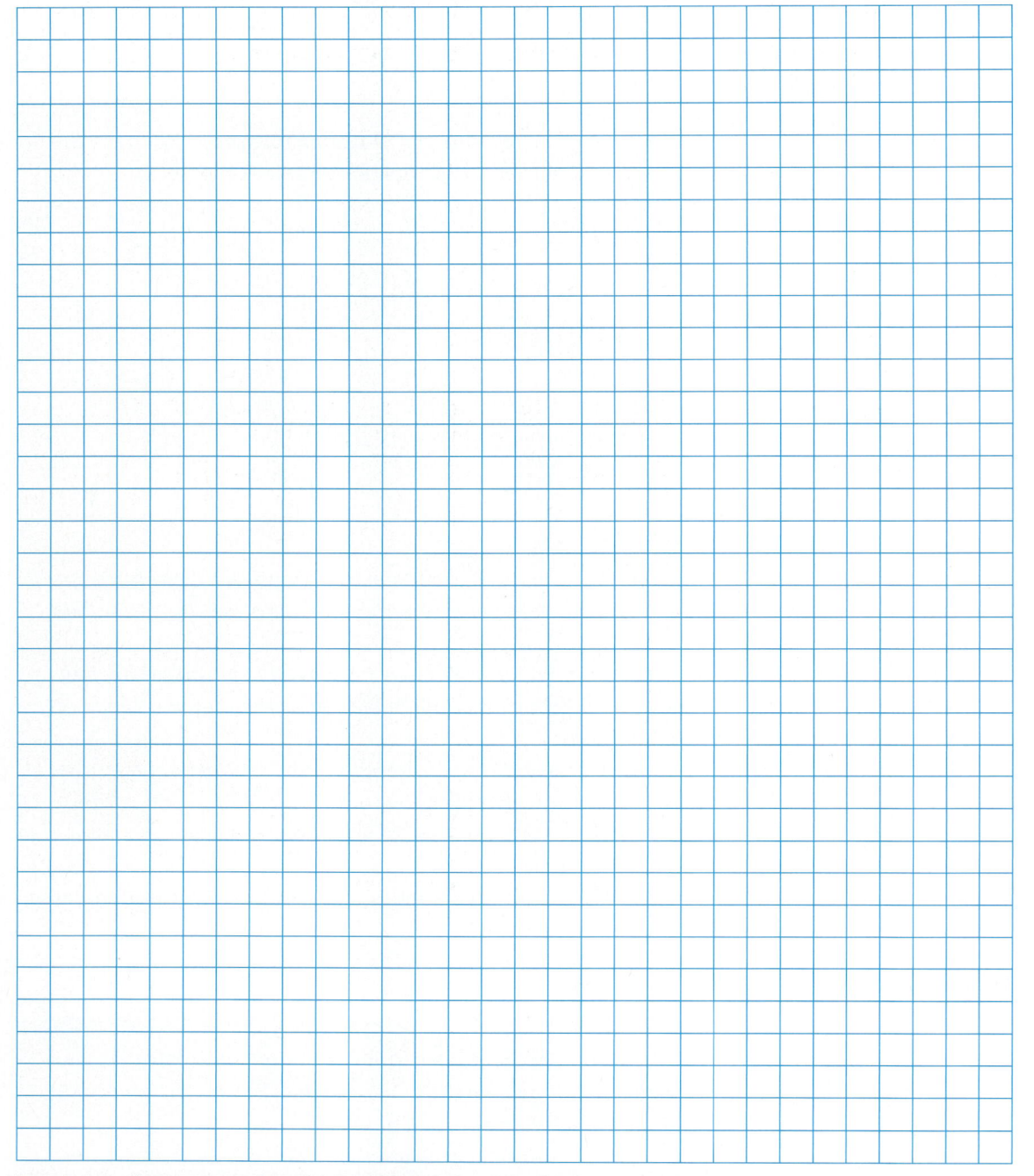

Im vierten Argumentationsblock betrachten Sie die Zugehörigkeit des Gesundheitswesens zu den Bereichen einer Wirtschaft.

Aufgaben

Bringen Sie die nachfolgenden Textteile in ihre richtige Reichenfolge. Achten Sie auf sprachliche und inhaltliche Bezüge. Der Anfangssatz des Textes ist bereits mit der Zahl 1 versehen.

1 Personalpolitik im Gesundheitswesen — Lernfeld 10

1.	Dem primären Sektor werden die Unternehmen der Urerzeugung zugeordnet.
	Zum tertiären Sektor lassen sich die Unternehmen des Handels (z. B. Groß- und Einzelhandel) und der übrigen Dienstleistungen (z. B. Kreditinstitute, Versicherungen, Verkehrsbetriebe) zuordnen.
	Zum sekundären Sektor gehören die Unternehmen der Weiterverarbeitung.
	Zu diesem Sektor gehören Betriebe der Landwirtschaft, der Forstwirtschaft, der Fischerei, des Bergbaus und der Öl- und Gasgewinnung.
	Sie beschäftigen sich mit dem landwirtschaftlichen Anbau und dem Abbau der Bodenschätze und sorgen damit für die Voraussetzung der Produktion.
	Neben den Handelsbetrieben werden Fitnesscenter, Kopiercenter, Reinigung, Eiscafé, Imbissstand, Restaurant, Solarium, Kinocenter, Übersetzungsbüro, Friseur zu den sonstigen Dienstleistungsbetrieben gezählt.
	Immer weniger Menschen arbeiten in den Bereichen der Urerzeugung und Weiterverarbeitung.
	Im Zuge des Strukturwandels hat sich der Anteil der Erwerbstätigen im Dienstleistungssektor in den letzten hundert Jahren kontinuierlich vergrößert.
	Hierbei kann es sich um Handwerksbetriebe oder Industriebetriebe handeln.
	Es gehören zum Beispiel Bäckereien, Schlüsseldienste, Metzgereien, Metallgießereien oder Büromöbelhersteller dazu.
	Eine weitere Gruppe dieser Dienstleistungsbetriebe ist die Gruppe der Verkehrsbetriebe, der Banken und der Versicherungsgesellschaften.
	Dementgegen sind immer mehr Menschen im Bereich von Handel und Dienstleistungen beschäftigt.
	Dadurch gelten Dienstleistungen allgemein als nicht übertragbar, nicht lagerfähig und nicht transportierbar.
	Charakteristisch für alle diese Dienstleistungsbetriebe ist die Tatsache, dass Produktion und Verbrauch zeitlich zusammenfallen.

● *Wandeln Sie den rekonstruierten Text in ein Schaubild um.*

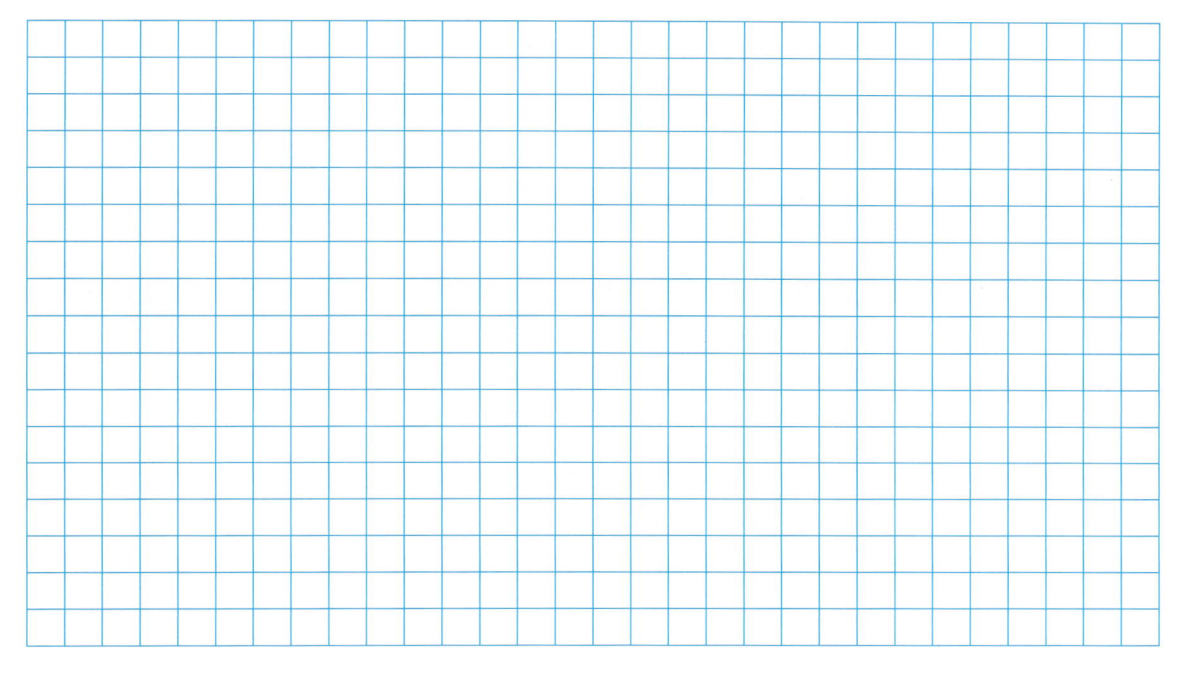

Sie verfügen jetzt über vier Argumentationseinheiten, die alle zur Begründung für eine umfassende Personalarbeit im Gesundheitswesen dienen. Die Frage ist nun, wie Sie diese einzelnen Argumente so miteinander verbinden und aneinanderreihen können, dass eine fundierte und inhaltlich logische Argumentationskette entsteht.

Methodenecke

Wenn Sie Einzelargumente zu einem großen Ganzen logisch zusammenführen wollen, kommt es darauf an, dass Sie die Verbindung der Einzelargumente zueinander erkennen. Argumente können auf einer horizontalen Ebene, also gleichwertig sein, oder sie können in einer vertikalen (nachrangigen) Beziehung zueinander stehen. Zunächst gilt es also, die Abhängigkeit der Argumente zu erkennen. Hier hilft die Veranschaulichung in einem Schaubild.

Auf horizontaler Ebene können Sie nach eigenem Gefallen entscheiden, mit welchem Argument Sie Ihre Argumentationskette beginnen lassen wollen.

Auf vertikaler Ebene gibt es prinzipiell zwei Verfahrensweisen. Sie können vom Allgemeinen zum Speziellen hin argumentieren oder vom Speziellen zum Allgemeinen. In der ersten Variante gehen Sie immer mehr ins Detail und nehmen Ihren Gesprächspartner stufenweise in eine argumentative Tiefe mit. So hat er die Chance, langsam in die Zusammenhänge eingeführt zu werden.

Wenn Sie vom Speziellen ausgehend verallgemeinern, dann müssen Sie Ihren Gesprächspartner bereits sehr früh mit einer Fülle von Details konfrontieren, zu denen er möglicherweise noch keinen Bezug hat. Sollte Ihr Gesprächspartner fachlich nicht versiert sein, dann überfordern Sie ihn mit dieser Vorgehensweise.

Fallsituation

Ihr Ausbildungsleiter wurde kürzlich von der Zeitschrift „Personal", einer Publikation für das Gesundheitswesen, die monatlich erscheint, gebeten, einen Artikel zum Thema „Qualität und Personal" zu verfassen.

Da Ihr Ausbildungsleiter weiß, dass Sie sich derzeit mit dem Themenbereich Personal beschäftigen, bittet er Sie um Ihre Mithilfe bei der Verfassung des Artikels. In einer kleinen Sammlung hat er schon einmal die Begriffe „persönliche Dienstleistung", „Kostenverhältnis Sachkosten zu Personalkosten", „ökonomisches Prinzip", „Qualität als Existenzchance", „Fachkompetenz" und „Sozialkompetenz" notiert. Diese Sammlung möchte er auf alle Fälle im Artikel verwenden.

Problemlösung

Versuchen Sie die Stichwortsammlung Ihres Ausbilders in den Einzelargumenten dieses Kapitels wiederzufinden. Achten Sie dann besonders auf die argumentative Logik beim Verfassen des Fachartikels.

Verwenden Sie Ihre methodischen Kenntnisse zum Sammeln, Strukturieren und Schreiben.

Selbstüberprüfung

Setzen Sie sich nun wieder mit dem aktuellen Wissens-Check auseinander. Überprüfen Sie Ihre Angaben und markieren Sie Ihren neuen Wissensstand mit einem „O" an der entsprechenden Stelle. Können Sie eine positive Veränderung feststellen? Sollten Sie mit dem Ergebnis unzufrieden sein, lassen Sie sich beraten und entwickeln Sie eine neue Zielvereinbarung für das weitere Vorgehen. Halten Sie diese Zielvereinbarung in dem nachfolgenden Bereich schriftlich fest.

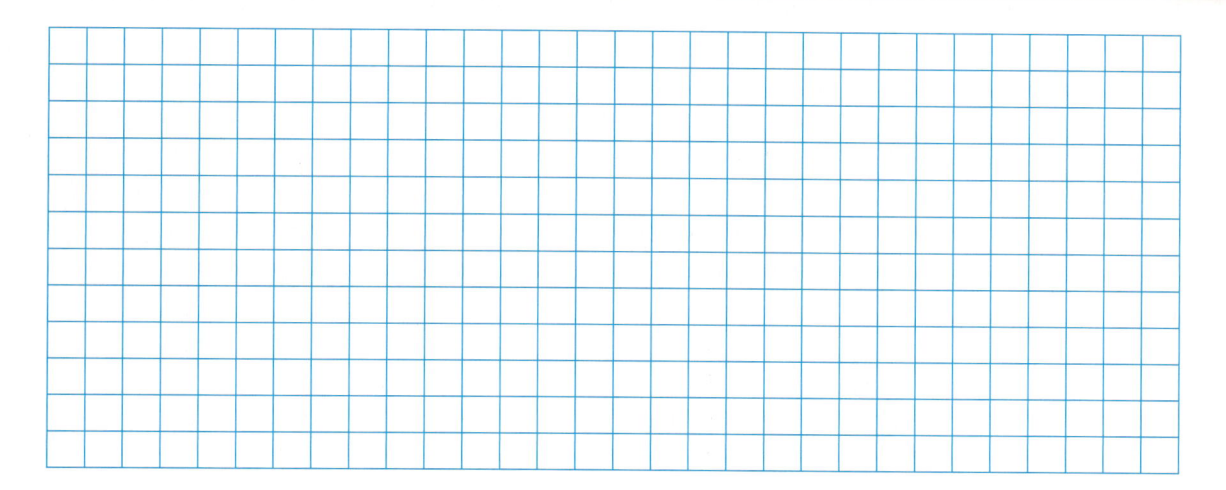

2 Personalpolitik: Strategien

Das vorliegende Kapitel Ihnen drei mögliche Strategien der Personalpolitik vorstellen. Wenn Sie sich mit den Inhalten vertraut gemacht haben, dann werden Sie die Strategien Personalverwaltung, Personalmanagement und Human Resource Management voneinander unterscheiden können, Sie werden die Strategien in eine wirtschaftshistorische Reihenfolge bringen können und sich begründet für eine Personalpolitikstrategie entscheiden können.

Wissens-Check

Schätzen Sie Ihre Kenntnisse in Bereich unterschiedlicher Formen der Personalpolitik ein. Markieren Sie Ihr Wissen mit einem „X" an der entsprechenden Stelle der nachfolgenden Tabelle.

Aussage	Ich bin mir ganz sicher.	Da bin ich mir unsicher.	Das weiß ich gar nicht.
Ich kann die Personalpolitikstrategien Personalverwaltung, Personalwirtschaft und Human Resource Management voneinander unterscheiden und Charakteristika herausstellen.			
Ich kann die drei Strategien in einen wirtschaftshistorischen Zusammenhang bringen.			
Ich kann mich begründet für eine Strategie für Unternehmen im Gesundheitswesen entscheiden.			

2.1 Personalverwaltung

→ **Definition**

Mit der Personalverwaltung wird die Summe aller administrativen und personalbezogenen Maßnahmen in einem Unternehmen bezeichnet. Es wird auf die Anwendung der Regelungen des geltenden Rechts geachtet. Das entsprechend zu beachtende Recht erstreckt sich vom Sozialrecht bis zur Betriebsvereinbarung. Es erfolgt die Erledigung aller Formalitäten von der Personaleinstellung bis zur Personalfreisetzung, Bearbeitung der laufenden Mitarbeiteranträge, Führung von Personalakten, Führung der Personalstatistik sowie die Abwicklung der Lohn- und Gehaltsabrechnungen.

Gemäß der Definition handelt es sich bei der Personalverwaltung, die auch als Personalwirtschaft bezeichnet wird, um eine reine Verwaltung des einem Unternehmen angehörenden Personals. Die Mitarbeitenden werden gemäß dem Bedarf des Unternehmens eingesetzt; über das Maß der administrativen Aufgaben hinaus erfolgt keine Betreuung oder Begleitung der Mitarbeitenden.
Diese Personalpolitikstrategie ist eine recht alte, aber immer noch weitverbreitete Form der Personalarbeit.

2.2 Personalmanagement

→ *Definition*

In der betrieblichen Praxis wird die Aufgabe des Personalmanagements darin gesehen, die für die Erreichung der Unternehmensziele notwendigen quantitativen und qualitativen Potenziale sowohl in räumlicher als auch in zeitlicher Hinsicht langfristig sicherzustellen und die durch den Einsatz von Menschen zu beachtenden rechtlichen, sozialen und verwaltungstechnischen Probleme zu lösen. Anders ausgedrückt hat das Personalmanagement einerseits die Aufgabe, das Verhalten der Organisationsmitglieder dem Unternehmensinteresse gemäß zu steuern (Personalplanung, Personalführung). Andererseits hat Personalmanagement die Aufgabe, das organisationale System durch Arbeitsgestaltung, Lohngestaltung oder auch Personalentwicklung zu gestalten.

Fasst man die Aufgaben des Personalmanagement zusammen, so lassen sich administrative Aufgaben erkennen, da Mitarbeitende natürlich auch verwaltet werden müssen. Wie bei der Personalwirtschaft gilt es, die Lohn- und Gehaltsabrechnungen durchzuführen, Einstellungs- und Entlassungsunterlagen bereitzuhalten oder auch rechtliche Fragen zu klären. Das Personalmanagement hat darüber hinaus aber auch gestaltende Aufgaben. Mit dem Instrument der Zielvereinbarung werden die Mitarbeitenden eines Unternehmens an den Prozessen im Unternehmen beteiligt. Zielvereinbarungsgespräche werden geführt und Zielerreichungsgrade mit den jeweilig betroffenen Mitarbeitenden abgestimmt. Die Zielerreichung wird überprüft und ggf. nach Korrekturmaßnahmen gesucht. Auch diese werden wieder mit dem betreffenden Mitarbeiter thematisiert. Der gestaltende Aufgabenbereich des Personalmanagement ist geprägt von Mitarbeitergesprächen in der Form der Zielvereinbarung und der Zielauswertung.

Die Strategie des Personalmanagement ist eine moderne Entwicklung, bei der eine Ausrichtung auf die Zukunft im Sinne der Werteerhaltung und Wertschöpfung erfolgt. Diese Werteerhaltung und Wertschöpfung bezieht sich nicht nur auf die Sachebene, sondern auch auf die Personalebene.

2.3 Human Resource Management

Human Resource Management ist eine Strategie, bei der alle Leistungspotenziale, die einem Unternehmen durch die zugehörigen Organisationsmitglieder zur Verfügung gestellt werden, in den Blickpunkt genommen werden. Es wird nicht nur der Arbeitnehmer selbst erfasst, sondern auch sein dem Unternehmen zur Verfügung gestelltes Leistungspotenzial, das sich aus dem Produkt seines Leistungsangebotes mit dem Zeitraum ergibt, über den er die Leistung anzubieten in der Lage ist. Das Leistungsangebot ist durch die individuelle Leistungsfähigkeit und die Motivation zur Leistungserbringung bestimmt.

Human Resource Management ist eine sehr moderne und umfassende Personalstrategie. Wie in der Definition dargestellt, rückt der einzelne Mitarbeiter mit seinen individuellen Bedürfnissen, Wünschen und Neigungen in den Mittelpunkt. Entsprechend seiner persönlichen Leistungsstruktur wird dem Mitarbeiter eine entsprechende Stelle im Unternehmensgefüge zugewiesen. Aufgrund der Passgenauigkeit der Stelle an das Leistungsprofil des Mitarbeiters ist mit einer optimal hohen Leistungsmotivation seitens des Mitarbeiters zu rechnen.

In Erweiterung zum Personalmanagement erfolgt der Arbeitseinsatz in Abstimmung mit den Wünschen und Neigungen des Mitarbeiters. Dadurch rückt die gesamte Persönlichkeitsstruktur des Mitarbeiters in den Mittelpunkt.

Human Resource Management ist geprägt von Beobachtung, Wahrnehmung und Gesprächen mit Mitarbeitenden des Unternehmens. Führungskräfte stehen im ständigen Dialog mit den Mitarbeitenden.

Human Resource Management steht häufig in engem Zusammenhang zur Unternehmensphilosophie, in der nicht nur die Wertschätzung des Kunden, sondern auch die der Mitarbeitenden in den Fokus gerückt wird. Human Resource Management kann in seinem Grundverständnis nur dort umgesetzt werden, wo es als Querschnittsaufgabe, also auf allen Ebenen der Unternehmenshierarchie, gelebt und getragen wird.

Aufgaben

Suchen Sie nach weiteren Definitionen und Beschreibungen personalpolitischer Strategien. Vergleichen Sie diese mit den hier aufgeführten Arten der Personalarbeit.

Selbstüberprüfung

Setzen Sie sich nun noch einmal mit dem Wissens-Check dieses Kapitels auseinander. Überprüfen Sie Ihre Angaben und markieren Sie Ihren neuen Wissensstand mit einem „O" an der entsprechenden Stelle. Können Sie eine positive Veränderung feststellen? Sollten Sie mit dem Ergebnis unzufrieden sein, lassen Sie sich beraten und entwickeln Sie eine neue Zielvereinbarung für das weitere Vorgehen. Halten Sie diese Zielvereinbarung in dem nachfolgenden Bereich schriftlich fest.

Anwendung

Erstellen Sie nun noch eine tabellarische Übersicht zu den in diesem Kapitel aufgeführten Definitionen von Personalpolitik.

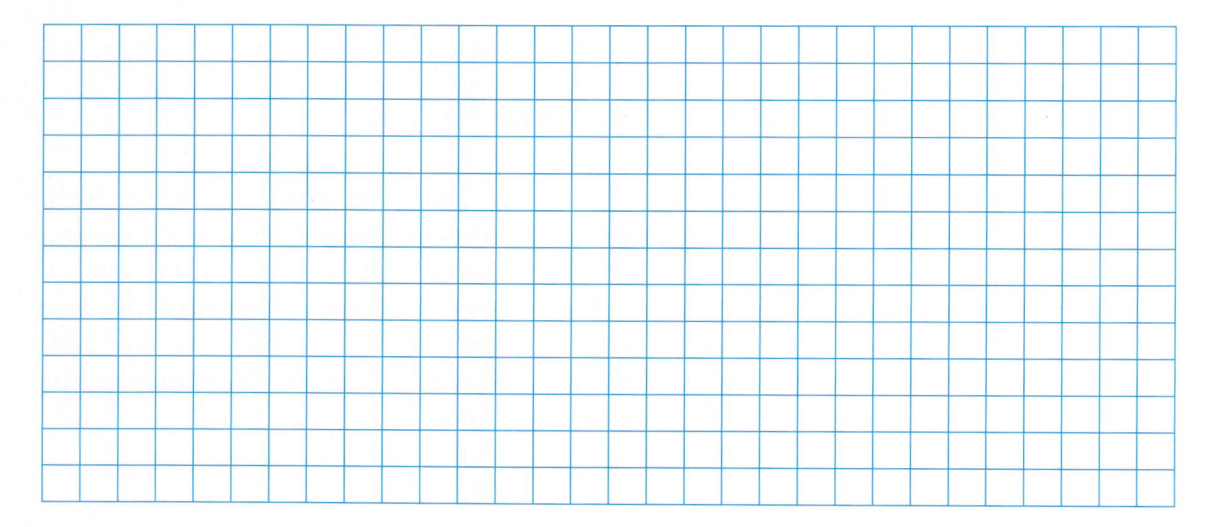

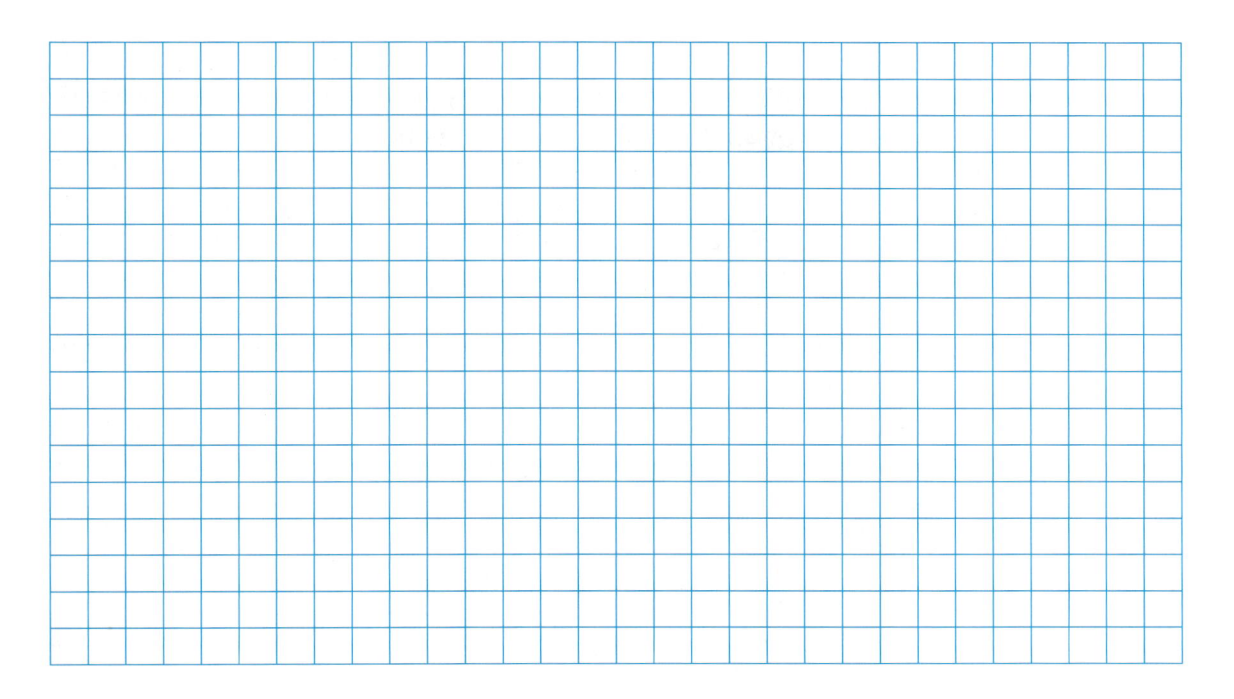

Fallsituation

Sie wollen die Charakteristika und die Zusammenhänge der hier thematisierten Arten der Personalpolitik für Ihre Azubi-Kollegen in einem Schaubild verdeutlichen.

Problemlösung

Wenn Sie Zusammenhänge darstellen wollen, dann gilt es immer, interessante Gegensätze oder Korrelationen zu finden und grafisch umzusetzen. Für eine solche Darstellung eignen sich Koordinatensysteme, in denen dann die Achsen entsprechend beschriftet und die jeweiligen Einheiten pro dargestelltem Element abgetragen werden können.

Methodenecke

Reaktivieren Sie für obige Fallsituation doch nochmals Ihr Wissen aus den Methodenecken zu den Kapiteln 5 und 7 aus dem letzten Lernfeld.

3 Personalpolitik und Unternehmensziel

Sie wissen aus dem vorhergehenden Kapitel, dass Sie sich im Rahmen Ihres Dienstleistungserstellungsprozesses besonders um Ihr Personal als Leistungsträger kümmern müssen.
Der Schwerpunkt des aktuellen Kapitels liegt auf der Verknüpfung der Personalarbeit mit den Zielen des Unternehmens, damit eben auch die Personalpolitik auf das Unternehmensziel ausgerichtet werden kann.

Wenn Sie dieses Kapitel durchgearbeitet haben, dann wissen Sie, durch welche Elemente man die Personalpolitik eines Unternehmens auf das Unternehmensziel ausrichten kann, um so das Personal in seiner Gesamtheit in das Ziel des Unternehmens einzubinden.
Sie werden sich hierzu nochmals mit der Theorie der Unternehmensziele beschäftigen, sich ein mögliches Zielsystem für Personalpolitik erarbeiten und diese Erkenntnisse mit Ihrem Wissen aus der Aufbauorganisation verbinden. Mit Abschluss dieses Kapitels können Sie die bestmögliche organisationale Einbindung der Personalarbeit in einem Unternehmen in Abhängigkeit von der gelebten Definition für Personalpolitik bestimmen.

Wissens-Check

Schätzen Sie Ihre Kenntnisse zur inhaltlichen Verbindung von Personalpolitik und Unternehmenszielen mit Hilfe des Wissenschecks ein. Setzen Sie zur Markierung Ihres Wissens ein „X" an die entsprechende Stelle der nachfolgenden Tabelle.

Aussage	Ich bin mir ganz sicher.	Da bin ich mir unsicher.	Das weiß ich gar nicht.
Ich kenne das Zielsystem der Personalpolitik und kann es nachvollziehbar erklären.			
Es gelingt mir, eine Verbindung zwischen den Formalzielen der Personalpolitik und dem Sachziel eines Unternehmens herzustellen.			
Ich kenne unterschiedliche Organigrammtypen und kann diese unterschiedlichen Personalpolitikstrategien funktional zuordnen.			
Ich kann mein Verständnis von Personalpolitik im Gesundheitswesen klar formulieren.			

Aufgaben

LF 1, Den Betrieb erkunden und darstellen

Frischen Sie Ihr Wissen zu den Themengebieten Unternehmensziel und Aufbauorganisation sowie deren grafischer Darstellung auf. Halten Sie Kernbegriffe in einem Schaubild im dafür nachfolgend vorgesehenen Bereich fest.

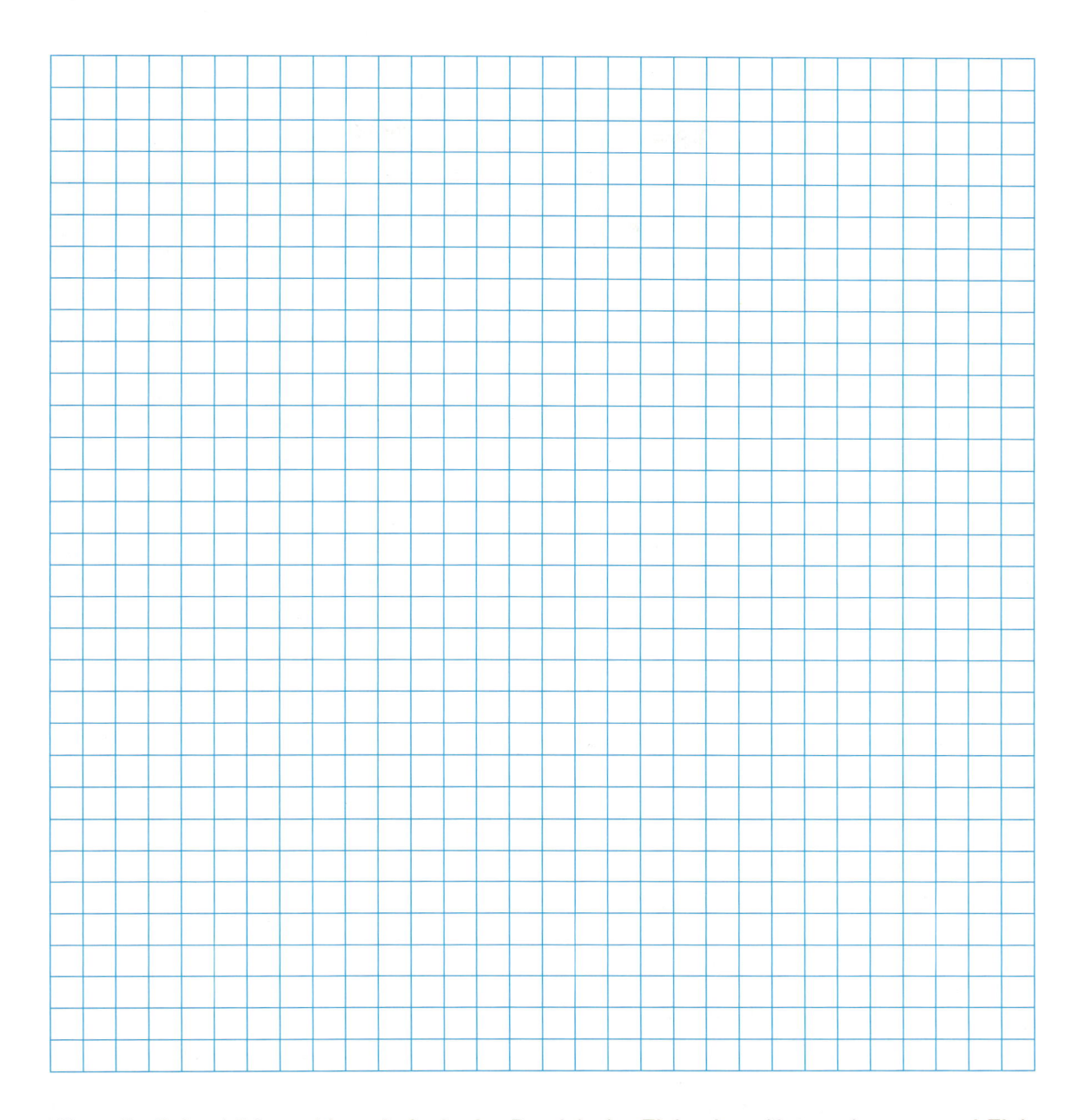

Wenn Ihr Schaubild zu obiger Aufgabe im Bereich der Ziele eines Unternehmens zwei Zielgruppen enthält und Sie diese Gruppen mit den Begriffen Sachziel und Formalziel versehen haben, dann haben Sie schon recht gute Arbeit geleistet. Sie erinnern sich sicherlich auch, dass das Sachziel eines Unternehmens im Gesundheitswesen in der optimalen medizinischen Versorgung der Kunden liegt und dass die Formalziele eines Gesundheitsunternehmens die Erreichung des Sachziels optimal zu stützen versuchen.

Wenn Sie sich die Systematik nochmals vergegenwärtigt haben, dann können Sie auch nachvollziehen, dass Personalarbeit in den Bereich der Formalziele eines Unternehmens gehört. Diese Zuordnung wird auch dadurch gestützt, dass die Personalpolitik nochmals in zwei Formalzielgruppen unterteilt wird: die wirtschaftlichen Formalziele und die sozialen Formalziele.

Zu den wirtschaftlichen Formalzielen gehören die Produktivität, die Wirtschaftlichkeit und die Rentabilität. Im Rahmen der Produktivität will man erreichen, dass das Verhältnis zwischen Leistungserbringung und Personaleinsatz möglichst optimal ist. Die Rentabilität betrachtet hier die mengenmäßige Ebene des Leistungserstellungsprozesses. Im Bereich der Wirtschaftlichkeit achtet die Personalpolitik darauf, dass die Kosten für das Personal in einem günstigen Verhältnis zu dem erwirtschafteten Ertrag stehen. Es wird also die monetäre Seite des Leistungserstellungsprozesses betrachtet. Mit dem Begriff Rentabilität wird das Verhältnis einer Erfolgsgröße zum eingesetzten Kapital bezeichnet. Die Rentabilität prüft demnach im Bereich Personal, ob der Gewinn durch eine veränderte Personalstruktur optimiert werden kann.

Sie sehen, dass diese wirtschaftlichen Formalziele der Personalarbeit sehr unternehmensorientiert sind. Welche Faktoren helfen nun, diese wirtschaftlichen Formalziele zu erreichen? Eine Antwort darauf geben die sozialen Formalziele. In diesem Bereich konzentriert sich die Personalarbeit in Abhängigkeit auf die gelebte Definition von Personalarbeit (vgl. Kapitel 2) auf die Mitarbeitenden selbst. Hier wird versucht Motivation zu erzeugen oder die Zufriedenheit der Mitarbeitenden zu erhöhen. Ein weiteres Teilziel der sozialen Formalziele ist es, die Identifikation der Mitarbeitenden mit dem Unternehmen herzustellen. In der Personalpolitik geht man davon aus, dass zufriedene, engagierte und motivierte Mitarbeiter zu einer optimalen Unterstützung der wirtschaftlichen Formalziele beitragen und somit auch das Sachziel des Unternehmens optimal unterstützen.

Anwendung

Ergänzen Sie Ihre tabellarische Übersicht zu den Definitionen für Personalarbeit um eine weitere Spalte, in der Sie dann Ihre Vermutung darüber festhalten, wie sehr wohl die jeweilige Personalpolitikvariante auf Seiten des Personals zur Erreichung des Unternehmensziels (Sachziels) beiträgt.

Leiten Sie dann auch eine Begründung für die von Ihnen favorisierte Personalpolitikstrategie ab.

Sie sind nun sensibilisiert für die Wichtigkeit einer guten Personalpolitik in Unternehmen des Gesundheitswesens. Begeben Sie sich jetzt auf die Suche nach einer optimalen aufbauorganisatorischen Einbettung der Personalabteilung in die Unternehmenshierarchie.

Anwendung

Erstellen Sie eine Übersicht der Ihnen bekannten Organigrammtypen. Lassen Sie sich, wenn nötig, von den Ausführungen des Lernfeldes 1 unterstützen.

! Selbstüberprüfung

Setzen Sie sich erneut mit dem Wissens-Check dieses Kapitels auseinander. Überprüfen Sie Ihre Angaben und markieren Sie Ihren neuen Wissensstand mit einem „O" an der entsprechenden Stelle. Können Sie eine positive Veränderung feststellen? Sollten Sie mit dem Ergebnis unzufrieden sein, lassen Sie sich beraten und entwickeln Sie eine neue Zielvereinbarung für das weitere Vorgehen. Halten Sie diese Zielvereinbarung in dem nachfolgenden Bereich schriftlich fest.

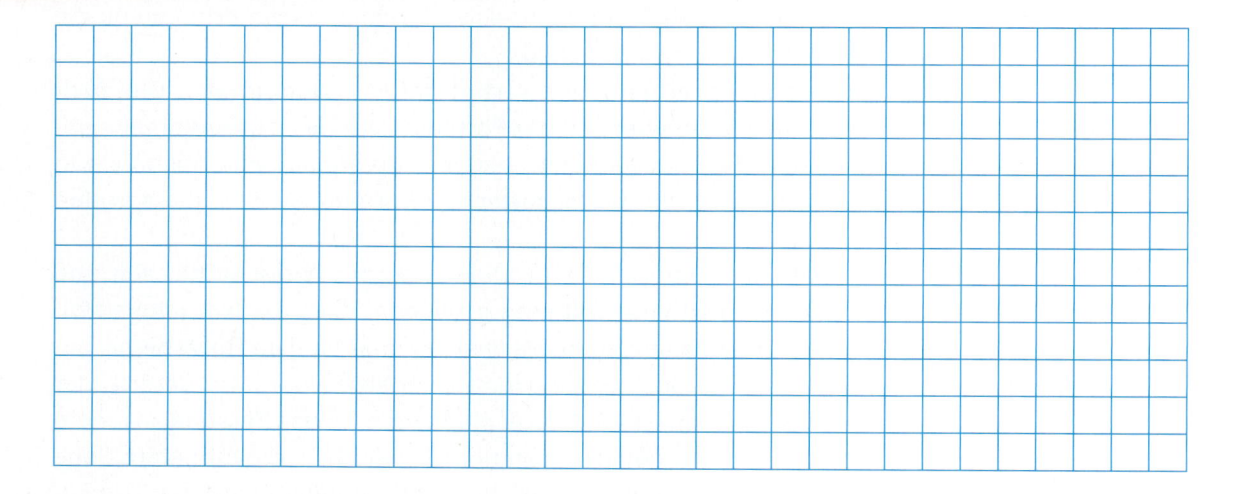

3 Personalpolitik und Unternehmensziel **Lernfeld 10**

Fallsituation

Stellen Sie sich vor, Ihr Ausbildungsunternehmen würde mit einem anderen Unternehmen fusionieren und es bestünde die Chance, die Personalpolitik des neu entstehenden Unternehmens inhaltlich und formal neu zu positionieren.

Problemlösung

Entwickeln Sie ein entsprechendes Personalpolitikkonzept, bei dem Sie auf die inhaltliche Ausgestaltung und auf die formale Eingliederung begründet eingehen. Bereiten Sie sich darauf vor, Ihr Konzept den betreffenden Führungspersonen vorzustellen.
Bedienen Sie sich hierbei Ihrer Kenntnisse zum sachlogischen Argumentieren aus der Methodenecke des Kapitels 1.

→ LF 1, Den Betrieb erkunden und darstellen

Methodenecke

Arbeiten Sie noch mit der Lernkartei? Erstellen Sie noch Lernlandkarten? Erinnern Sie sich bitte noch mal an die Inhalte der Methodenecken zum Aufbereiten von Informationen. Denken Sie auch daran, dass bald Ihre Abschlussprüfung naht. Die Methodenecke zum Kapitel 6 (Lernfeld 2) sollte Ihnen hier hilfreich sein.

→ LF 2, Die Berufsausbildung selbstverantwortlich mitgestalten, Kapitel 6

4 Personalpolitische Maßnahmen

Sie haben sich in den vorangegangenen Kapiteln mit eher grundlegenden Einstellungen und Sichtweisen auf den Bereich personalwirtschaftlicher Aufgaben beschäftigt. Jetzt ist es an der Zeit, sich mit den eigentlichen Arbeiten einer Personalabteilung zu beschäftigen.

Von den Arbeiten der Personalverwaltung ausgehend werden Sie sich entlang einer sachlogischen Aktionskette von der Personalplanung über die Personalbeschaffung, -auswahl und -einstellung sowie Personalfreisetzung in den Themenbereich einfinden. Sie werden mit relevanten Arbeiten und notwendigen Grundlagen konfrontiert, sodass Sie personalpolitische Prozesse in Ihrem Unternehmen nachvollziehen und selbst realisieren können. Darüber hinaus werden Sie sich mit Stilen der Personalführung auseinandersetzen, Verfahren der Personalbeurteilung kennenlernen und Strategien der Personalentwicklung nachvollziehen. Die inhaltliche Gestaltung der jeweiligen Themenbereiche werden Sie vor dem Hintergrund der Ihnen bereits bekannten unterschiedlichen Arten der Personalpolitik differenziert betrachten können. Ihr Wissen um die Bedeutsamkeit des Faktors Personal für Unternehmen des Gesundheitswesens wird Sie bei der Suche nach einer qualifizierten Personalarbeit leiten. Am Ende des Kapitels werden Sie, gestützt durch die methodischen Ergänzungen, ein fundiertes und überzeugendes personalpolitisches Konzept entwickeln und verteidigen können.

Wissens-Check

Schätzen Sie Ihre Kenntnisse zu den personalpolitischen Maßnahmen ein und markieren Sie Ihr Wissen mit einem „X" an der entsprechenden Stelle der nachfolgenden Tabelle.

Aussage	Ich bin mir ganz sicher.	Da bin ich mir unsicher.	Das weiß ich gar nicht.
Ich kann den Begriff Human Resource Management definieren.			
Ich kenne den Zusammenhang zwischen den Unternehmenszielen und der Personalpolitik und kann diesen nachvollziehbar darlegen.			
Ich kann die Bedeutsamkeit des Produktionsfaktors Personal für Unternehmen des Gesundheitswesens sachlogisch erläutern.			
Mir ist eine mögliche inhaltliche Struktur einer Personalakte bekannt.			
Ich kenne die Einflussgrößen auf die Personalplanung.			
Es fällt mir leicht, die interne von der externen Personalbeschaffung zu unterscheiden.			
Ich kann Vor- und Nachteile der internen und externen Personalbeschaffung gegenüberstellen.			
Ich kann entscheiden, wann Bewerbungsunterlagen vollständig sind.			
Ich kann ein Vorstellungsgespräch strukturieren und durchführen.			

Aussage	Ich bin mir ganz sicher.	Da bin ich mir unsicher.	Das weiß ich gar nicht.
Ich kenne kollektive und individuelle Arbeitsvertragsregelungen.			
Mir sind klassische Führungsstile bekannt und ich kann diese voneinander abgrenzen.			
Ich kenne den Unterschied zwischen einem einfachen und einem qualifizierten Arbeitszeugnis.			
Ich kann die Eignung eines Adressaten für eine Personalentwicklung beurteilen.			
Ich kenne die gesetzlichen Kündigungsfristen.			
Ich weiß, welche Personengruppen einen besonderen Kündigungsschutz haben.			

4.1 Personalverwaltung

Für die Durchführung der verschiedenen Aufgaben innerhalb der Personalverwaltung gibt es unterschiedliche Auslöser. Hierzu gehören gesetzliche und behördliche Veranlassungen, Erfordernisse aufgrund von Tarifverträgen und Betriebsvereinbarungen oder auch Anforderungen durch Verbände, Sozialversicherungsträger und andere.

Gesetzliche, tarifliche und andere Vorgaben schränken daher den durch die Unternehmen selbst gestaltbaren Rahmen der Personalverwaltung stark ein.

Auf eine allgemeine Formel gebracht, hat die Personalverwaltung die Aufgabe die Mitarbeitenden eines Unternehmens zu unterrichten und sachgerecht zu beraten. Darüber hinaus sind Informationsaufgaben gegenüber dem Management des Unternehmens zu leisten, indem Arbeitszeiten erfasst, Urlaubsansprüche verwaltet und Krankenstände erhoben werden. Aufgrund des engen Bezugs zu gesetzlichen und tariflichen Vorgaben ist die Personalverwaltung auf die Zusammenarbeit mit den jeweiligen Vertretungen der Mitarbeitenden des Unternehmens angewiesen.

Zu Ihrer Vorbereitung werden nachfolgend die Aufgabenschwerpunkte Personaldatenverwaltung, Personalstatistik, Meldewesen und Entgeltabrechnung thematisiert.

4.1.1 Personaldaten

Im Rahmen der Personaldatenverwaltung werden Personaldaten in Personalakten entweder in elektronischer oder in Papierform geführt. Dabei besteht seitens des Gesetzgebers keine Verpflichtung zur Führung solcher Akten. Die Einrichtung ist aber zweckmäßig und sinnvoll, da Personalakten bei sachgemäßer Führung einen Überblick über die Mitarbeitenden ermöglichen und als Informationssystem genutzt werden können.

Welche Inhalte unterstützen den Informationscharakter der Personalakten?

In die erste Informationsgruppe gehören Angaben zur Person.

Neben den üblichen persönlichen Daten gehören auch Angaben zum Familienstand in diese Gruppe. Darüber hinaus werden hier alle Unterlagen im Rahmen des Einstellungsverfahrens aufbewahrt. Hierzu gehören das Bewerbungsschreiben, Zeugnisse und auch der Personalfragebogen, sofern dieser vom Unternehmen eingesetzt wird.

In einer weiteren Informationseinheit werden vertragliche Vereinbarungen bevorratet. Hierzu gehören das Einstellungsschreiben, der Arbeitsvertrag und Änderungsmitteilungen der monatlichen Bezüge.

In einer weiteren Gruppe können Informationen zu Versetzungen, Abordnungen, Beförderungen, Abmahnungen, Weiterbildungen oder Beurteilungen gesammelt werden.

Eine besonders wichtige Informationseinheit ist der Bereich der Bezüge. Hier sollten alle Angaben gesammelt werden, die zur Ermittlung des monatlichen Entgelts notwendig sind. Hierzu gehören Angaben zum aktuell vereinbarten Entgelt, zu Zuschlägen, Vorschüssen, zu steuerlichen Grundlagen, zur Sozialversicherung des Mitarbeitenden, Angaben zu vermögenswirksamen Leistungen oder Sondersparraten oder auch zu gewährten Mitarbeiterdarlehen.

Eine weitere Informationseinheit bilden Angaben zu Abwesenheiten wie gewährtem und genutztem Urlaub, Krankheitszeiten, Mutterschutz, Elternzeit oder auch Angaben zu unentschuldigten Fehlzeiten.

Darüber hinaus kann in der Personalakte auch sonstiger Schriftverkehr mit Behörden, Ämtern und Sozialversicherungsträgern gesammelt werden.

Die Führung der Personalakten in der hier beschriebenen Form ist nicht zwingend vorgeschrieben. Sicherlich gibt es auch andere inhaltliche Gliederungen. Soll die Personalakte jedoch als Informationsquelle dienen, so ist sie zentral aufzubewahren und vollständig und richtig zu führen.

Aufgaben

1. Erfragen Sie in Ihrem Ausbildungsunternehmen, ob Sie eine Einführung in die Struktur der Personalakten Ihres Hauses erhalten dürfen. Vergleichen Sie die Personalaktenstruktur Ihres Hauses mit der hier vorgestellten.
2. Erkunden Sie die Vorgaben zum Datenschutz in Bezug auf das Anlegen und den Inhalt von Personalakten. Recherchieren Sie auch das Recht auf Einsicht in die Personalakte durch den betreffenden Mitarbeiter.

4.1.2 Meldung zur Sozialversicherung

Die Sozialversicherungsträger benötigen für die Feststellung der Leistungsansprüche ihrer Versicherten verschiedene Daten. Es ist Aufgabe des Arbeitgebers die Meldungen der zuständigen Krankenkasse bzw. der Bundesknappschaft für geringfügig Beschäftigte einzureichen. Das Meldeverfahren zur Sozialversicherung ist einheitlich geregelt. Annahmestelle für alle Meldungen ist die jeweilige Krankenkasse. Der einheitliche Vordruck mit der Bezeichnung „Meldung zur Sozialversicherung" ist als Dreifach-Satz auszufüllen. Das Original des Vordrucks verbleibt bei der Krankenkasse, die erste Durchschrift erhält der Arbeitnehmer, die zweite Durchschrift wird zu den Akten des Arbeitgebers genommen.

Der Arbeitgeber hat jeden versicherungspflichtigen Beschäftigten der zuständigen Krankenkasse zu melden. Auf der Grundlage dieser Meldung führt die Krankenkasse ihr Versichertenverzeichnis. Sie übermittelt die Daten an die Agentur für Arbeit und den Rentenversicherungsträger. Der Rentenversicherungsträger legt das Versichertenkonto für die spätere Leistungsgewährung an und schreibt es dem Berufsleben des Versicherten entsprechend fort.

Aufgaben

Besorgen Sie sich den Vordruck „Meldung zur Sozialversicherung" und nehmen Sie ihn zu Ihren Unterlagen.

Gründe für eine Meldung zur Sozialversicherung sind der Beginn und das Ende der Beschäftigung, Unterbrechungen der Beschäftigung, Wechsel der Krankenkasse, Namensänderungen oder die jährliche Meldung zum Jahresende. Das Meldeformular ist auf der Rückseite mit einer Ausfüllanleitung und einem Ziffernkatalog versehen, der für die Ausstellung der Meldung zu berücksichtigen ist.

Anwendung

Überlegen Sie, wie viele Meldungen zur Sozialversicherung bereits für Sie erstellt wurden. Belegen Sie Ihre Entscheidung.

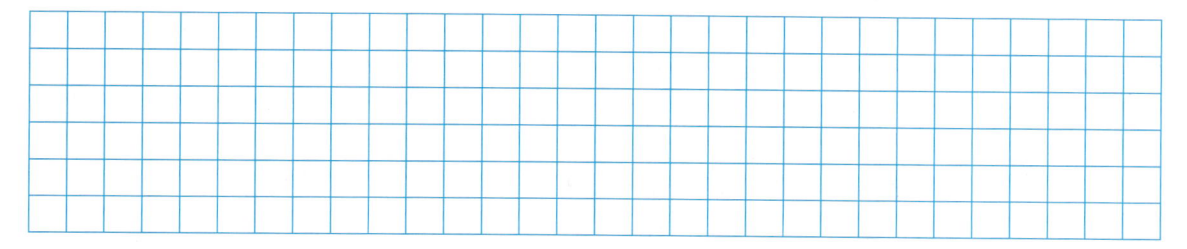

4.1.3 Entlohnung

Aufgaben

Erstellen Sie sich eine Übersicht über die aktuellen Beitragssätze zur Sozialversicherung. Halten Sie auch fest, zu welchen Anteilen sich Arbeitgebern und Arbeitnehmer an den jeweiligen Sozialversicherungen beteiligen. Erkunden Sie zudem die aktuellen Prozentsätze zur Kirchensteuer und für den Solidaritätszuschlag.

→ LF 1, Den Betrieb erkunden und darstellen
Kap. 5,
LF 3, Geschäftsprozesse erfassen und auswerten

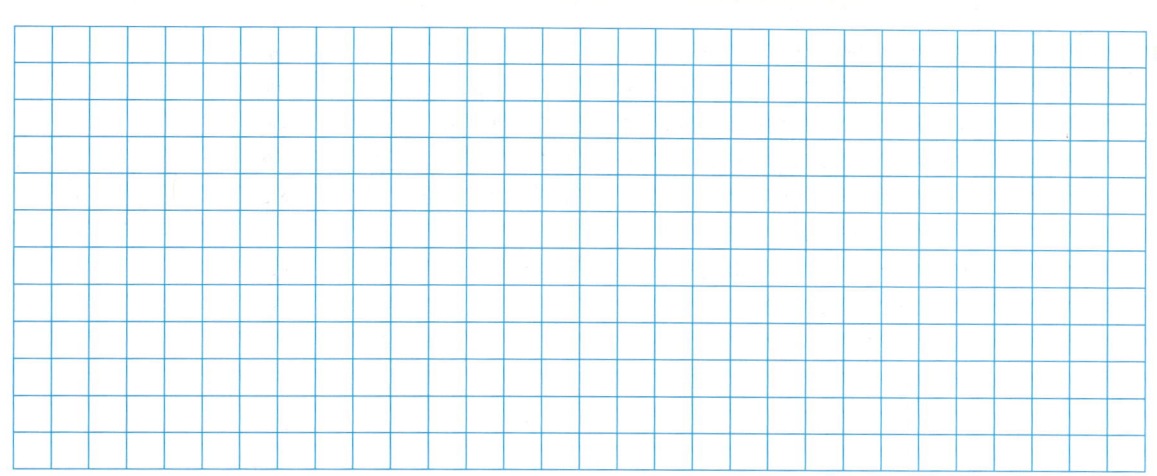

Eine Hauptaufgabe der Personalabteilung ist die Ermittlung und Anweisung des monatlichen Entgeltes für die Mitarbeitenden eines Unternehmens.

Für die Berechnung des auszuzahlenden Monatsentgeltes sind das vereinbarte Bruttoentgelt, die Steuerklasse und sonstige den Auszahlungsbetrag beeinflussende Vereinbarungen von Bedeutung.

Steuerklassen

Zur Ermittlung der Lohnsteuer kennt das Lohnsteuersystem der Bundesrepublik Deutschland derzeit sechs Steuerklassen.

In der Steuerklasse I sind alle ledigen Arbeitnehmerinnen und Arbeitnehmer, verwitwete (ab dem zweiten Jahr nach dem Tod des Ehepartners) sowie geschiedene Arbeitnehmende. Ebenso werden verheiratete Arbeitnehmer hier eingruppiert, deren Ehegatte im Ausland wohnt oder die von ihrem Ehegatten dauernd getrennt leben.

Die Steuerklasse II erhalten diejenigen Arbeitnehmenden, denen ein Haushaltsfreibetrag zusteht, weil in ihrer Wohnung mindestens ein Kind gemeldet ist, für das ein Kinderfreibetrag vermerkt ist und für das Kindergeld bezogen wird.

Die Steuerklasse III gilt für Verheiratete, von denen ein Ehepartner kein Arbeitsentgelt bezieht oder aber Arbeitslohn bezieht und in der Steuerklasse V gelistet ist.

Die Steuerklasse IV gilt für verheiratete Arbeitnehmende, die beide Arbeitslohn beziehen und Einkommen in jeweils etwa der gleichen Höhe haben.

Die Steuerklasse V wird von Verheirateten gewählt, die weniger als ihr Ehepartner verdienen. Der mehr verdienende Ehepartner ist dann in Steuerklasse III.

Die Steuerklasse VI gilt für alle Arbeitnehmende, die von mehreren Arbeitgebern nebeneinander Arbeitslohn erhalten und zu diesem Zwecke auch mindestens eine zweite Steuerkarte haben. Die Steuerklasse VI wird auch für diejenigen Arbeitnehmer angenommen, die bis zur Entgeltabrechnung noch keine Lohnsteuerkarte vorgelegt haben.

Die Steuerklasse wird auf der Lohnsteuerkarte vermerkt. Diese Lohnsteuerkarte wird den Arbeitnehmern jährlich zur Weiterleitung an die Arbeitgeber von den Städten und Gemeinden zugestellt oder muss dort beantragt werden.

Der fällige Lohnsteuerbetrag kann anhand der Steuerklasse und der gewährten Freibeträge aus der Lohnsteuertabelle (LSt-Tabelle) ermittelt werden.

Aufgaben

Sichten Sie die Lohnsteuertabelle für das aktuelle Kalenderjahr. Eine entsprechende pdf-Datei kann dem Internet entnommen werden.

Anwendung

Ermitteln Sie die Lohnsteuer für nachfolgende Fälle:

Susanne Schmitz, alleinerziehende Mutter, steuerpflichtiges Einkommen 2.5146.78 Euro
Peter Schwarz, ledig, steuerpflichtiges Einkommen 1.816,52 Euro, keine Kinder
Sylvia Meier-Schroop, verheiratet, steuerpflichtiges Einkommen 3.518,12 Euro, keine Kinder

Berechnung des monatlichen Entgeltauszahlungsbetrages

Nachdem Sie nun wissen, wie Sie die Lohnsteuer ermitteln, erarbeiten Sie sich nachfolgend, wie Sie den Auszahlungsbetrag ermitteln. Betrachten Sie hierzu das abgebildete Schema:

Bruttogehalt	1.722,19
+ sonstige Bezüge	
= steuerpflichtiges Einkommen	
– Lohnsteuer (lt. LSt-Tabelle)	
– Solidaritätszuschlag (lt. LSt-Tabelle)	
– Kirchensteuer (lt. LSt-Tabelle)	
– Rentenversicherung	
– Krankenversicherung	
– Pflegeversicherung	
– Arbeitslosenversicherung	
= Nettogehalt	
– individuelle Sparrate	
= Auszahlungsbetrag	

Die Kirchensteuer kann 8% oder 9% in Abhängigkeit vom Bundesland betragen. In NRW sind 9% Kirchensteuer von der Lohnsteuer zu entrichten.
Der Solidaritätszuschlag berechnet sich aus 5,5% der Lohnsteuer.
Die Beiträge zur Sozialversicherung werden vom steuerpflichtigen Einkommen berechnet.

Anwendung

Berechnen Sie den Auszahlungsbetrag in obiger Tabelle für die Steuerklasse I. Sonstige Bezüge fallen nicht an. Der Krankenkassenbeitrag liegt bei 14%. Es wurde eine individuelle Sparrate von 40,00 Euro vereinbart.

Entgeltfortzahlung im Krankheitsfall

Auszubildende, Vollzeitkräfte, Teilzeitkräfte, Ferienaushilfen, Studentenjobber oder auch sogenannte Minijobber haben gemäß Entgeltfortzahlungsgesetz (EntgFG) einen Anspruch auf Weiterzahlung des Arbeitsentgeltes für die Dauer von sechs Wochen im Falle einer Arbeitsunfähigkeit bei ein und derselben Erkrankung.
Jeweils für die Arbeitnehmenden zuständige Tarifverträge können andere Regelungen treffen, die die gesetzliche Vorgabe jedoch nicht unterschreiten dürfen.

Minijob

Als Höchstgrenze wurde für Minijobs ein Verdienst von regelmäßig nicht mehr als 400,00 Euro festgelegt. Maßgeblich für die Höchstgrenze ist ein Jahresdurchschnittsverdienst von nicht mehr als 400,00 Euro pro Monat. Minijobber haben Anspruch auf Urlaubs- und Weihnachtsgeld. Diese Zahlungen dürfen jedoch nicht zu einer Überschreitung der Höchstgrenze von durchschnittlich 400,00 Euro je Monat führen, da das Einkommen ansonsten versicherungspflichtig wird. Minijobber haben keine Steuern oder Sozialabgaben zu zahlen, sodass der Bruttoverdienst der tatsächlichen Auszahlung entspricht. Der Arbeitgeber hingegen hat eine Pauschalabgabe zu leisten, die sich aus 15% Rentenversicherungsbeitrag, 13% Krankenversicherungsbeitrag und 2% Lohnsteuer zusammensetzt.

Auch wenn der Arbeitgeber eine Pauschalabgabe an die Kranken- und Rentenversicherung zu leisten hat, kann ein Arbeitnehmer aus seinem Minijob keine Ansprüche an die Renten- und Krankenversicherung ableiten.

Ein Minijobber, der keiner Hauptbeschäftigung nachgeht, kann mehrere Minijobs parallel ausüben. Die Einzeleinkünfte werden addiert und dürfen im monatlichen Jahresdurchschnitt die Höchstgrenze nicht überschreiten. Wird die Höchstgrenze überschritten, werden alle Minijobs abgabenpflichtig.

Alle Minijobs werden von der Institution mit der Bezeichnung „Deutsche Rentenversicherung Knappschaft-Bahn-See" als sogenannter Minijob-Zentrale verwaltet.

4.2 Personalplanung

Der für die Leistungserbringung notwendige Bedarf an Personal kann schwanken. Diese Schwankungen können intern durch die Veränderung von Produktions- und Absatzprogrammen, durch organisatorische Veränderungen oder auch durch veränderte Mitarbeiterleistungen hervorgerufen werden. Als externe Faktoren für einen veränderten Personalbedarf gelten wirtschaftliche, gesellschaftliche oder auch politische Veränderungen sowie technologische Entwicklungen.

Auf diese Veränderung gilt es entsprechend zu reagieren.

Dabei ist zu berücksichtigen, dass eine Veränderung des Personalvolumens auch immer Auswirkungen auf die Finanz- und Kostenplanung eines Unternehmens hat.

Bei der Ermittlung eines neuen Personalbedarfs sind prinzipiell zwei Ebenen zu betrachten, die quantitative, also mengenmäßige, Ebene und die qualitative Ebene. Im Rahmen der quantitativen Personalplanung stehen detaillierte und globale Methoden zur Personalbedarfsermittlung zur Verfügung. Zu den globalen Methoden gehört das Schätzverfahren, bei dem auf Erfahrungswerte aus der Vergangenheit zurückgegriffen wird und der Bedarf einfach nur geschätzt wird. Zu den detaillierten Methoden gehört die Kennzahlenmethode, bei der anhand von Kennzahlen (Arbeitsproduktivität oder Arbeitszeit je Einheit) eine Berechnung zur Ermittlung des Bedarfsvolumens durchgeführt wird. Auch die Arbeitsplatzmethode ist eine detaillierte Methode. Hier wird anhand der im Unternehmen notwendig zu besetzenden Arbeitsplätze eine mengenmäßige Planung vorgenommen.

Bei der Berechnung des Personalbedarfs liefern die detaillierten Methoden exaktere Angaben als die globalen Methoden.

Die Ermittlung quantitativen Personalbedarfs erfolgt nach folgender Formel:

Formel

Sollpersonalbedarf − Istpersonalbestand = Nettopersonalbedarf

Der Sollpersonalbedarf ist dabei das Ergebnis aus Einsatzbedarf und Reservebedarf. Der Einsatzbedarf stellt die Anzahl der Mitarbeitenden dar, die für die Aufrechterhaltung des Leistungserstellungsprozesses benötigt werden. Der Reservebedarf ist eine Anzahl von Mitarbeitenden, die bei Bedarf (Krankheit, Urlaub) sofort in den Leistungserstellungsprozess integriert werden können. Der Reservebedarf ist somit eine Sicherheitsmaßnahme für den Notfall.

Der Istpersonalbestand setzt sich zusammen aus dem Personalbestand zum Zeitpunkt der Personalbedarfsermittlung. Hierzu kann eine einfache Zählung anhand der aktuellen Personalakten oder der besetzten Stellen durchgeführt werden. Das Ergebnis dieser Zählung wird variiert durch die Berücksichtigung der voraussichtlichen Abgänge und der voraussichtlichen Zugänge. Die Abgänge werden von der ermittelten Bestandszahl abgezogen, die voraussichtlichen Zugänge werden addiert.

Das Subtraktionsergebnis von Sollpersonalbedarf und Istpersonalbestand ergibt dann den Nettopersonalbedarf. Ist das Ergebnis dieser Berechnung größer als Null, so ist der Bedarf größer als der aktuelle Bestand. Demnach ergibt sich ein Beschaffungsbedarf. Ist das Ergebnis dieser Berechnung kleiner als Null, so ist der voraussichtliche Personalbestand größer als der Personalbedarf. Es muss Personal abgebaut werden.

Anwendung
Übertragen Sie die Formel zur Berechnung des Nettopersonalbedarfs in den nachfolgenden Arbeitsbereich und ergänzen Sie die Formelbestandteile um die jeweiligen Detailangaben aus dem obigen Text.

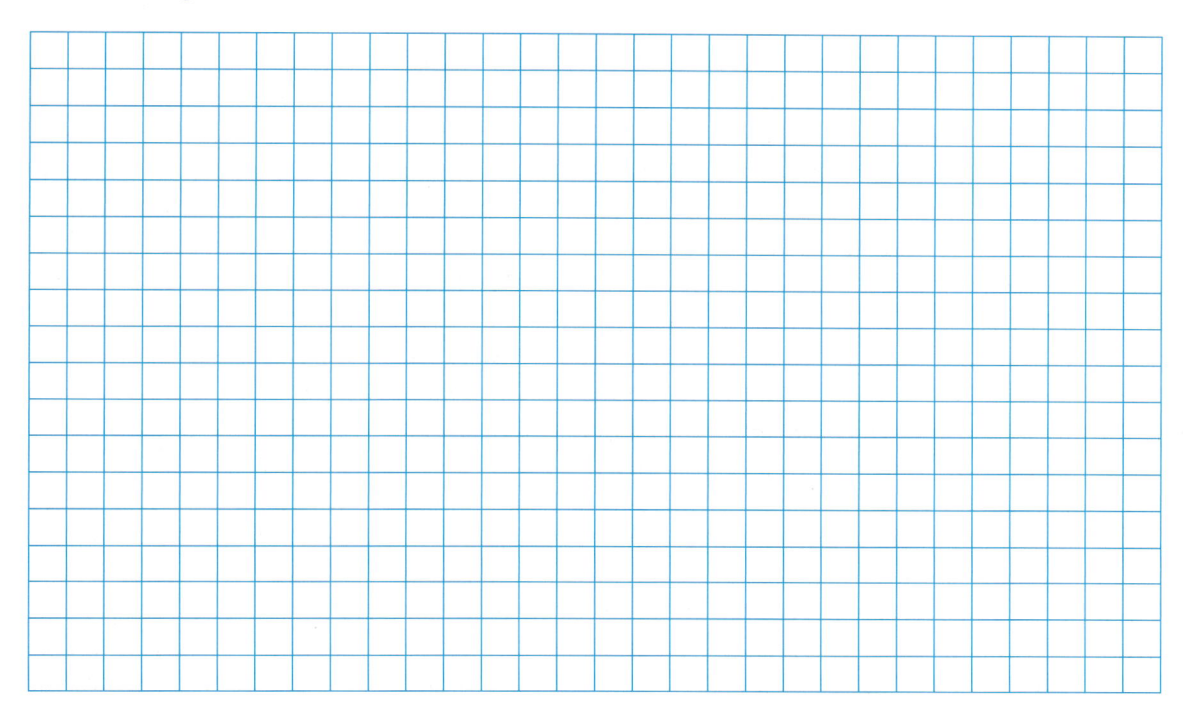

Bislang haben Sie nur die mengenmäßigen Veränderungen des Personalbestandes und die Bedarfsreaktionen darauf betrachtet. Personalarbeit hat aber immer eine quantitative und eine qualitative Dimension. Sie können nicht davon ausgehen, dass eine mengenmäßig richtig besetzte Belegschaft auch ein qualitativ hochwertiges Endprodukt herstellen kann. Für die unterschiedlichen Arbeitsplätze in Ihrem Unternehmen brauchen Sie Spezialisten mit unterschiedlichen Qualifikationen. Welche Personalqualität Sie vor dem Hintergrund der internen und externen Einflussfaktoren auf Ihren Leistungserstellungsprozess in Zukunft brauchen werden, können Sie mit der Szenario-Technik ermitteln. Hierbei wird aus den im Unternehmen für die Zukunft festgelegten Unternehmenszielen abgeleitet, über welche Qualifikationen das Personal für die dann anfallenden Aufgaben und Teilprozesse verfügen muss. Die Analyse und Synthese der Aufgaben führt dann zu neuen Qualifikationsanforderungen, die bei der Personalbedarfsplanung immer mitgedacht werden müssen. Eine rein quantitative Personalbedarfsplanung reicht nicht aus.

4.3 Personalbeschaffung

Die Ermittlung des Personalbedarfs hat beispielsweise ein Ergebnis von 3 ergeben. Das Ergebnis ist größer als Null und kennzeichnet somit einen Personalbedarf von 3 Personen, die nun beschafft werden müssen.
Das Ziel der Personalbeschaffung liegt in der rechtzeitigen Abdeckung von personellen Unterbesetzungen. Auch hier spielt die qualitative Ebene wieder eine bedeutende Rolle. Die quali-

tativen Elemente des Beschaffungsbedarfs werden in den jeweiligen Stellenbeschreibungen festgehalten.

Die Personalbeschaffung besteht im weiteren Sinne aus den Schritten Anwerbung, Auswahl, Einstellung und Einführung. Im engeren Sinne ist Personalbeschaffung definiert als Prozess der internen und externen Anwerbung.

4.3.1 Interne Personalbeschaffung

Bei der internen Personalbeschaffung werden Mitarbeitende aus dem eigenen Unternehmen zur Besetzung einer anderen Stelle angeworben.

Diese Anwerbung kann durch die Instrumente Direktansprache oder Stellenausschreibung erfolgen. Bei der Direktansprache wird der betreffende Mitarbeiter durch Vorgesetzte direkt auf die Möglichkeit der internen Veränderung aufmerksam gemacht und um die entsprechende Veränderung gebeten. Bei der Stellenausschreibung wird die zu besetzende Stelle durch die internen Kommunikationsorgane des Unternehmens (Intranet, Firmenzeitschrift, Schwarzes Brett) deklariert und den Mitarbeitenden so die Chance zur Bewerbung auf diese Stelle geboten. Das Betriebsverfassungsgesetz (BetrVG) sieht vor, dass zu besetzende Stellen vor ihrer endgültigen Besetzung intern ausgeschrieben worden sein müssen. Daraus lässt sich aber nicht ableiten, dass interne Bewerber externen Bewerbern bei der Besetzung einer Stelle vorzuziehen sind.

Die interne Personalbeschaffung erhöht den quantitativen Personalbestand nicht, sodass die Versetzung eines Mitarbeiters zu einer anderen Stelle zu einem Personalbedarf an der alten Position des jeweiligen Mitarbeiters führt. Dieser Bedarf kann durch Reorganisation oder auch durch einen neuen Prozess der Personalbeschaffung ausgeglichen werden.

4.3.2 Externe Personalbeschaffung

Konnte hausintern kein geeigneter Kandidat für die Besetzung der Stelle gefunden werden, kann die externe Personalbeschaffung mit ihren Beschaffungsinstrumenten für Abhilfe sorgen.

Immer wieder kommt es vor, dass Arbeitsuchende sich initiativ, also ohne vorherige Aufforderung, in einem Unternehmen bewerben. Diese Bewerbungen können, für den Fall, dass sie prinzipiell von Interesse für das Unternehmen sind, derzeit aber keine freie Stelle zu besetzen ist, in einer Vormerk-Datei gesammelt werden. Auf diese Bewerber-Vormerk-Datei kann dann in einem konkreten Bedarfsfall zurückgegriffen werden. Die Bewerber-Vormerk-Datei ist ein Instrument der externen Personalbeschaffung.

Ein weiteres externes Beschaffungsinstrument ist das Schalten einer Stellenanzeige. Vor dem Hintergrund der Stellenbeschreibungen sollte die Stellenanzeige nach dem Grundsatz des Prinzips Attention-Interest-Desire-Action (AIDA) gestaltet werden. Zunächst sollte die Stellenanzeige Aufmerksamkeit (Attention) erregen. Hier helfen Gestaltungselemente einen entsprechenden Effekt zu erzeugen. Das Interesse (Interest) wird geweckt, indem möglichst viele Informationen über das Unternehmen und die Stelle selbst vermittelt werden. Den Wunsch (Desire), sich auf die Stellenanzeige zu bewerben, wecken Sie, indem Sie die Stellenanzeige mit Sachinformationen über das Unternehmen und die Stelle hinaus ausstatten und zum Beispiel auf das Leitbild, die berufliche Entwicklungsperspektive oder aber auch auf den Ruf des Hauses hinweisen. Damit potenzielle Bewerber auch tatsächlich ihre Unterlagen einreichen (Action), geben Sie die notwendigen Kontaktdaten und Bewerbungsfristen an. Insgesamt achten Sie auf eine adressatengerechte und freundlich-auffordernde Sprache. Darüber hinaus müssen Sie darauf achten, dass Sie ein der Stelle entsprechendes Organ zur Veröffentlichung der Anzeige auswählen.

Neben der Stellenanzeige können Sie sich auch an die Agentur für Arbeit wenden und das Verzeichnis der Arbeitsuchenden nach einem geeigneten Kandidaten sichten. Für die Besetzung von Führungspositionen werden häufig auch Personalberater eingeschaltet. Deren Dienstleistung besteht in der Betreuung des gesamten Beschaffungsprozesses von der Anwerbung bis hin zur Vertragsgestaltung. Als Spezialisten für die Personalbeschaffung verfügen diese oft über einen potenziellen Personenkreis oder haben weit reichende Kontakte.

Eine externe Personalbeschaffung hat häufig den Vorteil, dass neue Mitarbeiterinnen und Mitarbeiter mit frischen Ideen und ohne Betriebsblindheit auch neue Impulse in ein Unternehmen hineinbringen können. Oftmals kennen neue Mitarbeiter jedoch ein Unternehmen nicht so gut und müssen sich längere Zeit einarbeiten. Besonders informelle Strukturen sind ihnen zunächst nicht zugänglich.

Die interne Personalbeschaffung kann zu sozialen Schwierigkeiten in einem Unternehmen führen. Häufig spielen Neid, verletzter Stolz und das Empfinden einer Ungleichbehandlung eine große Rolle. Diese interpersonellen Probleme können dann zur Behinderung der Prozessabläufe führen.

Anwendung

Verdichten Sie die Angaben zur Personalbeschaffung in einem Schaubild. Stellen Sie auch die Vor- und Nachteile der internen und externen Personalbeschaffung gegenüber. Ergänzen Sie die Gegenüberstellung um weitere, eigene Aspekte.

4.4 Personalauswahl

Bei der Personalauswahl kann sich eine Vielzahl von Verfahren aneinanderreihen, die alle das Ziel verfolgen, den bestgeeigneten Bewerber für die zu besetzende Stelle zu finden. Prinzipiell geht es bei den Verfahren darum, die Anforderungen der Stelle mit den Fähigkeiten des Bewerbers abzugleichen und die für die Stelle erforderliche Flexibilität mit den Möglichkeiten des Bewerbers zu beleuchten.

4.4.1 Bewerbungsunterlagen

Häufig beginnt die Personalauswahl mit der Sichtung der eingereichten Bewerbungsunterlagen. Diese werden auf Vollständigkeit und Lückenlosigkeit geprüft. Eine Bewerbung sollte ein Anschreiben, ein aktuelles Foto, einen Lebenslauf und die für die Stelle notwendigen Qualifikationsnachweise enthalten. Darüber hinaus können für die Stelle relevante Schulzeugnisse und Arbeitszeugnisse früherer Arbeitgeber erwartet werden. Der Lebenslauf sollte die berufliche Entwicklung lückenlos beschreiben.

Über diese formalen Aspekte hinaus werden die Bewerbungsunterlagen auch bezüglich ihrer Gestaltung und sprachlichen Richtigkeit bewertet.

Im Abgleich der Bewerbungsunterlagen mit der Stellenbeschreibung treffen Sie dann eine erste Vorauswahl. Infolge dieser Vorauswahl werden Sie einigen Kandidaten ein Absageschreiben inklusive der eingereichten Unterlagen zukommen lassen. Diejenigen Kandidaten, die noch für die Besetzung der Stelle infrage kommen, werden Sie zu einem der weiteren Auswahlverfahren einladen.

4.4.2 Testverfahren

Im weiteren Verlauf des Auswahlverfahrens können Sie die Bewerber zu verschiedenen Einstellungstests einladen. Neben Intelligenztests können Sie auch die fachliche Sicherheit der Kandidaten überprüfen. Bei der Gestaltung der Testverfahren ist auf die inhaltliche Relevanz in Bezug auf die zu besetzende Stelle zu achten. Darüber hinaus sollten Sie allen Kandidaten die gleichen Testverfahren absolvieren lassen, um ein möglichst objektives Ergebnis zu erhalten. Die inhaltliche Erstellung der Testverfahren ist sehr zeitintensiv, wenn Sie sich um eine stellenbezogene und sinnvolle Gestaltung der Verfahren bemühen wollen.

Als Assessment Center (AC) wird ein Testverfahren bezeichnet, bei dem mehrere Kandidaten gleichzeitig in einer Simulation stellenrelevante Aufgaben zu erledigen haben. Unter Aufsicht mehrerer Beobachter werden in einem AC Angaben zur Teamfähigkeit, zum Durchsetzungsvermögen und zur Kooperationsfähigkeit gesammelt. AC werden häufig zur Besetzung von Führungspositionen durchgeführt.

Sie können die Bewerber auch zu einem Probearbeiten einladen. Hier können dann potenziell neue Mitarbeiter im Tagesgeschäft ihre fachlichen, methodischen und sozialen Fähigkeiten zeigen. Darüber hinaus können Sie beim Probearbeiten auch die Kolleginnen und Kollegen an der Auswahlentscheidung beteiligen. Auf diese Weise erhöhen Sie den Grad der Objektivität und machen die Auswahlentscheidung nicht nur von einem zentralen Entscheidungsgremium abhängig. Dies könnte auch zu einer erhöhten Akzeptanz des neuen Mitarbeiters in der betreffenden Abteilung führen.

4.4.3 Vorstellungsgespräch

Die unterschiedlichen Testverfahren münden häufig in einem abschließenden Vorstellungsgespräch. Vorstellungsgespräche können als freies Interview, als standardisiertes Interview mit vordefinierten Fragen oder in einer Kombination aus freiem Gespräch und vorbestimmten Kernfragen geführt werden.

In Vorstellungsgesprächen bietet sich die Gelegenheit den Bewerber auch von einer privaten Seite her kennenzulernen. Auf diese Weise gewinnen Sie eine Gesamtsicht auf die Persönlichkeitsstruktur des Bewerbers und können die Eignung des Bewerbers für die zu besetzende Stelle um ein weiteres Kriterium ergänzen.

Fragen nach Trinkgewohnheiten zum Beispiel oder nach der sexuellen Orientierung, nach Vermögensverhältnissen, nach der Glaubensgemeinschaft oder gewerkschaftlicher Zugehörigkeit dürfen nur gestellt werden, wenn sie in direktem Zusammenhang mit der zu besetzenden Stelle stehen und die Einstellung direkt von der wahrheitsgemäßen Beantwortung abhängig gemacht werden kann. Stehen die Fragen in keinem direkten Zusammenhang zu der vakanten Stelle, dürfen die Fragen unwahrheitlich beantwortet werden.

Bei der Gestaltung des Auswahlverfahrens ist darauf zu achten, dass die gewählten Auswahlverfahren für alle Bewerber gleich, also objektiv, sind, damit sie auch den bestgeeigneten Bewerber isolieren. Bei der inhaltlichen Gestaltung der Auswahlverfahren ist größtmöglicher Praxisbezug und Alltagsrelevanz herzustellen.

Achten Sie bei der Gestaltung des Auswahlverfahrens auf den wertschätzenden Umgang mit den Bewerbern. Hierzu gehört die respektvolle Formulierung der Zu- und Absagen, die angemessene Wahl von Einladungsfristen – möglichst in Absprache mit den Bewerbern und die zeitökonomische Gesamtgestaltung des Verfahrens.

Anwendung

Zum kommenden Sommer sollen wieder zwei neue Auszubildende zum Gesundheitskaufmann eingestellt werden. Formulieren Sie eine entsprechende Stellenanzeige und planen Sie das Auswahlverfahren formal, inhaltlich und zeitlich.

Berücksichtigen Sie, dass bei der Einstellung von Auszubildenden, die das 18. Lebensjahr noch nicht erreicht haben, eine ärztliche Untersuchung gemäß Jugendarbeitschutzgesetz (JArbSchG) notwendig ist.
Heften Sie Ihre Arbeitsergebnisse an dieser Stelle zu Ihren Unterlagen.

4.5 Personaleinstellung

Sie haben den Bewerber gefunden, der am besten für die Besetzung der Stelle und die Erledigung der damit verbundenen Aufgaben geeignet ist. Dann ist es nun an der Zeit, diesen Bewerber vertraglich an Ihr Unternehmen zu binden. Diese Bindung erreichen Sie durch die Schließung eines Arbeitsvertrages, der einen Dienstvertrag darstellt. Sie erinnern sich? Bei Dienstverträgen wird die Arbeit an sich, nicht aber der Erfolg der Arbeit geschuldet.

Bei der Einstellung von Arbeitskräften und der Gestaltung der arbeitsvertraglichen Regelungen ist eine Fülle von Rechtsquellen zu beachten. Diese Rechtsquellen beeinflussen die rechtswirksamen Inhalte von Arbeitsverträgen auf breiter, kollektiver Ebene. Die Regelungen, die einer individuellen Regelung bezogen auf den einzelnen Arbeitnehmer bedürfen, werden dann im Rahmen individueller Arbeitsvertragsregelungen getroffen.

4.5.1 Kollektive Arbeitsvertragsregelungen

Als kollektive Regelungen werden die Regelungen bezeichnet, die für eine breite Öffentlichkeit und nicht auf individueller, also einzelner Ebene, getroffen werden. Arbeitsverträge haben solche kollektiven Anteile.

So darf ein Arbeitsvertrag nicht gegen die Verfassung der BRD verstoßen und muss an zwingenden Gesetzen und Rechtsverordnungen orientiert sein. Zu diesen Gesetzen und Verordnungen gehören die Arbeitszeitordnung, das Berufsbildungsgesetz, das Jugendarbeitschutzgesetz, das Kündigungsschutzgesetz oder die Arbeitsstättenverordnung. Weiter sind im kollektiven Bereich zwingende Tarifverträge und Betriebsvereinbarungen zu beachten, gegen die ein Arbeitsvertrag ebenso nicht verstoßen darf.

4.5.2 Individuelle Arbeitsvertragsregelungen

Alle Inhalte, die dann noch einer Konkretisierung bedürfen, können im Einzelarbeitsvertrag, der dann eine individuelle vertragliche Regelung darstellt, vereinbart werden. Die kollektiv geregelten Vereinbarungen werden automatisch oder durch ausdrücklichen Verweis auf sie Bestandteil des Vertrages.

Im Arbeitsvertrag werden dann auf individueller Ebene noch das Datum des Vertragsbeginns, die konkrete Dauer der Probezeit und die Arbeitszeitregelungen festgehalten. Darüber hinaus werden die Art der Tätigkeit und die damit eventuell verbundene Ausstattung mit Vollmachten schriftlich fixiert. Zudem erfolgt die genaue Beschreibung und Benennung der Gehaltsstufe, des Grundlohns, der Zulagen oder auch der zusätzlichen Sozialleistungen, die das monatliche Arbeitsentgelt beeinflussen. Da der Arbeitnehmer dem Arbeitgeber durch den Arbeitsvertrag seine Arbeitskraft schuldet, werden zusätzlich Vereinbarungen über Nebentätigkeiten getroffen, die in der Regel um Angaben zum Wettbewerbsverbot und zur Schweigepflicht ergänzt werden.

Häufig werden für die Schließung von Arbeitsverträgen Formularvordrucke verwendet, die juristisch geprüft sind und im Individualbereich angepasst werden können.

Aus dem Arbeitsvertrag ergeben sich mit dem Beginn des Beschäftigungsverhältnisses Rechte und Pflichten für die Vertragspartner. Der Arbeitnehmer hat seiner Arbeitspflicht nachzukommen. Der Arbeitgeber hat das monatliche Entgelt zu zahlen, den Arbeitnehmer zur Sozialversicherung anzumelden und die fälligen Beträge abzuführen.

Lernfeld 10 Personalwirtschaftliche Aufgaben wahrnehmen

Aufgaben

1. Erkunden Sie in Ihrem Ausbildungsunternehmen, ob bei der Anstellung von Beschäftigten standardisierte Arbeitsvertragsformulare verwendet werden. Sichten Sie nach Rücksprache dieses Formular und vergleichen Sie die Inhalte mit den hier gemachten Angaben.
2. Ermitteln Sie die möglichen Probezeitvereinbarungen für Ausbildungs- und Arbeitsverhältnisse.
3. Erkunden Sie auch, welche Unterlagen zur Einstellung eines neuen Mitarbeiters unbedingt vorhanden sein müssen.

Halten Sie Ihre Arbeitsergebnisse im nachfolgenden Bereich schriftlich fest.

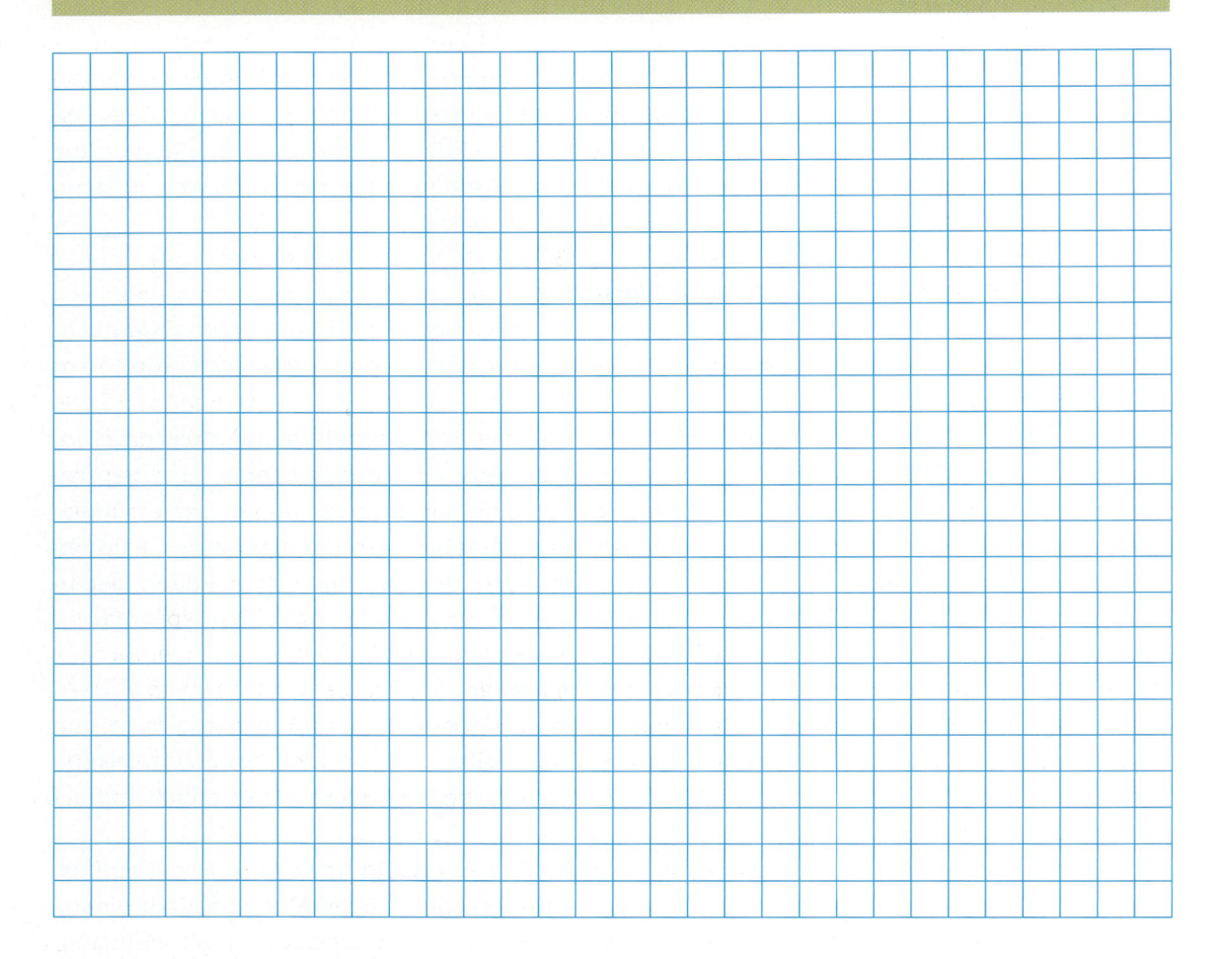

Sie haben sich im Kapitel 2 mit unterschiedlichen Definitionen von Personalarbeit beschäftigt. Wie müsste sich die Arbeit innerhalb der personalpolitischen Maßnahmen von der Personalverwaltung bis hin zur Personaleinstellung je nach Definition für Personalpolitik verändern? Halten Sie Ihre Überlegungen schriftlich fest und heften Sie sie hier zu Ihren Unterlagen.

4.6 Personalführung

→ *Definition*

Als Personalführung wird die auf die Unternehmensziele ausgerichtete Beeinflussung und Lenkung der Mitarbeitenden eines Unternehmens bezeichnet. Dabei spielt die Gestaltung von Anreizsystemen eine große Rolle.

Da die Unternehmensziele in der Führungsebene definiert werden, müssen diese Informationen, soweit es für die Mitarbeitenden von Belang ist, an die entsprechenden Stellen kommuniziert werden. Die Personalführung übernimmt diese Aufgabe. Dabei ist es wichtig, dem einzelnen Mitarbeiter seine Bedeutsamkeit für die Gesamtzielerreichung deutlich zu machen. Personalführung ist immer ein kommunikativer Prozess, bei dem Führungskraft und Mitarbeiter im direkten Austausch miteinander stehen. Besonders bei der Personalführung lässt sich die Unterschiedlichkeit im Verständnis von Personalpolitik (Personalwirtschaft, Personalmanagement, Human Resource Management) erkennen.

4.6.1 Führungsstile

Die klassischen Führungsstile lassen sich auf den Begründer der modernen Sozialpsychologie Kurt Lewin (1890 – 1947) zurückführen. Er definierte den autoritären, den kooperativen und den Laissez-faire-Führungsstil.

Beim autoritären Führungsstil entscheidet und kontrolliert der Vorgesetze. Die Mitarbeiter haben keine Beteiligung an Entscheidungsprozessen. Sie haben eine rein ausführende Rolle. Das Ergebnis eines autoritären Führungsstils ist eine Distanz zwischen der Führungskraft und den Mitarbeitern. Diese Distanz ist geprägt von Misstrauen und mangelnder Unterstützungsbereitschaft. Autoritäre Führungskräfte sind häufig aufgrund der Fülle von Entscheidungen, die sie gänzlich alleine zu treffen haben, überfordert. Daher häufen sich Fehlentscheidungen und wirtschaftliche Misserfolge, die wiederum mit viel Nachdruck korrigiert werden müssen.

Beim kooperativen Führungsstil werden die Mitarbeitenden in den Entscheidungsprozess mit einbezogen. Entscheidungsaufgaben werden von den Führungskräften an sachverständige Mitarbeiter delegiert. Ergebnisse werden im Team kontrolliert, Prozessverbesserungen beruhen auf gemeinsamem fachlichem Austausch. Die Führungskraft wird im kooperativen Führungsstil von Entscheidungsaufgaben entlastet. Gleichzeitig wird jedoch das Maß an Kommunikation und Austausch mit den Mitarbeitenden erhöht. Die kooperative Führungskraft übernimmt die Aufgabe des Beraters, der mit den Arbeitsteams neue, am Unternehmensgesamtziel orientierte Ziele formuliert, motiviert und im Bedarfsfall mit der Gruppe nach Lösungen sucht. Ein solcher Führungsstil verlangt kommunikatives Geschick und situatives Einstellungsvermögen. Darüber hinaus muss der Führungskraft zeitliche Kapazität für das Führen in solchem Stile gewährt werden.

Der Laissez-faire-Führungsstil ist geprägt von der alleinigen Entscheidungsgewalt der Mitarbeiter. Sie haben die alleinige Kontrolle und absolute Freiheit. Die Führungskraft greift nicht in Prozesse ein, die Arbeitsgruppe reguliert sich selbst. Diese Tatsache macht deutlich, dass der Laissez-faire-Führungsstil nicht für ein zielorientiertes Arbeiten geeignet ist.

4.6.2 Führungstechniken

Die im vorhergehenden Abschnitt vorgestellten Führungsstile sind theoretische Reinformen, die in der modernen Wirtschaft in Abhängigkeit von der gegebenen Situation angewendet werden sollten. Ein rein autoritärer Führungsstil wird zu oben prognostizierten Misserfolgen führen. Ein rein kooperativer Führungsstil, bei dem alle Entscheidungen gemeinschaftlich diskutiert und gefunden werden sollen, wird sehr zeitintensiv sein. Der Laissez-faire-Führungsstil wird nur in den Fällen Anwendung finden, bei denen ein sehr gut funktionierendes Arbeitsteam den eigenen Aktionsraum sehr gut kennt und vertrauensvoll damit umzugehen weiß. Es ist daher ratsam, die Führungsstile der gegebenen Situation entsprechend zu mischen und anzupassen. Dies erhöht die Anforderungen an die Führungskraft, die nun vor dem Hintergrund der situativen Gegebenheit unterschiedlich reagieren muss.

4.7 Personalbeurteilung

Sie haben gelernt, dass das Personal im Gesundheitswesen der zentrale Leistungserbringer ist. Daher kann Personalarbeit auch keine sporadische oder gar einmalige Angelegenheit sein. Personalarbeit ist ein andauernder Prozess. Immer wieder verändert sich der Personalstamm, neue Anforderungen werden an das Unternehmen gestellt, auf die es mit Veränderungen im Personalbereich reagieren muss. Mitarbeiter wollen befördert werden, Mitarbeiter brauchen Schulungen, Mitarbeiter müssen mit einem neuen Arbeitsbereich vertraut gemacht werden und ständig sind Sie damit beschäftigt, Ihre Personalentscheidung auf deren wirtschaftlichen Erfolg hin zu überprüfen und wiederum Korrekturmaßnahmen einzuleiten.

In diesem Gesamtprozess ist die Personalbeurteilung ein Instrument, mit dem Sie sich einen aktuellen Überblick über die Qualifikationen Ihrer Mitarbeitenden verschaffen können, um daraus grundlegende Informationen für Ihre personalpolitischen Entscheidungen abzuleiten.

4.7.1 Beurteilungsgespräch

Das Beurteilungsgespräch wird zwischen Führungskraft und Mitarbeiter geführt. In diesem Gespräch werden Soll-Ist-Abweichungen inklusive der bekannten Ursachen diskutiert. Im Gespräch mit dem Mitarbeiter werden Motivation und Sichtweisen ergründet und Erkenntnisfortschritte gemeinsam erarbeitet. Dabei muss der Anlass eines solchen Beurteilungsgespräches nicht immer ein negativer sein. Beurteilungsgespräche sollten regelmäßig wiederkehrend durchgeführt werden, um einen Prozess der gemeinsamen Entwicklung im Sinne des Unternehmens voranzutreiben.

Das Beurteilungsgespräch sollte motivierend sein und die erbrachten Leistungen des Mitarbeiters anerkennen. Darüber hinaus sollten gemeinsam neue Ziele gesteckt und Möglichkeiten der Zielerreichungskontrolle verabredet werden. Je nach Verständnis der Personalpolitik kann das Beurteilungsgespräch auch zur Klärung von Entwicklungswünschen und zukünftigen Perspektiven des Mitarbeiters genutzt werden.

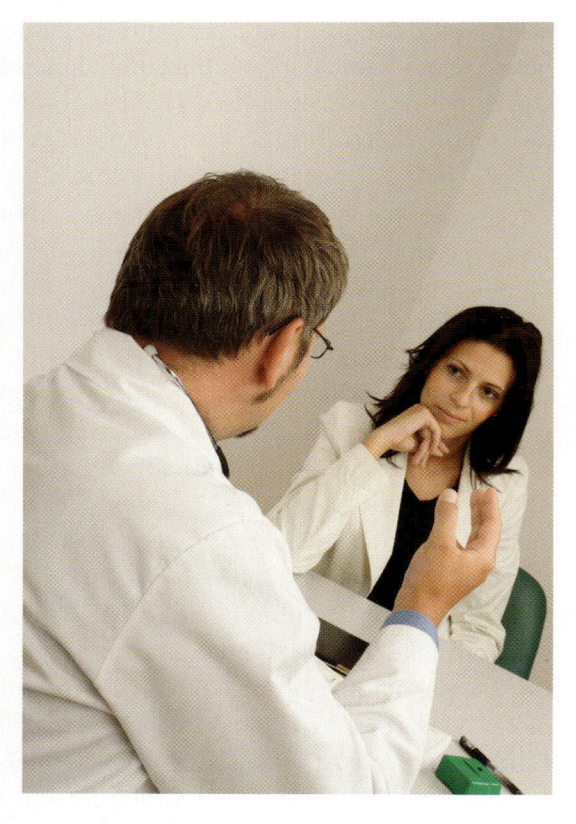

Um Beurteilungsgespräche in einen wiederkehrenden Prozess einmünden zu lassen, ist es notwendig, die Verabredungen und Ergebnisse eines solchen Gespräches schriftlich zu fixieren. Diese Aufgabe übernimmt die Führungskraft, die den Mitarbeiter um Durchsicht und Genehmigung der angefertigten Notizen bittet. Die Gesprächsnotiz wird in die Personalakte genommen. Eine Kopie der Notizen erhält der Mitarbeiter für seine Unterlagen.

4.7.2 Arbeitszeugnis

Das Arbeitszeugnis ist eine Form der schriftlichen Personalbeurteilung. Arbeitszeugnisse können routinemäßig, auf Verlangen des Mitarbeiters oder beim Austritt eines Mitarbeiters aus dem Unternehmen angefertigt werden.
Prinzipiell sind zwei Arten des Arbeitszeugnisses zu unterscheiden: das einfache und das qualifizierte Arbeitszeugnis.

Einfaches Arbeitszeugnis

Im einfachen Arbeitszeugnis werden die persönlichen Daten des Mitarbeiters aufgeführt. Zudem wird der Beschäftigungszeitraum des Mitarbeiters im Unternehmen angegeben. Darüber hinaus werden Angaben zur Bezeichnung der Art der geleisteten Tätigkeit gemacht. Einfache Arbeitszeugnisse werden mit der Angabe von Ort und Datum unterschrieben.

Qualifiziertes Arbeitszeugnis

Das qualifizierte Arbeitszeugnis enthält alle Angaben, die auch ein einfaches Arbeitszeugnis enthält. In Erweiterung zum einfachen Arbeitszeugnis werden die persönlichen Angaben in einem Eingangssatz formuliert. Es folgt eine umfassende Tätigkeitsbeschreibung, der sich eine Bewertung der erbrachten Leistungen anschließt. Zudem werden Angaben zum Führungsverhalten gemacht. Diese Angaben beziehen sich auf das Verhalten zu Vorgesetzen und zu Kolleginnen und Kollegen. Der bewertende Teil des qualifizierten Arbeitszeugnisses mündet in eine Gesamtbewertung, der sich eine Abschlussformulierung anschließt. In dieser Abschlussformulierung wird das Bedauern über das Ausscheiden des Mitarbeiters ausgedrückt und der Grund für das Ausscheiden benannt. Hier wird deutlich gemacht, dass der Mitarbeiter aus persönlichen Gründen ausscheidet oder aufgrund betrieblicher Erfordernisse. Die Abschlussformulierung endet mit einem Ausdruck bester Wünsche für die Zukunft.
Arbeitgeber sind nicht zur Ausstellung qualifizierter Arbeitszeugnisse verpflichtet. Wünscht der Mitarbeiter jedoch die Ausstellung eines Zeugnisses, das auch Angaben zum Leistungs- und Führungsverhalten macht, so ist der Arbeitgeber zur Erstellung eines entsprechenden Zeugnisses verpflichtet.

Bei der Erstellung der Arbeitszeugnisse hat der Arbeitgeber eine Wohlwollenspflicht, sodass dem Arbeitnehmer aus den Formulierungen des Zeugnisses keine Nachteile bei einer zukünftigen Verwendung entstehen. Darüber hinaus hat das Arbeitszeugnis der Wahrheit zu entsprechen.
Diese Grundsätze führen dazu, dass sich eine sogenannte Zeugnissprache etabliert hat, die in wohlwollenden Formulierungen dennoch die entsprechenden Sachverhalte für denjenigen offenlegt, der die Zeugnissprache entschlüsseln kann.
Die nachfolgende Tabelle gibt einen Eindruck der Bewertung.

Formulierung	Bedeutung
... stets zu unserer vollsten Zufriedenheit ...	Sehr gute Leistung
... stets zu unserer vollen Zufriedenheit ...	Gute Leistung
... zu unserer vollen Zufriedenheit ...	Befriedigende Leistung
... zu unserer Zufriedenheit ...	Ausreichende Leistung
... im großen und ganzen zu unserer Zufriedenheit ...	Mangelhafte Leistung

> **Aufgaben**
>
> Recherchieren Sie die Zeugnissprache für Arbeitszeugnisse und halten Sie Ihre Ergebnisse schriftlich fest. Heften Sie Ihre Notizen hier zu Ihren Unterlagen.

4.8 Personalentwicklung

Neue Erkenntnisse aus Forschung und Technik, die Veränderung der Märkte (Internationalisierung, Globalisierung) oder auch die zunehmende Vernetzung von Arbeitsvorgängen und die damit einhergehende wachsende Komplexität erfordern eine Anpassung des Wissensstandes der Mitarbeiterinnen und Mitarbeiter an den aktuellen Stand der Erkenntnisse. Nur weiterentwickelte und fortgebildete Mitarbeitende können ein Unternehmen bei der Sicherung und Erweiterung der Marktposition unterstützen. Ein gut funktionierendes System der Personalentwicklung bildet somit die Grundlage für den Erhalt der Wettbewerbsfähigkeit und für die Verbesserung des Leistungsverhaltens. Gute Personalentwicklung ist ein Baustein für den wirtschaftlichen Erfolg eines Unternehmens.

Dabei ist die Personalentwicklung von der Personalausbildung zu unterscheiden. Personalausbildung beschäftigt sich mit der beruflichen Erstausbildung von Auszubildenden. Personalentwicklung nimmt die mit einem Arbeitsvertrag angestellten Mitarbeitenden in den Fokus und sucht nach Möglichkeiten einer Weiterqualifizierung im Sinne des Unternehmensziels.

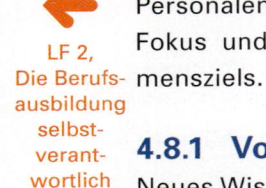

← LF 2, Die Berufsausbildung selbstverantwortlich mitgestalten

4.8.1 Voraussetzungen

Neues Wissen kann nicht ohne das Personal generiert werden. Personalentwicklung ist daher auf die aktive Mitarbeit des Personals angewiesen. Um den größtmöglichen Erfolg einer Personalentwicklungsmaßnahme zu erreichen, gilt es daher den Adressaten für die Weiterqualifizierung genau zu analysieren. Die erste Frage an den betreffenden Mitarbeiter muss untersuchen, ob überhaupt ein Entwicklungsbedarf besteht. Nur wenn eine Veränderung im Teilleistungserstellungsprozess des Mitarbeiters eine Schulung notwendig macht, liegt auch ein entsprechender Bedarf vor.

Besteht ein Entwicklungsbedarf, ist zu prüfen, ob der betreffende Mitarbeiter auch über ein entsprechendes Entwicklungspotenzial verfügt. Nur wenn Sie abschätzen können, dass der Mitarbeiter die Inhalte der Schulung versteht und umsetzen kann, macht es Sinn, den jeweiligen Mitarbeiter weiter zu entwickeln.

Nun kann es aber auch sein, dass, obwohl ein Entwicklungsbedarf und das entsprechende Entwicklungspotenzial beim Mitarbeiter vorhanden sind, kein Entwicklungswunsch vorliegt. Manche Mitarbeiter wollen nichts mehr dazu lernen und sträuben sich sogar gegen geplante Schulungsmaßnahmen. Hier können Sie nicht gegen den Mitarbeiter agieren. Eine Qualifizierungsmaßnahme wird hier nicht Erfolg versprechend verlaufen.

Die Prüfung des Adressaten hinsichtlich des Entwicklungsbedarfs, des Entwicklungspotenzials und des Entwicklungswunsches helfen Ihnen, die Kosten für Entwicklungsmaßnahmen wirtschaftlich einzusetzen.

Aber nicht nur die Prüfung des Adressaten der Personalentwicklungsmaßnahme ist notwendig. Vielmehr stellt sich auch die Frage, ob Qualifizierung an sich sinnvoll ist. Hier gilt es zu prüfen, ob die Maßnahme in enger Beziehung zum Unternehmensziel steht und eine entsprechende Durchführung die Chance auf die Steigerung des wirtschaftlichen Erfolgs erhöht. Darüber hinaus gilt es zu prüfen, ob die Qualifizierungsmaßnahme mit anderen Maßnahmen verzahnt werden kann, so dass sogenannte Partizipationseffekte genutzt werden können. Des Weiteren ist darauf zu achten, dass Qualifizierungen des Personals einen langfristigen Wirkeffekt haben. Fortbildungen sind mit Kosten verbunden. Wenn dann der Wissenszuwachs aus einer Entwicklungsmaßnahme nur von kurzem Nutzen für das Unternehmen ist, dann war die entsprechende Investition nur begrenzt erfolgreich. Achten Sie auf das Kosten-Nutzen-Verhältnis.

4.8.2 Maßnahmen

Da Qualifizierungsmaßnahmen kosten- und zeitintensiv sind, empfiehlt es sich nicht, rein reaktiv auf Veränderungen im Produktionsumfeld einzugehen. Eine reaktive Personalentwicklung reagiert nur auf Aufforderung und hinkt der modernen Entwicklung hinterher.

Besser ist es Personalentwicklung als vorausschauende Strategie zu verstehen. Wenn Sie frühzeitig auf notwendige Veränderungen reagieren, dann haben Sie genügend Zeit entsprechende Entwicklungen zu veranlassen und die richtigen Mitarbeiter auszuwählen.

Nun ist es aber so, dass das Lernen auch verlernt werden kann. Wenn Mitarbeiter nur selten an Personalentwicklungsmaßnahmen teilnehmen, entwickeln Sie Ängste davor oder weigern sich daran teilzunehmen. Dieser Tendenz können Sie vorbeugen, indem Personalentwicklungsmaßnahmen nichts Besonderes oder Außergewöhnliches sind, sondern ganz normal zum Berufsalltag gehören. Eine Personalentwicklungspolitik in diesem Sinne wird als verstetigte Personalentwicklung bezeichnet.

Wenn Sie dann noch immer darauf achten, dass die veranlassten Maßnahmen dem Unternehmensziel zuträglich sind und den Unternehmenserfolg optimal stützen, dann haben Sie ein Maßnahmensystem entwickelt, das systemisch orientiert arbeitet.

Personalentwicklungsmaßnahmen können dazu genutzt werden, einen Mitarbeiter in das Unternehmen und in die Arbeitsprozesse zu integrieren. Eine solche Maßnahme wird auch als Personalentwicklung into-the-job bezeichnet.

Als Personalentwicklung on-the-job wird eine Maßnahme bezeichnet, wenn sie am eigenen Arbeitsplatz in der Form der systematischen Arbeitsunterweisung oder zur Qualitätsverbesserung des Prozessergebnisses dient. Dabei steht der Mitarbeiter jedoch voll im Arbeitsprozess und muss sich auf die Neuerungen und auf die Arbeit gleichzeitig konzentrieren.

Diesen Nachteil versuchen Entwicklungsmaßnahmen auszugleichen, die als Maßnahmen near-the-job bezeichnet werden. Hier erfolgt eine theoretische Unterweisung nicht direkt am Arbeitsplatz. Dem Mitarbeiter wird so Gelegenheit gegeben, sich auf den Lerngegenstand zu konzentrieren. Die Umsetzung des Erlernten erfolgt dann später am eigenen Arbeitsplatz.

Bei Entwicklungsmaßnahmen, die als Maßnahmen off-the-job bezeichnet werden, erfolgt die Unterweisung nicht im Unternehmen, sondern im Rahmen von Seminaren und Kursen in Räumen externer Schulungsanbieter. Hier besteht der Vorteil, dass sich die Lernenden ungestört voll und ganz auf die neue Materie konzentrieren können. Allerdings wird häufig auch ein mangelnder Praxisbezug beklagt.

Anwendung

1. Erstellen Sie für Ihre Unterlagen eine Übersicht zu den Inhalten des aktuellen Kapitels.
2. Erkunden Sie die Personalentwicklungsstrategie Ihres Ausbildungsunternehmens. Sehen Sie einen Verbesserungsbedarf?

Heften Sie Ihre Ausführungen hier zu Ihren Unterlagen.

4.9 Personalfreisetzung

Nun kann es vorkommen, dass konjunkturelle oder strukturelle Veränderungen der gesamtwirtschaftlichen Entwicklung, Betriebsstilllegungen oder Rationalisierungsmaßnahmen zu einer Verminderung des Arbeitsvolumens führen, oder dass sich Unternehmen von Mitarbeitern trennen wollen. Hierauf reagieren Unternehmen mit dem personalpolitischen Instrument der Personalfreisetzung.

4.9.1 Beendigung des Arbeitsverhältnisses

Eine Maßnahme der Personalfreisetzung ist die Beendigung von Arbeitsverhältnissen. Hier werden zum Beispiel befristete Arbeitsverträge nicht verlängert oder bestehende Arbeitsverträge werden durch Aufhebungsverträge beendet. In einem Aufhebungsvertrag erklären sich die Vertragspartner mit der Beendigung des Arbeitsverhältnisses im gegenseitigen Einvernehmen einverstanden. Die gegenseitigen Pflichten aus dem Arbeitsvertrag erlöschen mit der Unterzeichnung des Aufhebungsvertrages.

Darüber ist es auch möglich, die Arbeitsplätze von Vorruheständlern oder Rentnern nicht wieder zu besetzen.

4.9.2 Kündigung des Arbeitsverhältnisses

Für den Fall, dass sich das Unternehmen von Mitarbeitern trennen will oder sich Mitarbeiter mit bestehendem Arbeitsvertrag vom Unternehmen trennen wollen, gibt es die Maßnahme der Kündigung.

Hierbei ist die ordentliche von der außerordentlichen Kündigung zu unterscheiden. Bei der ordentlichen Kündigung trennen sich die Vertragspartner gemäß der im Vertrag geregelten Fristen und Termine oder sie halten sich, für den Fall, dass keine Fristen vereinbart wurden, an die gesetzlichen Regelungen zur Kündigung von Arbeitsverhältnissen. Zu beachten ist, dass die vertraglich vereinbarten Kündigungsfristen nicht gegen die gesetzlichen Fristen verstoßen dürfen. Das Recht zur ordentlichen Kündigungen haben beide Vertragspartner.

Eine außerordentliche Kündigung kann bei Vorlage eines wichtigen Grundes ebenso von beiden Seiten ausgesprochen werden. Wichtige Gründe liegen in der Verletzung der Pflichten der jeweiligen Vertragspartner aus dem Arbeitsvertrag. Bei der außerordentlichen Kündigung sind die Vertragspartner nicht zur Fortführung des Arbeitsverhältnisses bis zum Ablauf einer Frist verpflichtet, daher wird sie auch als fristlose Kündigung bezeichnet.

Aufgaben

Recherchieren Sie die aktuell geltenden gesetzlichen Kündigungsfristen. Heften Sie Ihr Rechercheergebnis hier zu Ihren Unterlagen.

4.9.3 Kündigungsschutz

Wenn der Arbeitgeber einem Arbeitnehmer kündigen will, sind folgende Aspekte zu beachten: Besteht ein Arbeitsvertrag bereits länger als sechs Monate, genießt der entsprechende Arbeitnehmer einen allgemeinen Kündigungsschutz, wenn die Kündigung sozial ungerechtfertigt sein sollte. Dieser Schutz greift jedoch nicht für Arbeitnehmer in Betrieben mit bis zu 20 Beschäftigten. Darüber hinaus genießen einige Personengruppen besonderen Kündigungsschutz. Zu diesen Personengruppen gehören Schwerbehinderte, deren Kündigung nur bei Zustimmung der Integrationsstelle wirksam werden kann. Auch werdende Mütter erfahren einen besonderen Kündigungsschutz. Ihnen darf während der Schwangerschaft und bis zu vier Monate nach der Niederkunft nicht gekündigt werden. Auch während der Elternzeit greift dieser besondere Kündigungsschutz. Zudem genießen Arbeitnehmervertreter, Auszubildende und Wehr- bzw. Zivildienstleistende diesen besonderen Kündigungsschutz.

> **Selbstüberprüfung**
>
> Setzen Sie sich wieder einmal mit dem Wissens-Check dieses Kapitels auseinander. Überprüfen Sie Ihre gemachten Angaben und markieren Sie Ihren neuen Wissensstand mit einem „O" an der entsprechenden Stelle. Können Sie eine positive Veränderung feststellen? Sollten Sie mit dem Ergebnis unzufrieden sein, lassen Sie sich auch diesmal wieder beraten und entwickeln Sie eine neue Zielvereinbarung für das weitere Vorgehen. Im nachfolgenden Bereich können Sie die neue Zielvereinbarung schriftlich festhalten.

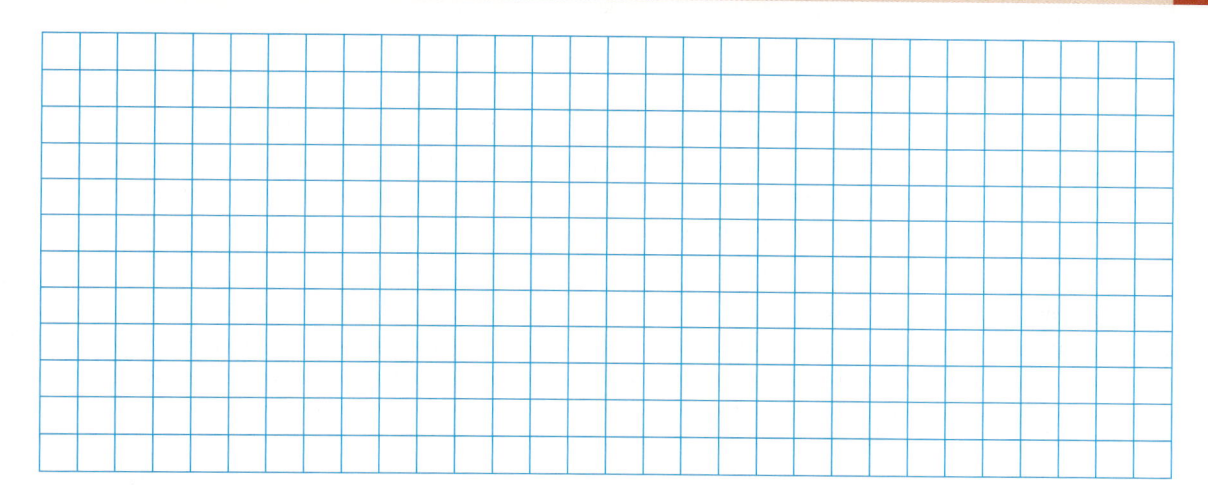

Fallsituation

Ihr Ausbildungsunternehmen verzeichnet steigende Umsatzzahlen. Die von Ihrem Unternehmen angebotenen Dienstleistungen werden stark steigend nachgefragt. Das veranlasst die Verantwortlichen in Ihrem Unternehmen Ihnen noch vor Ablauf Ihrer Ausbildungszeit eine Festanstellung anzubieten. Zudem soll eine weitere Kraft eingestellt werden, mit der Sie eng zusammenarbeiten werden.

Bei der Auswahl dieser neuen Arbeitskraft werden Sie um Mithilfe gebeten, sodass von Beginn an ein gut funktionierendes Team etabliert werden kann.

Lernfeld 10 Personalwirtschaftliche Aufgaben wahrnehmen

← LF 1, Die Berufsausbildung selbstverantwortlich mitgestalten

Methodenecke

Sie haben bereits erfahren, dass Personalarbeit geprägt ist von Kommunikation. Die aktuelle Methodenecke will Sie mit Techniken der Gesprächsführung vertraut machen, damit Sie Ihre Mitarbeiterinnen und Mitarbeiter optimal betreuen können.

→ *Regel 1:*
Laden Sie rechtzeitig zu einem geplanten Gespräch ein oder achten Sie darauf, dass Sie genügend Zeit für die Vorbereitung des Gespräches haben. Erfragen Sie den Gesprächsanlass für den Fall, dass der Gesprächswunsch vom Mitarbeiter ausgeht.

→ *Regel 2:*
Entwickeln Sie ein Gesprächsziel und planen Sie das Gespräch, indem Sie die wichtigen Inhalte als roten Faden schriftlich festhalten. Richten Sie die Teilschritte dabei auf das Gesprächsziel aus.

→ *Regel 3:*
Planen Sie ausreichend viel Zeit für das Gespräch ein.

→ *Regel 4:*
Sorgen Sie dafür, dass das Setting stimmt. Das Gespräch soll durch keine Störungen (Telefon, Zwischenfragen) unterbrochen werden. Vielleicht bereiten Sie ein Getränk vor.

→ *Regel 5:*
Gehen Sie offen und ohne Vorurteile in das Gespräch.

→ *Regel 6:*
Konzentrieren Sie sich auf den Gesprächspartner. Eröffnen Sie das Gespräch mit Positivem. Stellen Sie Fragen und hören Sie Ihrem Gegenüber zu. Führen Sie das Gespräch immer wieder auf den Anlass zurück, ohne unterbrechend zu wirken. Würdigen Sie die Äußerungen Ihres Gesprächspartners, scheuen Sie sich aber nicht, Kritik in sachlich angemessener Form anzubringen. Formulieren Sie keine Vorwürfe, sondern äußern Sie Wünsche oder Bitten. Senden Sie sogenannte Ich-Botschaften.

→ *Regel 7:*
Sorgen Sie dafür, dass Sie von Ihrem Gesprächspartner verstanden werden. Fragen Sie nach, fassen Sie Äußerungen zusammen oder bitten Sie um die Erklärung des Verständnisses Ihres Gegenübers.

→ *Regel 8:*
Achten Sie auf Reversibilität. Das bedeutet, dass Sie Ihrem Gesprächspartner nur das in Wort und Tat zumuten dürfen, was Sie selbst akzeptieren würden.

→ *Regel 9:*
Halten Sie Ergebnisse des Gespräches schriftlich fest. Informieren Sie Ihr Gegenüber, dass Sie zur Dokumentation des Gespräches Notizen anfertigen werden und gewähren Sie zum Abschluss Einblick in die erstellten Aufzeichnungen. Erbitten Sie das Einverständnis und stellen Sie dem Gesprächspartner eine Kopie der Notizen zur Verfügung.

→ *Regel 10:*
Bedanken Sie sich für das Gespräch.

← LF 2, Die Berufsausbildung eigenverantwortlich mitgestalten, Kapitel 6

An dieser Stelle sei auf das Kapitel 6 im Lernfeld 2 „Interessenvertretung der Arbeitnehmer" hingewiesen. Natürlich gilt es auch die entsprechenden Interessenvertretungen im Rahmen der personalpolitischen Maßnahmen zu beteiligen.

↓ ### Anwendung
Kennen Sie das Gremium, das Ihre Interessen in Ihrem Ausbildungsunternehmen vertritt?

5 Arbeitsschutzrechte

Zum Schutz der Arbeitnehmer vor gesundheitlichen Schädigungen im Rahmen ihrer Erwerbstätigkeit hat der Gesetzgeber eine Reihe von Arbeitsschutzvorschriften erlassen. Deren Einhaltung wird durch die Ämter für Arbeitsschutz und Sicherheitstechnik und die entsprechenden Berufsgenossenschaften überwacht.

Wenn Sie sich dieses Kapitel erarbeitet haben, dann können Sie die wesentlichen Arbeitsschutzrechte benennen und deren Inhalte wiedergeben. Darüber hinaus werden Sie die Bedeutung der Arbeitsschutzrechte für die jeweiligen Personengruppen darstellen können.

Wissens-Check

Schätzen Sie Ihre Kenntnisse zu den personalpolitischen Maßnahmen ein und markieren Sie Ihr Wissen mit einem „X" an der entsprechenden Stelle der nachfolgenden Tabelle.

Aussage	Ich bin mir ganz sicher.	Da bin ich mir unsicher.	Das weiß ich gar nicht.
Ich kann die Rechtsgrundlagen im Rahmen der Arbeitsschutzrechte benennen.			
Ich kann die jeweiligen Anspruchsgruppen der Arbeitsschutzrechte benennen.			
Ich weiß, welche Bedeutung die Arbeitsschutzrechte für die einzelnen Arbeitnehmer haben.			
Ich kenne wesentliche Inhalte der Arbeitsschutzrechte.			

5.1 Arbeitszeitgesetz

Ziel des Arbeitszeitgesetzes (ArbZG) ist die Schaffung von Sicherheit und Gesundheitsschutz der Arbeitnehmer an ihrem Arbeitsplatz. Darüber hinaus schafft das Arbeitszeitgesetz die Grundlage für die Flexibilisierung von Arbeitszeit.
Die tägliche Arbeitszeit darf acht Stunden nicht überschreiten. Ruhepausen zählen nicht zur Arbeitszeit. Die Arbeitszeit darf auf bis zu zehn Stunden ausgedehnt werden, wenn im Gesamtdurchschnitt innerhalb von sechs Monaten oder 24 Wochen eine Arbeitszeit von acht Stunden nicht überschritten wird. Die Ruhepausen während der Arbeitszeit betragen mindestens 15 Minuten. Bei einer Arbeitszeit von mehr als sechs und bis zu neun Stunden ist eine Ruhepause von mindestens 30 Minuten zu gewähren. Bei einer Arbeitszeit von mehr als neun Stunden ist eine Pause von 45 Minuten einzuräumen. Nach Arbeitsende steht den Arbeitnehmern eine ununterbrochene Ruhepause von elf Stunden zu.
Die Arbeit in der Form von Nacht- und Schichtarbeit ist für Männer und Frauen auf acht Stunden zu begrenzen. Eine Erweiterung auf zehn Stunden ist möglich, wenn innerhalb eines Monats oder innerhalb von vier Wochen eine tägliche Arbeitszeit von durchschnittlich acht Stunden nicht überschritten wird.

> **Aufgaben**
>
> Erkunden Sie, wer in Ihrem Unternehmen für die Kontrolle zur Einhaltung des Arbeitszeitgesetzes verantwortlich ist. Welche organisatorischen Aufgaben fallen dieser Person zu und welche Schwierigkeiten sind in diesem Zusammenhang zu bewältigen?

5.2 Gewerbeordnung

Gemäß Gewerbeordnung (GewO) haben Unternehmer ihre Arbeitsräume, Vorrichtungen sowie die eingesetzten Maschinen und Geräte so bereitzustellen, dass die Arbeit an und mit ihnen für die Arbeitnehmer keine Gesundheitsrisiken darstellen. Die Gewerbeordnung schreibt eine ausreichende Beleuchtung und Lüftung vor. Darüber hinaus finden Sie in der Gewerbeordnung die Vorgaben für die Einrichtung von Sozialräumen, Umkleide- und Waschräumen sowie sanitären Anlagen.

Die Gewerbeordnung äußert sich auch zu Sonn- und Feiertagsarbeit. Diese ist grundsätzlich verboten. Es gibt aber eine Fülle von Ausnahmen. So ist die Arbeit in Notfällen erlaubt oder auch die Betreuung von Betriebsanlagen, deren Stilllegung ökonomisch nicht zumutbar wäre.

5.3 Mutterschutzgesetz

Das Mutterschutzgesetz (MuSchG) macht Vorgaben für den Gesundheits- und Kündigungsschutz werdender Mütter. Der Arbeitsplatz Schwangerer und stillender Mütter ist so zu gestalten, dass er ihren besonderen Anforderungen gerecht wird. Der Arbeitsplatz ist so zu gestalten, dass Sitzgelegenheiten bereitstehen und das Heben schwerer Gewichte vermieden werden kann. Darüber hinaus sind kurzzeitige Arbeitsunterbrechungen zu gewähren.

Für den Zeitraum von sechs Wochen vor und acht Wochen nach der Entbindung ist die Schwangere von der Arbeit freizustellen. Sollte sich die Arbeitsbefreiung vor der Niederkunft aufgrund einer vorzeitigen Geburt verkürzen, so ist der Zeitraum, der vor der termingerechten Entbindung nicht in Anspruch genommen wurde, an die Schutzfrist nach der Geburt anzuhängen. Für den Zeitraum der Arbeitsbefreiung vor und nach der Geburt erhält die Schwangere bzw. die Mutter ein Mutterschaftsgeld von höchstens 13,00 Euro pro Kalendertag. Die Differenz zwischen dem monatlichen Mutterschaftsentgelt (max. 403,00 Euro) und dem Nettoarbeitsentgelt wird vom Arbeitgeber ausgeglichen. Darüber hinaus gewährt der Gesetzgeber auf der Grundlage des Bundeserziehungsgeldgesetzes (BErzGG) einen monatlichen Regelbetrag von 300,00 Euro. Die Höhe der Zahlungen aus dem BErzGG richtet sich jedoch nach dem zur Verfügung stehenden Einkommen, nach dem Alter des Kindes und der Anzahl der weiteren Kinder.

Die Regelungen zum besonderen Kündigungsschutz von Schwangeren und Müttern kennen Sie bereits; während der Schwangerschaft und bis zu vier Monate nach der Entbindung kann keine Kündigung seitens des Arbeitgebers ausgesprochen werden.

Gemäß Bundeselterngeld- und Elternzeitgesetz (BEEG) kann sich die Elternzeit von insgesamt 36 Monaten anschließen. Diese Elternzeit können beide Eltern anteilmäßig in Anspruch nehmen.

Anwendung

Erkunden Sie, ob es in Ihrem Ausbildungsunternehmen eine Informationszusammenstellung für werdende Mütter gibt. Vielleicht wollen Sie eine entsprechende Broschüre unter Verwendung der angegebenen Gesetzesgrundlagen zusammenstellen?

5.4 Schwerbehindertengesetz

Die Regelungen zum Schutz schwerbehinderter Mitarbeiter sind im SGB IX fixiert. Hier ist definiert, dass eine Schwerbehinderung vorliegt, wenn infolge körperlicher, geistiger oder seelischer Erkrankung eine Minderung der Erwerbsfähigkeit vom mindestens 50 % gegeben ist. Diese Minderung der Erwerbsfähigkeit darf nicht von vorübergehender Art sein. Das SGB IX gibt vor, dass private und öffentliche Arbeitgeber, die über eine Anzahl von mindestens 20 Arbeitsplätzen verfügen, 5 % dieser Arbeitsplätze mit Schwerbehinderten besetzen müssen. Schwerbehinderte, die älter als 50 Jahre sind, sind bei der Besetzung dieser Arbeitsplätze in angemessenem Anteil zu berücksichtigen. Werden in einem Unternehmen fünf Schwerbehinderte beschäftigt, sind eine Vertrauensperson und ein Stellvertreter zu wählen. Bei der Besetzung von Stellen im Unternehmen besteht die Verpflichtung zu prüfen, ob die freie Stelle auch mit einer schwerbehinderten Person besetzt werden kann. Diese Überlegung ist ggf. mit der Vertrauensperson der Schwerbehinderten zu erörtern.

Beschäftigt ein Arbeitgeber die vorgeschriebene Anzahl Schwerbehinderter nicht, muss er für jeden nicht besetzten Arbeitsplatz eine Ausgleichsabgabe in Höhe von 105,00 Euro je Monat zahlen.

Anwendung

Erstellen Sie eine Übersicht über die Arbeitsschutzrechte. Ergänzen Sie diese Übersicht um die Angaben aus dem Jugendarbeitsschutzgesetz.

Aufgaben

Gibt es in Ihrem Unternehmen eine Vertrauensperson für Schwerbehinderte? Nehmen Sie Kontakt zu dieser Person auf und suchen Sie das Gespräch bezüglich der entsprechend notwendigen Arbeit.

Selbstüberprüfung

Setzen Sie sich wieder einmal mit dem Wissens-Check dieses Kapitels auseinander. Überprüfen Sie Ihre gemachten Angaben und markieren Sie Ihren neuen Wissensstand mit einem „O" an der entsprechenden Stelle. Können Sie eine positive Veränderung feststellen? Sollten Sie mit dem Ergebnis unzufrieden sein, lassen Sie sich auch diesmal wieder beraten und entwickeln Sie eine neue Zielvereinbarung für das weitere Vorgehen. Im nachfolgenden Bereich können Sie die neue Zielvereinbarung schriftlich festhalten.

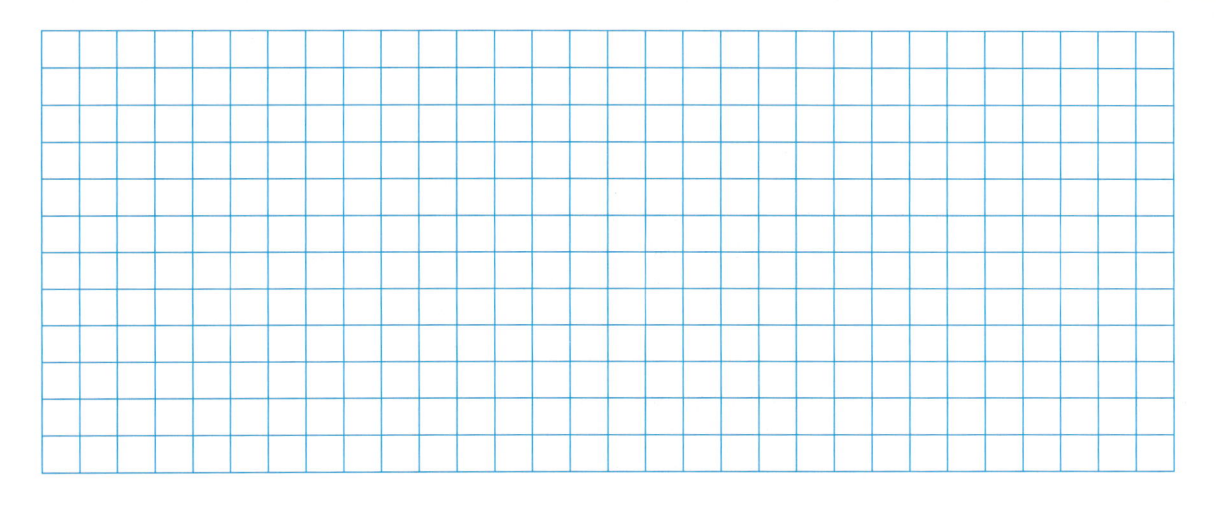

Lernfeld 10 Personalwirtschaftliche Aufgaben wahrnehmen

Fallsituation

Eine Ihrer ehemaligen Schulfreundinnen vertraut Ihnen an, dass Sie im zweiten Monat schwanger ist. Sie arbeitet als ausgebildete Krankenschwester in einem städtischen Haus und weiß nicht, welche Schritte sie nun unternehmen muss. Der Vater des Kindes, ein 28-jähriger Elektroinstallateur, ist derzeit arbeitslos.

Problemlösung

Beraten Sie Ihre Freundin vor dem Hintergrund der Ihnen bislang zugänglichen Informationen. Wenn Sie weitere Angaben benötigen, dann entwickeln Sie die Fallsituation entsprechend eigenständig weiter.

Das war's! Mit der Erarbeitung dieses Kapitels sind Sie inhaltlich am Ende Ihrer Ausbildung im Fach Dienstleistungsprozesse angekommen. Sie verfügen nun über alle Inhalte, die Sie für einen guten Start in Ihr weiteres berufliches Leben benötigen. Vorher gilt es jedoch noch eine Hürde zu nehmen – die Abschlussprüfung.

Wenn Sie die Inhalte sorgfältig durchgearbeitet, ergänzt und individualisiert haben, wenn Sie die Methodenecken beherzigt und die Arbeitsaufträge durchgearbeitet haben, dann sollten Sie jetzt über ein umfangreiches Vorbereitungsmaterial verfügen, das es nun gilt zielgerichtet zu wiederholen und vorzubereiten. Sie werden feststellen, je intensiver Sie sich mit den einzelnen Kapiteln befasst haben, umso leichter werden die Inhalte in Ihr Bewusstsein zurückkehren und der Vorbereitungsaufwand wird sich minimieren, weil Sie wirklich gelernt haben und die Inhalte Ihnen quasi schon in Fleisch und Blut übergegangen sind.

Methodenecke

Nur für den Fall, dass Sie noch Hinweise für die Vorbereitung auf die Abschlussprüfung benötigen: Schauen Sie doch noch mal in die Methodenecke zum Selbstmanagement im sechsten Kapitel des ersten Lernfeldes

Mir bleibt nur noch mich für die Zusammenarbeit zu bedanken. Ich wünsche Ihnen viel Erfolg für die Abschlussprüfung und Freude an Ihrem Beruf.

Herbert Heppener

Sachwortverzeichnis

A

167 ... Abbuchungsverfahren
190 ... Abfallgruppen
72, 74 ... Ablauforganisation
126 ... absolute Rechte
214 ... Agentur für Arbeit
214 ... AIDA
82 ... Aktien
82 ... Aktiengesellschaft (AG)
140 ... allgemeine Anfrage
145 ... Allgemeine Geschäftsbedingungen (AGB)
103 ... Altersrente
16 ... Ambulante Pflegeeinrichtungen
15 ... ambulante Versorgung
128 ... Anfechtbarkeit
128 ... Anfechtungsfristen
140 ... Anfrage
140 ... Angebot
143 ... Angebot an die Allgemeinheit
131 ... Annahme
152 ... Annahmeverzug
131 ... Antrag
16 ... Apotheken
104 ... Äquivalenzprinzip
107 ... Arbeitsförderung
107 ... Arbeitslosengeld
108 ... Arbeitsunfall
107 ... Arbeitsvermittlung
227 ... Arbeitszeitgesetz
221 ... Arbeitszeugnis
196 ... Argumentationskette
141 ... Art, Güte und Beschaffenheit der Ware
95 ... Arzneimittel
216 ... Assessment Center
72, 73 ... Aufbauorganisation
73 ... Aufgabenanalyse
74 ... Aufgabenbild
73 ... Aufgabensynthese
224 ... Aufhebungsvertrag
134 ... Aufklärungspflicht
81, 83 ... Aufsichtsrat
84 ... Aufsichtsrat und Vorstand
144 ... Auftragsbestätigung
43 ... Ausbildender
43 ... Ausbilder
38 ... Ausbildungsberufsbild
37 ... Ausbildungsordnung
39 ... Ausbildungsrahmenplan
36 ... Ausbildungsverordnungen
43, 47 ... Ausbildungsvertrag
173 ... Auslieferungslager
155 ... Außergerichtliches (kaufmännisches) Mahnverfahren
224 ... außerordentlichen Kündigung
211 ... Auszahlungsbetrag
43 ... Auszubildender
219 ... autoritärer Führungsstil

B

167 ... Bankkarte
162 ... Bargeld
166 ... bargeldlose Zahlung
147 ... Barkauf
163, 164 ... Barscheck
163 ... Barzahlung
113 ... Bedarf
139 ... Bedarfsanalyse
112 ... Bedürfnisarten
112 ... Bedürfnisse
224 ... Beendigung des Arbeitsverhältnisses
49 ... Beendigung des Ausbildungsverhältnisses
44 ... Beginn und Dauer der Ausbildung
13 ... Behandlung
134 ... Behandlungsfehler
13 ... Behandlungsleistungen
133 ... Behandlungspflicht
133 ... Behandlungsvertrag
90 ... Beitragsbemessungsgrenze
98 ... Belastungsgrenze
36 ... Berufsbildungsgesetz (BBiG)
108 ... Berufskrankheiten
... Beschränkte
125 ... Geschäftsfähigkeit
225 ... besonderer Kündigungsschutz

231

144 ... Bestellung
140 ... bestimmte Anfrage
101 ... Betreuungsbeitrag
59 ... Betriebsrat
59 ... Betriebsvereinbarungen
59, 214 ... Betriebsverfassungsgesetz
220 ... Beurteilungsgespräch
125 ... bewegliche Sachen
215 ... Bewerbungsunterlagen
44 ... Bezeichnung des Ausbildungsberufes
139 ... Bezugsquellenermittlung
142 ... Bonus
162 ... Buchgeld
36 ... Bundesministerium für Bildung und Forschung (BMBF)
147 ... bürgerlicher Kauf

D

132 ... Darlehensvertrag
166 ... Dauerauftrag
189 ... Deponierung
212 ... detaillierte Methoden
180 ... Diagramme
132 ... Dienstvertrag
214 ... Direktansprache
75 ... Disposition
82 ... Dividende
133 ... Dokumentationspflicht
128 ... Drohung
26 ... duale Berufsausbildung
26 ... duales System
179 ... Durchschnittliche Lagerdauer
178 ... Durchschnittlicher Lagerbestand

E

167 ... Eilüberweisung
221 ... Einfaches Arbeitszeugnis
94 ... einheitlicher Bewertungsmaßstab (EBM)
165 ... Einlösefristen
15 ... Einzelpraxis
78 ... Einzelunternehmen
166 ... Einzugsermächtigungsverfahren
228 ... Elternzeit
211 ... Entgeltfortzahlung im Krankheitsfall
209 ... Entlohnung
187, 188 ... Entsorgung
222 ... Entwicklungsbedarf
222 ... Entwicklungspotenzial

222 ... Entwicklungswunsch
142 ... Erfüllungsort
45 ... Ergänzende Ausbildungsmaßnahmen außerhalb der Ausbildungsstätte
128 ... Erklärungsirrtum
95 ... Ermessensleistungen
99 ... Ernährung
96 ... Ersatzkassen
103 ... Erwerbsminderung
104 ... Erziehungsrente
212 ... externe Faktoren
214 ... Externe Personalbeschaffung

F

169 ... Facharbeiten
14 ... Fachkrankenhäuser
66 ... Fantasiefirma
66 ... Firma
67 ... Firmenbeständigkeit
67 ... Firmeneinheit
67 ... Firmenklarheit
67 ... Firmenöffentlichkeit
67 ... Firmenwahrheit
176 ... First-In-First-Out
141, 147 ... Fixkauf
70 ... Formalziele
127 ... Formvorschriften
114 ... freie Güter
88 ... freie Marktwirtschaft
216 ... freies Interview
219 ... Führungsstile
219 ... Führungstechniken
89 ... Fürsorge

G

147 ... Gattungskauf
84 ... Gebietskörperschaften
114 ... Gebrauchsgut
94 ... Gebührenordnung für Ärzte (GoÄ)
51 ... Gedächtniskarten
161 ... Geld
132 ... Gelddarlehensvertrag
163 ... Geldersatzmittel
168 ... Geldkarte
82 ... Gemeinnützige Gesellschaft mit beschränkter Haftung (gGmbH)
82 ... Gemeinnützigkeit
66 ... gemischte Firma
83 ... Generalversammlung

83 ... Genossenschaft
156 ... Gerichtliches Mahnverfahren
142 ... Gerichtsstand
125 ... Geschäftsfähigkeit
81 ... Geschäftsführer
125 ... Geschäftsunfähigkeit
79 ... Gesellschaft bürgerlichen Rechts
81 ... Gesellschafterversammlung
81 ... Gesellschaft mit beschränkter Haftung (GmbH)
102 ... gesetzliche Rentenversicherung
161 ... Gesetzliches Zahlungsmittel
187 ... Gesetz zur Förderung der Kreislaufwirtschaft und Sicherung der umweltverträglichen Beseitigung von Abfällen
10 ... Gesundheit
10 ... Gesundheitsförderung
11 ... Gesundheitswesen
153 ... Gewährleistungspflicht
228 ... Gewerbeordnung
162 ... Giralgeld
212 ... globale Methoden

H

79 ... haften unbeschränkt
79 ... haften unmittelbar
134 ... Haftpflicht
164 ... halbbare Zahlung
104 ... Halbwaisenrente
68 ... Handelsregister
 Abteilung A
 Abteilung B
83 ... Hauptversammlung
99 ... hauswirtschaftlichen Versorgung
95 ... Heilmittel
158 ... Hemmung
176 ... Highest-In-First-Out
95 ... Hilfsmittel
14 ... Hochschulbauförderungsgesetzes
14 ... Hochschulklinik
178 ... Höchstbestand
200 ... Human Resource Management
182 ... Hygiene
184 ... Hygienebeauftragter

I

75 ... Improvisation
113 ... Individualbedürfnis
183 ... Individualhygiene

217 ... Individuelle Arbeitsvertragsregelungen
29, 47 ... Industrie- und Handelskammer
184 ... Infektionsschutzgesetz
59 ... Information und Beratung
128 ... Inhaltsirrtum
73 ... Instanzenbild
214 ... interne Personalbeschaffung
223 ... into-the-job
177 ... Inventur und Inventar
64 ... Istkaufmann

J

53 ... Jugendarbeitsschutzgesetz (JArbSchG)
59 ... Jugend- und Auszubildendenvertretung
84 ... juristischen Personen des öffentlichen Rechts
82, 84,
124 ... juristische Person
84 ... juristische Personen des Privatrechts
174 ... Just-in-time

K

64 ... Kannkaufmann
147 ... Kauf auf Abruf
147 ... Kauf auf Probe
147 ... Kauf in Bausch und Bogen
113 ... Kaufkraft
64 ... Kaufmann
64 ... Kaufmannseigenschaften
147 ... Kauf nach Probe
131 ... Kaufvertrag
147 ... Kauf zur Probe
211 ... Kirchensteuer
15 ... kirchliche Leitung
75 ... Klarheit
61 ... Klassenarbeiten
113 ... Kollektivbedürfniss
217 ... Kollektive Arbeitsvertragsregelungen
47 ... kollektive Regelungen (Tarifvertrag, Betriebsvereinbarungen)
80 ... Kommanditisten
19 ... Kompetenzen
80 ... Komplementäre
34, 185 ... komplexe Situationen
189 ... Kompostierung

114 ... Konsumgüter
219 ... kooperativen Führungsstil
99 ... Körperpflege
174 ... Kosten der Lagerhaltung
94 ... Kostenerstattung
95 ... Kostenträger
13 ... Krankenbehandlung
14 ... Krankenhäuser der Grundversorgung
14 ... Krankenhäuser der Maximalversorgung
14 ... Krankenhäuser der Regelversorgung
14 ... Krankenhäuser mit Schwerpunktversorgung
14 ... Krankenhäuser mit Versorgungsvertrag
92 ... Krankenversicherung
163, 167 ... Kreditkarten
162 ... Kreditmittel
187 ... Kreislaufwirtschaft
224 ... Kündigung des Arbeitsverhältnisses
49 ... Kündigung des Ausbildungsverhältnisses
47 ... Kündigung des Ausbildungsvertrages
224 ... Kündigungsfristen
225 ... Kündigungsschutz
163 ... Kurzfristige Forderungen

L

173 ... Lagereinrichtung
177 ... Lagerkennziffern
175 ... Lagerung
179 ... Lagerzins
219 ... Laissez-faire-Führungsstil
176 ... Last-In-First-Out
166 ... Lastschriftverfahren
131 ... Leihvertrag
74 ... Leistungsbild
25 ... Lernkartei
28 ... Lernort Berufsschule
28 ... Lernort Betrieb
140 ... Lieferantenkartei
141 ... Lieferbedingungen
153 ... Lieferung mangelhafter Ware
151 ... Lieferungsverzug
210 ... Lohnsteuertabelle

M

156 ... Mahnbescheid
154 ... Mangelausschluss
12 ... Markieren von Texten
116 ... Maximalprinzip
100 ... Medizinischer Dienst der Krankenkassen (MDK)
184 ... Medizinproduktegesetz
178 ... Meldebestand
208 ... Meldung zur Sozialversicherung
131 ... Mietvertrag
177 ... Mindestbestand
211 ... Minijob
212 ... Minijob-Zentrale
116 ... Minimalprinzip
60 ... Mitarbeitervertretung
59 ... Mitbestimmung
59 ... Mitwirkungsrechte
99 ... Mobilität
228 ... Mutterschutzgesetz

N

153 ... Nacherfüllung
113 ... Nachfrage
165 ... Nachnahme
153 ... nachrangiges Recht
15 ... Nachteinrichtungen
124 ... natürliche Personen
223 ... near-the-job
213 ... Nettopersonalbedarf
158 ... Neubeginn der Verjährungsfrist
72 ... Neuorganisation
127 ... Nichtigkeit
15 ... Niederlassung
127 ... notarielle Beurkundung
53 ... Notizen

O

79 ... Offene Handelsgesellschaft (OHG)
127 ... öffentliche Beglaubigung
123 ... öffentliches Recht
15 ... öffentlicher Trägerschaft
223 ... off-the-job
116 ... ökonomischen Prinzip
168 ... Onlinebanking
223 ... on-the-job
224 ... ordentliche Kündigung
74 ... Organigramm
72 ... Organisation
75 ... Organisation i. e. S.
75 ... Organisatorisches Gleichgewicht

P

132 ... Pachtvertrag
211 ... Pauschalabgabe
207 ... Personalakten
222 ... Personalausbildung
215 ... Personalauswahl
214 ... Personalberater
213 ... Personalbeschaffung
220 ... Personalbeurteilung
217 ... Personaleinstellung
222 ... Personalentwicklung
219 ... Personalführung
199 ... Personalmanagement
212 ... Personalplanung
60 ... Personalvertretungsgesetz
198 ... Personalverwaltung
66 ... Personenfirma
78 ... Personengesellschaft
84 ... Personenkörperschaften
14 ... Pflegeeinrichtungen
100 ... Pflegegeldleistung
101 ... Pflegekassen
100 ... Pflegesachleistung
13, 101 ... Pflegestufe 0
13, 100 ... Pflegestufe I
13, 100 ... Pflegestufe II
13, 100 ... Pflegestufe III
13 ... Pflegestufen
99 ... Pflegeversicherung
94 ... Pflichtleistungen
93 ... Pflichtversicherung
14 ... Plankrankenhäuser
119 ... Planung, Leitung, Organisation
167 ... POS-Verfahren
167 ... POZ-Verfahren
12 ... Prävention
98 ... Praxisgebühr
141 ... Preis je Verkaufseinheit
142 ... Preisnachlässe
95 ... Primärkassen
12 ... Primärprävention
106 ... private Altersvorsorge
123 ... private Recht
15 ... private Trägerschaft
216 ... Probearbeiten
118 ... Produktionsfaktor Arbeit
119 ... Produktionsfaktor Betriebsmittel
118 ... Produktionsfaktor Boden
118 ... Produktionsfaktor Kapital
118 ... Produktionsfaktor Know-how
119 ... Produktionsfaktor menschliche Arbeitskraft
119 ... Produktionsfaktor Werkstoffe
114 ... Produktionsgüter
85 ... Profit- und Non-Profit-Unternehmen

Q

19 ... Qualifikation
221 ... Qualifiziertes Arbeitszeugnis
144 ... Qualitativer Angebotsvergleich
213 ... quantitative Personalbedarfsplanung
143 ... Quantitativer Angebotsvergleich
212 ... quantitativer Personalbedarf
163 ... Quittung

R

9 ... Rahmenlehrplan
142 ... Ratenkauf
147 ... Raten- oder auch Abzahlungskauf
125 ... Rechte
48 ... Rechte und Pflichten
124 ... Rechtsfähigkeit
126 ... Rechtsgeschäfte
153 ... Rechtsmangel
125 ... Rechtsobjekte
123 ... Rechtsordnung
124 ... Rechtssubjekte
45 ... Regelungen zur Dauer der Probezeit
46 ... Regelungen zu Urlaubsansprüchen
13, 102 ... Rehabilitation
14 ... Rehabilitationseinrichtungen
15 ... Rehabilitative Maßnahmen
126 ... relative Rechte
104 ... Rentenversicherungsträger
104 ... Rente wegen Todes
72 ... Reorganisation
173 ... Reserve- oder Ersatzlager
150 ... Richtungsfragen
99 ... Risikoprinzip
98 ... Risikostruktur
98 ... Risikostrukturausgleichs
154 ... Rüge- und Verjährungsfristen

S

132 ... Sachdarlehensvertrag
125 ... Sachen
66 ... Sachfirma

93 ... Sachleistungsprinzip
44 ... Sachliche und zeitliche
       Gliederung der Ausbildung
153 ... Sachmangel
150 ... Sachtexte
70 ... Sachziele
167 ... Sammelüberweisung
123 ... Schaubilder
127 ... Schein
127 ... Scherz
27 ... Schlüsselqualifikationen
138 ... Schreiben
133 ... Schweigepflicht
229 ... Schwerbehindertengesetz
12 ... Sekundärprävention
162 ... Sichtguthaben
142 ... Skontobetrag
141 ... Sofortkauf
79 ... solidarisch
98 ... Solidaritätsprinzip
211 ... Solidaritätszuschlag
96 ... sonstige Kostenträger
14 ... sonstige Krankenhäuser
133 ... Sorgfaltspflicht
204 ... soziale Formalziele
88 ... soziale Marktwirtschaft
13 ... Sozialgesetzbuch
89 ... Sozialgesetzbuch (SGB)
183 ... Sozialhygiene
147 ... Spezifikationskauf
81 ... Stammeinlage
81 ... Stammkapital
216 ... standardisiertes Interview
14 ... Stationäre Einrichtungen
15 ... stationären Pflegeeinrichtungen
15 ... Stationäre Vorsorgeeinrichtungen
214 ... Stellenanzeige
214 ... Stellenausschreibung
73 ... Stellenbeschreibung
73 ... Stellenbildung
210 ... Steuerklassen
78 ... stille Gesellschaft
147 ... Stückkauf
11 ... Systematisches Lesen
213 ... Szenario-Technik

T

15 ... Tageseinrichtungen
161 ... Tauschmittel
128 ... Täuschung
226 ... Techniken der Gesprächsführung

15 ... Teilstationäre Einrichtungen
168 ... Telefonbanking
60 ... Tendenzbetriebe
141, 147 ... Terminkauf
13 ... Tertiärprävention
216 ... Testverfahren

U

128 ... Übermittlungsirrtum
166 ... Überweisung
45 ... Umfang der täglichen Arbeitszeit
178 ... Umschlaghäufigkeit
183 ... Umwelthygiene
... Unbeschränkte
125 ... Geschäftsfähigkeit
125 ... unbeweglichen Sachen
184 ... Unfallverhütungsvorschriften
14 ... Universitätskliniken
140 ... unverlangtes Angebot

V

114 ... Verbrauchsgut
147 ... Verbrauchsgüterkauf
189 ... Verbrennung
157 ... Verjährung
157 ... Verjährungsfristen
173 ... Verkaufslager
188 ... Vermeidung
163, 166 ... Verrechnungsscheck
93 ... Versicherungsfreiheit
91 ... Versicherungspflichtgrenze
89 ... Versorgung
188 ... Verwertung
155 ... Verzögerungsschaden
104 ... Vollwaisenrenten
214 ... Vormerk-Datei
153 ... vorrangiges Recht
89 ... Vorsorge
14 ... Vorsorgeeinrichtungen
82 ... Vorstand
216 ... Vorstellungsgespräch

W

176 ... Warenausgabe
174 ... Wareneingangskontrolle
108 ... Wegeunfall
10 ... Weltgesundheitsorganisation
132 ... Werkvertrag
162 ... Wertaufbewahrungsmittel
162 ... Wertmesser und Recheneinheit
126 ... Willenserklärung

114 ... wirtschaftliche Güter
203 ... wirtschaftliche Formalziele
75 ... Wirtschaftlichkeit
93 ... Wirtschaftlichkeitsgebot

Z

164 ... Zahlschein
141 ... Zahlungsbedingungen
154 ... Zahlungsverzug
141 ... Zahlungsziel
61 ... Zeitplanung
14 ... Zentralkrankenhäuser
221 ... Zeugnissprache
147 ... Zielkauf
15 ... Zusammenschlüsse und Kooperationen von Ärzten
157 ... Zwangsvollstreckung
147 ... zweiseitiger Handelskauf

Bildquellenverzeichnis

Umschlag: links: Fotolia Deutschland, Berlin, pressmaster
mitte u. rechts: Globus Infografik GmbH, Hamburg

Fotolia Deutschland, New York, USA
Fotografen:
- Akhodi, Seite 162
- Alexander Mertz, Seite 113
- bilderbox, Seiten 71, 189
- endostock, Seite 220
- Eisenhans, Seite 175
- falkjohann, Seite 103
- Falko Matte, Seite 168
- Forgiss, Seite 55
- Gerhard Führing, Seite 112
- Gernot Krautberger, Seite 224
- Haramis Kalfar, Seite 123
- Lario Tus, Seite 131
- Mellimage, Seite 47
- Monkey Business, Seite 27
- onlinebewerbung.de, Seite 81
- PeJo, Seite 207
- Philip Lange, Seite 10
- pressmaster, Seite 38
- Rebel, Seite 62
- Stanislav Tatarnikov, Seite 151
- Starwalker, Seite 155
- Stefan Rajewski, Seite 145
- Stefan Thiermayer, Seite 215
- U. Storsberg, Seite 138
- Udo Kroener, Seiten 76, 134
- yummy, Seite 182
- Yuri Arcurs, Seite 199

Globus Infografik GmbH, Hamburg: Seiten 17, 28, 89, 96

MEV Verlag GmbH, Augsburg: Seiten 14